사국시대의 가야사 연구

김태식 지음

서경문화사

들어가기 전에…

2002년에 "미완의 문명 7백년 가야사"를 내고 벌써 12년이 흘렀다. 그동안 쓴 글을 모아 책을 발간하게 되니 기쁘기 그지없다. 모든 글들은 한국사 전체의 구도 속에서 가야사가 어떠한 위치를 차지하는가, 혹은 이른바 '임나' 문제를 중심으로 하여 한일관계사를 어떻게 볼 수 있는가, 또는 한반도의 삼국과 가야는 서로 어떤 관계를 보였는가 하는 세 가지 주제로 귀결되었다. 그 분량이 만만치 않아서 결국 책을 세 권으로 나누고, 이 책에는 가야사와 직접 관련된 글만을 묶게 되었다.

대부분의 글들이 누군가의 요청으로 집필하게 되다 보니 개괄적이고 가야사 전반에 대한 결론만 제시하게 되는 경우가 많았다. 그러다보니 내용이 서로 중복되는 경우도 있고 약간 지루한 느낌도 들었다. 그러나 원래 원고의 뜻을 중시한다는 생각에서 최소한의 내용만을 고쳐서 출간하기로 하였다.

'사국시대'라는 말은 1990년대에 일부 논객들이 쓰기 시작하곤 하였으나 2001년에 필자가 학술회의 공식 석상에서 발표한 이후 널리 퍼지기 시작하였다. 한국 고대사의 중심 시기를 삼국시대가 아닌 사국시대로 보아야 한다는 것은 고구려, 백제, 신라에 이어 가야를 포함해야 한다는 논리이다. 필자가 이를 감히 주장하게 된 것은, 문헌 검토를 통하여 조선 후기 실학자들의 '삼국'에서 '사국'으로의 인식 변화를 보고, 고고학적인 문화 유물 속에서 가야 문화의 지속적 독자성을 확인하였기 때문이다.

그러나 사국시대라는 용어를 채택하기에는 현실적 문제점도 없지 않다. 즉 2002년부터 추진된 중국의 이른바 '동북공정'에서 압록강 이북에 광대한 영토를 보유하고 있던 고구려를 중국 역사 안에 포함시키려는 시도 때문이다. 우리나라에서는 이에 대하여 『삼국사기』나 『삼국유사』로 보아, 한국에서는 이미 고려시대부터 고구려를 삼국의 하나로 인식하고 있었기 때문에 고구려는 한국 고대사에 속한다고 항변하고 있다. 그래서 삼국시대라는 용어를 함부로 바꾸기 어렵다는 것이다.

반면에 일본의 식민사관에서는 이른바 '임나일본부설'을 통하여 경남 일원의 한반도 일대를 200년에 걸쳐 일본이 지배하였다고 주장해왔다. 물론 근래에 들어 일본에서도 전문 연구자들 사이에서는 이를 부정하는 견해가 많지만, 일부 개설서나 교과서에서는 여전히 이를 사실인양 여기는 경우가 있다. 그러므로 이를 근본적으로 물리치기 위해서, 그 시기의 한국은 가야를 포함한 사국시대였다고 체계화시켜 놓는 것이 필요하다.

이러한 문제의식으로 인하여 2012년 이후의 한국사 교과서에서는 장·절 제목에서 '삼국'이나 '사국'을 지양하고 '삼국과 가야'라는 병렬적 칭호를 내세우고 있다. 이는 위의 두 가지 측면을 모두 고려하였기 때문이라고 생각된다. 그러나 그 내용이나 분량을 들여다보면 역시 가야를 포함한 사국을 거의 동등하게 다루고 있다. 그렇다면 '사국시대' 개념의 우월성을 좀 더 본명하게 드러낼 필요가 있다고 생각하여 본서에서는 제목에 '사국시대'를 포함시켰다.

그동안 쓴 글들을 다시 정리하다보니 가야사 전체 구도에서 2002년에 책을 냈을 때와 달라진 부분이 적지 않게 있었다. 우선 전남 동부 지역과 경남 하동 일대가 한동안 가야 문화권에 속하였다는 필자의 주장을 증명할 몇 가지 고고학 조사 결과가 나와 그것을 추가하였다. 그것은 2006년에 발견된 전남 순천 운평리 고분군과 2010년에 발견된 경남 하동 흥룡리 고분군이다. 그 결과 이른바 '임나 4현'과 기문·대사에 대한 문헌적 지명 고증이 옳았다는 것을 좀 더 분명하게 주장할 수 있게 되었다.

또 하나는 고령 대가야를 중심으로 한 후기 가야연맹의 성립 시기를 5세기 후반에서 5세기 중엽으로 약간 소급하게 되었다. 이는 『송서』 왜인전에 나오는 왜 5왕의 작호에서 '가라'를 적극적으로 해석해야 한다는 이용현 선생의 견해를 수용하고, 『일본서기』 신공황후 섭정 62년(262) 조 기사를 3주갑 내려서 442년의 사실로 보아야 한다는 야마오 유키히사[山尾幸久] 선생의 견해를 인정한 결과이다. 다만 신공기 62년 조 기사의 내용은 왜의 가야 공격 및 백제의 가라 구원이 아니라, 고령의 반파국이 목라근자의 중개를 계기로 백제와 연결되어 동맹을 맺은 것으로 재해석하였다. 그런 과정에서 반파국의 지배자가 가야연맹 전체의 지배자라는 뜻으로 '가라국왕'을 자칭하기 시작하였다는 것이다. 이 문제에 대한 구체적인 논거는 『사국시대의 사국관계사 연구』에 실린 논문 「도설지를 통해 본 신라와 대가야」에 상세하게 추가해 넣었다.

셋째로, 『일본서기』 현종천황 3년(487) 조에 나오는 지명 '爾林'의 위치를 기존에 충남 예산군 대흥면으로 보았던 것을 충북 음성군 음성읍으로 수정하고, 이를 『삼국사기』 백제본기 온조왕 26년(서기 8) 조의 圓山城과 같은 곳으로 추정하였다. 사실 이림은 『일본서기』의 한반도 관련 기사 중에 응신·현종·흠명기의 세 곳에 나오는 중요한 곳이었으나, 그 위치 비정은 여러 학자들의 고증에도 불구하고 모호하였다. 지난 2006년에 필자가 종합적으로 고찰하여 고증한 이림=음성설은 이제 확실한 결론을 보았다고 자부한다. 이 문제에 대한 구체적인 논거는 『사국시대의 사국관계사 연구』에 실린 논문 「5~6세기 고구려와 가야의 관계」에서 추론한 바 있다.

넷째로, 고령에 전해 오는 '금림왕릉'의 주인을 대가야 시조 이진아시왕의 3~4세손으로서 5세기 전반의 왕으로 보았던 것을 취소하고 6세기 전반 이뇌왕 또는 그보다 한 세대 위의 인물로 수정하였다. 이는 1939년에 일제에 의하여 발굴되었음에도 불구하고 그 유물을 확인할 수 없었던 상태에서 2002년에 후지이 가즈오[藤井和夫] 선생이 그 자료를 찾아서 보고하고 이를 2012년에 소개한 조영현 선생의 글을 확인할 수 있었기 때문이다. 그 외에도 소소하게 수정한 부분들이 더러 있으나 발간사가 복잡해지는 것 같아 생략한다.

2014년 2월
와우산 기슭의 연구실에서 생각을 가다듬어
저자 삼가 씀

차 례

I 부
사국시대로 본 한국 고대사

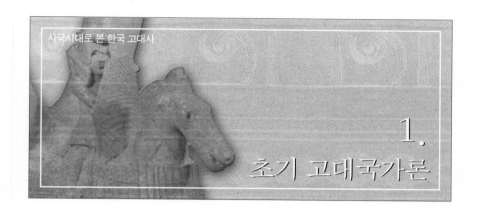
사국시대로 본 한국 고대사

1.
초기 고대국가론

1. 머리말

한국 고대국가 형성 과정에 대해서는 1930년대에 서양 유물사관의 시대 구분론에 입각한 초안이 제기되어 논의가 진행되고,[1] 1970년대 이후로 한국사의 주관적 관점, 또는 서양의 각종 방법론에 따라 많은 실험적 연구가 이루어지다가,[2] 1990년대 이후로는 이 문제에 대한 언급이 뜸한 형편이다. 이는 고대국가 형성 과정에 대한 연구가 완성되거나 학계의 합의가 이루어졌다기보다는, 용어와 개념의 문란 속에 연구가 유보되었다고 보는 것이 옳을 듯하다.

그런 혼란 속에서나마 한국사에서 언제부터를 고대국가로 보는가에 대

---

1) 白南雲, 1933, 『朝鮮社會經濟史』, 改造社.
　孫晉泰, 1948, 『朝鮮民族史槪論(上)』, 乙酉文化社; 1949, 『國史大要』, 乙酉文化社.
　李丙燾, 1959, 『韓國史 古代篇』, 震檀學會.
　金哲埈, 1964, 「韓國古代國家發達史」, 『韓國文化史大系』 1(民族・國家史), 高麗大學校 民族文化研究所.

해서는 일찍이 설득력 있는 제안이 제시되었고,[3] 이에 대한 긍정은 대체로
이어졌다고 볼 수 있다. 그래서 고대국가의 성립 시기에 대해서는 고구려
태조왕(53~136), 백제 고이왕(234~286), 신라 나물왕(356~402) 때로 보고
있으며,[4] 고대국가의 완성 시기에 대해서는 고구려 소수림왕(371~384), 백
제 근초고왕(346~375), 신라 법흥왕(514~539) 때로 보는 것이[5] 보통이다.
성립 시기에서 중요하게 논의된 점은 中央集權的 統治體制 또는 部體制의
성립 여부이고, 완성 시기에서 중요하게 논의된 점은 一元的 官僚制와 律令
의 존재 여부였다. 그렇다면 初期 古代國家란 고대국가 성립 시기와 완성
시기 사이의 정치체제를 가리킨다고 보아야 할 것이다.

　　그러나 아직까지 고대국가의 개념에 대한 논의는 분분하며, 이에 따라
고대국가 성립 시기를 달리 보는 견해들도 있다. 또한 6세기 중엽에 가야가
멸망함으로써 삼국이 정립되기까지는 지역별로 각 정치체의 사회 발전 단
계가 상당히 차이 나기 때문에 논의가 어렵고, 고구려, 백제, 신라 삼국 이외
의 정치세력, 즉 고조선, 부여, 가야 등에 대해서는 논의 자체를 배제해 온
경향이 짙다. 물론 고대국가를 완성한 바 있는 고구려, 백제, 신라 삼국을 위

---

2) 盧泰敦, 1975, 「三國時代의 '部'에 關한 硏究」, 『韓國史論』 2, 서울大學校 國史學科; 1981,
　「國家의 成立과 發展」, 『韓國史硏究入門』(韓國史硏究會編), 知識産業社.
　千寬宇, 1976, 「三韓의 국가형성」(上), 『韓國學報』 2.
　李基白・李基東, 1982, 『韓國史講座・古代篇』, 一潮閣.
　李鍾旭, 1982, 『新羅國家形成史硏究』, 一潮閣; 1987, 「韓國의 初期國家 形成과 新羅의 政治
　的 成長」, 『韓國史硏究入門 第2판』(韓國史硏究會編), 知識産業社; 1999, 『한국의 초기국
　가』, 아르케.
　金貞培, 1986, 『韓國古代의 國家起源과 形成』, 高麗大出版部.
　邊太燮, 1986, 『韓國史通論』, 三英社.
　全京秀, 1988, 「신진화론과 국가형성론」, 『韓國史論』 19(金哲埈博士停年紀念號).
　金泰植, 1990, 「加耶의 社會發展段階」, 『한국 고대국가의 형성』, 한국고대사연구회편, 民音社.
　韓永愚, 1997, 『다시 찾는 우리역사』, 경세원.
3) 李丙燾, 1959, 앞의 책, 236쪽, 350쪽, 399쪽.
4) 국사편찬위원회, 1종도서편찬위원회, 2002, 『고등학교 국사』, 교육인적자원부, 49~50쪽.
5) 위의 책, 52~53쪽.

주로 이 논의가 이루어지는 것은 당연하지만, 그것이 시기적으로 차이가 나는 상태에서 각각의 정치체 별로 어떤 공통점과 차이점을 드러내게 되는지를 살펴볼 필요가 있으며, 고조선, 부여, 가야 등 좀 더 미숙한 정치체와의 비교도 중요하다.

그러므로 本稿에서는 위와 같은 문제점에 의거하여, 한국사에서의 초기 고대국가 문제를 종합 정리해 보고자 한다.

2. 古代國家 以前段階의 검토

초기 고대국가를 논하기에 앞서, 일단 한국사학계에서 고대국가가 출현하기까지의 성장 과정을 어떻게 생각해 왔는가를 정리해 볼 필요가 있다. 주

〈표1〉 한국 고대 사회 발전 단계에 대한 諸假說[6]

시대구분 〉 연구자(연도)	신석기시대 (~B.C. 10C)	청동기시대 (B.C. 10~4C)	초기 철기시대 (B.C. 3~1C)	원삼국시대 (A.D. 1~3C)	삼국시대 (A.D. 4~7C)
백남운(1933)	원시씨족사회			원시부족국가	노예국가
손진태(1948)	씨족사회		부족국가		귀족국가
김철준(1964)	씨족사회		부족국가 부족연맹		고대국가
이기백a(1967)	씨족사회	부족국가	부족연맹		고대국가
천관우(1976)			성읍국가		영역국가
이기백b(1976)	원시공동체사회	성읍국가	연맹왕국		왕족 중심의 귀족국가
이종욱(1982)		촌락(추장)사회	소국	소국 연맹 / 소국 병합	중앙집권왕국
김정배(1986)		부족사회	군장사회		국가사회
변태섭(1986)	부족사회	군장국가	초기국가		고대국가
전경수(1988)	無頭사회	chiefdom			관료국가
김태식(1990)	부족사회	단순군장사회	복합군장사회 최대군장사회		고대국가
한영우(1997)	씨족사회	성읍국가	고대연맹국가(연맹왕국)		고대귀족국가
제5~7차 국사 교과서 (1990~2002)	부족사회	족장사회 (군장사회)	연맹왕국		고대국가

로 개설서들에 구현된 한국 고대 사회의 발전 단계에 대한 여러 가설들을 한국의 고고학적 시기 구분에 맞추어 정리해 보면 다음 〈표 1〉과 같다. 다만 이 발전 단계는 고구려, 백제, 신라의 발전 과정을 염두에 두고 작성한 것이므로, 한국 고대사에서 가장 먼저 국가를 형성한 고조선에 대해서는 고려하지 않았다.

우선 〈표 1〉을 시기 순으로 나누어 볼 때, 우선 1930년대에 백남운이 유물사관의 시대 구분론을 한국사에 최초로 도입하면서 『三國志』 魏書 東夷傳의 3세기 한반도 사회를 '部族國家'의 개념으로 정리한 이후, 이 개념이 1970년대 초까지는 거의 그대로 유지된 것을 알 수 있다.

그러다가 1976년부터 城邑國家의 관념이 도입되면서 部族國家라는 용어는 잘 보이지 않게 된 것을 알 수 있다. 이는 1975년에 천관우, 양병우, 전해종, 이용희 등의 학자들이 참가한 『韓國上古史의 爭點』이라는 토론집에서[7] 세계사와 비교하여 한국 고대사의 부족국가라는 용어에 문제점이 있다고 제기한 데 따른 것이다. 즉, 거기에서는 서양사와 동양사에서 일반화된 '부족 〉도시국가 〉영토국가'라는 발전 모델을 제시하면서, '部族'이라는 것은 혈연적인 유대를 전제로 하는 것이고 '國家'라는 것은 혈연을 저변으로 한 것과는 다른 地緣的인 정치 지배 형태이기 때문에 '부족국가'라는 개념은 재검토되어야 한다는 비판이[8] 제기되었기 때문이다.

다만 그 후 새로 도입된 성읍국가라는 용어도 그 실체에 대한 혼란으로 인하여,[9] 학계 일부에서만 사용되고 일부에서는 이를 사용하지 않는 상태

---

6) 〈표 1〉은 앞의 주석 1, 2에 인용된 논저의 내용을 검토하여 만든 것이다. 다만 그 중에서 이병도와 노태돈의 연구 개요는 김철준의 견해와 대체로 같다. 또한 〈표 1〉에서 李基白a는 『韓國史新論』(1967)의 시대 구분 내용이고, 李基白b는 『韓國史新論 改訂版』(1976) 및 李基白 · 李基東 共著 『韓國史講座 古代篇』(1982)의 시대 구분 내용이다. 〈표 1〉의 마지막 줄의 제5~7차 국사 교과서란, 교육부에서 주관하여 1990년도, 1996년도, 2002년도에 출간한 『고등학교 국사』 교과서를 의미한다.
7) 千寬宇 編, 1975, 『韓國上古史의 爭點』(新東亞 심포지엄), 一潮閣.
8) 위의 책, 215~219쪽.

가 오래 지속되었다. 한편 최근에는 일정한 공간을 외부와 격리하는 차단 시설이 있는 경우를 城이라 볼 때, 울산 검단리 같은 초기 농경 단계 環濠 취락 유적이나 木柵 시설이 확인된 부여 송국리 유적 등으로부터 정치 사회적 단계상 훨씬 발달된 경주 월성이나 서울 몽촌 토성 등까지도 모두 동일한 범주에 포함되기 때문에, 성읍국가의 범위는 매우 유동적일 수밖에 없다는 문제점이 지적되기도 하였다.[10]

1980년대에 이종욱과 김정배 등이 미국 인류학계의 신진화론을 따라 chiefdom, 즉 酋長社會 또는 君長社會의 개념을 도입하기 시작하면서, 우리 학계에서는 이를 한국사의 어느 단계에 적용할 것인가를 놓고 논란하였다. 그러나 고대국가의 형성 과정을 설명하는 이 새로운 조류도 어느 하나로의 의견 통일을 보지 못한 채 지금까지 표류하고 있다.

그러면 〈표 1〉에서 각 시대 구분론의 대세와 문제점을 찾아보자. 각기의 용어 사용에 있어서 차이가 나기는 하나 신석기시대까지를 平等社會(씨족 사회, 공동체사회, 부족사회, 무두사회)로 보는 점은 공통적이다. 또한 노예 국가, 고대국가, 귀족국가, 중앙집권왕국, 관료국가 등의 용어 차이가 있기는 하나, 신라를 기준으로 볼 때 대략 4세기 이후를 고대국가로 보고 있다.

그러나 평등사회로부터 고대국가에 이르는 중간 시기, 즉 청동기시대(서력기원전 10~4세기)부터 원삼국시대(서력기원후 1~3세기)까지에 대한 평가는 극도로 혼란되어 있다. 고인돌(지석묘)과 민무늬토기로 대표되는 청동기시대에 대해서는 이를 계급이 형성되기 전의 평등사회로 간주하기도 하고(백남운, 손진태, 김철준, 김정배), 이미 계급이 형성된 군장(추장)사회

---

9) 李鍾旭은, 성읍국가란 청동기를 사용하고 고인돌을 축조하고 토성을 쌓던 시대에 존속한 것을 그 개념으로 삼고 있으나, 삼한 지역의 고인돌은 대체로 기원전 7~2세기경까지 축조되었고 토성은 대체로 기원을 전후한 시기부터 축조되었기 때문에, 성읍국가의 개념을 구성하는 요소들이 한 시기에 공존할 수 없으며 이를 고인돌 축조 시기까지 끌어올리는데 어려움이 있다고 하였다. 李鍾旭, 1987, 앞의 논문, 73쪽.
10) 朴淳發, 2001, 『漢城百濟의 誕生』, 서경문화사, 36쪽.

로 간주하기도 하고(이종욱, 변태섭, 교과서), 혹은 규모가 작기는 하나 이미 국가가 성립된 것으로 인정하여 부족국가 또는 성읍국가로 간주하기도 하였다(이기백, 변태섭, 한영우). 또한 널·덧널무덤과 와질토기로 대표되는 원삼국시대에 대해서는 이를 고대국가 성립 이전의 과도기적인 사회라고 하여 부족국가나 부족연맹으로 보기도 하고(백남운, 손진태, 김철준), 같은 의미에서 군장사회로 보기도 하고(김정배), 규모가 작기는 하나 이미 국가 체제가 성립되었다고 하여 소국이라고도 하고(이종욱), 혹은 이미 규모가 큰 영역국가나 체제가 불완전한 연맹왕국 또는 초기국가로 보기도 하였다(천관우, 이기백, 변태섭, 한영우, 교과서).

　　그렇다면 청동기시대의 고인돌 사회와 원삼국시대의 널무덤(목관묘) 및 덧널무덤(목곽묘) 사회를 어떻게 보아야 할까? 고인돌 사회에 대해서는 신분적으로 평등한 요소가 강하게 존재한다는 견해와[11] 점차 매장 주체의 규모와 부장품의 등급 격차, 동검의 부장 여부 등에 따라 불평등성이 나타나서[12] 군장(족장) 계급의 출현이 확인된다는 견해의[13] 두 가지가 모두 있다. 혹은 규모상으로 거의 차이가 없는 여러 기의 고인돌이 群을 형성하고 있는 것은 초기의 부계씨족~세대공동체의 분화 단계의 것이고, 수십 톤에 달하는 거대한 고인돌이 밀집군 내에 있거나 독립되어 있는 경우는 일정한 지역통합이 진행되어 농경공동체의 족장이 등장한 단계의 것으로서, 고인돌 사회의 성격은 단일하지 않았다는 견해도 있다.[14] 또한 널무덤 사회에 대해서는 무덤이 군집을 이루면서 집단 성원 간 묘제상의 차별성이 미미하나 유적 간의 격차가 인정되고, 하나의 유적 내부에서도 묘광의 규모, 부장 갱의 유

---

11) 孫晉泰, 1948, 「朝鮮 돌멘에 관한 調査硏究」, 『朝鮮民俗文化硏究』.
　　李南奭, 1985, 「靑銅器時代 韓半島 社會發展段階 -무덤변천을 통해 본 남한지역 사회발전-」, 『百濟文化』 16.
12) 권오영, 2000, 「무덤에 나타난 불평등성의 발생과 심화 과정」, 『한국 고대의 신분제와 관등제』(하일식 외 5인), 아카넷, 29~45쪽.
13) 崔夢龍, 1982, 「全南地方 支石墓社會와 階級의 發生」, 『韓國史硏究』 35.
14) 朴淳發, 2000, 앞의 책, 64~65쪽.

무, 부장품의 多寡, 청동기와 칠기의 부장 여부 등에서 불평등성이 나타나며, 덧널무덤 단계에 접어들면 불평등성이 좀 더 심화되어 입지에서의 탁월성이 두드러지게 된다고 한다.[15] 『三國志』 韓傳의 기록상으로 보아도 2~3세기 당시에 이미 규모가 작기는 하나 삼국의 원형이 나타나 있고 빠른 곳에서는 그들 사이의 연맹 관계가 보이기도 한다. 이 문제에 대해서 전경수는 無頭社會로부터 官僚國家로의 이행 과정에서 나타나는 중간 수준의 사회를 chiefdom으로 이해하고 나서,[16] "김정배의 '군장사회', 이종욱의 '추장사회', 최몽룡의 '족장사회'는 각각이 개별적으로 chiefdom이라는 사회를 대표하는 개념이 아니라 chiefdom이라는 진폭이 넓은 과정적 범주 속에 속하는 하나의 모습으로 이해되어야 한다."고 보았다.[17]

청동기시대부터 원삼국시대에 이르는 기간을 국가의 전조로서 chiefdom으로 본다는 취지는 타당하겠으나, 그 안에서 지석묘 사회와 목관·목곽묘 사회는 군장사회라는 개념 속에 다시 세분되는 측면이 있을 것으로 생각된다. 그리하여 필자는 가야 지역에 한정하여 청동기시대와 초기 철기시대의 개별 정치 세력들을 단순 군장사회(2차 부족)로 규정하고, 원삼국시대의 것들은 그들이 重層構造를 이룬 복합 군장사회(소국)로 규정하고, 복합 군장사회들이 연맹체를 구성한 상태를 최대 군장사회라고 하였다.[18] 다만 초기 철기시대(서력기원전 3~1세기)의 사회 성격은, 영남 지역 이외의 남한 지역을 포함하여 고찰하면, 일부 선진적인 정치 세력의 경우에 이미 복합 군장사회로 진입했다고 볼 수 있을 듯하다.

그러나 그 후의 여러 개설서나 중·고등학교 국사교과서들의 시대 구분으로 보아, 군장사회를 장기간에 걸쳐 설정하려는 자세는 우리 학계에서 받아들여지지 않고 있다. 1990년대 이후로 변태섭은 계속해서 이를 군장사회

15) 권오영, 앞의 논문, 47~52쪽.
16) 全京秀, 앞의 논문, 591쪽.
17) 위의 논문, 598쪽.
18) 金泰植, 1990, 앞의 논문, 102쪽.

와 초기국가로 나누어 보았고, 이기백과 한영우는 성읍국가와 연맹국가(연맹왕국)로 나누어 보았으며, 제5·6·7차 중등교과서 연구진 및 집필자들은 족장사회(군장사회)와 연맹왕국으로 나누어 보았다. 청동기시대의 사회만 군장사회 또는 성읍국가로 인정하고, 초기 철기시대와 원삼국시대에 대해서는 이보다 발전한 초기국가 또는 연맹왕국으로 보는 견해가 정착한 듯하다.

신진화론자의 하나인 엘만 서비스에 의하면, 군장사회는 2~3계층 정도로 이루어진 불평등사회이나 그 계층의 성격은 사회경제적 계급이라기보다 개념적이거나 신분적인 구분이고, 행정 관료가 있는 재분배 사회나 관료제가 불완전한 사회이며, 군장은 무력을 사용하기도 하나 그보다는 주로 합법화된 권위를 가지고 통치하며, 세속적 권력과 종교적 권위가 미분화되어 대개 神權政治가 이루어지곤 하던 사회였다.[19] 그러므로 군장사회를 평등사회와 고대국가 사이의 중간 수준의 사회, 즉 이미 계급은 발생하였지만 아직 국가로서의 면모는 완전치 않은 사회로 보는 개념은, 국가의 발생 과정을 설명하기 위하여 논리적으로 유용한 모델이다. 그럼에도 불구하고 그 개념이 정당하게 받아들여지지 않는 데는 다음과 같은 두 가지 이유가 있다고 생각된다.

첫째로, 고대국가 백제와 신라의 前身인 伯濟國과 斯盧國이 이미 원삼국시대에 나타나 있던 것이 『삼국지』를 통해서 확인되고, 특히 이를 중국 사가들이 '國'[20]으로 표현하고 있기 때문이다. 『삼국사기』에도 서력기원 전후한 시기의 고구려 주변에 荇人國, 蓋馬國, 句茶國과 같은 작은 '國'들이 나타나는데, 그들도 비슷한 정도의 사회 발전 단계에 도달한 것으로 추정된다.

---

19) Elman R. Service(申瀅植譯), 1986, 『原始時代의 社會組織』, 三英社, 173~213쪽.
　　金貞培, 1986, 「國家起原의 諸理論과 韓國古代史」, 『韓國古代의 國家起原과 形成』, 高麗大學校 出版部, 168~192쪽.
20) 중국인의 나라 '國' 자는 部族이든 諸侯이든 간에 城郭을 갖는 크기의 정치 세력을 의미한다고 한다. 千寬宇 編, 1975, 앞의 책, 215쪽의 李用熙 발언 부분.

둘째로, chiefdom이라는 용어가 1980년대에 족장사회, 추장사회, 또는 군장사회라는 용어로 번역되어 도입된 후, 그 용어가 서양 인류학의 신진화론 계통 연구자 사이에서 논의되고 있는 것과 달리 한국에서는 일반인들에게 미개한 사회라는 語感을 주기 때문인 듯하다. 더욱이 위에서 '족장사회'라는 것은 이미 계급사회인 chiefdom과 달리 평등적인 부족사회의 족장과 구분되지 않아 혼동을 주므로 사용하기 곤란하다.

위와 같은 이유로 볼 때, 인류학에서의 君長社會論을 한국사에서 그대로 받아들이지 않는 것은 당연하기도 하다. 서양사학에서도 군장사회론이 널리 수용되지는 못했다. 전통적으로 서양사학에서는, 부족이 몇 개 통합되어 도시국가로 발전했다는 도식이 그대로 이어지고 있다. 다만 여기서 도시국가의 구성 요소가 되었다는 '부족(ethnos)'은 원래 의미와 같은 평등사회가 아니고 이미 계급화한 단순 군장사회를 가리킬 가능성이 높다. 왜냐하면 부족은 여러 친족들로 이루어진 주거 단위들이 평등적인 사회 구조를 유지하면서 혈통이나 부족 상징과 같은 범부족적 단합 방식으로 모여 있는 자발적인 조직이기 때문이다. 즉, 부족은 그 통합 방식의 한계성으로 인하여 더 큰 조직으로의 이행이 불가능하다.[21]

반면에 군장사회는 그 지도자인 군장의 권위에 의하여 더욱 복잡한 重層 조직을 구성할 수 있으며, 근대 국가를 이룬 문명사회에서는 전통적으로 그보다 못한 사회 체제를 모두 '部族(tribe)'이라는 용어로 쓰기도 하였다.[22] 그리스의 에트노스는 유사시에 사령관을 선출하여 그 지휘 아래 군사 행동을 하기 때문에 실제로는 부족의 연맹이어서 학자에 따라서는 이를 '聯盟國家' 또는 '部族王國'이라고 부르기도 했다.[23] 그러므로 서양사에서 도시국가의 구성 요소로 언급한 '부족'은 이미 계층을 이룬 단순 군장사회였다고

---

21) Elman R. Service(申瀅植譯), 1986, 앞의 책, 171~172쪽.
22) Morton H. Fried, 1975, *The Notion of Tribe*, California: Cummings Publishing Company. p.10.
23) 千寬宇 編, 1975, 앞의 책, 217~218쪽의 梁秉祐 발언 부분.

보아야 한다.

한반도 안에서 존재하던 청동기시대의 고인돌 사회는 경남 지역의 경우 1郡當 4~5곳 정도에 분포하며, 각 고인돌 사회의 뚜껑돌 크기나 유물 출토 상황으로 볼 때 그들은 상호 우열관계가 인정되지 않는 대등하고 독립적인 주거 집단이었다.[24] 일단 고인돌을 조성하는 상위 계층이 발생하여 구성원 간에 차이가 존재하나 아직 평등적인 성격이 강하고, 1단계의 지역 중심부가 나타났으나 그 통괄하는 지역이 2~3개면 정도에 지나지 않는 고인돌 사회는 '단순 군장사회'라는 개념에 잘 어울린다. 그러므로 청동기시대의 고인돌 사회를 군장사회라고 부르는 것은 단지 '부족사회'라고 부르는 것보다는 좀 더 정확한 개념이라고 하겠다.

한편 군장사회의 개념을 폭넓게 인정하지 않는 한국 사학계의 풍토로 보아, 그 단순 군장사회가 중층 구조를 이루면서 여러 개 통합된 사회는 '복합군장사회'가 아닌 다른 이름으로 부르는 것이 좋을 듯하다. 그것을 서양사에서는 '都市國家'라고 명명하였으나, 『삼국지』나 『삼국사기』와 같은 문헌에서는 '國'이라고 호칭하였다. 이를 도시국가, 성읍국가, 소국 중의 어떤 것으로 불러도 좋을 듯하다. 다만 여기에는 모두 장단점이 있다.

'도시국가'는 서양사와 비교하여 한국사를 세계인들에게 손쉽게 이해시킬 수 있다는 장점이 있으나, 거기서 논의되는 '도시'의 요건이 매우 발달된 상태를 요구하고 있기 때문에[25] 이를 납득시킬 만한 근거가 없다는 점이 문제이다. '성읍국가'는 한국 사료에 某 '國'을 정복하여 '城邑'으로 삼

---

24) 김태식, 1990, 앞의 논문, 87~88쪽.
25) 차일드가 내세우는 都市(Urbanism)의 기준은 다음의 10가지이다. 1. 제한된 지역에 다수의 人口가 집중화한 현상, 2. 職業의 전문화 즉 전문적인 기능공, 교통운반자, 상인, 관리, 사제장 등의 존재, 3. 경제적 통합에 관한 再分配 역할, 4. 象徵이 되는 공공의 기념건축물, 5. 社會階層의 발달, 6. 文字의 사용, 7. 각종 科學 지식의 출현, 8. 자연 예술의 등장, 9. 먼 거리 外國과의 교역, 10. 親族보다 地緣에 기초해서 전문인들이 활동하는 사회. Chile, V. G., 1950, "The Urban Revolution", *Town Planning Review*, 21, pp.9~16. 金貞培, 1986, 앞의 책, 149쪽.

왔다는 근거가 있고[26] 용어에서 풍기는 이미지도 당당하다는 장점이 있으나, 초기 철기시대 이전에 축조된 성의 존재를 확인할 수 없고 기존에 이를 청동기시대 고인돌 사회에다 적용하기도 하여[27] 개념이 혼란스러워졌다는 점이 문제이다. '소국'은 앞으로 나타날 고대국가의 원형이면서 규모가 작다는 것을 설명할 수 있는 장점이 있으나, 大國과 小國이라는 용어는 시대를 막론하고 국가의 상대적인 크기에 따라 쓰여 왔다는 점이 문제이다.

위에서 가장 바람직한 용어는 성읍국가가 아닐까 한다. 그러나 이 용어를 사용하려면 위에 언급한 바와 같은 문제를 해결할 필요가 있다. 즉, 고고학적으로 전형적인 초기 철기시대의 성읍을 찾고, 나아가서는 청동기시대의 것도 찾아야 한다. 그런데 적어도 남한에서는 이런 것이 쉽지 않을 것이다.

그러므로 당분간은 대부분의 개설서들과 중등교과서에서 초기 철기시대 및 원삼국시대의 정치체들에 대하여 일상적으로 쓰는 '소국'이라는 말을[28] 쓰는 것이 무리가 없을 듯하다. 이 용어는 '작은 국가'라는 뜻으로서 이미 질적으로 국가라는 뜻이므로, '국가' 또는 '고대국가'와 다른 수준의 정치체, 또는 그 이전 단계의 사회 발전 단계를 가리키는 용어로는 적당치 않다. 그러나 다른 용어들은 더 큰 문제점을 가지고 있고, 『삼국지』나 『삼국사기』 등에 그런 존재들이 후세의 고대국가들과 같이 엄연히 '國'으로 쓰이고 있으므로, 현재의 상황에서는 어쩔 수 없다.

소국이 고대국가로 성장하기 위해서는 많은 능력과 시간이 필요하며, 그 과정이 모든 경우에 동일하다고 볼 수는 없다. 그러나 한국에서 대부분의 소국은 고대국가로 발전하기 전에 상당한 기간 동안 그와 비슷한 다른 존재들과 연맹체를 구성하는 것으로 보인다. 그 연맹체는 대부분 혈통적이나 문

---

26) 이기백c, 1999, 『한글판 한국사신론』, 일조각, 29~30쪽.
27) 위의 책, 29쪽.
28) 변태섭, 앞의 책, 73쪽.
　　한영우, 앞의 책, 74쪽.
　　국사편찬위원회, 1종도서편찬위원회, 2002, 앞의 책, 49쪽.

화적으로 유사한 공동체 의식을 바탕으로 하면서, 상호간의 갈등 관계를 조정하거나 주위의 더 큰 존재들과 상대하는 과정에서 형성된다.

『晉書』四夷傳 馬韓條에 "비록 다툼이 있어서 전쟁을 하더라도 서로 굴복하는 것을 귀하게 여긴다."는[29] 말이 나오는데, 이는 그 소국들 사이에 전쟁이 나더라도 어느 하나가 다른 하나를 해체시키고 지배하는 것이 아니라 그 체제를 인정한 상태에서 상호간의 서열을 정하는 것에 만족한다는 뜻이다. 그렇게 되는 이유는 소국의 지배층들은 여러 가지 한계성으로 인하여 더 넓은 영역을 다스릴 만한 중앙 집권적 통치 능력을 갖추고 있지 못하기 때문이다.

그런 상태의 사회를 요즘 개설서에서는 대개 '연맹왕국'이라고 쓰고 있다. 그 개념은 성읍국가의 연맹체를 가리키는 말로 쓰이기 시작했는데,[30] 중·고등학교 교과서를 포함하여 다른 책들에서는 그 개념이 구체적으로 정의된 바 없이 쓰이고 있어서 혼란을 주고 있다.[31] 연맹왕국이라는 말만 가지고는 그것이 군장사회들의 연맹체인지, 성읍국가들의 연맹체인지, 부족들의 연맹인지, 또는 그 결과 사회적으로 前과 다른 발전 단계에 돌입했는지에 대한 개념이 들어오지 않는다.

그러므로 앞의 소국 개념과 아울러 생각할 때, '연맹왕국'보다는 '소국연맹체'라는 용어로 쓰는 것이 타당하다고 본다. 왜냐하면 소국연맹체에서 가장 서열이 앞서는 소국, 즉 맹주국의 지배자는 주변의 다른 존재들에 대해 자신의 존재를 과시하기 위해 '王'이라는 칭호를 사용하지만, 그들의 본질은 전체 영역의 지배자가 아니라 자기 소국만의 지배자라고 하는 것이 사실에 가깝다. 그들이 소국연맹체의 연맹장이나 그에 버금가는 존재에서 더욱 발전하여 일정한 영역을 지배하는 고대국가를 건설하기 위해서는 또다

---

29) 『晉書』卷97 列傳67 四夷 馬韓 "雖有鬪爭攻戰 而貴相屈服."
30) 이기백c, 앞의 책, 31쪽.
31) 한영우, 앞의 책, 69쪽, 74쪽.
　　국사편찬위원회, 1종도서편찬위원회, 2002, 앞의 책, 39쪽, 51쪽.

시 많은 과정이 필요하다. 그러면 소국이나 소국연맹체에서 한 단계 더 발전한 진정한 국가, 즉 고대국가는 어떤 것을 가리키는지 다음 장에서 살펴보고자 한다.

3. 初期 古代國家의 개념

古代國家란 역사상 최초로 나타난 국가라고 할 수 있다. 그러면 그 국가에 대한 용어 정의로는 어떠한 것들이 있을까? 일단 비교를 위하여 서양사 또는 인류학에서의 고대국가 정의 중에 대표적인 것만 들어보고자 한다.

국가(state)에 대한 전통적 정의는 물리적인 힘, 즉 무력에 기반을 둔 억압이 존재하는 사회라고 하였으며, 유물사관의 레닌은 소수 有産階級의 이익을 보호하기 위하여 다수 人民을 무력으로 억압하는 기관이라고 하여 계급이 존재하는 사회, 즉 계급사회일 것을 전제 조건으로 삼았다. 특히 최초의 국가는 대규모 노동 노예를 기본 생산 양식으로 삼고 그들을 억제하기 위한 노예 소유자의 국가라고 하였다.[32] 모튼 프리트는 이런 입장을 이어받아, 국가에서 가장 우선이 되는 것은 계층화된 체제와 사유 재산의 불가침을 옹호하기 위하여 물리적인 힘을 가할 수 있는 강압적인 통제 기구와 이념 등이며, 그런 것으로서 군대, 경찰, 공식적인 법률 제도 등을 들었다.[33]

반면에 사회계약론의 스펜서는 전쟁 같은 외적인 갈등에 직면해서 각 사회 집단들은 중앙 집권화에 따른 군사적, 경제적 이익을 얻기 위해 자발적으로 지배 권력에 복종한다고 하였으며, 이런 것이 지속되면서 장기적인 전쟁이 주는 압력에 대한 적응 반응 과정에서 정부가 나타났다고 하였다.[34]

---

32) Engels, Friedrich, 1891. *The Origin of the Family, Private Property, and the State*, Eleanor Burke Leacock, ed. New York.

33) Fried, Morton, 1967. *The Evolution of Political Society: An Essay in Political Anthropology*, New York: Random House.

신진화론의 엘만 서비스는 이런 시각을 계승하여, 국가는 공공 이익, 즉 사회 질서의 존속을 위해 필요한 기관이라고 보면서, 지역적 특성의 제한이 없는 곳에서 보다 큰 자연 지배(거대한 물의 조절, 거대한 운하 등등) 및 인구·영역 지배(주변의 강한 침략자로부터의 집단 방어)가 필요하게 되면, 그 사회는 새로운 단계인 古典 古代國家로 전환된다고 하였다. 그리고 합법적인 무력의 행사를 위한 상설적인 경찰, 군대, 법률의 존재와, 지배자를 위한 권력 집중, 즉 중앙 집권의 제도화를 위한 관료제 정비를 국가의 기본 요소로 삼았다.[35]

위와 같은 논의들이 한국사에도 그대로 적용된다고 보기는 어려우나, 위에서 제시된 요소들을 국가 개념의 최소한의 기준으로 삼을 수는 있을 것이다. 그런데 앞의 〈표 1〉에서 제시한 바와 같이, 한국학계에서는 한국사 최초의 국가에 대하여 노예국가(백남운), 귀족국가(손진태, 이기백, 한영우), 고대국가(김철준, 이기백, 변태섭, 제5~7차 국사교과서), 영역국가(천관우), 중앙집권왕국(이종욱), 관료국가(전경수) 등의 용어를 사용하고 있다. 이는 그들이 한국사 최초의 '국가'에서 무엇을 가장 중시하는 지를 대변하는 것이다.

예를 들어 노예국가라는 용어를 사용한 학자는 국가의 구성 요소로서 노예제 생산 양식의 존재를 가장 중시하고 있으며, 귀족국가나 중앙집권왕국이라는 용어를 쓴 학자들은 중앙, 즉 수도에 귀족층이 형성되어 이들이 국가 전체를 지배한다는 것을 강조하고 있다. 또한 영역국가라는 용어를 쓴 학자는 왕권의 지배 범위가 마을이나 도시를 넘어 매우 넓은 영역에 미치게 되었음을 주목하고 있으며, 관료국가라는 용어를 쓴 학자는 국가가 관료제

---

34) Spencer, Herbert, 1876, 1882, 1896. *The Evolution of Society*(selections from Principles of Sociology), Edited with Introduction by Robert Carneiro. Chicago: University of Chicago Press, 1967.

35) Service, Elman Rogers, 1975. *Origins of the State and Civilization*, New York: W. Q. Norton & Company, Inc.

를 토대로 하여 지배하고 있음을 나타낸 것이다.

한편 고대국가라는 용어를 쓴 학자들은 고대와 중세 및 근대의 국가를 기본 구조에 있어서는 동일한 것으로 보면서 약간의 시대적 차별성을 인정하는 것이라고 볼 수 있다. 이 '고대국가'라는 용어가 학계에서 가장 널리 사용되고 있다. 고대부터 현대까지 포괄할 수 있는 국가의 공통점은, 통치조직을 가지고 일정한 영토에 거주하는 다수인으로 이루어진 단체로서, 이를 구성하는 3가지 요소, 즉 영토, 국민, 주권에 의하여 정의된다. 즉, 국가가 적어도 몇 개 이상의 도시를 포괄할 정도의 넓은 영토와 그 안에 사는 많은 주민들을 일정한 방법으로 통치하고 있다는 점에서는 공통적이나, 그 중에서 고대국가의 특징은 그 통치 방법의 핵심이 왕과 귀족들에 의한 중앙집권적 통치 조직에 있다고 할 수 있다. 이러한 점을 각기 노예 소유자, 귀족, 중앙 집권, 영역, 관료 등의 접두어로 표현한 것이다. 그러므로 이 논문에서는 이와 같은 개념을 일반적으로 쓰이는 '고대국가'라는 용어로 대표하고자 한다.

다행스럽게도 한국 고대사학계에서 어느 시기부터를 위와 같은 고대국가로 파악하는가에 대해서는 어느 정도 합의가 이루어져 있다고 보인다. 즉, 고구려 소수림왕(4세기 후반), 백제 근초고왕(4세기 중엽), 신라 법흥왕(6세기 전반) 이후를 중앙 집권적 고대국가로 간주하는 점은 대개 일치하고 있다.[36] 물론 여러 가지 異說도 있고, 특히 고구려에 대해서는 중앙 집권적 정치 체제가 완비된 시기를 좀 더 앞당겨 3세기 후반으로 보는 견해가 대두되기도 하였으며,[37] 이는 고구려가 선진적인 고대 중국에 인접해 있고 백제

---

36) 邊太燮, 1996, 『韓國史通論』(제4판), 三英社, 82·86쪽.
   한영우, 1997, 『다시 찾는 우리 역사』, 경세원, 96쪽.
   이기백c, 1999, 앞의 책, 54·56·60쪽.
   국사편찬위원회, 1종도서편찬위원회, 2002, 『고등학교 국사』, 교육인적자원부, 52~53쪽.
37) 여호규, 1992, 「고구려초기 나부통치체제의 성립과 운영」, 『한국사론』 27, 서울대 국사학과.
   윤성용, 1997, 「고구려 귀족회의의 성립과정과 그 성격」, 『한국고대사연구』 11, 한국고대사학회.

보다 국가 발전이 일렀을 것이라는 것을 고려해 볼 때 상당한 타당성이 인정된다.

그렇다면 한국사에서 중앙 집권적 지배 체제가 완비된 고대국가의 구성 요소는 무엇일까? 가장 먼저 들 수 있는 것은 귀족, 평민, 노비 등 3개 이상의 사회경제적 계층으로 구분되는 계급사회를 이루고 있어야 한다는 것이고, 두 번째는 왕을 중심으로 한 중앙 정권이 군대 등의 무력을 독점하고 있어야 한다는 것이며, 세 번째는 중앙 집권을 제도화하기 위하여 관료제가 정비되어야 하는데, 이는 일원적 기준을 따르는 官等의 확립과 成文 律令의 존재 등으로 나타난다. 이 세 가지만 갖추면, 앞의 유물사관이나 사회계약론, 그리고 이를 계승한 근래의 신진화론 등에서 논의되는 국가 요소가 대체로 포괄된다고 할 수 있다.

위의 세 가지 요소 외에 부수적으로 종종 거론되는 것으로는, 귀족회의가 상설적으로 개최되는가 하는 것과 지방 지배를 위하여 지방관을 파견하는가의 문제가 있다. 여기서 귀족이란 중앙, 즉 수도에 거주하는 혈연적 특권층을 의미하며, 지방에 거주하는 세력가는 포함하지 않는다. 또한 지방관을 파견한다는 것은, 원거리 교역이나 교통로 차단 등을 위하여 한두 군데에 관리나 군대를 파견하는 일시적이거나 부수적인 수준을 초월하여, 郡縣制 등으로 표현되듯이 전국적으로 지방 통치 체제가 성립된 것을 의미한다. 이에 더하여 사회 구조와 상호적 인과 관계에 있는 이념이나 의식 문제를 언급한다면, 고대국가 단계에서는 인간 중심적 세계관, 즉 불교나 유교와 같은 고등 종교 또는 사상이 수용되고 발전되어야 한다고 생각된다. 물론 後者의 세 가지 요소들은 前者의 것과 같이 본질적인 것은 아니므로 이것들이 반드시 이루어져 있어야 한다고 확정지을 필요는 없으나, 고대국가 완성의 지표로 삼아 추적해 볼 가치는 충분히 있다.

위와 같은 여섯 가지의 요소들이 거의 갖추어진 사회를 '成熟한 古代國家'라고 할 때, 그보다 완전치 못한, 또는 그 직전의 사회를 무엇이라고 하는 것이 좋을까? 또는 고대국가 체제가 완성되지는 못했다고 해도 고대국가라고 부를 수 있는 단계가 있다면 그 기준은 무엇일까? 이 논문에서 다루고

자 하는 문제의 핵심은 여기에 있다.

그런데 한국사 학계에서 고대국가 완성 단계에 대한 公論이 형성되어 있는 것과 마찬가지로, 우리 학계의 대부분 학자들은 고구려 태조왕(1세기 중엽), 백제 고이왕(3세기 중엽), 신라 나물왕(4세기 중엽)의 시기를 고대국가의 성립 단계로 보고 있다.[38] 한국사에서 고대국가의 성립 단계를 태조왕, 고이왕, 나물왕의 시기로 보는 견해를 처음으로 제안한 것은 이병도였으나,[39] 그 후 이 제안이 여러 개설서들에서 채택되어 이제 우리 학계의 공론이 되었다고 할 수 있을 정도이다.

다만 일본에서는 이를 인정하지 않는 경우가 대부분이어서, 旗田巍는 고구려는 3세기에 部族聯合國家로 성립했다고 하고, 백제의 4세기 때 기본적인 정치 체제는 小國 首長聯合의 政體였으나 제13대 근초고왕이 비로소 왕권을 강화하고 5세기 후반 웅진 천도 이후에 집권적인 전제정치로 전환했다고 하였으며,[40] 신라는 4세기 후반 나물 마립간 때에 주위 소국을 대표하는 존재로 되고 6세기 전반의 지증 마립간, 법흥왕 시대에 영역국가로 발전했다고 보았다.[41] 井上秀雄도 『삼국사기』 백제본기에 나오는 제12대 계왕 이전의 기사는 설화적인 전설 기사 아니면 후세의 조작 기사들이고, 제13대 근초고왕 시대가 되어서야 마한 북부의 小國家를 대표하는 위치에 섰다고 하였으며,[42] 신라는 제17대 나물 마립간 때 辰韓諸國의 대표국이 되었으나 진한 내부에서의 지배권이 약하고 오히려 상징적인 존재였고, 제22대 지증

38) 邊太燮, 1996, 『韓國史通論』(제4판), 三英社, 79 · 82 · 85쪽.
한영우, 1997, 『다시 찾는 우리 역사』, 경세원, 85 · 89 · 93쪽.
이기백c, 1999, 앞의 책, 53 · 54 · 59쪽.
국사편찬위원회, 1종도서편찬위원회, 2002, 『고등학교 국사』, 교육인적자원부, 49~50쪽.
39) 李丙燾, 1934~1937, 「三韓問題의 新考察」, 『震檀學報』 1~8; 1954, 「古代南堂考 -원시집회소와 남당-」, 『論文集』 1, 서울대학교; 1959, 『韓國史 -古代篇-』, 震檀學會 編, 서울: 乙酉文化社; 1976, 『韓國古代史研究』, 博英社.
40) 旗田巍, 1973, 『朝鮮の歷史』, 朝鮮史研究會 編, 三省堂, 41~43쪽.
41) 위의 책, 47쪽.
42) 井上秀雄 著, 金東旭 · 金森襄作 譯, 1981, 『古代韓國史』, 日新社, 112쪽.

마립간과 다음 법흥왕 때 일약 고대국가로 발전하였다고 보았다.[43]

우리 학계에서도 이기백과 이기동은 고이왕이나 나물왕의 시기를 "연맹왕국의 완성" 의 단계로 표현한 바 있다.[44] 연맹왕국이란 여러 성읍국가(=소국)의 연맹에 의하여 형성된 정치 체제로서, 『삼국지』 위서 동이전에 나타나는 삼국을 그 중간적인 형태, 부여와 고구려를 전형적인 경우로 삼고 있다.[45] 그렇다면 이 견해에서는 고구려 소수림왕 이전, 백제 근초고왕 이전, 신라 법흥왕 이전의 정치 체제를 연맹왕국 완성 단계의 연장선 위에서 해석한 것이라고 하겠다.

한편 노태돈은 고대국가의 성립 시기에 대하여 신라의 경우에는 5세기 눌지 마립간 이후로 늦춰보아야 한다는 입장을 가지고 있어서 앞의 견해들과 약간의 차이를 보이나, 그 시기 정치 체제의 특징을 구체화시켜 '部體制' 라 이름 짓고 이를 '초기 고대국가' 의 체제로 인정하였다. 그 문장을 인용하면 다음과 같다.

> (자신의 설은) 고대국가의 정치 체제는 聯盟體的인 部體制에서 領域國家的인 中央集權體制로 진전되었다고 보는 견해이다. 이 설에서 제기한 부체제는 '초기 고대국가' 의 체제로서 후기 고조선과 삼국 초기의 정치 체제에 해당하며, 삼국 중기(4~6세기) 이후 지향해나가게 되었던 영역국가적인 중앙 집권 체제는 성숙한 고대국가의 체제로서 일종의 郡縣制國家의 그것이라고 할 수 있다.[46]

즉, 위의 인용문으로 보아, 고대국가의 정치 체제는 초기 단계의 部體制와 성숙한 단계의 中央集權體制로 나누어진다고 하였다. 그러나 앞에서 보았듯이 고대국가라는 용어가 일반적으로 '영역국가' 와 동의어로 사용되고

---

43) 위의 책, 152 · 157쪽.
44) 李基白 · 李基東, 1982,『韓國史講座 古代篇』, 一潮閣, 137 · 149쪽.
45) 위의 책, 104~105쪽.
46) 노태돈, 2000, 「초기 고대국가의 국가구조와 정치운영」, 『韓國古代史研究』 17, 한국고대사학회, 7쪽.

있음에도 불구하고, 위의 문장에서 부체제는 '연맹체적'이고 중앙 집권 체제는 '영역국가적'이라는 관형어를 사용하여 제한을 두었다. 이는 노태돈이 부체제를 초기 고대국가의 체제라고 언급하였음에도 불구하고, 그 사회 구조에 대한 진단은, 이를 '소국 수장연합'의 政體라고 본 旗田巍나 '연맹왕국의 완성' 단계라고 본 이기백 및 이기동과 그리 다르지 않다는 것을 의미한다. 그런가 하면, 신라가 3세기 중, 후반에는 진한의 소국들을 병합하고 한 단계 정도의 지방관을 파견하여 군현제적 왕국을 이루었고 마립간 시대에는 중앙 집권적 왕국이 되었다고 보는 견해도 있다.[47]

학자들의 이와 같은 표현상의 차이는, 부체제라는 것이 소국연맹체와 고대국가 사이의 중간적 성격, 또는 과도기적 성격을 가지기 때문에 나타난 현상이라고 생각된다. 그러므로 이 단계를 초기 고대국가로 보고 그 특성을 규정한 部體制論은, 한국사에서 고대국가의 발전 과정을 좀 더 구체적으로 설명하기 위해서 유용한 도구라고 할 수 있다.

그러면 좀 길기는 해도 이미 1970년대에 부체제론을 제창한 바 있는[48] 노태돈이 최근에 발표한 '초기 고대국가'에 대한 개념 규정을 인용해 보고자 한다.

① 초기 고대국가는 정치적 위상을 달리하는 각급 자치체의 연합체이다. 초기 고대국가를 건설하고 그 운영을 주도하며, 그 국가 구조 내에서 집단적으로 우월한 위치에 있었던 집단들이 존재하였다. 그들은 몇 개의 자치체로 구성되어 있었다. 그 자치체가 곧 部이다.
② 部는 혈연 집단이 아니며, 地緣에 바탕을 두고 형성된 집단이며, 部 내부에는 계층 분화가 진전되었다.
③ 각 국에서 部로 편제되었던 집단들의 범위의 결정에는 건국의 역사적 과정과

---

47) 이종욱, 2000, 「한국고대의 부와 그 성격 -소위 부체제설 비판을 중심으로-」, 『韓國古代史研究』 17, 한국고대사학회, 46~47쪽.
48) 盧泰敦, 1975, 「三國時代의 '部'에 관한 硏究 -成立과 構造를 中心으로-」, 『韓國史論』 2, 서울대학교 국사학과.

함께 종족적, 문화적인 요소가 일정하게 작용하였다.

④ 部는 왕권에 의해 무역, 외교, 전쟁권 등의 대외 교섭권 등을 박탈당하는 등 일정한 통제를 받았으나, 그 내부의 事案에 대해선 상당한 자치력을 보유한 단위 정치체였다. 부내에도 하위 자치체가 존재하였다(部內部).

⑤ 초기 고대국가의 사람들은 자기가 속한 자치체와 그 상위 정치체인 국가에 소속되었고, 그에 따라 部人들의 귀속의식 또한 兩屬性을 지녔다. 고유한 部名을 冠稱하는 것은 그런 면을 상징적으로 나타낸 것이다.

⑥ 複數의 부를 결속시키는 일차적인 힘은 왕을 대표로 하는 집권력이다. 왕은 諸部 중 가장 강력한 部의 長인 동시에 諸部 전체를 통할하며 피복속민 집단을 포괄한 국가의 임금이다. 당시 왕은 초월적인 권력자는 아니며, 諸部의 大加(干)들의 대표와 같은 존재였다.

⑦ 왕의 임석 하에 諸部의 대가(간)들이 참여한 제가(간)회의와 같은 회의체가 국정 운영에서 주요 기능을 하였다. 초기 관등제의 형성은 그러한 제가회의와도 연관성을 가진 것이었다.

⑧ 部의 大加(干)들과 왕실은 때로는 갈등을 일으키기도 하였지만, 휘하 읍락민을 통제하는 데 있어서는 이해관계를 함께 하여 상호의존적이었다. 초기 고대국가는 계급적 측면에선 大加들의 연합체라고 할 수 있다.

⑨ 피복속민 집단들 중 상대적으로 크고 유력한 세력은 '侯國'으로, 약소한 것은 集團隷民이 되었다. 피수탈 정도 등 구체적인 예속 양상에선 차이가 있었지만, 기본적으로 각 집단 내부의 일은 자치를 행하면서 공납과 군사적 助力을 제공하였다.[49]

위에 인용한 초기 고대국가의 정치 체제인 부체제에 대한 개념 규정은 매우 함축적이면서도 분명하여 부체제의 대략적인 것을 추측할 수 있게 하므로, 이를 다시 정리할 필요를 느끼지 않는다. 그러므로 위에서 제기한 초기 고대국가의 주요 개념들을 토대로 해서, 부체제가 앞에서 필자가 정리한 고대국가의 여섯 가지 기본 요소와 어떤 차이가 있는 지 비교해 보고자 한다.

우선 계층 문제에 대해서 위의 개념 규정에서는 ②번에서 部 내부에 계

---

49) 노태돈, 1999, 앞의 논문, 25~26쪽.

층 분화가 진전되었다고만 하여 분명치 않으나, 그 논문의 본문에서 부여 사회는 諸加層, 豪民層, 邑落民(스스로 무장할 수 있는 층과 그렇지 못한 층), 奴婢 등 다섯 층으로 구분되고, 고구려의 5부도 坐食者層(大加層과 小加層), 邑落民(집에 小倉을 지닌 스스로 무장할 수 있는 층과 그렇지 못한 빈한층), 奴婢 등으로 구분된다고 하였다.[50] 그렇다면 크게 구분해도 3~4개, 좀 더 세분하면 5개 정도의 사회경제적 계층으로 구분되는 계급사회를 이루고 있었다고 할 수 있다. 즉, 계층 면에서 초기 고대국가는 성숙한 고대국가로서의 요소를 갖추고 있었다.

두 번째로 무력 독점 문제는 어떠한가? 위의 개념 규정 ④번에서 部는 왕권에 의해 전쟁권 등을 박탈당했다고 하였으므로, 왕권이 무력을 독점한 것처럼 오해될 소지가 있다. 그러나 부여에서 적이 있으면 諸加가 스스로 전쟁을 치른다 하고,[51] 고구려의 那部는 王都를 공격하고 왕이 이끈 畿內兵馬에 대항할[52] 정도였으므로, 部는 독자적 군사력을 가지고 있었다고 볼 수 있다. 그러나 각 부가 평상시에 무력을 완전히 자율적으로 행사한 것은 아니어서, 고구려의 경우 那部의 지배 세력이 계루부 왕권의 통제 아래 예하의 군사력을 동원하여 전투를 수행하였다. 즉, 部의 군대는 계루부의 명령을 받아서 다른 那를 공격하기도 하였다.[53] 또한 해외 파병 때에 大加와 主簿가 동시에 파견되었는데, 대가는 那部別 군사력을 동원하여 전투를 수행하였고 주부는 계루부 왕권의 입장에서 대가의 군사 활동을 통제했다고 한다.[54] 그렇다면 초기 고대국가는 왕과 각 부의 長이 군사력을 분점하고 있으면서, 왕이 유사시에 각 부의 군사력을 간접적으로 통제할 수 있는 장치

---

50) 위의 논문, 16쪽.

51) 『三國志』 권30, 魏書30 烏丸鮮卑東夷傳30 夫餘 "有敵 諸加自戰."

52) 『三國史記』 권16, 高句麗本紀4 故國川王 12년 및 13년 조.

53) 『三國史記』 권15, 高句麗本紀3 太祖王 20년 및 22년 조.

54) 여호규, 2000, 「고구려 초기 정치체제의 성격과 성립기반」, 『한국고대사연구』 17, 한국고대사학회, 155쪽.

가 제도화되어 있었다고 할 수 있다.

초기 고대국가의 이와 같은 무력 통제 방식은 왕권이 무력을 독점하는 성숙한 고대국가의 방식과는 상당한 차이가 나, 소국연맹체의 방식과도 일정한 차이가 있다. 각 소국이 개별적으로 무력을 소유하는 형태는 부체제와 마찬가지이나, 소국의 연맹장은 여러 소국들과 같이 전쟁에 참여할 경우에 다른 소국 왕과의 협의 및 그의 양해를 통해서만 그 군대를 통제할 수 있었을 것이다. 그러므로 초기 고대국가의 무력 소유의 기본 형태는 소국연맹체의 그것과 비슷하나, 그 통제 방식은 왕권에 의한 무력 독점을 지향하고 있었다고 볼 수 있다.

세 번째로 관료제의 정비 여부는 어떠한가? 과연 일원적 기준의 관등과 이를 뒷받침하는 성문 율령은 확립되어 있었을까? 위의 개념 규정에서는 ⑤번에서 초기 고대국가의 사람들은 자기가 속한 자치체의 고유한 部名을 冠稱했다고 하였고, ⑥번에서 왕은 諸部의 大加(干)들의 대표와 같은 존재였다고 하였다. 위의 문장만 보아도 부체제에서 일원적 기준의 관등은 성립되기 어려웠을 것을 추측케 한다.

3세기에 고구려의 대가가 사자, 조의, 선인 등을 스스로 두었다고[55] 하는 사실에서 보듯이 각 부는 독자적인 관료 조직과 관등제를 운영하였다고 볼 수 있다. 각 부의 대가가 단순하나마 자신의 독자적인 관료 조직과 관등제를 유지하고 있는 것은, 그 세력이 部로 편입되기 이전의 소국일 당시부터 비롯되었을 가능성이 높다. 그러나 초기 고대국가에서 관등은 部를 단위로 각 部別로 따로 설정되지 않고 하위 관등을 제외한 모든 관등은 왕에 의하여 사여되었다고 한다.[56] 또한 대가가 임명한 하위 관등인 사자, 조의, 선인의 명단도 왕에게 보고되었고, 대가의 사자, 조의, 선인은 왕실의 사자, 조의, 선인과 같은 줄에 설 수 없었다.[57]

---

55) 『三國志』 권30, 魏書30 烏丸鮮卑東夷傳30 高句麗 "諸大加亦自置使者皂衣先人."
56) 노태돈, 2000, 앞의 논문, 20쪽.
55) 『三國志』 권30, 魏書30 烏丸鮮卑東夷傳30 高句麗 "諸大加亦自置使者皂衣先人."
56) 노태돈, 2000, 앞의 논문, 20쪽.

이로 보아 중앙 정권에도 각 부에도 관등제는 운영되고 있었으나 각각의 관등제는 왕과 제가의 상하관계를 매개로 해서 큰 폭으로 서열화 되어 있었다는 것을 보여준다. 그러므로 초기 고대국가의 관료제는 각 소국들이 각각의 관료제를 유지하던 소국연맹체의 상태를 유지하면서도, 실질적으로는 왕권의 통제가 각 부의 관료들에게까지 간접적으로 이루어지고 있는 체제였다고 할 수 있다.

네 번째로 귀족회의의 상설 개최 여부는 어떠한가? 위에 인용한 초기 고대국가의 개념 규정 ⑦번에서는 왕의 임석 하에 諸部의 대가(간)들이 참여한 諸加(干)會議와 같은 회의체가 국정 운영에서 주요 기능을 했다고 하였다. 귀족회의와 제가(간)회의는 기본적으로 여러 유력자들의 견해를 모으고 조정하는 회의이고, 이것이 성숙한 고대국가나 초기 고대국가에서 모두 가장 중요한 의사 결정 기구였다는 점에서는 동일하다.

그러나 '귀족회의'에 참여하는 인물들은 모두 수도에 거주하면서 중앙 정권에 고위 관료로 참여하는 혈연적 특권층임에 비하여, '제가(간)회의'에 참여하는 인물들에는 왕이 속한 부를 대표하는 왕과 그 주변의 귀족도 일부 있었으나 대부분은 그와 구별되는 공간[58]에 위치하는 각 부의 대표자였다. 또한 귀족회의에는 왕이 참여하지 않고 大對盧, 上大等과 같은 독립적인 議長이 회의를 주재하였으나, 제가(간)회의에는 冷水里碑나 鳳坪碑에서 보듯이 王도 자기 부의 대표자로서 참여하여 여러 干支들과 함께 논의하여 안건을 처결하였다.[59] 이런 차이는 성숙한 고대국가와 초기 고대국가의 사회 구조가 서로 다른 데서 오는 것이다.

한번 회의를 하면 먼 곳에서 각 부의 대표자들이 모여야 했기 때문에, 제

---

57) 『三國志』 권30, 魏書30 烏丸鮮卑東夷傳30 高句麗 "諸大加亦自置使者皁衣先人 名皆達於 王 如卿大夫之家臣 會同坐起 不得與王家使者皁衣先人同列."

58) 消奴加가 沸流水에 자리 잡았다거나 4椽那가 王都와 畿內를 공격하였다는 데서 보듯이, 고구려의 각 부는 중앙의 桂婁部와 뚜렷이 구별되는 공간에 위치하였으나(여호규, 2000, 앞의 논문, 137~138쪽), 신라나 백제의 부는 어디에 위치하였는지에 대한 학설이 분분하다.

59) 노태돈, 2000, 앞의 논문, 22쪽.

가(간)회의는 귀족회의처럼 상설적으로 또는 자주 열릴 수 없었고, 1년에 네 차례 정도 왕권의 주도 아래 정기적으로 개최되었다.[60] 거기서 제가(간)회의의 구성원인 제가(간)들은 왕이 사여하는 관등을 지니고 있어서 그 관등에 따라 회의에서의 位次가 정해졌으므로, 제가(간)회의는 근본적으로 왕의 권위 하에 귀속되어 있던 존재였다.[61] 반면에 소국연맹체에서는 1년에 한두 차례 열리는 축제 시기에 각 소국의 대표자들이 연맹장이 있는 곳으로 모이면, 의식을 치르는 기간 중에 부수적으로 연맹체 공동의 관심사가 논의되는 성격이 짙었다고 할 수 있다.

이렇게 볼 때, 초기 고대국가의 제가(간)회의는 참여 인사의 범위와 시기 등의 외형적으로 보아 소국연맹체의 首長 또는 君長會議와 유사하나, 어려운 방법을 통해서나마 왕의 의지가 구현될 수 있는 기구라는 점에서는 성숙한 고대국가의 귀족회의와 실질적 성격이 통한다고 할 수 있다.

다섯 번째로 지방 지배의 방식은 어떠한가? 위에 인용한 개념 규정의 ① 번에서, 초기 고대국가는 정치적 위상을 달리하는 각급 자치체, 즉 部의 연합체로서, 그 부들은 초기 고대국가를 건설하고 그 운영을 주도했다고 하였다. 또한 ⑨번에서는, 피복속민 집단들 중 상대적으로 크고 유력한 세력은 '侯國'으로, 약소한 것은 集團隸民이 되었는데, 기본적으로 각 집단 내부의 일은 자치를 행하면서 공납과 군사적 도움을 제공했다고 하였다. 초기 고대국가의 중앙 왕권은, 지방에 있는 세력이 부든 후국이든 집단예민이든간에 그 지역에 지방관을 파견하지 않았다는 점에서 공통적이며, 이는 소국연맹체의 지방 지배 방식과는 그대로 통하나 군현제를 시행하는 성숙한 고대국가와는 근본적으로 다른 점이다.

다만 여기서 각 부가 점유하던 지역은 다른 후국이나 집단예민이 있는 지역과 비교해서는 중앙이라고 할 수도 있다. 왜냐하면 초기 고대국가에서

---

60) 여호규, 2000, 앞의 논문, 149~150쪽.
61) 노태돈, 2000, 앞의 논문, 22쪽.

部는 왕권과 함께 지방 지배의 주체로 나서고, 그 이득을 나누어 갖기 때문이다. 국가의 규모가 커지면서 그 이득도 커졌기 때문에, 각 부는 중앙 권력에 복종하여 외교권을 상실하고 대외적으로 자신의 국명을 포기함으로써 대외 교섭 창구가 일원화되는 것에 동의하였을 것이다. 또한 각 부를 중앙 권력으로 인정하는 것은, 성숙한 고대국가에서 部가 수도 내의 행정 구역으로 전환되기 때문에, 사료의 존재 형태와 연관하여 그 전 단계의 부와 혼동을 일으킨 결과라고 볼 수도 있다. 이것이 초기 고대국가의 정치 체제를 설명하는 부체제론의 약점이며, 이를 확대 해석하는 견해가[62] 나오기도 하였다.

이렇게 볼 때, 초기 고대국가의 지방 지배 방식은 외형적으로 보아 소국연맹체의 것과 동일하나, 그 지방 세력 중의 일부는 部로 삼아 중앙 정권의 동반자로 삼고 나머지는 정복이나 협상을 통해 강압적 지배의 대상으로 삼는다는 점에서 차이가 있다. 이는 중앙 정권의 취약성을 보완하기 위해서 과도기적으로 채택하는 전략적 지방 지배 방식이라고 할 수 있다.

여섯 번째로 인간 중심적 세계관의 존재 여부는 어떠한가? 위에 인용한 개념 규정의 ③번에서, 部로 편제되었던 집단들의 범위를 결정하는 데에는 건국의 역사적 과정과 함께 종족적, 문화적인 요소가 일정하게 작용하였다고만 하고, 세계관의 문제는 구체적으로 언급하지 않았다. 그러나 그 논문의 본문에서는, 고구려 수도에서 거행된 東盟祭에서 왕은 최고의 司祭로서 祭儀의 진행을 관장하며, 5부인을 대표하여 日神과 隧神에게 한 해의 풍성한 수확을 감사하고, 두 신은 새 해의 풍요와 안녕을 왕을 통해 5부인들에게 약속하는 형태로 진행되었다고 하였다.[63]

즉, 초기 고대국가에서는 국가의 최고신에 대한 제사를 통해 각 부의 종족적, 문화적, 정서적 일체감을 확인하고 함양하였던 것이다. 소국연맹체, 또는 군장사회에서는 이러한 제의가 보다 더 중요한 기능을 하였을 것이다.

---

62) 이종욱, 2000, 앞의 논문.
63) 노태돈, 2000, 앞의 논문, 23쪽.

초기 고대국가의 이와 같은 제사 공동체적인 성격은, 성숙한 고대국가에서 불교나 유교를 수용하여 인간을 중시하고 합리적인 사고방식을 고취시키던 것과 크게 차이가 난다. 이는 초기 고대국가에서 왕의 불완전한 중앙 집권 능력을 보완하기 위해 불가피한 것이었을 것이다.

그러나 초기 고대국가의 왕은 이미 종교적 권위가 아닌 세속적 실력을 앞세워 통치하는 성격이 강했으므로, 국가 최고신에 대한 제사를 통해 일체 감을 고취하는 것은 천재지변과 같은 유사시에 왕의 권위를 훼손시킬 빌미를 줄 위험이 있었다.[64] 그러므로 이는 전 시대의 공동체적 遺制로서, 초기 고대국가의 한계성이며 극복해야 할 과제이기도 하였다.

위에 나타난 개념 정의에서 부체제의 성립 여부를 논하는 가장 중요한 기준으로서 여러 단위 정치체들의 '대외적인 小國名의 포기'와 '대외 교섭 창구의 일원화'를 지적할 수 있다. 대외적으로는 하나의 국가로 기능하면서, 대내적으로는 지역별 독립성이 인정되는 국가라면, 현대적 개념으로는 연방제 국가에 가깝다. 이는 개별적인 국명을 가지고 있는 여러 소국들이, 일상적인 교역과 같은 대외관계는 단독 소국별로 행하고, 특별한 대규모의 교역이나 전쟁과 같이 '큰 규모로의 행동이 필요할 때'에만 맹주국이 각 소국들의 양해를 얻어 통솔하는 연맹체와는 다르다.

지금까지 초기 고대국가의 개념에 대하여 논의한 것을 성숙한 고대국가 및 소국연맹체의 그것과 비교하기 위하여 간략하게 표로 만들어 제시하면 다음과 같다.

〈표 2〉에 정리한 바와 같이 초기 고대국가는 모든 면에서 성숙한 고대국가와 소국연맹체의 중간적 위치에 자리 잡고 있다. 좀 더 자세히 살펴보면, 초기 고대국가는 외형적인 요소는 대부분 소국연맹체의 것과 유사하나, 실질적인 운영에 있어서는 성숙한 고대국가와 유사한 중앙 집권화의 효과를 나타내고 있다는 점에서 차이가 난다. 그러므로 이러한 성격의 部體制는 소

---

64) Frazer J. G. 著, 張秉吉 譯, 1977, 『黃金가지 I 』, 三省出版社, 230쪽.

〈표 2〉 초기 고대국가의 사회 구성 요소 비교표

사회 발전 단계 사회 구성 요소	성숙한 고대국가	초기 고대국가	소국연맹체
계층 구분	3개 이상의 사회경제적 계층	3개 이상의 사회경제적 계층	3개 이상의 사회경제적 계층(불완전)
무력 통제 방식	왕권의 무력 독점	各部의 長도 무력 소유. 왕이 간접 통제 가능	小國別로 무력 소유
관료제 수준	일원적 기준의 관등	다원적 기준의 관등. 왕 우위의 관등 서열화	다원적 기준의 관등
의사 결정 기구	상설적 귀족회의 존재. 의장 선출, 왕은 불참	정기적 各部首長會議. 왕도 자기 部의 대표	축제 부수적인 小國首長會議
지방 지배 방식	지방관 파견. 군현제 지배	部는 자치, 외교권 상실. 공납 지배	소국 자치, 외교권 보유. 공납 지배
세계관	인간 중심적 세계관. 불교 및 유교의 수용	神 중심적 세계관. 국가 始祖 제사 중시	神 중심적 세계관. 연맹장 始祖 제사 중시

국연맹체의 완성 단계라고 볼 수도 있고, 고대국가의 성립 단계라고 볼 수도 있는 양면성을 지녔다.

그러나 이를 소국연맹체의 완성이라고 하는 것은 약간의 문제가 있다. 단어 뜻으로 보아, 부체제가 소국연맹체의 완성 단계라고 한다면 여러 소국이 그대로 존재하면서 연맹 관계가 강화되는 면모를 보여야 하는데, 부체제가 성립되면 소국의 실질은 部라는 이름으로 남아 있지만 그들의 國名과 독자적 외교 활동은 없어지기 때문이다. 그러므로 이를 소국연맹체의 완성이라고 하기보다는 고대국가의 성립이라고 보는 쪽이 타당하다.[65] 그리고 그렇게 해서 성립된 고대국가는 성숙한 고대국가와 외형적으로 많은 차이를 나타내기 때문에 '초기 고대국가' 라고 하여 구분하는 것이 나을 것이다. 초

---

65) 이를 '연맹왕국의 완성' 이라고 하는 것은 옳은지 어떤지 말하기 어렵다. 연맹왕국의 용어 자체로는 무슨 뜻인지 구체적으로 이해하기 어렵기 때문이다. 다만, 지금 쓰이고 있는 용례로 보아서는 연맹왕국은 성읍국가, 즉 소국들의 연맹체를 의미하고 있다. 그렇다면 연맹왕국의 완성이란 말도 옳지 않다고 하겠다.

기 고대국가는 곧 불완전한 고대국가이나, 소국연맹체보다는 진일보한 체제로서 그와 구분되는 것으로 보아야 한다.

초기 고대국가는 국왕 중심의 중앙 집권 체제가 제도적으로 완성되면 성숙한 고대국가로 전환된다. 그렇게 되면 위의 〈표 2〉에서 성숙한 고대국가란에 표기한 여러 가지 새로운 구성 요소들이 나타날 것이다. 그 중에서 가장 극적인 것은 部의 성격이 수도의 행정 구역으로 전환되는 변화와 일원적 기준에 의한 관등제가 모든 관료에게 적용되는 변화라고 할 것이다. 이는 部에 있던 諸加나 干支 등의 지배층이 주된 거주지를 지방에서 수도로 옮김으로써 촉발된다고 할 수 있다.

그러한 변화는 중앙 정권의 명령에 의하여 단시일 내에 이루어지는 것이 아니라 部 지배층들의 선택에 의하여 자발적으로 이루어지며, 그런 集住는 部體制가 안정되는 순간부터, 部의 성격이 전환됨으로써 사실상 부체제가 해체되는 순간까지 지속적으로 나타날 것이다. 왜냐하면 부체제에서의 왕은 각 부의 長들에게 그런 명령을 내릴 만큼 강한 집권력을 가지고 있지 못하기 때문이다. 그러나 일단 왕이 속한 부를 중심으로 큰 규모의 국가 체제를 마련한 순간부터 그 규모의 이익은 주변과 비교해서 비교 우위를 가져서 점점 더 커지기 마련이므로, 부의 지배층들은 자연히 중앙 정치에 좀 더 상설적으로 간여하려는 필요성을 느껴 한 가족씩, 또는 한 族團씩 중앙 이주의 결단을 내리게 되는 것이다. 이것이 相乘作用을 일으켜 중앙 권력은 보다 더 강화되다가, 결국 이를 제도화할 압력을 받게 되었을 것이다.

4. 北韓地域의 初期 古代國家 사례

(1) 古朝鮮

문헌 사료가 극히 부족한 상태에서 고조선의 국가 성립 여부를 논하기는 어렵다. 『삼국지』 위서 동이전에 인용된 『魏略』을 참고해 볼 때, 기원전 4세기경에 朝鮮侯는 周가 약화되어 중국이 분열하는 틈을 타서 王을 칭했다거나,

燕의 공격 기미를 보고 그를 선제공격하려고 했다거나, 또는 大夫 禮를 연나라에 사신으로 보내 평화 교섭을 벌였다고[66] 했다. 이로 보아 당시 고조선의 지배자가 대외적으로 왕을 칭했고, 연나라와 대등한 세력을 유지하였고, 대부라는 관직이 있었으며, 1인의 사신으로 대표되는 배타적인 대외 교섭권을 가지고 있었음을 알 수 있다. 이로 보아 기원전 4세기에 고조선은 이미 고대국가를 이루고 있었다고 볼 수 있다.

송호정은 대부라는 관직이 단지 왕의 측근에서 보좌하는 관리라는 의미로 사용된 측면이 강하고, 기원전 4세기 무렵 요동 내지 서북한 지역에서 국가체의 성립을 입증할 고고학 자료가 없으므로, 당시 고조선 사회는 小國間 聯盟을 이룬 상태로 보아야 한다고 하였다.[67] 기원전 4세기 말 내지 3세기 초에 고조선이 연나라 장수 秦開의 공격을 받고 단번에 서쪽 2천리의 땅을 상실했다는 것으로 보아,[68] 고조선이 아직은 고대국가를 성립시키지 못한 것이 아닌가 추측되기도 한다. '왕'은 馬韓의 辰王이나 倭의 邪馬臺國 女王과 같이 소국연맹체의 연맹장을 가리키기도 하므로, 이것만으로는 고대국가의 성립 여부를 판단하기 어렵다. 즉, 이 시기에 대해서는 판단의 근거가 될 수 있는 자료가 너무 희박한 것이다.

한편 그 후의 고조선에 관한 기록은 훨씬 많아서, 『史記』朝鮮列傳에 위만의 고조선 왕권 찬탈과 그 후손 우거왕 때에 한 무제의 정벌을 받아 멸망하는 과정이 상세하게 나온다. 이를 토대로 하여, 노태돈은 고조선 후기와 위만조선 때에 博士, 卿, 大夫, 相, 大臣, 將軍 등의 관명이 보이고 있어 중앙통치 조직의 형성이 어느 정도 진전되었음을 나타내고, 그 중에는 朝鮮相

---

66) 『三國志』 권30, 魏書30 烏丸鮮卑東夷傳30 韓(馬韓)條 魏略 인용 부분 "昔箕子之後朝鮮侯 見周衰 燕自尊爲王 欲東略地 朝鮮侯亦自稱爲王 欲興兵逆擊燕以尊周室. 其大夫禮諫之 乃止. 使禮西說燕 燕止之 不攻. 後子孫稍驕虐 燕乃遣將秦開攻其西方 取地二千餘里 至滿 番汗爲界. 朝鮮遂弱."

67) 송호정, 1999, 『古朝鮮 國家形成過程 研究』, 서울대 박사학위논문, 156~160쪽; 2000, 「古 朝鮮·夫餘의 국가구조와 정치운영」, 『韓國古代史硏究』 17, 한국고대사학회, 92~93쪽.

68) 앞의 주석 66과 같음.

歷谿卿, 朝鮮相 路人, 尼谿相 參, 相 韓陰 등과 같이 독자적인 세력 기반을 지닌 이들이 있었으므로, 지방의 세력 집단에 대해 중앙 정부의 통제력이 일정 범위에서 작용하고 그 지방 세력들은 집단 내부의 일에 대해 자치적이었다는 점에서, 삼국 초기 部體制 하의 정치 구조와 연결된다고 보았다.[69]

이에 대하여 송호정은 『사기』 조선열전이나 『위략』에 部 용어가 보이지 않는 것은 그 운영 체계가 부체제와는 차이가 있었기 때문이며,[70] 고조선에 왕은 있었으나 강력한 주권이나 중앙 정부의 통제력이 보이지 않는다고 하였다.[71] 그러므로 고조선은 부체제 직전의 모습으로 이해하는 것이 합리적이라고 하였다.[72]

고조선이 마지막 시기까지 부체제 직전의 모습이었다면 결국 소국연맹체였다는 뜻이 된다. 그러나 고조선의 해체 과정을 기록한 중국 기록에서 고조선 왕권의 강력한 통제력이 보이지 않는다고 하여 이를 소국연맹체로 귀착시켜서는 안 될 것이다. 고조선은 위만왕 초기에 이미 중국과의 원거리 교섭을 통하여 무기를 얻고 이를 토대로 진번, 임둔 등을 정복하는 면모를 보였고 당시의 영역은 사방 수천 리에 달하였다고 한다.[73] 이런 정도의 대외 교섭이나 정복 활동은 소국연맹체로선 이루기 힘든 작업이라고 하겠다. 그러므로 만일 고조선의 자체 기록이 남아 있었다면, 거기서는 相들이 배출된 각 지역을 部로 삼고 그들을 통제하는 면모가 충분히 있었을 것이라고 추측된다.

고조선의 옛 터에 세워진 낙랑, 진번, 임둔의 세 郡에서 일부 영토가 줄

---

69) 노태돈, 1994, 「古朝鮮의 變遷」, 『檀君 -그 이해와 자료-』, 서울대학교출판부, 43쪽; 2000, 「위만조선의 정치구조」, 『고조선사와 단군』, 사계절, 97~117쪽.

70) 송호정, 2000, 앞의 논문, 106쪽.

71) 위의 논문, 109쪽.

72) 위의 논문, 112쪽.

73) 『史記』 卷115, 朝鮮列傳55 "朝鮮王滿者 (中略) 會孝惠高后時天下初定 遼東太守卽約滿爲 外臣 保塞外蠻夷 無使盜邊 諸蠻夷君長欲入見天子 勿得禁止. 以聞 上許之 以故滿得兵威 財物侵降其旁小邑 眞番臨屯 皆來服屬 方數千里."

어든 상태를 기록하고 있는 『한서』 지리지의 樂浪郡에는 406,748人이 있었다고 하고, 그 영역은 지금의 평안남도, 황해도, 함경남도, 강원도 일부를 포괄할 정도로 넓다.[74] 그리고 계층으로는 여러 관명으로 보아 왕, 귀족 및 행정관료 등의 상층 계급의 존재를 알 수 있고, 팔조법금을 통해 노비의 존재를 확인할 수 있다.[75] 그리고 고조선과 한나라의 군대가 浿水를 경계로 대치할 무렵 太子 長이 평화 교섭의 조건으로 말 5천과 군사 5천을 제공할 뜻을 언급했을[76] 정도이니, 그만한 수의 군대를 떼어줄 여건이 되었다면 이는 소국연맹체 연맹장의 실력이라기보다는 소박하나마 어느 정도 중앙 집권력을 갖춘 초기 고대국가의 면모를 나타낸다고 할 수 있다. 중앙 관료제가 상당히 진전되었으면서도 그 관료층 내부에 독자적 세력 기반을 갖춘 이들이 존재한다는 점도 역시 초기 고대국가의 특징이다.

이와 같이 볼 때, 고조선은 그 후기인 기원전 3세기 무렵, 좀 더 올려보면 기원전 4세기 무렵에 초기 고대국가를 이루었다고 할 수 있을 것이다. 고조선이 사회적 발달 정도로 보아서는 소국연맹체에 방불하면서도 일찍이 초기 고대국가를 성립시킨 것은, 중국의 선진 세력들과 경쟁해야 한다는 외부 대응 필요성과 그를 위해서는 외형적 규모를 키워야 한다는 내부적 공감에 의한 것이었다고 생각된다. 즉, 고조선은 중국 쪽의 자생적 原初國家들의 자극에 의하여 생긴 二次國家로서의 성격을 갖는다고 할 수 있다. 고조선은 결국 고대국가의 성장도가 앞선 중국 한나라와의 대결을 이겨내지 못하고 기원전 108년에 멸망하였으나, 한국사에서 성립된 최초의 고대국가로서 큰 의미를 갖는다.

---

74) 李丙燾, 1976, 『韓國古代史硏究』, 博英社, 83쪽.
75) 崔夢龍, 1983, 「韓國古代國家形成에 대한 一考察 -衛滿朝鮮의 例-」, 『金哲埈博士華甲紀念 史學論叢』, 知識産業社, 70쪽.
76) 『史記』 卷115, 朝鮮列傳55 "天子爲兩將未有利 乃使衛山因兵威往諭右渠. 右渠見使者頓首謝 願降 恐兩將詐殺臣 今見信節 請服降. 遣太子入謝 獻馬五千匹 及饋軍糧. 人衆萬餘持兵 方渡浿水 使者及左將軍疑其爲變 謂太子已服降 宜命人毋持兵."

(2) 夫餘

부여가 고대국가를 성립시켰는지 아닌지에 대한 문제는『삼국지』위서 동이전에 나오는 3세기 중엽 이전에 대한 서술을 참고로 할 수 있다. 거기서 부여의 정치 체제에 대하여 추측케 하는 대목은 '國有君王', '馬加, 牛加, 豬加, 狗加, 大使, 大使者, 使者'라는 官名, '諸加別主四出道', '有敵 諸加自戰'이라는 구절들이다.

여기서 군왕이 있다고 한 것은, 부여의 수준이 적어도 소국 규모를 넘어서 소국연맹체의 맹주국이나 또는 초기 고대국가 이상의 정치체였음을 말하고 있다. 그런데 후한 말기 이후 夫餘王의 계승관계에서 尉仇台와 簡位居의 관계는 알 수 없지만, 簡位居-麻余-依慮 등이 부자관계로 이어지고, 특히 마여는 간위거의 후실의 아들이고 의려는 나이가 여섯 살밖에 안 되는데도 왕위를 계승했다는 점에서[77] 비교적 안정적인 부자 세습 체제를 유지하고 있었음을 알 수 있다. 이런 세습적인 왕위 계승은 소국연맹체의 연맹장보다는 고대국가의 왕에 어울리는 모습이다.

부여왕이 두었다는 관명 중에 마가, 우가, 저가, 구가의 四加가 있는데, 그 뒤에 나오는 諸加란 이들만 한정하여 가리킨다는 견해[78]와 이들을 포함한 部族長 전체를 의미하는 범칭이라고 보는 견해[79]가 있다. 그런데『삼국지』동이전 고구려 조에도 諸加란 말이 나오고 거기에는 各部의 長인 相加, 기타의 大加와 그보다 세력이 작은 小加 등이 포함된다고 보이므로, 부여 조의 제가도 좀 더 넓은 범위를 가리킨다고 보아야 할 것이다. 그렇다면 위의 4加는 제가 중에 가장 상위의 관명이라고 하겠다.

그런데 부여 조의 관명은 고구려 조의 관명과 달리 官等名이 아닌 官職

---

77) 『三國志』卷30, 魏書30 烏丸鮮卑東夷傳30 夫餘 "尉仇台死 簡位居立. 無適子 有孽子麻余. 位居死 諸加共立麻余. (中略) 麻余死 其子依慮年六歲 立以爲王."

78) 李丙燾, 1976,『韓國古代史研究』, 博英社, 212쪽.

79) 송호정, 2000, 앞의 논문, 104쪽.

名을 가리킨다고 보인다. 왜냐하면 牛加의 형의 아들인 位居가 大使가 되어 牛加 父子를 죽였다는 기사로[80] 보아, 우가와 대사가 특정한 인물을 가리키고 있기 때문이다. 거기서 대사 위거가 재물을 풀어 민심을 얻고 위나라에 사신을 보내는 등 국내외의 정무를 총괄하고 있는데, 그보다 상위 관직인 4加의 하나인 우가가 모반의 움직임을 보였다는[81] 기사로 보아, 4가는 국왕에 못지않은 유력자들이라고 하겠다.

게다가 그 뒤에 諸加는 四出道를 별도로 주관하는데, 큰 자는 수천 家를 주관하고 작은 자는 수백 家를 주관한다든가, 적이 있으면 諸加가 스스로 싸운다는 것으로[82] 보아, 제가는 독자적인 지역과 주민과 군대를 소유한 크고 작은 지방 제후와 같은 존재였다고 하겠다. 사출도와 4가의 숫자가 일치하는 것으로 보아, 사출도는 제가 중의 최상위자인 4가가 각각 하나씩 책임지고 있었다고 보는 것이 타당하다.

이에 대하여 김철준은, 사출도가 중앙 부족을 중심으로 하여 대체로 방위에 따라 사방을 나누고 그 지방에 있는 우세한 부족들이 각기 영도권을 쥐고 중앙 부족과 연맹하였음을 나타내는 것으로 고구려의 5部制, 백제의 5方制의 초기 형태일 가능성이 높다고 보았다.[83] 노태돈도 수도에서 사방으로 난 길을 중심으로 각지에 산재해 있는 주민 집단들을 제가들이 관장하는데, 이런 표현은 제가들이 왕권의 일정한 통제 하에서 자기 휘하의 집단에 대한 자치권을 지녔음을 의미한다고 하면서, 이를 고구려의 5부와 비교하였다.[84]

---

80) 『三國志』卷30, 魏書30 烏丸鮮卑東夷傳30 夫餘 "牛加兄子名位居 爲大使 輕財善施 國人附之 歲歲遣使詣京都貢獻. 正始中 幽州刺史毌丘儉討句麗 遣玄菟太守王頎詣夫餘 位居遣大加郊迎 供軍糧. 季父牛加有二心 位居殺季父父子 籍沒財物 遣使簿斂送官."

81) 위의 주석과 같음.

82) 『三國志』卷30, 魏書30 烏丸鮮卑東夷傳30 夫餘 "諸加別主四出道 大者主數千家 小者數百家. (中略) 有敵 諸加自戰 下戶俱擔糧飲食之."

83) 金哲埈, 1975, 『韓國古代國家發達史』, 春秋文庫, 63쪽.

84) 노태돈, 1999, 『고구려사연구』, 사계절, 115~116쪽.

이에 대하여 송호정은, 부여의 중앙 지배체제는 왕을 중심으로 하여 그 밑에 국무를 관장하는 귀족 세력으로서 마가, 우가, 저가, 구가 등에 의한 귀족회의체에 의해 운영되었으며, 구체적인 실무 행정은 王과 諸加 밑에 동시에 속해 있는 大使나 使者 등에 의해 처리되는 체제였으나,[85] 『삼국지』 위서 동이전 부여 조에 部의 존재 기사가 확인되지 않고,[86] 부여의 강력한 주권이나 중앙 정부의 통제력이 보이지 않으므로, 5부 중심의 고구려 초기 부체제 단계와는 다른, 그것보다 조금 이른 단계의 모습을 보여준다고 하였다.[87] 그렇다면 그는 부여를 고대국가 이전의 소국연맹체로 파악한 것이라고 하겠다.

다만 여기서 馬加 등이 참여하는 회의체를 '귀족회의'라고 표현한 것은 문제가 있다. 왜냐하면 귀족이란 기본적으로 중앙에 거주하는 혈연적 특권계급을 가리키기 때문이다.[88] 우가의 조카로서 대사직을 맡은 位居는 수도에 상주하였을 것이나, 제가가 모두 부여의 수도에 거주하고 있었다고는 확언할 수 없고, 이는 그 최상위자인 마가 등 4가의 경우에도 마찬가지이다. 그러므로 여기서는 그저 왕을 포함한 諸加會議 정도로 표현하는 것이 좋을 듯하다. 좀 더 일반적인 용어를 사용한다면 首長會議라고 할 수도 있다. 이 회의체는 기본적으로 소국연맹체의 부정기적인 小國首長會議의 연장선 위에 있기 때문이다.

부여의 중앙 관등이 고구려에 비해 덜 분화되어 六畜名을 띤 4加와 大使, 使者 정도밖에 보이지 않고, 왕권이 諸加에 대한 억제력을 행사하는 면

---

85) 송호정, 2000, 앞의 논문, 102쪽.
86) 위의 논문, 106쪽.
87) 위의 논문, 109쪽.
88) 漢字로 표현할 때, 수도에 거주하는 특권층은 貴族, 지방에 거주하는 유력층은 豪族이라고 쓰는 것이 보편적인 용어이다. 신라의 진골이나 고려의 문벌은 모두 수도에 거주하는 사람들이다. 그런 점에서 볼 때, 지방에 거주하는 사람은 원칙적으로 귀족이 아니라고 할 수 있다. 중세 유럽에서 왕으로부터 영지를 받은 제후를 封建貴族이라고 칭하기도 하나, 이들도 왕 및 수도의 문화와 깊은 연관을 가지기 때문에 '봉건'이라는 제한을 두어 '귀족'이라는 용어를 쓰는 것이다.

모가 잘 보이지 않는 것은 사실이다. 이는 그만큼 부여의 발달 정도가 미숙하였음을 나타내는 것이다.

그러나 국무를 총괄하는 중앙 관직에 우가의 조카를 임명한 것은 왕을 포함한 제가회의였을 것이지만, 그가 우가 부자를 모반 혐의로 살해하는 데에는 왕이나 왕족의 의사가 강하게 반영되었을 것이다. 만에 하나 그렇지 않다고 하더라도, 당시의 부여인들이 아무리 유력한 지방 세력이라도 함부로 왕을 범할 수 없다는 관념을 공유하고 있었다고는 추정할 수 있다. 그렇다면 그 관념이 퍼진 범위 안에서 부여는 고대국가로서 성립했다고 볼 수 있지 않을까 한다. 그런 명분으로 우가와 같은 존재들이 제거되어나가면서 왕권은 점차 강화되는 것이다.

4加는 왕을 제외하고 가장 유력한 독자적 세력가라고 하더라도 이미 왕을 중심으로 한 제가회의에 참여하고 그들의 국명을 포기한 사람들이다. 그리고 과거의 사실이긴 해도 그들이 동쪽으로 천여 리나 떨어진 挹婁를 漢代 이래 신하로 속하게 하여 공납 지배하였고 읍루가 이를 어기자 자주 정벌했으나 실패했다고 하는데,[89] 그런 정도의 세력을 지배하고 또 자주 원정했다면 이는 소국연맹체보다는 고대국가의 행위로 보는 것이 더 적합하다. 또한 111년에 부여왕이 보병과 기병 7~8천 인을 보내 낙랑을 공격하고, 167년에는 왕 夫台가 2만 명을 거느리고 현도를 공격하기도 하였으며, 그를 전후하여 조공 외교를 펼치기도 하였다.[90] 이것 역시 대외적으로 고대국가의 면모를 보인 것이라고 생각된다. 그런 강한 응집력을 보이는 과정 속에 부여 왕권에 의한 연맹체 강화가 이루어졌을 것으로 추정된다.

---

89) 『三國志』卷30, 魏書30 烏丸鮮卑東夷傳30 挹婁條 "挹婁在夫餘東千餘里 (中略) 自漢已來臣屬夫餘. 夫餘責其租賦重 以黃初中叛之 夫餘數伐之. 其人衆雖少 所在山險 鄰國人畏其弓矢 卒不能服也."

90) 『後漢書』卷85, 東夷列傳75 夫餘國 "至安帝永初五年 夫餘王始將步騎七八千人寇鈔樂浪 殺傷吏民 後復歸附. (中略) 永康元年 王夫台將二萬餘人寇玄菟 玄菟太守公孫域擊破之 斬首千餘級."

그러므로 부여가 고구려의 부체제보다는 미숙한 수준이라고 해도, 2~3세기경에는 소국연맹체가 아니라 초기 고대국가를 이루고 있었다고 판정하는 것이 타당하다. 다만 부여는 선비족과 고구려를 견제하려는 중국 측의 지속적인 회유책에 안주하여 정체 상태에 머무르다가, 285년에 요하 상류에서 일어난 선비족 慕容廆의 침략을 받아 수도가 함락된 이후에는 무력한 존재로 전락하였고,[91] 결국 4~5세기 선비족과 고구려의 성장에 따라 양쪽으로 흡수되어 명맥이 끊어지고 말았다. 그렇다면 3세기 말 이후의 부여는 중앙 집권력을 상실하여 다시 소국연맹체 수준으로 퇴보했고, 그나마 점차 규모가 축소되고 있었다고 보인다.

(3) 高句麗

앞에서 언급하였듯이 고구려는 태조왕 대(53~146)부터 서천왕(270~292) 또는 고국원왕 대(331~371)까지 초기 고대국가였다고 평가되고 있다. 그 당시 고구려의 정치 체제를 部體制라고 하는데,[92] 이에 대한 근거는 『삼국지』 위서 동이전의 다음과 같은 기록에서 비롯된다.

> 본래 5族이 있었다. 消奴部, 絶奴部, 順奴部, 灌奴部, 桂婁部가 그것이다. 본래 연노부에서 왕이 나왔는데, 점차 미약해져 계루부가 대신하였다.[93]

여기서 부의 이름이 다섯 개 나오기 때문에 보통 고구려의 5부체제라고 부른다. 『삼국사기』 고구려본기에서도 그 시기의 주요 인물들이 어느 부의 누구라고 나오기 때문에 그것이 고구려에서 실제로 통용되던 이름이었음을 확인할 수 있다. 고구려인들은 2~3세기 중국인들이 고구려를 구성하는 주

---

91) 송호정, 1999, 「부여의 성장과 대외관계」, 『한국사』 4, 국사편찬위원회, 195~196쪽.
92) 노태돈, 1999, 『고구려사 연구』, 사계절, 97쪽.
93) 『三國志』 卷30, 魏書30 烏丸鮮卑東夷傳30 高句麗 "本有五族 有涓奴部 絶奴部 順奴部 灌奴部 桂婁部. 本涓奴部爲王 稍微弱 今桂婁部代之."

요 집단을 '部'라고 칭한 것의 영향을 받아 '部'라는 단어를 사용하게 되었다고 추정된다.[94]

초기 고대국가의 개념에 대해서는 앞 절에서 이미 살펴보았으니, 여기서는 고구려와 관련된 여러 사료를 통하여 그 정치 체제인 부체제의 성립과 소멸 과정을 구체적으로 검토해 보고자 한다.

고구려의 발흥기인 기원전 1세기에서 기원후 1세기에 걸치는 시기에 혼강과 독로강 유역을 포함한 압록강 중류 지역의 여러 곳에는 다수의 '那'가 존재하였다.[95] '나'는 땅[地] 또는 내[川]나 어떤 川邊의 평야를 뜻하니, '나'란 명칭의 집단은 곧 어떤 천변이나 계곡의 집단을 뜻한다.[96] '나' 중의 비교적 큰 것은 국가 형성 과정에 있는 소국과 같은 것으로 규정할 수 있다.[97]

그 시기에 고구려인들은 玄菟郡이 후퇴한(기원전 75년) 이후 漢의 직접적인 지배에서 벗어나 있었으나, 항시 현도군으로 가서 한나라의 朝服과 衣幘을 받아갔고 (현도군의) 高句麗縣令이 그 명단을 관장하였다고[98] 한다. 현도군에서 조복을 받아간 이들은 고구려 지역 내에 있던 여러 那의 首長이나 그 휘하에 있는 관리들이었다고 보인다. 그렇다면 당시에 고구려는 여러 소국들이 분립한 상태여서 각 소국들이 별도의 외교를 행하고 있었고, 그런 상태에서 고구려 중심의 소국연맹체는 대외적으로 독립적이기는 해도 여전히 漢郡縣의 영향력 아래 놓여 있었다고 추정된다.

고구려의 5부는 그 전신인 那들이 상호 통합의 과정을 거쳐 이루어진 다섯 집단이고, 왕권 아래 종속된 자치체였다.[99] 『삼국사기』고구려본기에서

---

94) 노태돈, 앞의 책, 107쪽.
95) 위의 책, 117쪽.
96) 三品彰英, 1953,「高句麗五部について」,『朝鮮學報』6.
   李基文, 1961,『國語史槪說』, 民衆書館, 9쪽.
97) 노태돈, 앞의 책, 99쪽.
98) 『三國志』卷30, 魏書30 烏丸鮮卑東夷傳30 高句麗 "漢時賜鼓吹技人 常從玄菟郡受朝服衣幘 高句麗令主其名籍."
99) 노태돈, 1999, 앞의 책, 117쪽.

태조왕 20년과 22년에 藻那와 朱那를 병탄한[100] 이후에는, 계루부를 제외한 4부의 명칭만 보이고 여타 '나'는 나타나지 않는다. 그러므로 태조왕 22년(기원후 74)까지는 5부체제가 확립되었다고 할 수 있다.[101]

『삼국지』에서는 고구려가 한나라 때의 어느 시기부터 교만해져서 현도군에 오지 않았다 하고,[102] 『삼국사기』에서는 태조왕 53년(서기 105) 이후 70년(122)까지 지속적으로 한나라의 현도군과 요동군을 공격하는 모습을 보이고 있으니,[103] 여기서 고구려는 대규모 대외 정복에 나서는 고대국가적인 면모를 보이고 있었다고 할 수 있다. 그러자 한나라는 현도군 동쪽에 한 작은 성, 즉 幘溝漊를 쌓아 조복 의책을 쌓아 둠으로써 고구려 전용의 자유로운 무역을 보장해 주었으니,[104] 이는 고구려가 5부체제를 확립하여 여러 那들의 독립적인 외교와 무역을 통제한 결과 중국과의 대외 교역에서도 주도권을 쟁취할 수 있었다는 것을 의미한다.

부체제는 위에서 본 바와 같이 소국연맹체를 이루고 있던 독자적인 정치집단들이 규모의 이익을 취하기 위하여 왕실을 중심으로 좀 더 강하게 연합한 성격을 띠고 있으므로, 왕실이 대외관계를 제대로 처리하지 못하거나 또는 대내적 이득을 공정하게 배분하지 못하거나 하면 部들은 언제든지 왕실에 도전하거나 이탈하는 모습을 보였다. 그래서 고국천왕 12년(190)에는 왕후인 椽那部 于氏의 친척들이 권력을 남용하다가 왕의 제지를 받자 4椽那와 더불어 반란을 꾀하기도 하였고,[105] 고국천왕 사후 산상왕이 즉위할 때 왕

---

100) 『三國史記』 卷15, 高句麗本紀3 太祖大王 20년, 22년 조.
101) 노태돈, 앞의 책, 121쪽.
102) 『三國志』 卷30, 魏書30 烏丸鮮卑東夷傳30 高句麗 "後稍驕恣 不復詣郡."
103) 『三國史記』 卷15, 高句麗本紀3 太祖大王 53년, 59년, 66년, 69년, 70년 조.
104) 『三國志』 卷30, 魏書30 烏丸鮮卑東夷傳30 高句麗 "于東界築小城 置朝服衣幘其中 歲時來取之. 今胡猶名此城爲幘溝漊 溝漊者 句麗名城也."
105) 『三國史記』 卷16, 高句麗本紀4 故國川王 12年 "秋九月 京都雪六尺 中畏大夫沛者於畀留評者左可慮 皆以王后親戚 執國權柄 其子弟幷恃勢驕侈 掠人子女 奪人田宅 國人怨憤 王聞之 怒欲誅之 左可慮等與四椽那謀叛."

위 계승 분쟁이 일어나자 산상왕의 형인 拔奇와 消奴加(沸流部의 相加)는 각기 下戶 三萬餘口를 거느리고 이탈하여 요동의 公孫康에게 의탁하기도 하였다.[106] 왕실이 이런 사건들을 잘 처리하면서 그만큼 더 왕권은 강화되고 部의 권한은 상실되어갔다.

왕권이 강화되어갈수록 보다 많은 권력과 재화가 수도에 집중되었고, 이에 따라 지방에 거주하면서도 국가의 창설에 참여하여 우선적인 권한을 갖고 있던 部의 諸加와 그 가족 및 대소 관인들은 점차 수도에 와서 거주하는 시간이 많아지게 되었을 것이다. 그러자 왕실은 그 많은 주민들을 효율적으로 관리하기 위하여 수도를 방위별로 나누어 편제하였으니, 고국천왕 13년(191)에 처음으로 '東部 晏留'라는 方位名 部를 관칭한 인물이 나타난다.[107]

고구려의 방위명 部의 기본적 성격은 국가 권력에 의해 인위적으로 만들어진 행정 구획 단위였으나,[108] 그렇다고 해서 沸流部(=消奴部), 椽那部(=絶奴部)와 같은 고유명 部가 곧바로 소멸한 것은 아니다. 왜냐하면 중천왕 9년(256) 椽那 明臨笏都를 부마도위로 삼았다는 기사가[109] 나오는데서 보듯이, 固有名 部는 그 후로도 60여 년간 더 이어져 3세기 중엽까지 꾸준히 나오기 때문이다. 이는 서로 다른 성격을 지닌 고유명 부와 방위명 부가 한동안 공존하고 있다가,[110] 결국 고유명 부가 소멸되고 방위명 부만 남게 되었

---

106) 위의 책, 山上王 卽位年條.
『三國志』 卷30, 烏丸鮮卑東夷傳30 高句麗 "拔奇怨爲兄而不得立 與涓奴加各將下戶三萬餘口詣康降 還住沸流水."
107) 『三國史記』 권16, 高句麗本紀4 故國川王 13년 조.
『삼국사기』 고구려본기에서 방위명 부가 처음 등장하는 것은 대무신왕 15년 조의 '남부 사자 추발소'가 비류부장을 처벌하는 기사에서이나, 이 기사는 후대의 사실이 투영된 것이라고 한다. 노태돈, 1999, 앞의 책, 165쪽 참조.
108) 노태돈, 1999, 앞의 책, 164쪽.
109) 『三國史記』 卷17, 高句麗本紀5 中川王 9年 "冬十一月 以椽那明臨笏覩 尙公主 爲駙馬都尉."
110) 노태돈, 1999, 앞의 책, 167쪽.

다는 것을 의미한다. 271년에 서천왕의 장인이 된 西部 于漱는 본래 연나부의 于氏 출신으로 지방에 있던 고유명 부의 기반을 포기하고 방위명 부 소속의 중앙 귀족으로 전신한 구체적인 사례이다.[111]

여기서 주목되는 것은 『삼국지』 위서 동이전 고구려 조에 나오는 고구려의 官名은 고유명 부와 방위명 부가 공존하던 바로 그 시기, 즉 2세기 말부터 3세기 중엽 사이의 것이라는 점이다. 3세기 전반 당시 고구려의 관명에는 相加, 沛者, 對盧, 古鄒加, 主簿, 于台, 丞, 使者, 皂衣, 先人 등이 있었다.[112] 여기서 상가는 왕이 소속된 부를 제외한 4部의 長에게 주어진 位階였고,[113] 고추가는 왕실과 관련된 친척 大加들에게 주는 일종의 尊號였다.

한편 패자는 각 고유명 부를 관칭하고 있고 군사적 직임이나, 左輔, 中外大夫, 國相 등의 주요 중앙 관직을 맡고 있는 것이 보이므로[114] 이들은 각 고유명 부를 대표하여 중앙에 파견되어 업무를 보는 사람들이었다고 생각된다. 또한 패자는 전체 관등에서도 相加를 제외하곤 제일 높은 관등이라는 점에서, 각 부 상가의 아들이나 동생과 같은 측근의 인물이거나 상황에 따라서는 상가 본인이 맡을 수도 있는 관등으로서 각 부의 이해를 담당하는 執事 역할을 겸임하였고,[115] 범칭으로는 大加로 불리기도 했다고 생각된

---

111) 여호규, 2000, 앞의 논문, 157쪽.
112) 『三國志』 卷30, 魏書30 烏丸鮮卑東夷傳30 高句麗 "其國有王. 其官有相加對盧沛者古雛加主簿優台丞使者皂衣先人 尊卑各有等級."
113) 金哲埈, 1956, 「高句麗・新羅의 官階組織의 成立過程」, 『李丙燾博士 華甲紀念論叢』, 서울; 노태돈, 1999, 앞의 책, 150쪽.
     相加를 國相으로 보는 설도 있으나(盧重國, 1979, 「高句麗 國相考(上)」, 『韓國學報』 16; 余昊奎, 2000, 앞의 논문, 144쪽.), 국상으로 임명받은 자들이 沛者나 大主簿, 于台의 관등을 가지고 있었다는 점에서, 이를 相加와 동일시할 수는 없다.
114) 『三國史記』 卷15, 高句麗本紀3 太祖大王 20年, 22年, 71年, 80年條. 次大王 2年條.
     같은 책, 卷16, 高句麗本紀4 故國川王 12年條.
     같은 책, 卷17, 高句麗本紀5 中川王 7年條.
115) '執事'라는 명칭은 『日本書紀』 欽明紀에 加耶諸國 사신단에 포함된 각 小國의 대표자 명칭, 즉 '任那執事'에서 따온 것이다. 물론 거기서의 가야연맹 집사는 가야 소국들의 이해관계를 대표하는 사람들이다.

다.[116] 그래서 이들은 평상시에는 상가를 대신하여 제가회의에 참여하여 자기 부의 利害를 대변했다고 볼 수 있다.

그런데 당시의 고구려에서는 對盧가 있으면 沛者를 두지 않고 沛者가 있으면 對盧를 두지 않는다고 하였다.[117] 훗날 고구려의 관직에서 大對盧가 여러 대로들로 구성된 귀족회의의 의장인 것으로 보아, 대로는 원래 수도에 거주하는 大加이면서 평상시의 제가회의에 참여하는 존재였음을 알 수 있다. 그렇다면 원래부터 수도에 기반을 두고 있는 왕이 소속된 桂婁部의 執事를 對盧라고 하고, 후에는 중앙 귀족에 대한 범칭으로 貴族會議의 구성원을 일컫는 것이라고 하니,[118] 다른 부라고 해도 이미 세력 거점을 수도로 옮긴 부의 집사는 대로라고 한 것이 아닌가 한다. 對盧와 沛者가 서로 代替된다는 것은 고유명 부와 방위명 부가 공존하던 당시의 상황을 잘 보여주는 것이다.

고유명 부의 소멸은, 部의 長인 相加가 당시의 정치적, 사회적 변동에 잘 적응하여 스스로의 판단 하에 일족을 수도로 옮김으로써 달성될 수도 있으나, 그보다는 왕실과 각 부의 알력관계 속에서 상가들이 그 부의 지배권을 중앙에 진출한 패자들에게 찬탈 당함으로써 이루어졌을 가능성이 더 높지 않을까 한다. 그리하여 부의 지배권을 장악한 패자들은 자신의 거주지를 다시 지방의 部 중심지로 옮기지 않고 그대로 수도에 머무르면서 지방의 부를 원격 통치하다가, 결국은 지방의 부와의 관계를 단절하고 스스로 중앙 귀족이라는 새로운 지배 세력으로 변신하였을 것이다.

4세기 후반 소수림왕의 율령 반포를 전후한 시기에는 고유명 부를 편제

---

116) 沛者를 군사적 기능을 가진 那部의 최고직으로 이해하는 시각이 있고(金光洙, 1983, 「고구려 古代 集權國家의 成立에 관한 연구」, 연세대 박사학위의 논문, 109~114쪽.) 이러한 관점이 대체로 받아들여지고 있는 듯하나, 그들이 맡은 관직 중에 左輔, 國相, 中外大夫와 같은 것을 반드시 군사적 기능을 가졌다고 보기는 어렵다.

117) 『三國志』 卷30, 魏書30 烏丸鮮卑東夷傳30 高句麗 "其置官 有對盧則不置沛者 有沛者則不置對盧."

118) 윤성용, 앞의 논문, 351쪽.

하던 沛者, 于台, 皀衣 등의 관등이 소멸하는 반면, 계루부 왕권을 뒷받침하던 使者系 관등이 분화하고 兄系 관등이 대두하는 변화가 일어났다.[119] 여기서 각 지방에 근거를 둔 부체제가 소멸되고, 수도에 모여든 기존의 각 부 대가들을 형계 관등으로 정리함으로써, 왕권 중심의 일원적 관등제가 완성된 것을 확인할 수 있다. 고구려 사료에서 3세기 말부터 宰나 太守와 같이 중앙에서 파견한 지방관 명칭도 나타나기 시작하였으니,[120] 이는 지배 세력이 떠난 지방을 중앙 정권이 직접 다스리는 면모를 보이는 것이다. 그러므로 늦어도 4세기 후반에는 고구려가 초기 고대국가로부터 성숙한 고대국가로 넘어갔다고 할 수 있다.

고구려는 이미 4세기 초에 북중국 방면에서 5호 16국이 발호하는 혼란기를 맞이하여 낙랑군과 대방군을 멸망시키는 성과를 올리기도 했으나, 선비족 모용씨나 백제의 공격 등으로 여러 차례 위기를 맞이하느라고 고대국가 체제를 제도화하지는 못하였다. 그러다가 소수림왕(371~384) 때에 와서야 5호 16국의 하나이면서 중국 문화를 소화하고 새로운 제도를 갖춘 前秦의 문화를 받아들여, 불교를 수용하고 대학을 세우고 율령을 반포하는 등의 성과를 이루었던 것이다.[121] 그러므로 고구려가 고대국가를 제도적으로 완성한 것은 4세기 후반 소수림왕 때라고 하겠으나, 성숙한 고대국가로서의 구성 요소 중에 성문 율령이나 불교와 같은 것을 제외한 대부분의 요소는 3세기 후반 서천왕 때에 갖추었다고 볼 수 있다.

---

119) 林起煥, 1995,「高句麗 初期 官階組織의 成立과 運營」,『慶熙史學』19, 73~75쪽; 2000. 「4~7세기 고구려 관등제의 전개와 운영」,『한국 고대의 신분제와 관등제』(하일식 외 5인), 아카넷, 198~201쪽.
여호규, 2000, 앞의 논문, 157쪽.
120)『三國史記』卷17, 高句麗本紀5 烽上王 2년(293) 및 5년(296) 조.
121)『三國史記』卷17, 高句麗本紀6 小獸林王 2년, 3년, 5년 조.

5. 南韓地域의 初期 古代國家 사례

(1) 百濟

『삼국지』위서 동이전 韓條에는, 3세기 전반 당시에 馬韓 54국이 있었고 辰王은 目支國을 다스리고 있었으며 伯濟國은 그 소국들 중의 하나로만 되어 있다. 반면에『三國史記』百濟本紀의 3세기까지의 기록은 이와 너무 큰 차이가 있어서 그대로 신뢰하기 어렵다. 거기에는 주변 소국의 병합 기사도 나오지 않고[122] 고유명 部의 존재도 보이지 않는다. 東西南北의 방위명 部만 몇 건 나오는데, 그나마 온조왕 31년(서기 13)부터 초고왕 49년(214)의 사이에 11건, 전지왕 13년(417)부터 동성왕 12년(490)의 사이에 3건이 나올 뿐이다.[123] 이러한 사료의 존재 상황으로 볼 때 백제의 部體制 형성에 대하여 신빙성 있는 결론이 나오기는 어렵다.

『삼국사기』백제본기에서 국가 형성과 관련 있는 기사들은 대부분 온조왕 대에 집중되어 있다. 그러므로 이를 이리저리 추산하여 뒤의 특정한 王代로 늦춘다는 것은 위험하다. 그 외에 중요한 기사로는 古爾王代의 관료체제 정비 기사가 있다. 그러나 고이왕 27년(260) 조에 보이는 관료제는[124] 백제 멸망 직전의 상황을 반영한『舊唐書』百濟傳의 6좌평 직무 분장 기사와 6세기 중엽의 상황을 반영한『周書』百濟傳의 16관등을 거의 그대로 옮겨놓은 것이다. 同 28년(261) 조에 고이왕이 입었다는 복식도『구당서』백제전의 것 그대로이고, 同 29년(262) 조의 官人으로 財物을 받은 자와 도둑질한 자는 贓物의 3배를 징수하고 終身禁錮케 하였다는 율령 기사도『구당서』의 것이다.

---

122) 백제가 주변 소국을 병합했다는 기사는『梁書』卷54 百濟傳에 다음과 같이 나온다. "百濟者 其先東夷有三韓國 (中略) 百濟卽其一也. 後漸强大 兼諸小國."

123) 사료의 정리에 대해서는, 金英心, 2000,「百濟史에서의 部와 部體制」,『韓國古代史研究』17, 한국고대사학회, 201~202쪽 참조.

124)『三國史記』卷24, 百濟本紀2 古爾王 27年條.

그러므로 이에 대해서는 무조건 부정만 하기보다, 후세의 백제인들이 고이왕 대에 주요 관료제 설치 관련 기사를 배치한 것은 고이왕 때 기본적인 관료제가 성립되었다는 관념 또는 기억에 의한 것이었다고 하여 이를 부분적으로 인정하는 견해를[125] 받아들이는 수밖에 없다. 그에 따르면 고이왕은 南堂을 설치하고 백제 官階의 기본 골격인 佐平과 率類 등의 관제를 제정하였으며, 당시의 최고 의사 결정 기구로는 諸率會議가 있었는데 率은 소국의 臣智 · 邑借에서 중앙 귀족화한 족장 세력이고 佐平은 제솔회의의 의장일 것이라고 하였다.[126] 이러한 이해는 맞는 것일까?

여기서 잠시 시각을 달리 하여 고고학적인 연구 성과들을 원용해보자. 박순발의 연구에 의하면, 백제 토기의 분포로 보아, 한성시대 백제의 실질적인 직접 지배 영역은 충남 금강 이북, 한강 상류의 영서 지방 이서의 범위에 국한된다고 한다.[127] 이는 『삼국사기』 백제본기 온조왕 13년 조에 나오는 백제 강역과[128] 거의 일치한다. 그리고 백제의 유적들을 살펴볼 때, 한성 1기(270-350)의 서울 송파구 몽촌 토성, 풍납 토성, 가락동 2호분, 석촌동 6 · 7호분 등에서 나오는 중국제의 청동 자루솥[靑銅鐎斗]과 동전무늬 도자기[灰釉錢文陶器], 靑磁 등의 威勢品들이 4세기 전반 내지 중엽에 해당하는 원주 법천리 고분, 천안 화성리 고분, 청주 신봉동 고분, 홍성 신금성 유적 등에서 나온다고 한다.[129] 그리고 한성 2기(350-475)에는 서울 석촌동 3호분을 필두로 하여 대형 돌무지무덤(적석총)이 조형되고, 그에 따라 지방에서는 청주 신봉동 고분군, 익산 입점리 고분군이 浮上되는 외에 다른 고분

---

125) 盧重國, 1988, 『百濟政治史硏究』, 一潮閣, 217쪽.

126) 위의 책, 99~107쪽.

127) 朴淳發, 1997, 「漢城百濟의 中央과 地方」, 『백제의 중앙과 지방』, 충남대 백제연구소, 152쪽; 2001, 앞의 책, 247쪽.

128) 『三國史記』 卷24, 百濟本紀2 古爾王 13年 "八月 遣使馬韓 告遷都 遂畫定疆場 北至浿河 南限熊川 西窮大海 東極走壤."

129) 朴淳發, 1997, 앞의 논문, 151쪽; 2001, 앞의 책, 219~230쪽.
　　權五榮, 1988, 「4세기 百濟의 地方支配方式 一例」, 『韓國史論』 18, 23~27쪽.

군들은 사라진다고 한다.[130)]

물론 위와 같은 대략적인 유적 분포만 알고 경기도 북부나 황해도 남부의 유적 상황을 알기 어려운 상황에서 당시의 정세를 분석하기는 쉽지 않지만, 3세기 후반 내지 4세기 전반의 시기(한성 1기)에 백제 강역이 충남 이북까지 설정되고 그 지방의 일부 주요 세력들에게 백제의 위세품이 건네졌다면, 이는 백제 중심의 部體制가 시행되고 있었다는 것을 설명하기에 적절한 유물 분포가 아닐까 한다. 즉, 백제에게 협력하는 일부 지방 세력들이 백제의 지원 아래 주변 지역을 평정하며 성장하고 있는 모습을 반영한다고 판단되기 때문이다. 4세기 후반부터 5세기 후반의 사이에 서울 석촌동 고분군이 정비되고 지방의 주요 고분군들이 사라지는 현상은, 지방 세력가들이 몰락하고 중앙 집권화가 비약적으로 강화된 면모를 반영한다고 볼 수 있다. 그렇다면 3세기 후반부터 4세기 중엽까지 백제는 전형적인 부체제가 시행되고 있는 초기 고대국가였다고 보아도 좋을 듯하다. 이는 고이왕 때 5부체제가 성립되고 근초고왕 때는 5부가 수도의 행정 구역으로 전환되었다고 보는 문헌 사학에서의 견해와[131)] 일치하는 것이다.

여기서 주목되는 것은 전지왕 4년(408)에 上佐平을 임명하고 군무와 정사를 맡겼다는 기사이다.[132)] 『일본서기』와 『주서』, 『구당서』 등의 기사로 보아, 상좌평은 그 후 상·중·하의 3좌평으로 분화되었다가, 웅진시대 때 5좌평으로 확장되고, 사비시대 때 6좌평으로 정비된다고 보인다.[133)] 그렇다면 앞에서 고이왕 때 이미 佐平이라는 諸率會議 의장이 있었을 것이라는 견해는[134)] 문제가 있다. 왜냐하면 고이왕 때를 부체제의 성립 시기로 본다면, 그 당시의 왕실 및 각 부의 장을 포함하는 首長會議 의장은 당연히 왕실

---

130) 朴淳發, 1997, 앞의 논문, 151쪽.
131) 盧重國, 1988, 앞의 책.
132) 『三國史記』卷25, 百濟本紀3 腆支王 4年 "春正月 拜餘信爲上佐平 委以軍國政事 上佐平之職 始於此 若今之冢宰."
133) 盧重國, 1988, 앞의 책, 217쪽.
134) 위의 책, 105쪽.

소속 부의 長인 왕일 것이기 때문이다. 그러므로 전지왕 때 상좌평이 임명되었다는 것은 신라의 上大等 임명과 마찬가지로 최초로 왕이 아닌 귀족회의 의장이 임명된 것이고, 이는 왕을 중심으로 한 일원적인 관등제가 완성된 것을 의미하는 것이라고 하겠다.

이미 근초고왕 26년(371)에 백제가 3만 대군을 이끌고 고구려에 쳐들어가서 평양성을 공격하고 고국원왕을 죽게 했다는 것은[135] 확실하다고 볼 때, 그 시기의 제도 정비에 관련된 기사는 불충분하지만 이는 초기 고대국가로서의 행위를 넘는 성과였다고 하지 않을 수 없다. 얼마 후 침류왕 원년 및 2년(385)에 백제 왕실이 적극적으로 불교를 수용하였다는 것으로[136] 보아, 그를 전후한 시기에 고대국가 체제가 완비되었다고 볼 수 있다.

그 당시 고대국가 백제의 범위에 대해서 생각해 볼 수 있는 기사는 아쉽게도 문제가 많은 『日本書紀』神功 49년 조의 기사밖에 없다. 거기서 왜군의 행동과 관련이 있다는 比自㶱(창녕)等 7국 평정과 古奚津 및 忱彌多禮 탈취를 제외하고, 백제의 肖古王과 왕자 貴須가 군대를 거느리고 오니 比利, 辟中, 布彌支, 半古 4읍이 자연히 항복하였다는 기사가 주목된다.[137] 여기서 왜군이 경남이나 전남 지역을 평정하여 백제에게 주었다는 것은, 왜와 백제가 그 지역 세력들의 협조를 얻어 이를 중계지로 삼아 교역을 시작했다는 것을 의미할 뿐이다.[138] 다만 백제에게 항복하였다는 4읍은 실제로 백제의 영역에 포함된 것을 의미하며, 그 범위는 항복한 比利(군산시 회현면, 옛

---

135) 『三國史記』卷24, 百濟本紀2 近肖古王 26年 "冬 王與太子帥精兵三萬 侵高句麗 攻平壤城 麗王斯由力戰拒之 中流矢死 王引軍退 移都漢山."

136) 위의 책, 枕流王 卽位年 "九月 胡僧摩羅難陁自晉至 王迎之致宮內 禮敬焉 佛法始於此." 같은 왕, 2年 "春二月 創佛寺於漢山 度僧十人."

137) 『日本書紀』卷9, 神功皇后 49年 "於是 其王肖古及王子貴須 亦領軍來會. 時比利辟中布彌支半古四邑 自然降服. 是以百濟王父子及荒田別木羅斤資等 共會意流村[今云州流須祇] 相見欣感 厚禮送遣之. 唯千熊長彦與百濟王 至于百濟國 登辟支山盟之. 復登古沙山 共居磐石上."

138) 金泰植, 1997, 「百濟의 加耶地域 關係史: 交涉과 征服」, 『百濟의 中央과 地方』, 忠南大學校 百濟研究所, 48~51쪽.

지명 夫夫里), 辟中(김제시, 옛 지명 辟骨)과 맹약의 장소라는 辟支山(김제시), 古沙山(정읍시 고부면) 등의 지명으로 보아, 전라북도 서쪽 방면까지 미쳤던 것이다.[139] 이는 『삼국사기』 백제본기에서 온조왕이 同 26년, 27년에 사냥 나온 척하고 馬韓을 쳐서 멸하였다는 기사와 같은 것이고,[140] 아울러 10년 뒤인 同 36년에 古沙夫里城(고부)을 쌓았다는 기사와 직통하는 것이 아닌가 한다. 그러므로 4세기 후반 당시에 백제의 영역은 錦江線을 넘어 전북 金堤-古阜線, 즉 노령산맥 이북까지 확장되었다고 보아야 할 것이다.[141]

그러나 고구려나 신라에 비해 관료제의 정비나 지방관 파견 등에 관한 기록이 미비하기 때문에, 백제가 성숙한 고대국가를 이룬 시기를 확정하기는 어렵다. 백제는 4세기 후반 근초고왕 때 일시적으로 중앙 집권화에 성공하였으나, 그 후 4세기 말 광개토왕 군대로부터의 타격, 475년 장수왕 군대의 공격에 의한 위례성 함락 등으로 이를 제도화하지 못하다가, 6세기의 무령왕 때에 가서야 제도적 완비를 보았을 가능성도 있다. 백제의 지방관 파견을 입증하는 믿을 수 있는 기록은 『梁書』 百濟傳의 22檐魯 존재 기사가[142] 최초의 것이라고 하겠는데, 그것을 처음으로 설치한 시기를 4세기 후반의 근초고왕 대로 보는 견해,[143] 5세기 중엽의 개로왕 대로 보는 견해,[144] 6세기 초의 무령왕 대로 보는 견해가[145] 엇갈리고 있는 것은 그러한 백제의 기나긴 시련기를 반영하고 있는 것이다.

---

139) 위의 논문, 51쪽.
140) 李丙燾, 1976, 『韓國古代史研究』, 博英社.
　　　李基東, 1987, 「馬韓地域에서의 百濟의 成長」, 『馬韓百濟文化』 10.
141) 李道學, 1995, 『백제 고대국가 연구』, 일지사, 140쪽.
142) 『梁書』 卷54, 列傳48 百濟 "其國有二十二檐魯 皆以子弟宗族分據之."
143) 盧重國, 1988, 앞의 책.
144) 金英心, 1990, 「5~6世紀 百濟의 地方統治體制」, 『韓國史論』 22, 서울대학교 국사학과.
145) 今西龍, 1934, 『百濟史研究』, 國書刊行會.
　　　武田幸男, 1980, 「六世紀における朝鮮三國の國家體制」, 『東アジア世界における日本古代史講座』 4, 學生社.

다만, 이미 개로왕 대인 472년에 宋에 사신으로 갔던 餘禮가 중국식의 將軍號 외에 弗斯侯라는 직함을 가지고 있는 것으로 보아[146] 지방관에 대한 王·侯 임명의 기원을 한성시대 말기로 올릴 수 있다. 그 후 백제왕 牟大, 즉 동성왕이 490년과 495년의 두 차례에 걸쳐 南齊에 보낸 상표문에 面中王, 都漢王, 八中侯, 阿錯王, 邁盧王, 弗斯侯와[147] 邁盧王, 辟中王, 弗中侯, 面中侯[148] 등의 王·侯號 봉작을 요청하는 기록이 나타나므로, 그 본격적인 제도화를 확인할 수 있다. 여기서 弗斯(전주), 辟中(김제) 등의 몇 지역을 빼고 面中(광주), 八中(나주), 阿錯(신안군 압해면) 등은 모두 전남 서부 일대로 비정된다. 그렇다면 백제의 지방관에 대한 왕·후호 책봉은 전국적으로 실시된 것이 아니라, 5세기 후반부터 말기에 걸쳐 영산강 유역 일대가 백제의 직할 영역으로 편입되면서 나타난 과도기적 현상이라고 보인다.[149] 그렇다면 이는 분명히 무령왕 대보다 앞서는 자제·종족 파견에 의한 담로제의 예라고 볼 수 있다. 더욱이 전라남·북도 외의 다른 지방에 대한 왕·후호 임명이 없었다는 것은, 그 이북 지역에 대해서 이미 백제의 왕권에 의한 안정된 지방 지배가 이루어지고 있었다는 사실을 반영한 것이다.

또한 『宋書』나 『梁書』 百濟傳에서, 백제가 晉나라 때 중국 遼西를 경략하여 晉平郡 晉平縣을 설치했다거나,[150] 또는 遼西郡과 晉平郡을 점유하여 百濟郡을 설치한 적이 있었다는 기록을[151] 믿을 수 있다면, 근초고왕이나

---

146) 『魏書』 卷100, 列傳88 百濟國 延興 2年 "其王餘慶始遣使上表曰 (中略) 謹遣私署冠軍將軍駙馬都尉弗斯侯 長史 餘禮 龍驤將軍帶方太守 司馬 張茂等 (下略)."

147) 『南齊書』 卷58, 列傳39 百濟國傳 永明 8年 "寧朔將軍面中王 姐瑾 歷贊時務 武功並列 今假行冠軍將軍都將軍都漢王. 建威將軍八中侯 餘古 弱冠輔佐 忠効夙著 今假行寧朔將軍阿錯王. 建威將軍 餘歷 忠款有素 文武列顯 今假行龍驤將軍邁盧王. 廣武將軍 餘固 忠効時務 光宣國政 今假行建威將軍弗斯侯."

148) 위의 책, 建武 2年 "今假沙法名 行征虜將軍邁羅王. 贊首流 爲行安國將軍辟中王. 解禮昆 爲行武威將軍弗中王. 木干那 前有軍功 又拔臺舫 爲行廣威將軍面中侯. 伏願天恩特愍聽除."

149) 金泰植, 1997, 「百濟의 加耶地域 關係史: 交涉과 征服」, 『百濟의 中央과 地方』, 忠南大學校 百濟研究所, 57~58쪽.

150) 『宋書』 卷97, 列傳57 百濟國 "百濟國 本與高驪俱在遼東之東千餘里. 其後高驪略有遼東 百濟略有遼西. 百濟所治 謂之晉平郡晉平縣."

근구수왕 때에 백제가 이미 부분적으로나마 지방관을 파견하여 郡縣制를 실시했다고 볼 수 있다. 그렇다면 근초고왕 때 성숙한 고대국가에 도달했다는 것은 근거를 찾을 수 있다고 하겠으나, 아직은 좀 더 확실한 증거를 기다려야 할 듯하다.

(2) 新羅

『삼국사기』 신라본기의 法興王條에 병부 설치(517), 율령 반포와 백관 공복·위계 설정(520), 불교 공인(528), 上大等 임명(531), 금관국 병합(532), 建元 연호 제정(536) 등의 기사가 나오기 때문에, 상당수의 연구자들은 대부분 신라가 6세기 전반의 법흥왕 때에 중앙 집권적 고대국가 체제를 완성했다고 보아왔다. 한편 589년에 멸망한 양나라의 사서인 『梁書』 新羅傳에는 5개의 관등만 나오고,[152] 581년에 건국하여 618년에 멸망한 수나라의 사서인 『隋書』 新羅傳에 가서야 17개의 관등이 모두 나오기 때문에,[153] 일부 학자들은 6세기 후반까지 신라에는 5개 또는 6개의 경위만이 존재했다거나,[154] 또는 법흥왕 대의 관료제 정비를 신분제와 관련된 衣冠制와 같은 초보적인 것으로 생각해 왔다.[155] 그러나 1988년에 울진 봉평비(524)가 발견되어 17관등의 대부분이 법흥왕 때 정해진 것임이 확인되었다.[156] 이제 신라가 법흥왕 때 성숙한 고대국가를 이루고 있었다는 것을 의심하는 사람은

---

151) 『梁書』卷54, 列傳48 百濟 "其國本與句驪在遼東之東. 晉世句驪旣略有遼東 百濟亦據有遼西晉平二郡地矣 自置百濟郡."
152) 『梁書』卷54, 列傳48 新羅 "其官名 有子賁旱支 齊旱支 謁旱支 壹告支 奇貝旱支."
153) 『隋書』卷81, 列傳46 新羅國 "其官有十七等 其一曰伊罰干 貴如相國 次伊尺干 次迎干 次破彌干 次大阿尺干 次阿尺干 次乙吉干 次沙咄干 次及伏干 次大奈摩干 次奈摩 次大舍 次小舍 次吉土 次大烏 次小烏 次造位."
154) 曾野壽彦, 1955, 「新羅の十七等の官位成立の年代についての考察」, 『古代研究』 II, 東京大 教養學部, 116쪽.
　　宮崎市定, 1959, 「三韓時代の位階制について」, 『朝鮮學報』 14, 163~164쪽.
155) 武田幸男, 1974, 「新羅法興王代の律令と衣冠制」, 『古代朝鮮と日本』, 85~93쪽.
156) 盧泰敦, 1989, 「蔚珍鳳坪新羅碑와 新羅의 官等制」, 『韓國古代史研究』 2, 183쪽.

거의 없다.

문제는 신라가 언제 초기 고대국가로 발돋움했는가 하는 문제이다. 이는 신라가 언제 部體制를 성립시켰는가와 같다고 볼 수 있다. 그런데 신라의 경우에 자주 문제가 된 것은 部가 독자적 성격이 강한 單位政治體인가, 아니면 수도를 구획하는 行政區域인가 하는 의문이었다. 양 설에서 중앙 집권 체제가 완성된 이후의 부는 수도의 행정 구역이라는 점은 일치하나, 문제는 그 이전의 부의 성격이다. 즉, 단위 정치체설에서는 초기의 부가 외교권과 무역권은 박탈당하였으나 자치권을 유지하고 있는 상태였다고 본 것에[157] 비해, 행정 구역설에서는 부가 초기부터 수도 내의 행정 구역에 불과하다고 본 것이다.[158]

그런데 신라의 경우에 이 두 설이 더욱 첨예하게 문제가 되는 것은 두 가지 이유가 있다.

첫째로, 『삼국사기』 신라본기에 보면, 신라는 국가 초기인 유리 이사금 때 고유명의 6部가 형성되었다 하고 그 이후의 모든 사료가 이를 중심으로 정비되어 있기 때문이다. 그래서 고구려와 같은 部의 성격 변화를 쉽사리 알아채기 어렵게 되어 있다. 그러나 『삼국지』 위서 동이전에는 3세기 전반까지 斯盧國이 단지 辰韓 12國의 하나였다고만 서술되어 있기 때문에, 『삼국사기』 신라본기를 주요 근거로 삼는 행정 구역설은 기본적인 문제를 안고 있다.

둘째로, 단위 정치체설에서 고구려 초기의 부체제와 달리 신라는 좁은 지역에서만 부체제를 성립시키고 발전시켰다고 보기[159] 때문이다. 신라 초

---

157) 노태돈, 2000, 앞의 논문.
158) 이종욱, 2000, 앞의 논문.
  전미희는 냉수비, 봉평비에 보이는 6부는 통치의 단위로서 파악된 왕도의 행정 구역적 성격의 것이었고, 그러한 성격의 部名 冠稱은 늦어도 눌지왕 대부터 중대 초에 이르는 시기까지 지속되었다고 하여, 좀 더 신중한 태도를 보였다. 전미희, 2000, 「冷水碑・鳳坪碑에 보이는 신라 6部의 성격」, 『韓國古代史硏究』 17, 한국고대사학회, 246쪽.

기부터 공간적으로 똑같은 범위와 위치의 정치체들이 존재하고 있었다고 본다면, 그 部가 법흥왕 대의 어느 시기부터 성격이 달라졌다는 것을 입증하기 어렵다. 경주 평야 안의 좁은 범위 내에서의 부체제라고 한다면, 이는 소국 단계의 사로국을 구성한 6촌과 구분이 잘 되지 않는다. 그래서 행정 구역설에서, 신라의 왕이 사로국을 형성할 때 이미 6촌(6부) 전체를 지배하는 군주가 되었다고[160] 하여, 6촌과 6부를 기본적으로 동일시하고 있는 것이다. 그러므로 신라 6부의 범위와 위치가 건국 당시부터 멸망 시기까지 같다고 보면 단위 정치체설이 설득력을 가지기는 어렵다고 생각된다.

기존의 학설에서 신라 초기 6부의 위치를 경주 분지에서만 구하지 않고 경북과 충북의 여러 지역에서 찾은 다음 이것이 훗날 점차적으로 또는 일시에 경주 분지로 모여들어 신라 국가를 형성하였다고 본 견해가[161] 있었으나, 지금 이 설을 따르는 연구자는 거의 없다.[162] 그 학설의 문제점은 문헌학적으로 또는 고고학적으로 엄밀한 검토가 없이 일종의 直觀과 6부 명칭의 音韻 비교로만 가설을 만들었기 때문이다.[163] 그러나 그 기본 시각은 다시 살릴 필요가 있다. 만일 신라가 경주 분지 내에서만의 6부체제를 법흥왕 대까지 유지하고 있었다고 한다면, 그들이 그 주변 지역의 다른 소국들보다 우월할 까닭도 없고, 낙동강 서쪽의 가야보다 우월한 점도 없다. 즉, 신라의 발전 과정을 해명할 수 없게 되는 것이다.

여기서, 지금까지 신라의 6부 성립 시기를 언제로 보아왔는가를 검토할

---

159) 姜鍾薰, 1997, 「新羅 六部體制의 成立과 發展」, 『震檀學報』 83; 2000, 「삼국 초기의 정치 구조와 '部體制'」, 『韓國古代史研究』 17, 한국고대사학회, 129쪽.
全德在, 1998, 「新羅 6部 名稱의 語義와 그 位置」, 『慶州文化研究』, 32~70쪽.
160) 이종욱, 2000, 앞의 논문, 31쪽.
161) 末松保和, 1936, 「新羅六部考」; 1954, 『新羅史の諸問題』, 재수록.
金哲埈, 1952, 「新羅 上代社會의 Dual Organization」, 『歷史學報』 1 · 2.
162) 강종훈, 2000, 앞의 논문, 128쪽.
163) 이와 같은 약점이 있다고 해도 신라 6부의 하나인 本彼部와 성주군 성주읍의 옛 지명 本彼縣이 동일한 것은, 우연의 일치로만 보기는 어렵다. 이는 본격적인 군현제가 실시되기 전에 성주군 성주읍이 본피부였을 가능성을 보인다.

필요가 있다. 이에 대한 諸說로는 나물 마립간 이전 2부체제 설(4세기 중엽~7세기 전반: 末松保和 1936), 자비 마립간 12년 설(469년: 이병도 1937), 소지 마립간 10년 설(488년: 김철준 1952), 梁書 新羅傳 六喙評說(6세기 중엽: 村上四男 1962), 눌지 마립간 대~소지 마립간 대 설(5세기 초~5세기 말: 노태돈 1975), 유리왕 9년 설(A.D. 32년: 정중환 1962, 이문기 1981, 이종욱 1982), 시조 혁거세왕 대 설(최재석 1987), 이사금 시기 3부체제 설(1~5세기 후반: 주보돈 1992), 紀年修正 유리왕 9년 설(3세기 중엽: 전덕재 1992)[164] 등이 있다.

기존 설의 추이를 살펴보면 초기에는 신라의 部體制 성립 시기를 5세기 후반 이후로 보았으나, 최근으로 올수록 그 시기를 점점 올려 잡아 3세기 중엽까지 올라갔으며, 그 중에는 1세기 초로 올려 잡은 견해도 있음을 알 수 있다. 그런데 이는 신라의 국가 권력 집중도를 초기에는 낮게 평가하다가 점차 높게 평가하게 되었다는 것을 의미하기도 하지만, 그보다는 오히려 부체제에 대한 개념이 학자에 따라 점차 변화함으로써 나타난 현상이라고 보이며, 혹은 『삼국사기』 초기 기록의 신빙성 및 紀年 문제에 대한 이해의 相異에서 오는 혼란도 있다.

연구 초기에는 都城의 행정 구역을 6부로 구분하고 그 위에 6部貴族制가

---

164) 末松保和, 1936,「新羅六部考」; 1954,『新羅史の諸問題』, 재수록.
　　李丙燾, 1937,「三韓問題의 新考察(六)」,『震檀學報』7.
　　金哲埈, 1952,「新羅 上古社會의 Dual Organization」,『歷史學報』1 · 2.
　　盧泰敦, 1975,「三國時代의 部에 관한 硏究」,『韓國史論』2.
　　村上四男, 1962,「新羅王都考略」,『朝鮮學報』24; 1987,『朝鮮古代史硏究』, 재수록.
　　丁仲煥, 1962,「斯盧六村과 六村人의 出自에 대하여」,『歷史學報』17 · 18합.
　　李文基, 1981,「金石文資料를 통하여 본 新羅의 六部」,『歷史敎育論集』2.
　　李鍾旭, 1980,「新羅上古時代의 六村과 六部」,『震檀學報』49.
　　崔在錫, 1987,「新羅의 六村 · 六部」,『韓國古代社會史硏究』, 一志社.
　　朱甫暾, 1992,「三國時代의 貴族과 身分制」,『韓國社會發展史論』, 一潮閣.
　　全德在, 1992,「新羅 6部體制의 變動過程 硏究」,『韓國史硏究』77; 1996,『新羅六部體制 硏究』, 一潮閣.

운영된 시기를 6部制라고 칭했기 때문에,[165] 그 성립 시기를 5세기 후반 이후로 잡는 것이 당연하다. 그러나 부체제에 대한 새로운 개념이 도입된 단계에 와서는, 연맹 소속국들의 외교권이 왕권에 의하여 통제되어 대외관계의 창구가 단일화되는 시기를 중시하였다.[166] 이 개념을 그대로 따라 고구려의 부체제 성립 시기를 태조왕 대로 하였을 때, 신라가 그와 같은 수준에 도달하는 시기를 4세기 이전으로 올리는 것은 무리하다.

『삼국지』의 기록을 기준으로 한다면, 3세기 전반에 남한 지역은 마한, 진한, 변한의 3개 종족[種]으로 구분되어 있었고, 이들은 각기 54국, 12국, 12국으로 구성되어 있었다. 그들이 그처럼 달리 호칭되고 있던 것은 문화적, 혈연적, 종교적 동질성을 토대로 하여 각기 다른 완만한 소국연맹체를 이루고 있었기 때문이라고 보인다. 그런 상태에서 그들이 백제, 신라, 가야와 같은 유력 세력을 중심으로 통합되어갈 때, 그 수단으로 채택된 것이 부체제이다.

특히 신라의 경우에는 아마도 고구려의 영향을 받아 '部'라는 말을 사용하기 시작했다고[167] 추정된다. 그렇다면 일단, 신라의 6부는 신라가 고구려와 긴밀한 관계를 맺으면서 그에 반 종속되어 있었던 4세기 후반의 나물 마립간(또는 이사금), 5세기 전반의 눌지 마립간 때를 전후하여 성립되었을 가능성이 크다고 하겠다. 『삼국사기』 신라본기에 나오는 이사금 시기의 6부 관련 기사는 신라가 진한 소국 연맹장이었을 때의 경험을 토대로 재정비되었을 뿐만 아니라 일부 기사는 후대의 사건이 첨가되기도 하고 그 기년도 그대로 인정하기 어려운 것들이다.

『삼국사기』 신라본기와 지리지 및 열전의 기록들을 살펴볼 때, 신라가 정복한 주변 소국으로는 탈해 이사금 대의 于尸山國(울산광역시 울주군 웅촌면), 居柒山國(부산광역시 동래구), 파사 이사금 대의 音汁伐國(경북 포항

---

165) 李丙燾, 1937, 앞의 논문.
　　　金哲埈, 1952, 앞의 논문.
166) 盧泰敦, 1975, 앞의 논문.
167) 노태돈, 1999, 앞의 책, 107쪽.

시 흥해읍 또는 경주시 안강읍), 悉直谷國(강원 삼척시), 押督國(경북 경산시), 比只國(경남 창녕군 창녕읍), 多伐國(대구광역시), 草八國(경북 합천군 초계면), 조분 이사금 대의 甘文國(경북 김천시 개령면), 骨伐國(경북 영천시), 첨해 이사금 대의 沙伐國(경북 상주시), 유례 이사금 대의 伊西古國(경북 청도군 이서면), 법흥왕 대의 金官國(경남 김해시), 진흥왕 대의 大加耶國(경북 고령군 고령읍) 등이 있다. 이로 보아, 법흥왕과 진흥왕 대의 금관국과 대가야국 병합을 제외하고는 모든 소국 정복이 이사금 시기에 이루어진 것으로 되어 있다.

신라의 권위가 강화되었다고 보이는 5세기를 전후한 마립간 시기에 소국 정복 기사가 없는 것은 기록의 누락 또는 교란 때문일 수도 있다. 그러나 만일 그것이 무슨 의미가 있는 것이라면, 이미 신라의 규모가 커져서 주변 소국 중에서 신라에게 도전할 세력이 없었음을 의미하는 것이 아닐까 한다. 즉, 마립간 시기에 신라는 부체제를 성립시키고 있었을 것이다.

고구려에서 沸流部 또는 消奴部는 비류수 상류에 있다가 정복된 松讓王의 沸流國과 같은 실체라는 점에서 볼 때,[168] 위에서 신라에게 정복되었다는 소국 중에 몇몇 소국들은 곧 신라 6부의 前身이라고 보아야 한다. 『삼국사기』 신라본기 시조 혁거세의 즉위년 조에 따르면, 閼川楊山村 등의 6村 이름을 나열하고 이것이 辰韓 6部가 되었다고 하였다.[169] 이 기사와 그대로 일치하는 표현은 아니지만, 신라는 진한 전체의 맹주국에서 고대국가로 발전한 나라이므로, 이를 진한 6부라고 부른 시절도 있을 수 있다고 생각된다. 그렇다면 신라는 진한 소국 중에서 6개의 소국이 강하게 연합하여 출발했다고 볼 수 있다.

앞서 백제는 4세기에 威勢品을 주변의 部로 추정되는 親百濟系 지방 세

---

168) 李丙燾, 1956, 「高句麗國號考」, 『서울대논문집』 3; 1976, 『韓國古代史硏究』, 재수록.
169) 『三國史記』 卷1, 新羅本紀1 始祖赫居世居西干 卽位 "先是 朝鮮遺民 分居山谷之間爲六村 一曰閼川楊山村 二曰突山高墟村 三曰觜山珍支村 或云干珍村 四曰茂山大樹村 五曰金山加利村 六曰明活山高耶村 是爲辰韓六部."

력들에게 사여했다고 보았는데, 신라의 경우에는 고분 유물 상으로 보아 그런 현상이 전형적으로 나타나는 시기가 5세기이다. 5세기부터 6세기 초에 걸쳐 경주의 신라계 장신구가 나타나는 지역은 가야 지역을 제외한 경상남북도와 강원도 일부 지역이다. 즉, 강원도 삼척, 경상북도 순흥, 안동, 의성, 선산, 성주, 칠곡, 대구, 경산, 영일, 경상남도 창녕, 양산, 부산 등에서 신라계통의 금동관, 귀걸이, 허리띠 장식 등이 출토되었다.[170] 거기서 출토된 신라 冠의 양식적 齊一性은 마립간 시기에 착장형 위세품의 분여를 매개로 중앙과 지방 정치체 사이에 형성된 간접 지배 양상에 기반을 두고 있다는 분석도[171] 나왔다.

그들은 같은 문화권으로서 토기도 같은 양식의 것을 사용하고 있었는데, 특히 그 중에서도 비교적 큰 고총고분을 축조하고 그 안에 신라계 出字形立飾 金銅冠을 부장한 세력들이 部의 主人公으로서 주목의 대상이다. 그런 지역으로는 선산, 대구, 경산, 창녕, 양산, 부산 등이 있다. 그 지역 고분에서 출토된 금동관은 경주의 돌무지덧널무덤(적석목곽분)들에서 출토된 금관과 거의 비슷한 양식을 띠면서도 재료 면에서 격이 떨어지는데, 이는 각 지역 사이에 존재하는 경제력의 고하와 아울러 首長 사이의 신분 차이를 반영한다고 보인다. 이러한 신라의 위세품들이 출토된 지방은 아직 그 지역 지배층의 통치 기반이 신라에 의해 완전히 해체되지는 않았다고 하더라도, 이미 신라의 영역 내에 포함되어 신라 왕권에게 일정한 규제를 받고 있었다고 판단된다.[172]

뿐만 아니라, 고분군 별로 시기상의 차이가 약간 있기는 하지만, 그 고분들은 4세기 말 이후 신라계 유물들이 유입되면서 규모도 커지고 부장품도

---

170) 李漢祥, 1995, 「5~6세기 新羅의 邊境支配方式」, 『韓國史論』 33, 서울대학교 국사학과, 63쪽.

171) 咸舜燮, 2002, 「신라와 가야의 冠에 대한 序說」, 『大加耶와 周邊諸國』, 高靈郡・韓國上古史學會, 146쪽.

172) 金泰植, 1985, 「5세기 후반 大加耶의 발전에 대한 研究」, 『韓國史論』 12, 47~49쪽; 2002, 『미완의 문명 7백년 가야사 1권』, 푸른역사, 162~163쪽.

많아지는 특징을 보인다. 이는 그들이 신라 왕권의 지원을 받아 자기 주위의 작은 세력들을 소멸시키면서 발전하고 있음을 보이고 있다.[173] 고고학 유물 상의 이러한 면모는 바로 고구려나 신라의 부체제에서 추정되는 각 부의 정치, 경제적 상황과 그대로 일치하는 것이다. 그러므로 신라의 6부는 5세기 전반에 성립되었으며, 그 지역 범위는 선산, 대구, 경산, 창녕, 양산, 부산 등지의 일부였다고 보아야 한다. 특히 대구 비산동 고분군과 양산 북정리 고분군은 그 유물들의 성격이 신라와 가장 유사하고 화려하여, 그 축조 세력을 신라 6부 중의 하나로 꼽을 수 있음에 틀림없다. 그 중에 어느 것이 어느 部이고, 어느 것이 侯國이고, 어느 것이 村으로 개편된 集團隸民이었는가에 대해서는 추후 정밀한 연구가 필요하다.

그동안 나물 이사금이 고대국가를 성립시킨 왕으로 중시된 이유는, 그의 왕호가 『삼국유사』에는 麻立干으로 나오고 그 후 왕위가 김씨로 세습될 수 있었으며, 377년과 382년의 두 차례에 걸쳐 前秦에 사신을 보낸 주인공이고 당시에 왕명을 마립간에 해당하는 '樓寒'이라고 칭했다는 사실 때문이다.[174] 이와 같은 지적은 매우 중요한 연구 업적으로서 가볍게 생각하기 어렵다. 그러나 『삼국사기』 신라본기 나물 이사금 조를 보면, 어느 구절에서도 신라의 힘이 느껴지지 않는다. 그에 이어지는 실성 이사금 조도 마찬가지이다.

반면에 눌지 마립간 때에는 水酒村干(경북 예천), 一利村干(경북 고령군 성산면), 利伊村干(경북 영주) 등을 불러 의논하여 歃良州干(경남 양산) 堤上을 보내 고구려와 왜에 볼모로 보낸 동생들을 귀환시키고,[175] 백제와 우호관계를 맺고,[176] 何瑟羅城(강원 강릉) 성주가 고구려 장수를 悉直(강원

173) 李熙濬, 1998, 「4~5세기 新羅의 考古學的 硏究」, 서울대학교 대학원 고고미술사학과 문학박사학위논문, 174~177쪽.
174) 李丙燾, 1976, 앞의 책.
175) 『三國史記』 卷45, 列傳5 朴堤上傳.
176) 『三國史記』 卷3, 新羅本紀3 訥祇麻立干 18年 "春二月 百濟王送良馬二匹. 秋九月 又送白鷹. 冬十月 王以黃金明珠 報聘百濟."

삼척)에서 죽이기도 하는 등,[177] 국내 및 국외에서 자신 있는 행동을 보이고 있다. 이는 親新羅系 小國들을 主從關係 위에서 긴밀하게 연합하는 部體制를 마련하여 집권력이 좀 더 강화된 때문이 아닐까 한다. 게다가 고구려에 의존하던 국제 관계에 시달리면서, 그에 대한 자각 및 반발로 신라 주변의 소국들 사이에 동질감이 강화된 것도 큰 요인 중의 하나일 것이다. 『삼국유사』보다 신빙성 있는 『삼국사기』에서 눌지부터 마립간을 칭했다고 보고 신라인 김대문이 이것이 왕과 신하의 위계와 관련 있다고 분석한 점도[178] 중요하다. 그러므로 기존 설[179]에 가담하여, 5세기 전반 눌지 마립간 초기를 신라의 초기 고대국가가 성립된 시기로 보고자 한다.

그 후 5세기 후반에 고구려의 남침이 강화되는 위기를 맞이하여, 신라의 자비 마립간은 469년에 수도의 坊里名을 정하고, 470년과 471년에는 멀리 국경에 三年山城 등을 쌓아 대비하였다. 소지 마립간은 481년에 고구려의 남침을 백제와 가야의 구원을 얻어 막아내고, 487년에 사방에 우편역을 설치하고 官道를 수리하였으며, 488년에는 東陽에서 눈이 여섯 달린 거북을 바쳤다고 하였다. 이런 일련의 조치들은, 당시의 신라가 바깥으로 국경선을 정비하고 안으로 수도를 정비하면서 그로 통하는 통신망을 구축하는 모습을 반영한다. 이 때 수도 내에 6부가 마련된 것이라고 보이며, 눈이 여섯 달린 거북은 이를 상징하는 것이라고 한다.[180]

고구려의 사례로 볼 때, 수도 내에 행정 구역으로서의 6부 거처가 마련되었다고 해도, 왕실을 제외한 지방의 5부 중심 세력이 이 때 한꺼번에 이주해 들어왔을 것으로 생각되지는 않는다. 그러나 대구, 부산 등에서는 5세기 말 무렵에 봉토 직경 20m 이상의 큰 고분군이 없어지고, 양산, 창녕 지방에

---

177) 위의 책, 訥祗麻立干 34年 "秋七月 高句麗邊將 獵於悉直之原 何瑟羅城主三直 出兵掩殺之."
178) 위의 책, 訥祗麻立干 卽位 "訥祗麻立干立. 金大問云 麻立者 方言謂橛也 橛謂誠操 准位 而置 則王橛爲主 臣橛列於下 因以名之."
179) 盧泰敦, 1975, 앞의 논문.
180) 金哲埈, 1975, 앞의 책.

서는 6세기 전반에 그런 현상이 일어난다. 이는 部의 지배층이나 기타 연맹 소국(侯國) 지배층의 中央集住와 관련이 있을 것이다.[181]

그런데 영일 냉수리비와 울진 봉평비를 보면, 다음과 같은 구절이 나온다.

癸未年 九月 卄五日 沙喙 至都盧 葛文王 斯德支 阿干支 子宿支 居伐干支 喙 尒夫
智 壹干支 只心智 居伐干支 本彼 頭腹智 干支 斯彼 暮斯智 干支 此七王等 共論教
〈迎日冷水里碑〉
甲辰年 正月 十五日 喙部 牟卽智 寐錦王 沙喙部 徙夫智 葛文王 本彼部 □夫智 干
支 岑喙部 美昕智 干支 沙喙部 而粘智 太阿干支 吉先智 阿干支 一毒夫智 一吉干
支 喙 勿力智 一吉干支 愼宍智 居伐干支 一夫智 太奈麻 一尒智 太奈麻 牟心智 奈
麻 沙喙部 十斯智 奈麻 悉尒智 奈麻等 所教事〈蔚珍鳳坪碑〉

위의 내용에서 주의되는 점은 다음과 같다.

우선 모든 인물들이 部名＋人名＋官等名의 방식으로 기재되어 있는데, 당시 왕위에 있었던 至都盧 葛文王(지증왕)과 牟卽智 寐錦王(법흥왕)도 각기 다른 沙喙部와 喙部를 冠稱하고 있다는 점이다.

둘째로 냉수리비 단계(503년)에서는 인명이 부의 순서대로 나열되어 있는데 비하여, 봉평비 단계(524년)에서는 관등 순서로 배열되어 있다는 점이다.

셋째로 국가의 주요 의사 결정에 참여한 인물들 중에 喙部와 沙喙部에 속한 사람들은 여럿이고 모두 중앙 관등을 띠고 있는데 비하여, 岑喙部(牟梁部), 本彼部, 斯彼部(習比部)에 속한 사람은 하나이되 모두 '干支'이고, 漢祇部는 보이지 않는다는 점이다.

그런데 위의 울진 봉평비가 발견된 직후, 학자들은 몇 가지 점을 확인하였다. 그 결론은, 법흥왕 11년 당시의 6부가 독자적인 단위 정치체에서 단순한 王京의 행정 구역으로 변화해가는 과도기적인 성격의 것이었고, 中古 김

---

181) 봉토 직경 10m 이하의 고분군은 지방을 막론하고 그 뒤에도 계속 이어지는데, 이는 세력이 약화된 토착 촌주 세력들의 무덤일 것이다.

씨 왕실은 탁부와 사탁부를 직접적 지배 기반으로 삼고 있었다는 것이다.[182] 上大等을 설치하기 이전에는 국왕도 6부의 하나인 喙部의 장이면서 귀족회의의 의장이고 귀족 세력을 초월하는 권력자가 아니었다고도 하였다.[183] 또한 그 후에 관등으로 干支만을 칭한 존재들은 그가 관칭한 部의 지배자, 즉 部主이며 그들은 신라의 중앙 관등제에 편입되어 있지 않았다는 연구도 나왔다.[184] 이와 같은 연구 성과는 지금도 그대로 받아들일 수 있는 결론들이다.

한편 고대 유목국가 부족연합체의 구조는 核心集團, 聯盟集團, 從屬集團으로 이루어져 있었는데, 국가 건설을 주도한 군주 씨족과 그 인척 집단이 핵심 집단이고, 국가 건설 초기에 핵심 집단과 연합하여 문화적, 혈연적으로 그들과 일체감을 형성하였던 부류가 연맹 집단이고, 이들 두 집단에 의한 정복 전쟁의 결과 복속된 부류가 종속 집단이라고 한다.[185] 전덕재는 이에 계발되어, 6세기 초반에 신라국가의 핵심 집단은 매금왕과 갈문왕, 대부분의 진골 귀족들이 소속한 喙部와 沙喙部이고, 本彼部 등의 4부는 연맹 집단이며, 기타 지방민이 종속 집단이라고 하였다.[186] 이런 정의는 部體制를 해명하는데 매우 큰 도움이 되는 이해 방식이라고 생각된다. 왕실이 아닌 기타의 部를 연맹 집단으로 보는 것도 탁월하며, 6세기 초반에 왕실이 아닌 사탁부도 이미 핵심 집단이 되어 있었다고 보는 것도 타당한 지적이다.

왕실이 아닌 사탁부가 6세기 초에 핵심 집단이 되어 있었고 그에 소속된 인물들이 중앙 관등을 띠고 있는 것은, 사탁부를 이루던 지배층들이 이미 수도로 이주하여 중앙 조정 중심의 17관등 체계에 편입되어 있었다는 것을

---

182) 李文基, 1989, 「蔚珍鳳坪新羅碑와 中古期의 六部問題」, 『韓國古代史硏究』 2, 170쪽.

183) 朱甫暾, 1989, 「蔚珍鳳坪新羅碑와 法興王代 律令」, 『韓國古代史硏究』 2, 123쪽.

184) 全德在, 1996, 앞의 책.

185) 김호동, 1989, 「古代 遊牧國家의 構造」, 『講座 中國史』 2, 知識産業社, 268~272쪽.

186) 전덕재, 2000, 「6세기 초반 신라 6부의 성격과 지배구조」, 『韓國古代史硏究』 17, 한국고대사학회, 280~283쪽.

의미한다.[187] 사탁부의 지배층이 수도로 이주한 시기는 5세기 후반의 자비 마립간대로 추정된다. 앞에서 언급한 자비 마립간과 소지 마립간 대의 수도 및 지방 통신망 정비는 그로 인해 촉발되었을 것이기 때문이다.

사탁부는 그 후 오랫동안 왕권과 인척 관계를 맺는다든가 하는 방법으로 지위를 높이면서 왕실과 거의 하나로 통합되어, 終局에는 왕의 近親인 葛文 王을 대표자로 내세우는 것을 용인하고 다른 실리를 취하였을 것이다. 갈문 왕은 혈통을 달리 하여 왕위를 이은 왕의 生父나 왕의 장인 또는 동생 등의 근친에게 봉해주던 爵號였으나 진덕여왕 이후의 中代에는 임명되지 않았으 므로,[188] 그 자체가 소국연맹체 시절의 遺制로서 부체제와도 깊은 관계를 가진 것이었다.

그렇다면 아직 중앙 관등을 받지 못하고 봉평비가 세워진 524년까지 단 지 '干支'만을 칭하던 岑喙部, 本彼部, 斯彼部 등은, 부체제가 성립되던 5세 기 전반 시기에 주요 연합 집단으로 인정받아 중앙의 諸干支會議에 참여하

---

187) 신라 수도에 일찍 이주해 와서 사탁부를 이룬 세력은 尙州 沙伐國의 지배층이라는 설이 있다(末松保和, 1936, 앞의 논문). 물론 그는 그 이주 시기를 4세기 나물왕 대 이전으로 잡았고 그 근거는 지명의 음운 비교밖에 없지만, 그 가능성을 무시할 수는 없다. 다만 고 고학적으로 신라 문화에 가장 가까운 세력은 대구 지방의 비산동과 내당동 고분군 축조 집단이므로, 경주의 왕권에 가장 먼저 적극 동조한 사탁부의 原鄕은 대구였을 가능성이 높지 않을까 한다.

188) 『삼국사기』에 보이는 갈문왕은, 혈통을 달리 하여 왕위를 이은 왕의 生父의 경우 骨正 (助賁 및 沾解尼師今의 생부), 仇道(味鄒尼師今의 생부), 習寶(智證王의 생부) 등이 봉작 되었고, 왕의 장인의 경우 日知(儒理尼師今의 장인), 許婁(婆娑尼師今의 장인), 摩帝(祇 摩尼師今의 장인), 支所禮(阿達羅尼師今의 장인), 奈音(儒禮尼師今의 장인), 伊柒(味鄒 尼師今의 장인), 福勝(眞平王의 장인), 忠恭(僖康王의 장인) 등이 봉작되었다. 또한 냉수 리비나 봉평비의 사례로 보아, 왕의 동생이 갈문왕으로 봉작된 경우도 있으며, 지증왕과 법흥왕 대의 갈문왕은 沙喙部의 長을 겸하였다. 갈문왕 중에는 卜好(巴胡: 訥祇麻立干 의 동생), 期寶(訥祇麻立干의 동생) 또는 習寶(奈勿麻立干의 曾孫), 至都盧(炤知麻立干 의 再從弟), 立宗(徒夫智: 法興王의 弟), 伯飯(眞平王의 母弟), 國飯(眞平王의 母弟)과 같 이 왕의 동생이나 친족으로서 봉작된 경우도 있는데, 이들은 모두 마립간 시기 이후의 사례라는 점에서 주목된다. 또한 신라 下代에 희강왕의 장인인 忠恭이 갈문왕에 봉해진 적이 있으나, 갈문왕 사례로는 예외로 볼 수 있다.

는 권리를 부여받고 있었으나, 아직 그 지배층의 중앙 이주를 미루고 있던 세력이라고 할 수 있다. 그런 과정에서 중앙 조정과의 관계 적응에 실패하여 각 部 사이에 세력의 차등이 생겼으며, 漢祇部는 일찌감치 중앙에서의 발언권을 박탈당한 것이 아닐까 한다.

그들 4部의 中央集住가 이루어진 시기는 봉평비가 세워진 524년부터, 왕권이 초월적인 지위로 승격되고 귀족회의의 의장으로서 상대등이 임명된 530년 사이의 어느 시기였을 것이다. 진흥왕 때인 561년에 세워진 昌寧碑에는 本彼部의 末□智가 及尺干이라는 중앙 관등을 띠고 大等 집단에 포함되어 있는 것으로 보아, 봉평비와의 차이를 확인할 수 있다. 524년부터 530년 사이에 각 부 지배층의 중앙 이주는 강화된 신라 왕권을 토대로 하여 자연스럽게 이루어졌을 것이고, 특히 部長 가족들은 眞骨貴族으로 편입되었을 것이다.[189] 냉수리비에서 이들은 王과 함께 '此七王等'으로 불리기도 하였고,[190] 봉평비에서도 그들이 왕과 함께 신라 국가의 '敎'를 내리는 주체였던 것으로 보아,[191] 그들이 진골 귀족에 포함되는 것은 당연하다. 部의 지배

---

189) 봉평비의 인물 배치는 관등 순서대로 되어 있는데, 本彼部의 □夫智 干支와 岑喙部의 美昕智 干支가 沙喙部의 而粘智 太阿干支보다 상위에 위치하고 있는 점을 주의해야 한다. 즉, 본피부와 잠탁부의 長은 아직 중앙 관등에 편입되어 있지 않으면서도 진골만의 관등인 제5등 大阿飡보다 서열이 높았던 것이다.

190) 그 해석에 대해서는 ① 7인의 왕들로 보는 견해(보편적), ② 1인의 王과 6인의 等으로 보는 견해(李喜寬), ③ 1인의 王과 6인의 기타 인물로 보는 견해(이종서)의 세 가지가 있다(이에 대한 소개는 전덕재, 2000, 앞의 논문, 261쪽 참조). 문장의 구조로 보아, 그 해석 여하를 막론하고 그들이 왕 또는 왕에 비견되는 중요한 존재라는 것을 부정할 수는 없다.

191) 봉평비의 발견 직후 열린 세미나(한국고대사연구회 편, 1989, 『韓國古代史硏究』 2, 울진 봉평신라비 특집호 참조)에서, 南豊鉉은 '敎'는 왕만이 할 수 있는 것이어서 寐錦王이 명령자이고, 갈문왕 이하의 사람들이 피명령자라고 추정할 수 있으나, 한문 문법에는 맞지 않는다고 하였다(50쪽). 崔光植은 형식적으로는 모즉지 매금왕이 신하 13명을 거느리고 宗廟인 神宮에서 天神으로부터 敎를 받은 것으로 보아야 하나, 실제로는 왕이 敎한 것이라고 하였다(98~99쪽). 그러나 朱甫暾(121~122쪽), 李文基(143~144쪽), 盧泰敦(177쪽), 李宇泰(192쪽) 등 다수의 학자들은 매금왕과 갈문왕을 포함한 14인이 함께 敎의 주체로 기술되어 있으며, 이것이 법흥왕 11년 당시 왕의 권위의 한계성을 의미하는 것이라고 보았다.

자 집단의 集住가 완료되고 나면, 신라에는 핵심 집단과 연맹 집단의 구분이 존재하지 않게 된다. 수도에 거주하는 왕과 귀족들에 의한 중앙 집권적 지배만이 남는 것이며, 이것이 곧 성숙한 고대국가의 정치 체제라고 하겠다.

그로부터 얼마 떨어지지 않은 532년에 신라 군대의 공격으로 멸망한 김해 金官國은[192] 종속 집단으로 분류됨에 틀림없다. 그러나 금관국 仇亥王 일가는 신라 수도로 이주되어 사탁부에 소속되면서 진골로 편입되었다. 이는 常道에 어긋난 특혜였기 때문에 『삼국사기』에 특기되었던 것이다. 물론 그 특혜는 먼 옛날 가야연맹의 맹주국이었던 금관국 왕가를 우대하여 아직까지 反新羅的인 입장을 취하고 있던 가야 제국의 적개심을 누그러뜨리려는 일종의 선전술이었을 것이다.[193]

다만 각 부의 중앙 이주 상황을 확인하기 어려운 것은 『삼국사기』 신라본기에 6부의 명칭이 모두 고유명 部로만 나오기 때문이다. 신라는 部의 지배층이 옮겨감에 따라 이를 수도의 행정 구역 이름으로 삼고, 部의 옛 지방 거주지를 다른 이름의 村으로 편제한 듯하다. 그 당시 신라의 행정 능력으로 보아 그런 정도의 일사불란한 조치는 어렵지 않았을 것이며, 만일 그렇다면 部名만으로는 그들의 소재지 변화를 알 수 없게 되는 것이다. 전형적인 부체제 아래에서 部의 소재지가 지방에 있을 때도, 그 지배층은 중요한 중앙 정치에 정기적으로 참여하고 있었기 때문이다.

지금까지 서술한 것을 정리해 보면 다음과 같다.

신라는 4세기 후반 나물 이사금 때 고구려의 지원을 받아 초기 고대국가를 이룩할 단서를 잡았으나 결국 고구려의 간섭 속에 이루지 못하고, 5세기

---

192) 『三國史記』 卷4, 新羅本紀4 法興王 19年 "金官國主金仇亥 與妃及三子 長曰奴宗 仲曰武德 季曰武力 以國帑寶物來降 王禮待之 授位上等 以本國爲食邑 子武力仕至角干."
김해 금관국이 신라의 공격으로 멸망한 점에 대한 문헌 고증은 金泰植, 1988, 「6세기 전반 加耶南部諸國의 소멸과정 고찰」, 『韓國古代史硏究』 1, 한국고대사연구회, 220~227쪽; 1993, 『加耶聯盟史』, 一潮閣, 206~213쪽 참조.
193) 朱甫暾, 1982, 「加耶滅亡問題에 대한 一考察 -新羅의 膨脹과 關聯하여-」, 『慶北史學』 4.

전반 눌지 마립간 때에 와서 단위 정치체인 6부가 왕권에 종속적으로 연합되어 초기 고대국가를 형성하였다. 6부는 신라국, 즉 斯盧國을 중심으로 하면서, 진한 소국연맹체에 소속되어 있던 소국들 중에 신라와 문화적, 혈연적으로 친근한 소국들로 구성되었다. 당시의 신라는 최고의 干인 麻立干과 수도인 喙部의 干支層, 나머지 5부의 干支 등이 참여하는 諸干支會議를 통해 6부의 영역을 통치하였고, 나머지 지방에 대해서는 연맹 또는 종속 관계를 설정하였다.

그 후 신라는 5세기 후반 자비 마립간 때 고구려의 남하에 따른 위기를 틈타 왕권을 더욱 강화하여 수도의 행정 구역을 정비하였고 당시에 沙喙部가 가장 먼저 수도로 이주하여 왕권에 동조하였다. 이로 인하여 신라 왕권의 권위는 훨씬 더 강화되었다. 그 후 신라는 수도로 통하는 도로를 정비하고 국경에 성곽을 축조하는 등 국내외 정세에 반응하며 발전하였다. 喙部에 원래 세력 기반을 둔 신라 왕실은 왕권의 강화에 따라 사탁부를 거의 흡수하여 5세기 말까지는 이를 직접 지배하게 되었다.

6세기 전반에 신라 법흥왕은 관료제와 율령 등을 제정하고 本彼 等 4부의 중앙 집주를 완료시키고 나서 530년에 上大等을 임명하였다. 각 部의 長들은 수도로 옮기면서 왕으로부터 진골 신분과 관등을 부여받아, 왕권 중심의 일원적 官等制 속에 편입되었다. 이리하여 기본적으로 6부 干支들이 모이는 국가 최고 의사 결정 기구인 諸干支會議는, 部 소속과 관계없이 중앙의 진골 귀족 중에 유력자들이 모이는 大等會議로 전환되고, 왕권은 초월적 지위로 상승되었다. 이리하여 신라는 성숙한 고대국가로 진전된 것이다. 다만 中古期에는 내내 部의 단위 정치체로서의 관념이 잔존하였고, 喙部와 沙喙部에 거주하는 귀족들이 여전히 유력한 세력을 유지하였다.

(3) 加耶

加耶는 과연 초기 고대국가의 정치 체제라고 볼 수 있는 部體制를 이루었을까? 가야제국이 연맹체를 이루었는가에 대해서도 부정하고 단지 소국 분립 상태에 있었다고 보는 견해가[194] 있는 반면에, 가야는 이미 고대국가 또는 영역국가 단계에 이르렀다거나 또는 부체제를 이루고 있었다고 보는 학자들도 있다.[195] 필자는 가야가 소국연맹체를 이루고 있었고 고대국가를 이루지는 못했다는 관점을 유지하고 있었으나,[196] 신라와 가야의 고고학적 유적 상황이 그리 크게 다르지 않은데도 불구하고 스스로 가야에 대해서만 너무 엄격한 기준을 요구한 것이 아닐까 하고 의심해왔다.[197] 신라사는 이미 4세기까지 많은 기록을 남기고 있고 가야사는 그에 대한 기록이 거의 없는 상태이지만, 경주 황남동 109호분이나 정래동 고분과 김해 대성동 고분군의 규모, 출토품 등을 비교할 때, 4세기 말까지는 가야와 신라가 대등하다고 표현할 수밖에 없기 때문이다. 또한 가야에 대하여 충분한 문헌 기록은 없다고 해도 『삼국사기』 초기 기록을 통하여 3~4세기 당시의 신라와 가야 사이에 대등한 전투 장면을 추정할 수 있다. 그렇다면 가야의 국가 형성 문제는 신라와 엄밀하게 비교할 필요가 있는 것이다.

앞서 언급했듯이, 신라의 고대국가 성립을 이사금 시기까지 소급시키려는 논의는 『三國志』 韓傳의 기록과 비교해 볼 때 무리하다고 하지 않을 수

---

194) 李永植, 1985, 「加耶諸國의 國家形成問題 - '加耶聯盟說'의 再檢討와 戰爭記事分析을 중심으로-」, 『白山學報』 32; 1993, 『加耶諸國と任那日本府』, 吉川弘文館, 東京.
195) 蔡尙植, 1989, 「陜川 苧浦 4號墳 出土 土器의 銘文」, 『伽耶』 2, 伽耶文化社, 28쪽.
　　白承忠, 1992, 「于勒十二曲의 해석문제」, 『韓國古代史論叢』 3, 韓國古代社會研究所; 1995, 「加耶의 地域聯盟史 研究」 부산대학교 대학원 박사학위논문, 179쪽; 2000, 「가야의 정치구조 - '부체제' 논의와 관련하여-」, 『韓國古代史研究』 17, 305쪽.
　　盧重國, 1995, 「大伽耶의 政治·社會構造」, 『加耶史研究 -대가야의 政治와 文化-』, 慶尙北道, 168~180쪽.
　　朱甫暾, 1995, 「序說 -加耶史의 새로운 定立을 위하여」, 『加耶史研究』, 慶尙北道, 52쪽.
　　金世基, 1995, 「大伽耶 墓制의 變遷」, 『加耶史研究』, 慶尙北道, 363쪽.
　　李熙濬, 1995, 「토기로 본 大伽耶의 圈域과 그 변천」, 『加耶史研究』, 慶尙北道, 422~426쪽.
196) 金泰植, 1990, 「加耶의 社會發展段階」, 『한국 고대국가의 형성』, 한국고대사연구회 편, 民音社; 1993, 『加耶聯盟史』, 一潮閣; 2000, 「加耶聯盟體의 性格 再論」, 『韓國古代史論叢』 10, 韓國古代社會研究所.
197) 金泰植, 1997, 「加耶聯盟의 諸概念 比較」, 『加耶諸國의 王權』, 仁濟大 加耶文化研究所 編, 신서원, 37~38쪽; 2000, 「加耶聯盟體의 部體制 成立與否에 대한 小論」, 『韓國古代史研究』 17, 韓國古代史學會, 302쪽.

없다. 신라의 고대국가 성립은 고구려의 영향을 받기 시작하던 4세기 후반 나물 마립간 때에 기원을 두고 5세기 전반 눌지 마립간 때 정착되었다. 5세기 전반은 신라사에서는 불안과 희망의 공존 속에서 발전 기반을 구축한 시기였다. 반면에 가야사에 있어서 4세기 후반은 前期 加耶 소국연맹체의 정치와 문화의 중심이던 김해 加耶國(駕洛國, 任那加羅)이 백제와 교류하며 신라 소국연맹체와 경쟁하였고, 5세기 전반은 고구려와 신라 연합군의 공격으로 가야의 중심 세력이 크게 타격을 입은 후, 조정 및 암흑기로 들어간 시기였다. 즉, 5세기 전반은 그 전까지 팽팽한 긴장 속에서 서로 비등하게 성장해가던 신라와 가야의 갈림길이었다.

그러나 그 후 가야가 계속해서 쇠락한 것은 아니어서, 5세기 중엽에는 고령의 대가야를 중심으로 다시 소국연맹체, 즉 後期 加耶 연맹을 회복하고 여러 계통의 사료에 나타나기 시작하였다. 가야사의 경우에 국가 형성과 관련된 논의의 대부분은 5세기 후반 이후의 大加耶가 고대국가를 이루었다고 볼 수 있는가 없는가의 문제이다. 그러면 그 시기의 구성 요소를 앞 장에서 제시한 기준에 따라 하나씩 검토해 보자.

우선 사회경제적 계층이 3단계 이상 구분되어야 한다는 점은 어떠한가? 대가야의 계층 문제에 대하여 설명해 줄 수 있는 문헌 기록은 王이나 旱岐로 불리는 지배층이 존재한다는 것을 알 수 있을 정도이다. 또한 지배 세력의 성장과 그 발달의 측면에서 고분 구조 및 유물을 파악한다는 방법론에 따라 고령 지산동 고분군을 분석하여, 고령 지방에서 계급 간의 격차는 小兒墓, 殉葬墓, 金銅冠의 출토 등을 고려해 볼 때 이미 5세기 前葉에 심화 확립되었을 것이라고 추론한 견해가 있다.[198]

한 사람의 죽음을 장식하기 위하여 봉토 직경이 49m에 이르는 고총고분인 지산동 47호분(傳 錦林王陵)을 축조하고, 5세 미만의 소아가 묻힌 고령 지산동 연결석곽(34호분과 35호분 사이)에 금귀걸이, 호박 구슬, 철검 등 많

198) 權鶴洙, 1985, 「加耶諸國의 成長과 環境」, 『白山學報』 30 · 31, 백산학회.

은 부장품이 들어 있는 것으로 보아,[199] 사회경제적으로 높은 신분층의 존재를 확인할 수 있다. 지산동 44호분에는 석곽 길이 9m 정도의 대형 석곽 3개가 중앙에 있고 그 주위를 길이 2m 정도의 소형 석곽 32개가 빙 둘러 있는데, 그 안에서 7~8세부터 50세에 이르는 남녀 순장 인골 22구가 출토되었다.[200] 아마도 자신의 의사에 反하여 死後의 王을 시중들기 위하여 순장된 그들 중에 상당수는 신분이 낮은 노비층이라고 볼 수 있다. 그렇다면 적어도 지배층과 평민, 노비 등 3단계 이상의 계층이 있고, 그들 사이의 격차는 단순한 신분적인 것만이 아니고 사회경제적으로 구분되는 것이었음을 확인할 수 있다.

둘째로 왕권이 무력을 독점하였는가의 여부이다. 이는 가야의 각 지방 고분군에 보이는 유물의 부장 상태와 문헌상의 전쟁 상황 등을 고려하여 검토해 보아야 한다. 『삼국사기』 기록에 의하면, 481년에 고구려와 말갈이 신라를 쳐들어왔을 때 백제와 가야의 援兵이 신라군과 함께 길을 나누어 막아 패퇴시켰다고 하였다.[201] 이 기록만으로는 가야의 군대가 어떻게 구성되어 있는지 알 수 없다. 554년에 백제왕 明襻과 加良이 신라 관산성을 공격하였다는 기사도 나오나,[202] 여기서도 가야의 군대 구성을 알 수는 없다.

반면에 『日本書紀』의 기록은 전체적으로 문장이 조작되어 실상을 알기 어려우나, 가야의 군대 동원 상황을 알 수 있는 자료가 꽤 나온다. 繼體 7년(513) 조에는 伴跛國이 백제의 己汶(남원, 임실, 장수 일대) 땅을 약탈하였다는 기록이 나온다.[203] 이는 반파국, 즉 경상북도 고령의 대가야국이 서쪽으로 멀리 떨어진 전라북도 남원, 장수 지방을 빼앗았다는 것이므로, 그것

199) 啓明大學校博物館, 1981, 『高靈池山洞古墳群』.
200) 高靈郡, 1979, 『大伽倻古墳發掘調査報告書』.
201) 『三國史記』 卷3, 新羅本紀3 炤知麻立干 3年 "三月 高句麗與靺鞨入北邊 取狐鳴等七城 又進軍於彌秩夫 我軍與百濟加耶援兵 分道禦之 賊敗退 追擊破之泥河西 斬首千餘級."
202) 『三國史記』 卷3, 新羅本紀3 眞興王 15年 "百濟王明襻與加良 來攻管山城. 軍主角干于德 · 伊湌耽知等 逆戰失利."

이 군사 행동에 의한 것인지 확신할 수는 없으나 대가야의 무력이 멀리까지 영향을 미치고 있었다는 증거로 채택될 수 있다.

繼體 8년(514) 조에는 伴跛가 子呑과 帶沙에 城을 쌓아 滿奚에 이어지게 하고, 烽候와 邸閣을 설치하여 日本에 대비했으며, 또 爾列比와 麻須比에 城을 쌓아 麻且奚와 推封에까지 뻗치고, 사졸과 병기를 모아서 新羅를 핍박했다고 하였다.[204] 여기서는 고령의 대가야국이 서남쪽으로 멀리 떨어진 자탄(경남 진주)과 대사(경남 하동)에 성을 쌓아 만해(전남 광양)에 이어지게 하고 동남쪽으로 이열비(경남 의령 부림)와 마수비(경남 창녕 영산)에 성을 쌓아 마차해(경남 밀양 삼랑진)와 추봉(경남 밀양)까지 세력을 미쳤으며, 그에 이르는 길에 방어용의 봉수대와 누각 등을 짓고 사졸과 병기를 모았다고 하였다.[205] 여기서 성이나 봉수대 등을 쌓은 위치가 고령에서 멀리 떨어진 곳이므로 그 노동력은 주변에서 동원한 것이라고 생각된다. 사졸과 병기를 모았다는 것도 고령 대가야국 수도의 군대뿐만 아니라 주변의 다른 지방에서 무력을 동원한 사실을 표현한다고 생각된다. 그렇다면 이 기사는 왕권이 먼 지역까지 미치는 범위 안에서 무력을 독점한 사실을 반영하는 기사로 인정해도 좋다. 그 표현만으로는, 적어도 무력 동원 면에서, 당시의 가야가 초기 고대국가는 물론이고 성숙한 고대국가로 간주할 수도 있을 정도이다.

이 당시의 대가야 영역은 지금의 고령군을 중심으로 하여 서쪽으로 경남 거창군, 함양군, 산청군, 진주시 서부, 하동군 일대를 포함하며, 남쪽으로 합

---

203) 『日本書紀』 卷17, 繼體天皇 七年 "夏六月 百濟遣姐彌文貴將軍州利卽爾將軍 副穗積臣押山[百濟本記云 委意斯移麻岐彌] 貢五經博士段楊爾. 別奏云 伴跛國略奪臣國己汶之地. 伏願天恩 判還本屬."

204) 위의 책, 繼體天皇 8年 "三月 伴跛築城於子呑帶沙 而連滿奚 置烽候邸閣 以備日本. 復築城於爾列比麻須比 而絙麻且奚推封. 聚士卒兵器 以逼新羅 敺略子女 剝掠村邑 凶勢所加 罕有遺類. 夫暴虐奢侈 惱害侵凌 誅殺尤多 不可詳載."

205) 지명 고증에 대해서는, 金泰植, 1997, 「百濟의 加耶地域 關係史: 交涉과 征服」, 『百濟의 中央과 地方』, 忠南大學校 百濟研究所, 61~67쪽; 2002, 『미완의 문명 7백년 가야사 2권』, 푸른역사, 188~192쪽 참조.

천군과 의령군 동부 일부, 창녕군 서부 일부를 포함하는 지역이었다. 이런 범위는 6세기 초에 고령 양식 토기 유형이 유행하던 지역과[206] 거의 일치한다. 다만 하동군과 창녕군 서부 일대에서는 고령 양식 토기가 전형적으로 출토되는 고분군이 아직 발견되지 않았으므로,** 적극적인 의미를 부여하기는 어렵다. 그리고 전남 광양 부근이나 경남 밀양시 중심가 및 삼랑진 일대는 백제와 신라 등의 주변 세력들이 대가야의 무력이 때때로 출몰하는 것에 대하여 우려하는 변경 지대였다고 하겠다.

신라의 경우에 『삼국사기』 신라본기에서 신뢰할 수 있는 축성 기사는 [207] 자비 마립간 대인 463년의 歃良城(경남 양산) 부근 두 성, 470년의 三年山城(충북 보은), 471년의 芼老城(경북 군위군 효령면), 474년의 一牟城(충북 청원군 문의면), 沙尸城, 廣石城, 沓達城(경북 상주시 화서면), 仇禮城(충북 옥천), 坐羅城(충북 영동군 황간면) 등이[208] 처음이고, 그 후 소지 마립간 대인 485년의 仇伐城, 486년의 三年山城(보은), 屈山城(옥천), 488년의 刀邪城(상주시 모동면) 등이[209] 이어지는 것으로 보아, 중앙 권력에 의한 外方에 대한 축성 기사는 부체제가 정착되는 단계에 나타나는 것이라고 생각된다. 그러므로 신라보다 범위도 좁고 시기도 늦기는 하지만, 『일본서기』 繼體 8년 조의 축성 기사를 적극적으로 인정하여, 가야는 늦어도 510년대에

206) 박천수, 1998, 「대가야의 역사와 유적」, 『가야문화도록』, 경상북도, 14쪽.
** 본고가 완성된 2003년까지는 하동군 일대에 대가야 계통 고분군이 발견되지 않았다. 그러나 2010년에 (재)동아세아문화재연구원이 경남 하동군 하동읍 흥룡리 고분군을 발굴하여, 5세기 후반에서 6세기 전반으로 추정되는 수혈식 석곽묘 21기를 확인하였다. 거기서 출토된 토기 가운데에는 대가야, 즉 고령 양식 토기의 비중이 높았다. 그러므로 본고의 논지는 더욱 강화되었다.
207) 『三國史記』 신라본기에서 축성 기록을 뽑아보면, 권1 지마 이사금 10년(121) 조의 大甑山城(부산광역시 부산진구), 권2 나해 이사금 29년(224) 조의 봉산성(영주시 이산면?), 첨해 15년(261) 조의 達伐城(대구시 서구) 등의 기사가 처음으로 나오는데, 이것들은 기사의 편년에 문제가 있어서 그 당시의 기사로 인정하기 어렵다. 아마도 후대의 축성 기사가 잘못 해서 너무 앞쪽에 배열된 것이 아닐까 한다.
208) 『三國史記』 卷3, 新羅本紀3 慈悲麻立干 6년, 13년, 14년, 17년 조 참조.
209) 위의 책, 炤知麻立干 7년, 8년, 10년 조 참조.

는 경북 고령, 경남 합천, 의령 동부, 거창, 함양, 산청, 진주, 하동 등지를 아우르는 부체제를 형성함으로써[210] 초기 고대국가 단계에 이르렀다고 판단할 수 있다.

다만 이 범위는 당시의 가야 소국연맹체라고 여겨지던 지역의 2분의 1 정도에 지나지 않으므로, 나머지 경남 의령 서부, 진주 동부, 함안, 사천, 고성, 마산, 창원, 김해 등은 그대로 별도의 독자적인 연맹 소국의 지위에 있었다고 하겠다. 그 지역은 토기 문화권으로 보아, 함안 양식(함안, 마산, 의령 서부),[211] 고성-진주 양식(고성, 사천, 진주, 산청),[212] 김해 양식(김해, 창원) 토기 유형 등으로 다시 구분된다.

그 시기의 가야왕이 누구였던가는 알 수 없다. 5세기 후반의 荷知王이 아직까지 존재했다고 보기는 어려울 듯하니, 522년에 신라와 결혼 동맹을 이룬 異腦王이 그보다는 가능성이 클 것이다. 만일 이뇌왕이 522년에 신라에 청혼을 한 것이 당시에 마침 청년으로서 결혼 적령기에 이른 상태였기 때문이라고 한다면, 510년대에 초기 고대국가에 이르렀을 때의 가야왕은 이름을 알 수 없는 이뇌왕의 父王일 수도 있다. 그러나 정치적 청혼은 나이에 크게 구애받지 않는다는 속성으로 보아, 중앙 집권력을 크게 강화한 가야의 왕은 바로 이뇌왕이 아니었을까 한다.

---

210) 그동안 가야사에서의 部體制 관련 논의는 주로 합천 저포리 고분군 E지구 4호분 봉토 바닥에서 출토된 平底短頸壺(6세기 후반의 이른 시기의 것)에 '下部思利利'라는 명문이 새겨진 것을 토대로 계속되었다. 그리하여 당시의 가야는 2부체제를 이루고 있었다거나 (백승충, 2000, 「가야의 정치구조」, 『韓國古代史研究』 17, 337쪽) 5부체제를 이루고 있다거나(노중국, 1995, 「대가야의 정치·사회구조」, 『加耶史研究 -대가야의 정치와 문화-』, 慶尙北道, 169쪽) 하는 논의가 되고 있으나, 이는 당시에 가야 지역에 불어 닥쳤던 백제의 영향력과 관련하여 기록된 명문으로서 가야의 부체제에 대한 적극적인 증거 능력이 없다고 생각한다.
211) 김정완, 1997, 「신라와 가야토기의 발생 및 변화과정」, 『한국고대의 토기』, 국립중앙박물관, 58쪽.
212) 윤정희, 1997, 「소가야토기의 성립과 전개」, 경남대학교 대학원 석사학위논문. 다만, 진주, 산청 지방에는 고성-진주 양식 토기와 고령 양식 토기가 공존하는 면모를 보이고 있다.

繼體 9년(516) 조에는 왜국 사신 物部連과 수군 500명이 帶沙江에 머무른 지 6일 만에 伴跛가 군대를 일으켜 와서 그들을 공격하여 쫓아냈다는 기사가 나온다.[213] 이는 반파, 즉 고령의 대가야가 군대를 일으켜 대사강, 즉 하동 부근의 섬진강까지 와서 왜국 사신 일행을 공격한 사건을 말한다. 그러므로 이것도 고령 대가야 왕권의 무력이 멀리 하동 지방까지 미친 것을 반영한다. 가야 왕권의 무력 독점 사례로 추가할 수 있다. 이로 보아 적어도 6세기 초에는 대가야의 왕권이 광역에 미치는 지방에 대하여 무력을 독점하고 있었으며, 이는 엄연히 고대국가의 구성 요소라고 하겠다.

세 번째로 가야가 일원적인 官等制를 보유하고 있었는지, 아니면 다원적인 관등제라고 하더라도 王 優位의 관등 서열화가 이루어져 있었는지의 여부와, 네 번째의 의사 결정 기구 문제, 다섯 번째의 지방 지배 및 외교권 독점 여부를 검토해 보자. 여기서 우선 문제가 되는 것은 479년에 加羅王 荷知가 중국 南齊에 사신을 보낸 사실이다.[214] 가라, 즉 대가야의 荷知王(=嘉實王)이 머나먼 중국의 남제에 사신을 보내 자신의 존재를 알릴 수 있었다는 사실은 매우 중요하다. 이는 마치 4세기 후반에 신라왕 樓寒(나물 마립간으로 추정됨)이 前秦에 사신을 보내 자신의 존재를 알린 것에 대비될 수 있다. 하지왕이 중국에 사신 보낸 것은 가야의 發展途上에 매우 중요한 도약을 시사하고 가야가 초기 고대국가로 성장할 수 있는 단서를 보인 역사적 사건이라고 보아도 무방하다. 그러나 가야의 對 중국 사신 파견이 그 뒤로 계속 이어지지 못하는 것으로 보아 일정한 한계성이 있는 것으로 보이고, 이것만으로는 초기 고대국가를 이루었다고 단정하기 어렵다.

---

213)『日本書紀』卷17, 繼體天皇 9年 "是月 到于沙都嶋 傳聞 伴跛人 懷恨銜毒 恃强縱虐. 故物部連 率舟師五百 直詣帶沙江. 文貴將軍 自新羅去. 夏四月 物部連於帶沙江停住六日. 伴跛興師往伐 逼脫衣裳 劫掠所賷 盡燒帷幕. 物部連等 怖畏逃遁 僅存身命 泊汶慕羅.[汶慕羅 嶋名也.]"

214)『南齊書』卷58, 列傳39 東南夷傳 "加羅國 三韓種也. 建元元年 國王荷知使來獻. 詔曰 量廣始登 遠夷洽化 加羅王荷知 款關海外 奉贄東遐 可授輔國將軍本國王."

한편 또 하나의 중요한 사료로서, 『일본서기』欽明 2년(541) 4월 조[215] 및 5년(544) 11월 조에는[216] '泗沘會議' 관련 기사가 있다. 여기서 가야연맹 제국은 백제와의 대외 관계를 처리함에 있어서, 일정한 관등을 가진 단일의 외교 사신을 백제 도성, 즉 사비성에 파견한 것이 아니라, 7~8개 지역의 대표들이 함께 가는 모습을 보였다.

이는 곧 가야 지역 전체의 존망이 걸린 외교 문제의 논의 및 결정은, 기본적으로 각 소국의 지배자인 旱岐들 사이에 합의가 이루어져야 했음을 의미한다. 그러므로 6세기 중엽 당시에 가야연맹의 외교 창구는 일원화되어 있지 못함을 알 수 있으며, 이는 대내적으로도 이 시기의 가야 지역을 하나로 총괄하여 지배하는 통치 체제가 성립되지 못하고, 아직까지 기본적인 지배 권력이 여러 소국들에게 분산되어 있었음을 반영하는 것이다.

한편 그 분산된 소국들에서 파견된 대표자, 즉 '任那旱岐' 또는 '任那執事'라는 사람들이 나오는데, 이들은 가야연맹 제국이 공동으로 파견하여 실무를 처리하는 사신단이었다고 볼 수 있으므로, '가야연맹 집사'라고 부르기로 한다. 가야연맹 집사들은 평소에 구성되어 있으면서 연맹체의 일을 처리하는 상설 기구는 아니고, 대외적인 중대사가 있을 때 결성되는 임시 회의체였던 듯하다. 그들의 인원 구성을 정리하면 〈표 3〉과 같다.

〈표 3〉에서 보아, 집사들을 파견한 7~8개국은 모두 이른바 '임나 10국'에 포함되므로, 이들이 때로는 하나의 호칭으로 불리기도 하는 것을 알 수 있다. 그러나 그 소국들이 파견한 가야연맹 집사들의 직함은 졸마국, 산반해국, 사이기국, 자타국, 구차국의 경우에 이름 없이 단순히 旱岐나 君 또는

---

215) 『日本書紀』卷19, 欽明天皇 2年 "夏四月 安羅次旱岐夷吞奚大不孫久取柔利 加羅上首位 古殿奚 卒麻旱岐 散半奚旱岐兒 多羅下旱岐夷他 斯二岐旱岐兒 子他旱岐等 與任那日本 府吉備臣[闕名字] 往赴百濟 俱聽詔書."

216) 위의 책, 欽明天皇 5年 "十一月 百濟遣使 召日本府臣任那執事日 (中略). 日本吉備臣 安 羅下旱岐大不孫久取柔利 加羅上首位古殿奚 卒麻君 斯二岐君 散半奚君兒 多羅二首位訖 乾智 子他旱岐 久嗟旱岐 仍赴百濟."

〈표 3〉 가야연맹 집사의 인원 구성

파견인원 / 파견국	1차 파견 인원 (541년 2년 4월)	2차 파견 인원 (544년 5년 11월)	현재 지명
安羅國	次旱岐 夷呑奚, 大不孫, 久取柔利	下旱岐 大不孫, 久取柔利	함안군 가야읍
加羅國	上首位 古殿奚	上首位 古殿奚	고령군 고령읍
卒麻國	旱岐	君	함양군 함양읍
散半奚國	旱岐兒	君兒	합천군 초계면
多羅國	下旱岐 夷他	二首位 訖乾智	합천군 합천읍
斯二岐國	旱岐兒	君	의령군 부림면
子他國	旱岐	旱岐	진주시
久嗟國		旱岐	고성군 고성읍

그 아들 등으로 나타나 있고, 안라국, 가라국(대가야), 다라국, 자타국은 次旱岐, 下旱岐, 上首位, 二首位 등으로서 그 이름과 함께 나타나 있다. 각 국의 관등명이 서로 다른 것으로 보아, 가야연맹 제국 내에 통일된 관등 체계가 있지는 않았고, 각 국이 이를 독립적으로 운영하고 있었음을 알 수 있다.

여기서 '한기'는 '군'으로 대체되기도 하고, 그들의 아들이 나타나기도 하는 것으로 보아, 이들은 각 소국에서 파견된 사신이라기보다 각 소국의 최고 지배자로 보인다. 반면에 안라, 가라, 다라의 경우에는 '하한기', '상수위' 등이 나타나는 것으로 보아, 이들 스스로가 최고 지배자는 아니라고 할 수 있다. 따라서 이들 소국에서는 旱岐層의 분화에 의한 소박한 관등 체계의 존재를 상정할 수 있다. 이는 지배 권력 구조상 좀 더 발전적인 측면이나, 그들이 단순한 한기들과 병렬되고 있으므로, 다른 소국들을 상하 관계로 복속시킬 정도의 질적 전환을 이루지는 못한 것이라고 하겠다. 상하 관계에 있었다면, 자신들의 일을 중앙의 대리자에게 맡겼을 텐데, 가야 소국의 대표자들은 큰 나라건 작은 나라건 간에 스스로 집사를 파견했기 때문이다. 즉, 가야 소국들은 기본적으로 평등한 관계에 있었던 것이다.

그러나 『일본서기』 欽明 5년 11월 조 기사의 말미에 나와 있는 바와 같이, 가야 소국들 중에서 오직 안라와 대가야(가라)에는 왕이 존재하고, 가야연맹 집사들이 "돌아가서 안라왜신관 대신[日本大臣][217] 및 安羅王과 加羅

王(=대가야왕)에게 자문해 보아야 확답을 내릴 수 있다."고[218] 말한 점으로 보아, 이 둘은 다른 소국들과 구분되는 의미를 부여해 주어야 할 것이다. 즉, 안라와 대가야에는 다른 소국의 한기층보다 우월성이 인정되는 '王'의 칭호가 공식화 되어있었고, 그 두 왕이 가야 소국들 전체에 대한 최고 의사 결정권을 함께 가지고 있었던 것이다. 그렇다면 544년 시기의 가야 제국은, 대가야와 안라가 7~8개의 독립적인 소국들을 영도하는 연맹체를 이루고 있었으며, 대외적으로 독립적인 정치체였다고 할 수 있다.

또한 『일본서기』 欽明 13년(552) 5월 조로 보아, 백제와 안라, 대가야(가라)가 왜국에 中部德率 木劦今敦, 河內部 阿斯比多 등의 사신을 보냈는데, 사신의 직명이나 이름으로 보아서 이번 외교 사절을 보낸 주체는 백제임에 틀림없다. 여기서 대가야와 안라는 백제와 함께 그 국명이 나란히 기록되기도 하고, 왜국의 국서에서도 안라왕과 대가야왕은 백제왕의 뒤에 대등하게 병기되기도 하였다.[219] 이는 마치 3세기의 目支國 臣智 뒤에 安邪踧支와 拘邪秦支廉 등의 칭호가 덧붙여진다는 점과도[220] 비슷하다. 이는 백제가 가야 지역의 인력을 동원하거나 또는 외국에 대해 가야 지역까지 포괄하여 대표하기 위해서는, '백제왕'의 칭호만으로는 안 되고 반드시 '가라, 안라' 또는 '안라왕, 가라왕'의 칭호를 덧붙여 그 권위를 더 얹어야 했다는 사실을

217) 여기서 日本大臣, 즉 안라왜신관 대신은, 대외적으로 대가야왕에 비하여 떨어지는 안라왕의 권위를 보충해 주는 존재에 불과하다. 실제적으로는 왜국과 안라국 사이의 대외무역을 중개해 주는 안라 측의 왜인 관리이다.

218) 『日本書紀』 卷19, 欽明天皇 5年 11月 "於是 吉備臣旱岐等曰 大王所述三策 亦協愚情而已. 今願 歸以敬諮日本大臣[謂在任那日本府之大臣也]安羅王加羅王 俱遣使同奏天皇. 此誠千載一會之期 可不深思而熟計歟."

219) 위의 책, 欽明天皇 13年 "五月 戊辰朔乙亥 百濟加羅安羅 遣中部德率木劦今敦河內部阿斯比多等 奏曰 高麗與新羅 通和幷勢 謀滅臣國與任那. 故謹求請救兵 先攻不意. 軍之多少 隨天皇勅. 詔曰 今百濟王安羅王加羅王 與日本府臣等 俱遣使奏狀聞訖. 亦宜供任那幷心一力. 猶尙若玆 必蒙上天擁護之福 亦賴可畏天皇之靈也."

220) 『三國志』 卷30, 魏書30 烏丸鮮卑東夷傳30 韓 "辰王治目支國 臣智或加優呼臣雲遣支報安邪踧支濆臣離兒不例拘邪秦支廉之號."

반영하는 것이다. 다만 552년의 시기는 가야연맹이 백제의 半屬國으로 전락한 이후의 상태를 보여주는 것이며,[221] 540년대 이전의 상태는 알 수 없으나 평상시의 외교에는 대가야나 안라의 왕이 백제왕의 뒤에 연명되지 않았을 것이다.

이러한 점들로 보아 안라와 가라는 기본적인 지배 권력 구조가 다른 소국들과 비슷하면서도, 안라왕과 가라왕은 그 소국 한기들로부터 가야 지역 전체의 최고 책임자로 인정되기도 하고, 백제나 왜로부터 임나, 즉 가야연맹의 대표자로 거론되기도 한 것이다. 그러므로 6세기 중엽 당시에 안라와 가라는 대내적이고 대외적인 양 측면에서 보아 가야 지역의 소국들 전체에 대한 공동 맹주의 지위에 있었다고 볼 수 있다.

다만 위에서 사비 회의에 갔었던 가야연맹 집사들은 신라에도 외교를 위해 갔었고, 加羅나 安羅에 모여서 회의를 하였던 적도 있었다. 여기서 그들이 가라, 즉 대가야나 안라에서 회의를 하면 대가야 왕이나 안라 왕도 참석하여 諸旱岐會議의 면모를 띠었을 것이다. 그렇다면 그 참석자들의 구성은 마치 迎日 冷水里新羅碑에서 共論하여 敎를 내렸던 '七王'의 배열과 거의 비슷하다. 냉수리비에도 '部'라는 표기 없이 '沙喙, 喙, 本彼, 斯彼'라고만 나오므로, 사비 회의에서 '國'字를 빼고 安羅, 加羅, 卒麻 등으로 나오는 면모와 똑같다. 이러한 인물 표기의 유사성은 당시 신라와 가야 사회구조의 유사성에 기인하는 것으로 보인다. 그렇다면 540년대의 가야도 신라에 비하여 그다지 뒤떨어진 것은 아니었다고 생각된다.

그러나 당시의 가야 정치 상황으로 보았을 때, 대가야 왕과 안라 왕이 공동 맹주의 지위에 있었다고 하더라도, 대가야에서 제한기회의가 열리면 대가야 왕만 거기에 참석하고 안라 왕은 그 곳에 가지 않았을 것이고, 반대로 안라에서 제한기회의가 열리면 안라 왕은 참석하더라도 대가야 왕은 참여하지 않았을 것으로 추정된다. 즉, 같은 문화권이고 같은 연맹체에 속하면

---

221) 金泰植, 1993, 『加耶聯盟史』, 一潮閣, 289쪽.

서도 이를 통합하는 왕권이 하나가 아니고 둘이었던 점, 이것이 당시 가야의 한계성이고 신라와 근본적으로 다른 점이었다.

또한 불과 3년간의 사이를 두고 가야연맹의 사신단이 파견된 것인데, 그 중에 대가야국과 자타국은 집사의 칭호에 변동이 없었던 것에 비해, 다른 나라들은 모두 칭호의 변경이 있었다. 즉, 안라국은 次旱岐에서 下旱岐로 바뀌었고, 다라국은 下旱岐에서 二首位로 바뀌었으며, 나머지의 졸마국, 산반해국, 사이기국은 旱岐에서 君으로 바뀌었다. 이러한 칭호의 변경이 어떤 사실을 의미하는 것인지는, 자료가 부족하여 자세히 알 수 없으나, 당시의 가야 제국이 체제 변동을 포함하여 부단히 변화하고 있는 중이었다는 것은 알 수 있다.[222]

여기서 좀 더 추측을 해보고자 한다. 541년의 1차 파견 때에는 대가야국만 '上首位'라는 한자식 직명을 사용하고, 나머지의 안라국, 졸마국, 산반해국, 다라국, 사이기국, 자타국은 모두 '旱岐'라는 고유식 직명을 사용했다. 그런데 544년의 2차 파견 때에는 안라국(함안)과 자타국(진주), 구차국(고성)은 여전히 '한기'라는 고유식 직명을 사용하고 있음에 비해, 졸마국(함양), 산반해국(초계), 다라국(합천), 사이기국(부림)은 모두 대가야(고령)처럼 '君' 및 '二首位'라는 한자식 직명으로 고친 상태에 있었다. 이러한 변화는 대가야가 북부 가야 소국들의 제도를 정비한 때문인 것으로 생각된다. 앞서 언급한 바와 같이 함양, 초계, 합천, 부림 지방의 가야 소국들이 510년대부터 대가야를 중심으로 좀 더 강력한 연맹체를 이루고 있었고, 540년대의 백제와의 교섭 과정에서 북부와 남부의 가야 제국 사이에 이해관계가 달랐기 때문에, 자신들의 결속력을 과시한 것으로 보인다.

---

222) 여기서 君을 칭한 졸마, 산반해, 사이기의 3국에 대하여, '君'을 '키시(キシ)'로 훈독한 『日本書紀』의 표기에 주목하여, 이들은 백제와의 관계가 깊어졌던 사정을 반영한 것이라는 연구가 있다. 李鎔賢, 1998, 「加耶諸國の權力構造」, 『國史學』164, 6쪽. 당시에 대가야를 비롯한 북부 제국들은 백제에 대하여 가까운 관계였으므로, 소국 수장에 대한 표기의 변화가 백제의 표기 방식을 따를 수 있다는 것은 공감이 간다. 그러나 이것이 백제의 지시나 조정에 의하여 이루어진 것이라고까지는 생각할 수 없다.

반면에 고유식 직명을 고수하던 안라국과 자타국, 구차국은 상대적으로 남부 가야 지역 연맹을 이루었을 것이다. 그러나 함안과 진주 및 고성 지방의 고분 중에서 함안의 고분들이 가장 큰 규모를 이루고 있기는 하지만, 각기 고분 유물에 있어서 자기의 개성을 강하게 유지하고 있는 점으로 보아, 남부 가야 지역 연맹에 대한 안라국의 영도력은 그리 크지 못했을 것으로 추정된다.

이처럼 가야 제국이 大加耶-安羅 二元體制에 있게 된 것은, 529년 전후한 시기에 열린 安羅會議 이후의 일이라고 생각되며,[223] 그 이전에는 대가야의 패권이 인정되었을 것이다.[224] 즉, 가야연맹의 패권은 몇 세대에 걸쳐 단일 세력에 의해 안정적으로 영위되지 못하고, 대외적인 간섭과 대내적인 내분 사태를 겪으면서 수시로 변했다. 이런 점은 가야연맹이 중앙 집권적인 정치 체제를 이루는데 큰 장애 요인이 되었던 것이다.

대가야를 중심으로 한 북부 가야 제국이 510년대부터 강력한 연맹체, 즉 部體制와 같은 정치 구조를 이루고 있으면서도, 이것이 정착되지 못하여 다른 소국들이 대외적으로 계속해서 독자적인 國名을 사용하고 독자적인 외교 사신을 가야 전체의 공동 使臣團에 참여시킨 것도, 아직까지 각자 독자적인 세력을 지닌 남부 가야 제국들의 의구심을 의식한 때문이 아닐까 한다. 백승충의 연구에 의하면, '사비 회의'의 진행 과정을 통해 볼 때, 제국 각각은 자국의 이익을 대변한다기보다는 대국인 안라국 혹은 가라국의 동향에 따르는 등 외교권 · 군사권을 포함한 대외 활동 자체는 대국에 위임된 것으로 보이고, 따라서 가야 제국 가운데 일부는 이들 대국에 부용된 상태

---

223) 金泰植, 1993, 앞의 책, 198~202쪽, 256~260쪽.
224) 金世基 교수는 대가야를 중심으로 한 후기 가야연맹체는 5세기 말, 6세기 초의 전성기에 일시적으로 부체제 단계에 이르렀다가 530년대의 왕권 약화 과정을 거쳐 540년대에는 다시 소국연맹체 단계로 떨어졌다고 보았다. 김세기, 2000, 「고분자료로 본 대가야」, 계명대학교 박사학위논문; 2001, 「대가야의 발전과 주변제국」, 『대가야와 주변제국』(제2회 대가야사 국제 학술세미나 발표요지), 고령군, 한국상고사학회, 22쪽.

였고, 나아가서는 '부체제'의 운영 가능성도 상정해 볼 수 있다고 하였는데,[225] 이는 올바른 지적이었다고 생각된다. 만약에 훗날 대가야가 성숙한 고대국가를 이루고 자신들의 史書를 남길 수 있었다면 510년대 이후의 소국들을 '部'라고 표기했을 것이 틀림없다. 그러나 그것이 이루어지지 못했기 때문에, 가야연맹체 중의 일부가 대가야를 중심으로 실질적인 部體制 상태에 돌입했음에도 불구하고, 백제나 신라 등의 시각으로 쓰인 기록물에서 가야 소국들은 끝까지 분립되어 불안한 연맹을 유지하고 있던 것처럼 기록한 것이다.

그리고 대가야를 중심으로 한 일부 지역에 강력한 연맹, 즉 실질적인 부체제가 성립되어 있었다고 하더라도, 가야 제국 전체로 보았을 때는 아직 소국연맹체를 유지하고 있는 것도 사실이다. 540년대에 가야연맹 제국이 대외적으로 중대한 고비에 있게 되었을 때, 백제나 신라 등의 국가들은 북부 가야 제국이든 남부 가야 제국이든 그들을 하나의 정치적 운명공동체로 파악하고 있었다.

가야연맹체는 이미 510년대에 북부 제국 일부에 걸친 강력한 연맹체가 마련되고 그것의 대외적 실패로 인하여 529년 이후 남부 제국만의 또 다른 연맹체가 형성되고 있었지만, 함안의 안라국을 중심으로 한 남부 가야 제국의 연맹체는 5세기 이래 2~3개의 서로 다른 문화권을 유지해 온 것에서 알 수 있듯이 북부보다 결속력이 강하지 않았다. 학계의 일부에서 이를 서로 다른 각각의 지역 연맹체라고 표현하는 것은[226] 당연하나, 단순히 그처럼 서로 다른 존재였다고 구분하는 것만으로는 충분치 않다. 그럼에도 불구하

---

225) 백승충, 2000, 앞의 논문, 335쪽.
226) 權鶴洙, 1994, 「加耶諸國의 相關關係와 聯盟構造」, 『韓國考古學報』 31, 152~158쪽.
　　　白承忠, 1995, 「加耶의 地域聯盟史 硏究」, 부산대학교 박사학위논문, 24~30쪽.
　　　盧重國, 1995, 「大伽耶의 政治・社會構造」, 『加耶史硏究 -대가야의 政治와 文化-』, 慶尙北道, 158~159쪽.
　　　李炯基, 1999, 「阿羅伽耶聯盟體의 成立과 그 推移」, 『史學硏究』 57・58合; 2000, 「大加耶의 聯盟構造에 대한 試論」, 『韓國古代史硏究』 20.

고 그들은 오랜 기간 동안 대내외적으로 하나의 문화권으로 취급되었고, 그 내부에서 필요에 따라 분열과 통합을 반복하는 分節體系를 이루고 있었다. 가야 제국은 서로 그것을 알고 있었으나 결국은 고구려, 백제, 신라 등이 패권을 다투는 국제 관계 속에서 이를 극복할 수 없었던 것이다. 그리하여 대가야는 이미 상당한 범위에 걸친 부체제를 구축하고 있었음에도 불구하고 이를 대외적으로나 대내적으로 정착시키지 못하고 멸망함으로써 성숙한 고대국가로 발전하지 못한 것이다.

6. 맺음말

지금까지 한국사에서 초기 고대국가의 개념은 무엇이며 그 사례로는 어떤 것들이 있는가를 살펴보았다. 이제 그 내용을 간단하게 요약함으로써 맺음말에 대신하고자 한다.

평등사회를 벗어나 계층사회를 이루었으면서도 고대국가 이전 단계에 속하는 사회를 무엇이라고 부를까에 대해서는 部族國家, 城邑國家, 君長社會 등의 견해가 있었으나, 학자들마다 쓰는 개념도 다르고 혼동이 심하여 많은 문제가 있었다. 그러므로 이에 대해서는 좀 더 보편적이고 절충적인 개념을 택해서, 청동기시대의 민무늬토기, 고인돌 사회는 君長社會로 보고, 이것이 상호간에 重層構造를 이룬 초기 철기시대 및 원삼국시대의 일부 정치체는 小國으로 부르는 것이 불가피하다고 생각한다. 그 소국들은 상호 연합하여 小國聯盟體를 이룬 경우가 보편적이고 대부분의 사료에서 그 연맹장급 존재에 대해서 王을 칭하고 있으나, 이를 중앙 집권적인 성격을 기본으로 삼는 고대국가로 인정할 수는 없으며, 聯盟王國이라는 용어도 그 상태를 나타내는 용어로는 적합하지 않다.

고대국가에 대해서 奴隷國家, 貴族國家, 領域國家, 中央集權王國, 官僚國家 등의 여러 용어가 쓰이고 있으나, 이것 역시 이미 보편화된 古代國家라는 용어로 일원화하여 혼란을 방지하는 것이 필요하다. 고대국가의 특징은 王

과 貴族들에 의한 중앙 집권적 통치 조직에 있다. 그 구성 요소로는 ① 3개이상의 사회경제적 계층, ② 왕권의 무력 독점, ③ 일원적 기준의 官等과 성문 律令, ④ 상설적 귀족회의, ⑤ 지방관 파견의 郡縣制, ⑥ 인간 중심적 세계관의 수용 등이 있다. 이를 거의 갖춘 사회는 '成熟한 古代國家'이다.

위의 구성 요소를 갖추지는 못했어도 왕이 소국연맹체의 연맹장과는 달리 상당한 중앙 집권 능력을 갖춘 사회가 있으며, 이를 '初期 古代國家'라고 부를 수 있다. 초기 고대국가는 외형적으로는 소국연맹체의 맹주국과 큰 차이가 나지 않지만, 그 운영 방식은 이미 왕권에 의한 중앙 집권적 통치가 지방의 여러 단위 정치체인 部에까지 관철되는 사회이다. 그 구성 요소로는 ① 3개 이상의 사회경제적 계층, ② 각 단위 정치체(部)의 무력에 대한 왕의 간접 통제, ③ 다원적 官等의 왕 우위 서열화 , ④ 왕이 주관하는 정기적 首長會議, ⑤ 部의 내부 자치 및 외교권 상실, ⑥ 神 중심적 세계관의 잔존 등이 있다. 초기 고대국가의 정치 체제는 部體制라는 말로 대표되는데, 이는 각 部에 있는 지배층이 주된 거주지를 지방에서 중앙으로 옮기고 이것이 제도화됨으로써 성숙한 고대국가로 진전된다.

위와 같은 기준을 적용했을 때, 한국 고대사에서 초기 고대국가를 이룬 국가로는 고조선, 부여, 고구려, 백제, 신라, 가야의 6개 국가가 있다. 이를 정리하면 〈표 4〉와 같다.

〈표 4〉 초기 고대국가의 발전 과정 표

구분	-4C	-3C	-2C	-1C	1C	2C	3C	4C	5C	6C	7C
古朝鮮	초기 고대국가				(樂浪郡)						
夫餘	군장사회	소국 및 소국연맹체			초기 고대국가			소국연맹체			
高句麗	군장사회	소국 및 소국연맹체			초기 고대국가			성숙한 고대국가			
百濟	군장사회	소국 및 소국연맹체					초기 고대국가	성숙한 고대국가			
新羅	군장사회				소국 및 소국연맹체			초기 고대국가		성숙한 고대국가	
加耶	군장사회				소국 및 소국연맹체			초기 고대국가			

古朝鮮은 그 후기인 기원전 3세기 무렵, 좀 더 올려보면 기원전 4세기 무렵에 초기 고대국가를 이루었다가, 기원전 108년에 그보다 성장도가 앞선 중국 한나라와의 대결을 이겨내지 못하고 멸망하였다.

夫餘는 2, 3세기경에는 초기 고대국가를 이루고 있었다고 판정되나, 285년에 慕容氏의 공격으로 수도가 함락된 이후에는 중앙 집권력을 상실하여 소국연맹체 수준으로 퇴보하여 연명하다가 5세기 말에 최종 멸망한 것이 확인된다.

高句麗는 1세기 후반의 태조왕 초반기까지는 5부체제를 확립시켜 초기 고대국가를 이루었다. 그 후 점차 중앙 집권력을 강화하여 2세기 말 고국천왕 때에 수도를 방위별로 나누어 편제하여 각 부 지배층을 중앙으로 흡수하기 시작했으며, 3세기 후반의 서천왕 때에 와서는 중앙 집권화를 완성하고 성숙한 고대국가로 발전하였다. 다만 주변 민족들과의 경쟁에 시달리느라고 이를 정착시키기까지 오랜 시간이 걸려 4세기 후반 소수림왕 때에 가서야 이를 제도화하는데 성공하였다.

百濟는 3세기 중엽의 고이왕 때에 5부체제를 성립시켜 금강 이북 지역에 한하여 초기 고대국가로 성장했다고 보이나, 성숙한 고대국가로 진전된 시기를 확정짓기 어렵다. 일단은 4세기 후반 근초고왕 때에 중앙 집권화에 성공하고 성숙한 고대국가로 발전하여 그 여력으로 황해도 지역과 노령산맥 이북 지역을 정복했으나, 그 후 고구려와의 대결 과정에서 여러 번 패배하여 이를 제도화하는데 오랜 시간이 걸렸다. 그리하여 5세기 초의 전지왕 때나 5세기 후반의 개로왕 때의 과도기를 거쳐 늦어도 6세기 초 무령왕 때에는 이를 완성하였다고 보인다.

新羅는 4세기 후반 나물 마립간 때 진한 소국연맹체 내에서 두각을 나타내고, 5세기 전반 눌지 마립간 때에 6부체제를 성립시켜 초기 고대국가로 성장하였다. 그 후 점차 중앙 집권력을 강화하여 5세기 후반 자비 마립간 때에는 수도의 행정 구역을 정비하였고, 이 때 지방 5부 중의 하나인 沙喙部가 수도로 이주해 들어왔다고 추정된다. 신라는 이를 토대로 왕권을 더욱 강화하여 6세기 전반 법흥왕 때에 나머지 4부의 중앙 集住를 완료시키고 530년에 상대등을 임명함으로써 성숙한 고대국가로 진전되었다.

加耶는 5세기 후반 하지왕(=가실왕) 때 후기 가야 소국연맹체 내에서 크게 대두했으나, 이것만으로는 고대국가 성립 여부를 논하기는 어렵다. 510년대에 고령 大加耶國이 멀리 떨어진 진주, 하동, 부림, 영산 등에 축성했다는 기사로 보아, 늦어도 그 시기까지 대가야의 이뇌왕은 북부 가야 지역만을 포괄하는 초기 고대국가를 형성했다고 볼 수 있다. 그러나 가야는 함안 安羅國 등 남부 가야 지역과의 갈등 관계 때문에 그 체제를 정착시키지 못하여서 6세기 중엽에 백제와 신라의 경쟁적인 병합 시도에 시달리다가 결국 562년에 도설지왕을 끝으로 멸망하고 말았다.

* 이 글의 원전 : 金泰植, 2003, 「初期 古代國家論」, 『강좌 한국고대사』 제2권(고대국가의 구조와 사회1), 한국고대사회연구소 편, 서울 : 가락국사적개발연구원, 1~90쪽.

2.
사국시대론

1. 머리말

삼국시대는 한국 고대 전체와 거의 동의어처럼 쓰이고 있다. 한국 고대사를 고구려, 백제, 신라의 삼국사와 동일시하는 것은 『삼국사기』에서 유래한 것이다. 그러나 『삼국사기』는 한국 고대사 자료에서 차지하는 중요성에도 불구하고, 그 자체로는 한국 중세 역사 인식의 반영일 뿐이다. 고조선, 부여, 가야, 발해 등이 『삼국사기』에서 소외되었다고 해서 한국 고대사에서도 이를 배제하는 것은 정당화되지 않는다. 현대를 사는 우리가 고려시대의 역사 인식에 국한되어 한국 고대사를 인식할 수는 없고, 사료의 존재 상황으로 보아 불가피한 측면이 인정된다고 하더라도 그것에 쉽사리 굴복해서는 안될 것이다.

그리하여 필자는 일찍이 2001년도에 발표한 '4~5세기 국가정세와 가야연맹의 변동' 이라는 발표 요지[1]의 맺음말에서, 한국 고대사의 중심 시기는 가야를 포함하여 '사국시대' 로 불러야 한다고 제창한 바 있다. 그 후 필자는 비슷한 요지의 주장을 각종 논설에서 주장해왔으며,[2] 그 중에서도 '삼국시대론의 문제' 에 대해서는 주석을 덧붙여서 논문의 한 장에서 정리한 바

있다.[3]

『삼국사기』에 실린 삼국시대에 관한 역사 인식은 삼국 통일 이후의 신라 중심적 '三韓一統' 의식에서 비롯된 것이고, 그에 따라 마한 · 진한 · 변한의 三韓이 고구려 · 신라 · 백제의 三國과 동일시되어 가야가 한국사 이해 체계에서 사라졌었다. 그러나 조선 후기 한백겸의 『동국지리지』에서 그 잘못을 바로잡았으며, 그 이후로 실학자들은 한국 고대사에서 삼국 외에 가야를 포함시켜 다루어 왔는데, 일제에 의한 식민사학의 왜곡으로 인하여 다시 가야사가 경시되어 왔다는 것이다.

이에 대하여 공식적으로 반박하는 발표 요지나 논문은 본 적이 없다. 그러나 주변에서 들었던 반론으로는, 가야는 중앙 집권적인 지배 체제를 갖춘 고대국가가 아니기 때문에 '삼국'과 같은 항렬에 넣을 수 없다는 견해가 많았다. 혹은 막연히 홀수를 선호하여 삼국시대나 오국시대는 가능해도 사국시대는 불가능하다고 말하는 사람도 있었다. '사국'이라고 하면 죽을 '死' 자가 생각나서 좋지 않다는 말도 들었다. 시대 명칭은 부르기도 좋고 많은 사람들에게 사랑받을 수 있는 어감 좋은 쪽이 좋을 것이다. 그러나 역사의 실체를 올바로 반영한 것인가 아닌가 하는 문제는 어감이나 선호도 이전의 문제이다.

그래서 본고에서는 여러 가지 논거를 들어 '사국시대'에 대한 학계의 본격적인 논의를 유도하고자 한다. 먼저 제2장에서는 '삼국시대'라는 시대가 한국사의 각종 개설서에서 어느 시기를 반영하고 있는가 하는 현황을 조사

1) 金泰植, 2001, 「4~5世紀 國家情勢와 加耶聯盟의 變動」, 『4~5世紀 東亞細亞 社會와 加耶』, 제7회 가야사국제학술회의 발표요지, 김해시, 77~78쪽.
2) 김태식, 2002, 「서설: 가야를 포함한 사국시대를 제창하며」, 『미완의 문명 7백년 가야사 1권』, 푸른역사, 18~25쪽; 2002, 「삼국시대인가 사국시대인가」, 『한국생활사박물관 06 발해 · 가야생활관』, 사계절, 78~81쪽; 2006, 「삼국시대에서 사국시대로」, 『역사용어 바로쓰기』, 역사비평사, 23~31쪽.
3) 金泰植, 2004, 「加耶史 輕視의 論理들에 대한 批判」, 『國立歷史民俗博物館硏究報告』 110, 白石太一郎 · 上野祥史 編, 國立歷史民俗博物館, 佐倉, 555~557쪽.

해 보아 '삼국시대' 론의 문제점을 논하고, 그에 이어 한국 고대사에 나타났던 여러 정치 세력들의 지배 체제를 재검토하고자 한다. 그 다음에 제3장에서는 한국 고대사의 진전 과정을 '삼국시대' 로 설명하는 것에 대한 代案으로서 '사국시대' 의 설명 모델을 제시해 보고자 한다.

사국시대는 고조선시대와 남북국시대를 잇는 한국 고대사의 중심 시기로서 기원전 1세기부터 기원후 7세기에 걸치는 긴 기간이므로, 이를 세 시기로 구분하여 논하되 사국 각각의 발전 과정과 사국 사이의 관계 변화를 중시하여 설명하고자 한다. 즉, 이 시기의 역사를 제대로 해명하려면 고구려, 백제, 신라의 삼국에 가야를 포함한 사국을 설정하는 것이 더욱 효과적임을 나타내려고 한다.

2. 四國時代 論議의 前提

(1) 한국 고대사 分期의 현황

한국 고대사의 시기 구분 상황을 대변한다고 할 수 있는 것은 중등학교에서 쓰이고 있는 국정 국사 교과서이다. 우선 2002년도에 국사편찬위원회와 국정도서편찬위원회에 의하여 간행된 『중학교 국사』의 고대사 부분 목차를 보면 다음과 같다.

Ⅰ. 우리 나라 역사의 시작
  1. 선사 시대의 생활
  2. 국가의 성립
Ⅱ. 삼국의 성립과 발전
  1. 삼국의 형성
  2. 삼국의 발전
  3. 신라의 삼국 통일

Ⅲ. 통일 신라와 발해
  1. 통일 신라와 발해의 발전
  2. 신라의 동요와 후삼국의 발전

위에서 『중학교 국사』의 문제점은 Ⅰ단원 제2장 '국가의 성립' 항목에서 이미 기원후 3세기경의 한반도 상황을 '여러 나라의 등장'이라고 서술을 하고나서, Ⅱ단원 제1장 '삼국의 형성'에서 기원전 1세기부터 기원후 4세기 후반까지의 고구려, 백제, 신라, 가야를 기술함으로써, 3세기까지의 서술이 중복된다는 점이다. 이는 Ⅰ단원은 기원후 1~3세기를 『삼국지』 위서 동이전을 기반으로 하여 고고학자가 기술하고, Ⅱ단원은 『삼국사기』를 기반으로 하여 고대사학자가 기술함에서 온 혼란이다. 이 문제는 시대 순으로 순조롭게 서술될 필요가 있다.

그리고 Ⅱ단원 제1장의 제목은 '삼국'의 형성이라고 하면서도 '삼국' 외에 '가야'를 포함한 '사국'을 비슷한 분량으로 다루었으나, 고구려, 백제, 신라에 대해서는 4세기 후반까지의 상황을 기술하고, 가야에 대해서는 '삼국'과 연관된 6세기 후반의 상황까지 기술하여 그 멸망을 전하였다. 반면에 고구려, 백제, 신라의 5~6세기 상황은 제2장 '삼국의 발전'에서 기술하여 시대성을 교란하고 있다.

이와 같은 문제점은 국정 『고등학교 국사』 교과서에도 대동소이하다. 다만 거기서는 Ⅲ단원 제1편에서 전기 가야와 후기 가야를 제2장 '고대 국가의 성립'과 제3장 '삼국의 발전'의 장으로 나누어 서술했다는 점에서 『중학교 국사』보다 향상된 점이 있으나, 이를 '삼국'으로 호칭한 점은 마찬가지였다. 또한 고구려, 백제, 신라는 제2장과 제3장의 구분 시점을 3세기 중엽으로 하면서, 가야만 4세기 말 5세기 초로 삼아 혼동을 주었다.

중학교 및 고등학교 국사 과목의 국정 교과서에서 장 제목을 '삼국(고대국가)의 형성(성립)'과 '삼국의 발전'으로 나누어 놓고 서술이 엇갈리는 이유는, 고구려와 백제의 경우에는 그 '성립'을 3세기 중엽 이전으로 잡아야 하나, 신라와 가야의 경우에는 그 성립을 5세기경으로 잡아야 하기 때문이다. 즉 4국의 성립 및 발전 시기에 낙차가 존재하기 때문에, 일률적으로 '성립'과 '발전'을 논할 수 없는데, 이를 무리하게 종합하다 보니 문제가 생긴 것이다.

위와 같은 시기 구분이 대세를 이루는 가운데 최초로 '사국시대'를 채택한 개설서 『한국과 일본에서 함께 읽는 열린 한국사』[4]가 나왔다. 서문의 내용으로 보아, 이 책은 "1996년 2월 16일 '한·일 교과서 문제 간담회'라는 이름으로 시작된 한·일 양국 천주교 주교 모임의 작은 열매"[5]이다. 이 책 제1부 '한국의 역사와 문화'의 고대 부분 목차를 소개하면 다음과 같다.

제1편 문명의 발생과 국가의 등장
　　1_ 비파형 동검 문화권 속에서 한민족이 형성되다
　　2_ 고조선을 건국하여 발전하다
　　3_ 여러 나라로 분립하다
제2편 여러 나라에서 통일 국가로
　제1장 신라, 고구려, 백제, 가야
　　1_ 여러 나라가 4국으로 통합되다
　　2_ 4국의 사회와 문화가 발전하다
　　3_ 4국이 서로 겨루다
　제2장 통일 신라와 발해
　　1_ 남북국 시대가 열리다
　　2_ 남북국의 사회와 경제가 발전하다
　　3_ 남북국의 문화가 발전하다
　　4_ 해외로 나가 활발하게 활동하다
　　5_ 신라가 후삼국으로 분열하자 고려가 재통일하다

---

4) 이원순·정재정·서의식, 2004, 『한국과 일본에서 함께 읽는 열린 한국사』, 서울: 솔.
5) 위의 책, 권두 한일주교교류회 한국 대표 강우일 주교의 서문.

위에서 큰 구분은 중고교 국정 교과서와 대동소이하나, 제2편 제1장 '신라, 고구려, 백제, 가야'가 사국시대로 구분된 모습을 보여주고 있다. 그 부분의 세부 목차를 보면 다음과 같다.

1_ 여러 나라가 4국으로 통합되다
「신라」
「고구려」
「백제」
「가야」
[박스 기사] 고대 일본은 과연 한반도 남부를 지배하였는가?
2_ 4국의 사회와 문화가 발전하다
「군사 대국 고구려」
「문화 성국 신라」
「경제 부국 백제」
「교역의 나라 가야」
3_ 4국이 서로 겨루다
「4세기 - 백제가 마한 전체를 통합하다」
「5세기 - 고구려가 영토를 크게 확장하다」
「6세기 - 신라가 가야를 병합하고 한강 유역을 차지하다」
「7세기 전반 - 고구려가 수·당의 침입을 물리치다」
「7세기 후반 - 신라가 한반도를 통일하다」

서문의 내용이나 위의 세부 목차로 보아, 이 책의 저자들이 제2편 제1장을 서술한 동기는 고대 한일관계를 바로 잡으려는 데 있었음을 짐작할 수 있다. 그 부분의 유일한 [박스 기사]에서 『일본서기』의 6세기 중엽 기사에 보이는 '任那日本府'는 고대 일본이 한반도 남부를 지배하기 위해 설치한 군사 통치 기관이 아니라, 야마토가 안라국에 파견한 외교 사절단을 지칭한 말이라고 하였다.[6] 이처럼 이 개설서는 한일관계사의 문제점을 해결하기 위해 사국시대를 채택했음을 보이고 있다.

그러나 분량이 너무 짧아서 충분한 기술을 하지 못해, 가야사에 대하여 군데군데 틀린 서술들이 나타나고 있다. 그럼에도 불구하고 이 책의 새로운 시도는 '삼국시대론'의 문제점을 수정하려는 매우 중요한 기점으로 평가될 수 있다.

〔보론〕국사 교과서가 검인정 체제로 바뀐 후 2012년에 교육과학기술부에서 확정 고시한 '2009년 개정 교육과정에 따른 고등학교 한국사 교과서 집필 기준'을 보면 '삼국시대론'이 상당히 수정되었음을 확인할 수 있다. 고대 시기에 대한 집필 기준은 다음과 같다.

① 선사 문화의 세계사적 흐름 속에서 우리 민족의 형성 과정을 파악한다.
② 고조선과 초기 철기시대에 등장한 여러 나라의 사회 모습과 풍속을 파악한다.
③ 삼국 및 가야의 발전 과정을 통해 고대국가의 특성을 파악하고, 고대국가의 대외관계를 살펴본다.
④ 통일신라와 발해의 발전과 사회 · 경제적 모습을 파악한다.
⑤ 고대국가들이 동아시아의 국제관계 속에서 다양한 교류를 통해 불교, 유교, 도교 등의 사상과 문화를 발전시켰음을 이해한다.

즉, 제3장에서 '삼국 및 가야'의 발전 과정이 명시된 것은 한국고대사의 주체에 가야를 포함함으로서 '삼국시대론'을 일정하게 보완한 것이다.

또한 2011년에 고시한 '2009년 개정 교육 과정에 따른 교과 교육과정의 적용을 위한 중학교 역사 교과서 집필 기준'에서도 그런 측면을 발견할 수 있다. 거기서는 고대 부분의 목차가 '(1) 문명의 성립과 고조선의 형성 (2) 삼

---

6) 위의 책, 27쪽.

국의 성립과 발전 (3) 통일신라와 발해의 발전'으로 분류되어 있어서, 단원 제목에는 가야가 보이지 않아 실망감을 준다. 그러나 그 중에 제2단원의 세목을 보면 다음과 같다.

① 고구려의 성장과 영토 확장에 따른 대내외적인 변화를 설명한다.
② 백제의 건국과 성장 과정을 파악하고, 대외 활동의 양상을 이해한다.
③ 신라의 건국과 발전 과정을 체제 정비 및 영토 확장과 연관 지어 파악한다.
④ 삼국의 발전 과정에서 나타난 공통점을 추출하고, 가야연맹의 성립과 변화 과정에 나타난 삼국과의 차이를 파악한다.
⑤ 삼국과 가야가 이웃 나라와 교류한 양상을 파악하고, 그 문화적 특성을 불교 예술과 고분 등을 중심으로 이해한다.

이로 보아 제1~4장에서 각기 고구려·백제·신라·가야의 성립과 발전 과정을 설명하고 제5장에서 그 상호간의 교류과 문화를 이해하도록 유도하고 있다. 여기서는 가야를 고구려·백제·신라의 삼국과 거의 대등하게 다루어 실질적으로 사국시대가 연출되었으며, 그렇다면 제2단원의 제목은 '삼국과 가야의 성립과 발전' 또는 '사국의 성립과 발전'으로 수정해야 한다. 이처럼 약간 소홀한 느낌은 있으나 새로운 교과 교육과정에서 '삼국시대론'이 대폭 수정되었다는 점은 분명하다.

(2) 한국 고대국가의 정치 체제

古代國家라는 용어는, 고대와 중세 및 근대의 국가를 기본 구조에 있어서는 동일한 것으로 보면서 약간의 시대적 차별성을 인정하는 것이다. 국가가 적어도 몇 개 이상의 도시를 포괄할 정도의 넓은 영토와 그 안에 사는 많은 주민들을 일정한 방법으로 통치하고 있다는 점에서는 공통적이나, 그 중에서 고대국가의 특징은 그 통치 방법의 핵심이 王과 貴族들에 의한 중앙 집권적 지배 체제에 있다고 할 수 있다.

다행스럽게도 한국사 학계에서 어느 시기부터를 위와 같은 고대국가로 파악하는가에 대해서는 어느 정도 합의가 이루어져 있다고 보인다. 즉, 고구려 소수림왕(4세기 후반), 백제 근초고왕(4세기 중엽), 신라 법흥왕(6세기 전반) 이후를 중앙 집권적 고대국가로 간주하는 점은 대개 일치하고 있다.[7]

그렇다면 한국사에서 중앙 집권적 지배 체제가 완비된 고대국가의 구성 요소는 무엇일까? 가장 먼저 들 수 있는 것은 귀족, 평민, 노비 등 3개 이상의 사회경제적 계층으로 구분되는 계급사회를 이루고 있어야 한다는 것이고, 두 번째는 왕을 중심으로 한 중앙 정권이 군대 등의 무력을 독점하고 있어야 한다는 것이며, 세 번째는 중앙 집권을 제도화하기 위하여 관료제가 정비되어야 하는데, 이는 일원적 기준을 따르는 官等의 확립과 成文 律令의 존재 등으로 나타난다는 것이다.[8]

그리고 한국사 학계의 대부분 학자들은 고구려 태조왕(1세기 중엽), 백제 고이왕(3세기 중엽), 신라 나물왕(4세기 중엽)의 시기를 고대국가의 성립 단계로 보고 있다.[9] 한국사에서 고대국가의 성립 단계를 태조왕, 고이왕, 나물왕의 시기로 보는 견해를 처음으로 제안한 것은 이병도였으나,[10] 그 후 이 제안이 여러 개설서들에서 채택되어 이제 우리 학계의 公論이 되었다고 할 수 있을 정도이다.

7) 변태섭 · 신형식, 2006, 『한국사통론』(개정판), 三英社, 153쪽, 157쪽, 167쪽.
　　한영우, 2004, 『다시 찾는 우리 역사』(전면개정판), 경세원, 100쪽, 106쪽, 111쪽.
　　이기백, 1999, 『한국사신론』(한글판), 일조각, 54쪽, 56쪽, 60쪽.
　　국사편찬위원회, 1종도서편찬위원회, 2002, 『고등학교 국사』, 교육인적자원부, 52~53쪽.
8) 金泰植, 2003, 「初期 古代國家論」, 『강좌 한국고대사』 제2권, 가락국사적개발연구원, 17쪽.
9) 변태섭 · 신형식, 2006, 앞의 책, 152쪽, 155쪽, 159쪽.
　　한영우, 2004, 앞의 책, 99쪽, 105쪽, 111쪽.
　　이기백, 1999, 앞의 책, 53쪽, 54쪽, 59쪽.
　　국사편찬위원회, 1종도서편찬위원회, 2002, 『고등학교 국사』, 교육인적자원부, 49~50쪽.
10) 李丙燾, 1934~1937, 「三韓問題의 新考察」, 『震檀學報』 1~8; 1954, 「古代南堂考 -원시집회소와 남당-」, 『論文集』 1, 서울대학교; 1959, 『韓國史 -古代篇-』, 震檀學會 編, 서울: 乙酉文化社; 1976, 『韓國古代史研究』, 博英社.

한편 고대국가의 성립 시기에 대하여 신라의 경우에는 5세기 눌지 마립간 이후로 늦춰보아야 한다는 입장을 가지고 있어서 앞의 견해들과 약간의 차이를 보이나, 그 시기 정치 체제의 특징을 구체화시켜 '部體制'라 이름 짓고 이를 '초기 고대국가'의 체제로 인정한 견해[11]가 있다. 즉, 고대국가의 정치 체제는 초기 단계의 '연맹체적'인 부체제와 성숙한 단계의 '영역국가적'인 중앙 집권체제로 나누어진다고 하였다. 초기 고대국가의 사회 구조에 대한 진단은, 이를 '연맹왕국의 완성' 단계라고 본 견해[12]와 그리 다르지 않다.[13]

학자들의 이와 같은 표현상의 차이는, 부체제라는 것이 소국연맹체와 고대국가 사이의 중간적 성격, 또는 과도기적 성격을 가지기 때문에 나타난 현상이라고 생각된다. 이제 고조선, 부여, 고구려, 백제, 신라, 가야에 대하여 어느 시기부터를 초기 및 성숙한 고대국가로 보는가에 대한 학설들을 간략하게 정리하면 다음과 같다.

① 고조선

고조선에 대해서는 문헌 사료가 극히 부족하여 기원전 5세기 이전에 대한 논의는 찾아보기 어렵고, 기원전 4세기경의 朝鮮侯와 기원전 2세기의 위만조선을 어떻게 보는가에 대한 견해들이 있다. 그리하여 고조선 후기와 위만조선 때에 博士, 卿, 大夫, 相, 大臣, 將軍 등의 중앙 통치 조직에 속한 관명이 보이고, 그 중에는 朝鮮相 歷谿卿, 朝鮮相 路人, 尼谿相 參, 相 韓陰 등

---

11) 노태돈, 2000, 「초기 고대국가의 국가구조와 정치운영」, 『韓國古代史研究』 17, 서경문화사, 7쪽.

12) 李基白 · 李基東, 1982, 『韓國史講座 古代篇』, 一潮閣, 137쪽, 149쪽.

13) 이에 반하여, 『삼국사기』 초기 기록을 그대로 인정한 결과, 신라가 3세기 중, 후반에는 진한의 소국들을 병합하고 한 단계 정도의 지방관을 파견하여 군현제적 왕국을 이루었고 마립간 시대에는 중앙 집권적 왕국이 되었다고 보는 견해도 있다. 이종욱, 2000, 「한국고대의 부와 그 성격 -소위 부체제설 비판을 중심으로-」, 『韓國古代史研究』 17, 한국고대사학회, 46~47쪽.

과 같이 독자적인 세력 기반을 지닌 이들이 있었으므로, 삼국 초기 部體制 하의 정치 구조와 연결된다고 보는 견해가 있다.[14] 반면에 기원전 4세기 무렵 요동 내지 서북한 지역에서 국가체의 성립을 입증할 고고학 자료가 없고, 고조선에 왕은 있었으나 강력한 주권이나 중앙 정부의 통제력이 보이지 않으므로, 고조선 사회는 부체제 직전의 모습, 즉 小國間 聯盟을 이룬 상태로 보아야 한다는 견해도 있다.[15]

② 부여

부여에 대해서는 四出道를 馬加 등의 諸加가 관장하는 것으로 보아, 제가들이 왕권의 일정한 통제 하에서 자기 휘하의 집단에 대한 자치권을 지닌 部體制로 보는 견해가 있다.[16] 반면에 『三國志』 위서 동이전 부여 조에 部의 존재 기사가 확인되지 않고, 부여의 강력한 주권이나 중앙 정부의 통제력이 보이지 않으므로, 5부 중심의 고구려 초기 부체제 단계와는 다른 그것보다 조금 이른 단계의 모습을 보여준다는 견해도 있다.[17] 그러나 부여는 2~3세기에는 읍루를 복속시켜 공납 지배하거나 수천 또는 수만의 군대를 보내 낙랑이나 현도를 공격한 것으로 보아 초기 고대국가를 이루고 있었다고 판정하는 것이 타당하다.[18] 다만 285년에 선비족 慕容廆의 침략을 받아 수도가 함락된 이후 무력한 존재로 전락하였고[19] 그 후로 몇 차례 사서에 보이다가 494년에 그 왕족이 고구려에 투항하였으므로, 3세기 말 이후에는 다시 소국연맹체 수준으로 퇴보했고 그나마 점차 규모가 축소되고 있었다.[20]

---

14) 노태돈, 1994, 「古朝鮮의 變遷」, 『檀君 -그 이해와 자료-』, 서울대학교출판부, 43쪽; 2000, 「위만조선의 정치구조」, 『고조선사와 단군』, 사계절, 97~117쪽.

15) 송호정, 1999, 『古朝鮮 國家形成過程 硏究』, 서울대 박사학위논문, 156~160쪽; 2000, 「古朝鮮·夫餘의 국가구조와 정치운영」, 『韓國古代史硏究』 17, 한국고대사학회, 92~112쪽.

16) 盧重國, 1988, 『百濟政治史硏究』, 一潮閣, 94~95쪽.
　　노태돈, 1999, 『고구려사연구』, 사계절, 115~116쪽.

17) 송호정, 2000, 앞의 논문, 106~109쪽.

18) 金泰植, 2003, 앞의 논문, 39쪽.

19) 송호정, 1999, 「부여의 성장과 대외관계」, 『한국사』 4, 국사편찬위원회, 195~196쪽.

③ 고구려

　　고구려의 5부는 그 전신인 那들이 상호 통합의 과정을 거쳐 이루어진 다섯 집단이고, 왕권 아래 종속된 자치체였다.[21] 『삼국사기』 고구려본기에서 태조왕 20년과 22년에 藻那와 朱那를 병탄한[22] 이후에는 계루부를 제외한 4부의 명칭만 보이고 여타 ‘那’는 나타나지 않으므로, 기원후 74년(태조왕 22)까지는 5부체제, 즉 초기 고대국가가 확립되었다고 할 수 있다.[23] 한편 성숙한 중앙 집권적 고대국가가 완성된 시기에 대해서는 고유명 부와 沛者가 사라진 것을 중시하여 3세기 후반 서천왕 때로 보는 새로운 견해[24]와 불교 수용, 대학 설립, 율령 반포를 중시하여 4세기 후반 소수림왕 때로 보는 기존 견해[25]로 나뉜다. 고구려가 3세기 후반 서천왕 때에 각 부 지배층을 모두 중앙으로 흡수한 것은 인정할 수 있으나, 그 직후부터 주변 민족들과의 경쟁에 시달리느라고 오랜 시간이 걸려 4세기 후반 소수림왕 때에 가서야 이를 제도화하는데 성공했다고 보아야 할 것이다.

④ 백제

　　백제에 대해서는 고이왕 때 5부체제가 성립되고 근초고왕 때는 5부가 수도의 행정 구역으로 전환되었다고 보는 견해[26]가 보편적이다. 그러나 백제

---

20) 金泰植, 2003, 앞의 논문, 40쪽.
21) 노태돈, 1999, 앞의 책, 117쪽.
22) 『三國史記』 卷15, 高句麗本紀3 太祖大王 20년, 22년 조.
23) 노태돈, 앞의 책, 121쪽.
24) 林起煥, 1995, 「高句麗 集權體制 成立過程의 硏究」, 경희대학교 대학원 박사학위논문, 57쪽; 2004, 『고구려 정치사 연구』, 한나래, 104~105쪽.
　　余昊奎, 1995, 「3세기 고구려의 사회변동과 통치체제의 변화」, 『역사와 현실』 15, 한국역사연구회.
　　윤성용, 1997, 「고구려 귀족회의의 성립과정과 그 성격」, 『한국고대사연구』 11, 한국고대사연구회.
　　盧泰敦, 1999, 『고구려사 연구』, 사계절, 167~168쪽.
25) 앞의 주석 7과 같음.
26) 盧重國, 1988, 『百濟政治史硏究』, 一潮閣.

는 4세기 후반 근초고왕 때 일시적으로 중앙 집권화에 성공하였으나, 그 후 4세기 말 광개토왕 군대로부터의 타격, 475년의 위례성 함락 등으로 이를 제도화하지 못하다가, 6세기의 무령왕 때에 가서야 제도적 완비를 보았을 가능성도 있다.[27) 백제의 지방관 파견을 입증하는 믿을 수 있는 기록은『梁書』百濟傳의 22檐魯 존재 기사가[28) 최초의 것이라고 하겠는데, 그것을 처음으로 설치한 시기를 4세기 후반의 근초고왕 대로 보는 견해,[29) 5세기 중엽의 개로왕 대로 보는 견해,[30) 6세기 초의 무령왕 대로 보는 견해가[31) 엇갈리고 있는 것은 백제의 기나긴 시련기를 반영한다.

⑤ 신라

신라에 대해서는 1988년에 울진 봉평비(524)가 발견되어 17관등의 대부분이 법흥왕 때 정해진 것임이[32) 확인된 이후, 법흥왕 때 성숙한 고대국가를 이루고 있었다는 것을 의심하는 사람은 거의 없다. 그러나 신라가 초기 고대국가로 성립된 시기에 대해서는 部의 성격을 둘러싸고 상당한 이견이 있다. 초기에는 신라의 6부체제 성립 시기를 마립간시대인 5세기 후반 이후 [33) 또는 5세기 전반[34) 또는 4세기 후반[35) 등으로 보았으나, 혹은 그 시기를

---

27) 金泰植, 2003, 앞의 논문, 52쪽.
28)『梁書』권54, 列傳48 百濟傳 "其國有二十二檐魯 皆以子弟宗族分據之."
29) 盧重國, 1988, 앞의 책.
30) 金英心, 1990,「5~6世紀 百濟의 地方統治體制」,『韓國史論』22, 서울대학교 국사학과.
31) 今西龍, 1934,『百濟史硏究』, 國書刊行會.
　　武田幸男, 1980,「六世紀における朝鮮三國の國家體制」,『東アジア世界における日本古代史講座』4, 學生社.
32) 盧泰敦, 1989,「蔚珍鳳坪新羅碑와 新羅의 官等制」,『韓國古代史硏究』2, 183쪽.
33) 李丙燾, 1937,「三韓問題의 新考察(六)」,『震檀學報』7.
　　金哲埈, 1952,「新羅 上代社會의 Dual Organization」,『歷史學報』1・2.
　　村上四男, 1962,「新羅王都考略」,『朝鮮學報』24; 1987,『朝鮮古代史硏究』, 재수록.
34) 盧泰敦, 1975,「三國時代의 部에 관한 硏究」,『韓國史論』2.
35) 盧重國, 1994,「삼국의 통치체제」,『한국사』3, 한길사.
　　朱甫暾, 1992,「三國時代의 貴族과 身分制 -新羅를 中心으로-」,『新羅社會發展史論』, 一潮閣.
　　申瀅錫, 1992,「5~6세기 新羅六部의 政治社會的 性格과 그 變化」,『慶北史學』15.

올려 잡아 3세기 중엽까지 올리기도 했으며,[36] 그 중에는 1세기 초로 올려 잡은 견해[37]도 있다. 이는 신라의 국가 권력 집중도를 처음에는 낮게 평가 하다가 점차 높게 평가하게 되었다는 것을 의미하기도 하지만, 그보다는 오 히려 部에 대한 개념의 차이, 혹은 『삼국사기』 초기 기록의 신빙성 및 기년 문제에 대한 이해의 相異에서 오는 혼란이 더 크다고 보인다.

⑥ 가야

4세기 말 이전 전기 가야시대의 정치 체제에 대해서는 소국 분립의 상태 에서 연맹체를 인정하는가 아닌가의 논란이 있을 뿐이나, 5세기 이후의 후 기 가야시대에 대해서는 논란이 심하다. 그리하여 가야 제국이 그때까지도 단지 소국 분립 상태에 있었다고 보는 견해[38]가 있는 반면에, 이미 고대국 가 또는 영역국가 단계에 이르렀다거나 또는 部體制를 이루고 있었다고 보 는 학자들도 있다.[39] 필자는 가야가 소국연맹체를 이루고 있었고 고대국가 를 이루지는 못했다는 관점을 유지하고 있었으나,[40] 신라와 가야의 고고학 적 유적 상황이 그리 크게 다르지 않은데도 불구하고 스스로 가야에 대해서

---

36) 全德在, 1992, 「新羅 6部體制의 變動過程 研究」, 『韓國史研究』 77; 1996, 『新羅六部體制研 究』, 一潮閣.

37) 丁仲煥, 1962, 「斯盧六村과 六村人의 出自에 대하여」, 『歷史學報』 17 · 18합.
李鍾旭, 1980, 「新羅上古時代의 六村과 六部」, 『震檀學報』 49; 1982, 『新羅國家形成史研 究』, 一潮閣.
李文基, 1981, 「金石文資料를 통하여 본 新羅의 六部」, 『歷史教育論集』 2.

38) 李永植, 1985, 「加耶諸國의 國家形成問題 - '加耶聯盟說'의 再檢討와 戰爭記事分析을 중 심으로-」, 『白山學報』 32; 1993, 『加耶諸國と任那日本府』, 吉川弘文館, 東京.

39) 白承忠, 1992, 「于勒十二曲의 해석문제」, 『韓國古代史論叢』 3, 韓國古代社會研究所; 1995, 「加耶의 地域聯盟史 研究」 부산대학교 대학원 박사학위논문, 179쪽; 2000, 「가야의 정치구조 - '부체제' 논의와 관련하여-」, 『韓國古代史研究』 17, 305쪽.
盧重國, 1995, 「大伽耶의 政治 · 社會構造」, 『加耶史研究 -대가야의 政治와 文化-』, 慶尙北 道, 168~180쪽.
朱甫暾, 1995, 「序說 -加耶史의 새로운 定立을 위하여」, 『加耶史研究』, 慶尙北道, 52쪽.
金世基, 1995, 「大伽耶 墓制의 變遷」, 『加耶史研究』, 慶尙北道, 363쪽.
李熙濬, 1995, 「토기로 본 大伽耶의 圈域과 그 변천」, 『加耶史研究』, 慶尙北道, 422~426쪽.

만 너무 엄격한 기준을 요구한 것이 아닐까 하고 의심해 왔다.[41]

그러다가 최근에는 『일본서기』繼體 8년 조의 축성 기사를 적극적으로 인정하여, 가야는 늦어도 510년대에는 고령, 합천, 의령 서부, 거창, 함양, 산청, 진주 등지를 아우르는 부체제를 형성함으로써 초기 고대국가 단계에 이르렀다고 판단하기에 이르렀다.[42] 다만 이 범위는 당시의 가야 소국연맹체라고 여겨지던 지역의 2분의 1 정도에 지나지 않으므로, 나머지 의령 서부, 진주 동부, 함안, 사천, 고성, 마산, 창원, 김해 등은 그대로 별도의 독자적인 연맹 소국의 지위에 있었다. 또한 『일본서기』欽明紀의 기록으로 보아 540년대의 가야 제국은 大加耶-安羅 二元體制에 있었고, 이는 529년 전후한 시기에 열린 安羅會議 이후의 일이라고 생각되며,[43] 그 이전에는 대가야의 패권이 인정되었을 것이다.[44]

이로 보아 가야연맹체는 이미 510년대에 북부 제국 일부에 걸친 강력한 연맹체, 즉 초기 고대국가가 마련되고 그것의 대외 정책 실패로 인하여 529년 이후 남부 제국만의 또 다른 연맹체가 형성되었지만, 함안의 안라국을 중심으로 한 남부 가야 제국은 5세기 이래 2~3개의 서로 다른 문화권을 유지해 온 것에서 알 수 있듯이 북부보다 결속력이 약했다. 학계의 일부에서 이를 서로 다른 각각의 지역 연맹체라고 표현하는 것은[45] 당연하다. 즉 대

---

40) 金泰植, 1990, 「加耶의 社會發展段階」, 『한국 고대국가의 형성』, 한국고대사연구회 편, 民音社; 1993, 『加耶聯盟史』, 一潮閣; 2000, 「加耶聯盟體의 性格 再論」, 『韓國古代史論叢』 10, 韓國古代社會研究所, 190쪽.

41) 金泰植, 1997, 「加耶聯盟의 諸概念 比較」, 『加耶諸國의 王權』, 仁濟大 加耶文化研究所 編, 신서원, 37~38쪽; 2000, 「加耶聯盟體의 部體制 成立與否에 대한 小論」, 『韓國古代史研究』 17, 韓國古代史學會, 302쪽.

42) 金泰植, 2003, 「初期 古代國家論」, 『강좌 한국고대사』 제2권, 가락국사적개발연구원, 76쪽.

43) 金泰植, 1993, 앞의 책, 198~202쪽, 256~260쪽.

44) 金世基 교수는 대가야를 중심으로 한 후기 가야연맹체는 5세기 말, 6세기 초의 전성기에 일시적으로 부체제 단계에 이르렀다가 530년대의 왕권 약화 과정을 거쳐 540년대에는 다시 소국연맹체 단계로 떨어졌다고 보았다. 김세기, 2000, 「고분 자료로 본 대가야」, 계명대학교 박사학위논문; 2001, 「대가야의 발전과 주변제국」, 『대가야와 주변제국』(제2회 대가야사 국제 학술세미나 발표요지), 고령군, 한국상고사학회, 22쪽.

가야는 이미 상당한 범위에 걸친 부체제를 구축하고 있었음에도 불구하고 이를 정착시키지 못하고 멸망함으로써 성숙한 고대국가로 발전하지 못한 것이다.

위와 같이 살펴볼 때, 가야는 고대국가의 중앙 집권적 지배 체제를 완성하지 못했다고는 할 수 있어도, 가야가 고대국가를 이루지 못했다고 단언하기는 어렵다. 그리고 가야는 고대국가가 아닌 연맹체 단계로서도 오랫동안 존재하면서 한반도 내에서 하나의 세력 축을 이루었음은 분명하다. 그러나 가야는 성숙한 고대국가를 이루지 못했고 또 백제보다 98년 앞선 562년에 멸망함으로써 그 이후로는 고구려, 백제, 신라와 대등한 하나의 축을 이루지는 못했다는 한계성도 분명하다. 그렇다면 '사국시대'라고 부를 만한 한국 고대사 서술의 모델은 어떻게 구성해야 할까?

3. 四國時代 試論

(1) 四國의 形成

① [기원전 1세기] 위만조선 멸망 이후 주변 세력들의 등장

기존의 한국 고대사 개설에서 어려운 부분은 1~3세기의 한반도 상황에 대한 설명이다. 그 이유는 고조선 멸망 이후 한반도에 들어온 낙랑군을 비롯한 중국 군현의 존재를 거의 배제하고 이 시기의 역사를 기술해왔기 때문이다. 한반도와 왜를 포함한 동아시아 역사는 기원전 194년 위만조선의 등

---

45) 權鶴洙, 1994,「加耶諸國의 相關關係와 聯盟構造」,『韓國考古學報』31, 152~158쪽.
　　白承忠, 1995,「加耶의 地域聯盟史 研究」, 부산대학교 박사학위논문, 24~30쪽.
　　盧重國, 1995,「大伽耶의 政治・社會構造」,『加耶史研究 -대가야의 政治와 文化-』, 慶尙北道, 158~159쪽.
　　李炯基, 1999,「阿羅伽耶聯盟體의 成立과 그 推移」,『史學研究』57・58合; 2000,「大加耶의 聯盟構造에 대한 試論」,『韓國古代史研究』20.

장과 함께 중국사와 본격적으로 연동되기 시작하였다. 또 하나의 중요한 계기는 기원전 108년에 위만조선이 멸망하고 한사군이 설치된 일이다.

그 이후 역사의 가장 중요한 점은 이 시기에 위만조선 및 중국 군현의 북쪽에 있던 예맥족이 그들과의 대립적인 관계 속에서 가장 먼저 정치적 통합을 이루어 부여와 고구려를 성립시켰다는 점이고, 또 그 후 한반도 남부에 있던 韓族은 중국 군현과의 교류를 중시하는 독립적인 정치 세력, 즉 마한, 진한, 변한의 삼한을 성립시켰다는 점이다. 그런데 위의 부여와 고구려가 고구려로 통합되고, 백제, 신라, 가야가 각기 삼한 소국들을 통합함으로써 사국시대가 연출되는 것이다.

『삼국사기』와 『삼국유사』에 의하면 신라가 기원전 57년, 고구려가 기원전 37년, 백제가 기원전 18년, 가야가 기원후 42년에 개국했다고 하나, 중국 측 문헌을 통해서는 백제, 신라, 가야의 개국 시기에 대한 상황을 확인할 수 없다. 다만 훗날의 고구려 중심지에 설치되었던 현도군이 기원전 75년에 중국 요령성 新賓으로 이주했다는 것으로 보아,[46] 정치 세력으로서 고구려의 등장은 이와 관련이 있다고 추정할 수 있다. 만일 그들의 반발로 인하여 현도군이 후퇴했다면, 그 정치 세력의 규모는 소국연맹체 이상의 것이었다고 할 수 있다.

한편 한반도 남부 지역에서는 창원 다호리 고분군이나 경주 입실리 일괄 출토품과 같은 널무덤(木棺墓) 유적의 존재를 통해, 변한이나 진한의 중심 소국으로 연결되는 정치 세력들이 생겨나고 있음을 알 수 있다. 특히 기원전 1세기에 해당하는 경남 사천 늑도 유적이나 창원 다호리 1호분, 김해 패총 등에서 출토된 유물로 보아,[47] 경남 해안지대는 낙랑군 설치 직후인 서력기원전 1세기부터 낙랑군과 왜 사이에서 철을 비롯한 여러 가지 외래 문물을 교류하는 중계지였다.

---

46) 李丙燾, 1976, 『韓國古代史硏究』, 서울: 博英社, 159쪽.
47) 김태식, 2002, 『미완의 문명 7백년 가야사 2권』, 서울: 푸른역사, 89쪽.

② [기원후 1세기] 고구려의 국가 성립과 남한 읍락들의 성장

고구려는 현도군 영역 내에서 성장하여, 서기 14년(유리왕 33)에 梁貊을 쳐서 멸망시킨 후 현도군을 공파하여[48) 재차 撫順 지역으로 옮기게 하였다. 태조왕이 왕위에 오른 이후 1세기 후반에 고구려는 대내적으로 5부체제를 형성하고 대외교역 창구를 일원화함으로써 초기 고대국가를 성립시키고, 대외적으로 옥저, 동예, 양맥, 숙신, 선비를 정복하고 낙랑군, 현도군, 요동 군을 약탈하는 등 활발한 대외 활동을 보였다.[49)

한반도 남부 지역에서는 읍락과 같은 작은 정치체들이 성장해나가고 있었다. 그 중에서도 가장 활발한 발전을 보인 것은 낙랑과의 해상 교섭을 주도하며 변한의 중심을 이루고 있던 김해 양동리 고분군 축조 세력이다. 당시의 고분 문화는 이주민 계열의 철기 문화가 토착 계열의 후기 민무늬토기 문화와의 타협 아래 발전해나가는 면모를 보여주고 있다. 1세기 말 2세기 초의 유적인 양동리 55호분에서는 청동제 劍·鏡과 玉의 조합이 출토되어 神政一致的인 지배자의 면모를 나타내고 있다.

이와 같은 정치체 성장의 모습은 중국 측 문헌에서도 확인된다. 辰韓右渠帥 廉斯鑡의 이야기[50)로 보아, 전한 말부터 2세기 초까지 낙랑군과 남한 지역 사이에 교섭이 시작되었다.[51) 이처럼 지속되는 부의 축적에 따라 남한 각지에서는 여러 읍락들이 통합되어가는 움직임이 있었고, 일부 빠른 곳에서는 '소국'의 원형을 이룬 곳도 있었다.

③ [2세기] 고구려의 국가 성장과 삼한 소국들의 분립

2세기 후반에 중국의 한나라는 어지러워지기 시작하고 184년에는 황건

---

48) 『三國史記』 권13, 高句麗本紀1 유리왕 33년 "秋八月 王命烏伊摩離領兵二萬 西伐梁貊滅 其國 進兵襲取漢高句麗縣."
49) 盧泰敦, 1975, 「三國時代의 '部'에 대한 研究」, 『韓國史論』 2; 1999, 『고구려사연구』, 사계절.
50) 『三國志』 권30, 魏書30 烏丸鮮卑東夷傳30 韓條 魏略 인용문 참조.
51) 尹龍九, 2004, 「三韓과 樂浪의 交涉」, 『韓國古代史研究』 34, 138쪽.

적의 난이 일어났다. 이에 따라 낙랑과 현도 등의 한 군현이 약화되자, 중국 선진 문물의 영향 아래 성장하면서도 그들의 통제를 받고 있던 한족과 예맥 족들이 정치적 발전을 이루기 시작하였다.

고구려 차대왕(146~165)은 수차례 요동을 공격하였고, 西安平을 쳐서 帶方令을 죽이고 낙랑 태수의 처자를 사로잡기도 하였으며, 신대왕 (165~179)은 일시적으로 현도군의 기습을 받기도 하였으나 자주 요동을 공격하였다.[52] 고국천왕(179~197)은 외척인 연나부의 반란을 진압하고 을파소를 등용하여 진대법을 실시하는 등[53] 내정을 다졌다.

마한 지역에서는 1~2세기에 한강 중상류 유역에서 濊 계통의 葺石式 돌무지무덤(積石墓)이 나타나고 한강 하류 및 경기, 충청 지역에서 韓 계통의 周溝를 두른 널무덤이 나타났다. 경기도 하남시 미사리 및 서울시 송파구 풍납 토성 안쪽에서 環濠가 나타났는데, 한 면 길이 53미터 가량의 이러한 방형 환호가 당시 소국 지배자였던 首長의 居館이었다고 추정된다.[54]

변한과 진한 지역에서는 2세기 중후반 무렵에 고분의 내부 구조가 덧널무덤(木槨墓)으로 발전하고 철기의 부장이 많아지는 등 한 단계의 발전을 보였다.[55] 김해 양동리 162호분의 주인은 주술적인 힘과 경제적인 재력 및 정치적인 권력을 모두 갖춘 구야국(금관가야)의 수장이었다고 해도 손색이 없고, 거기서 출토된 후한시대의 청동거울과 쇠솥[鐵鍑] 등은 낙랑과의 관계를 나타내고 있다. 경주에서 서기 2세기 후반기에 등장한 덧널무덤도 그 구조에서 서북한 지역의 귀틀무덤과 통하는 바가 있고 부장된 와질토기들도 굽다리목항아리[臺附長頸壺]와 화로모양토기[爐形土器]와 같은 낙랑 토기와

---

52) 『三國志』 권30, 魏書30 烏丸鮮卑東夷傳30 高句麗 "宮死 子伯固立. 順桓之間 復犯遼東 寇新居鄉 又攻西安平 于道上殺帶方令 略得樂浪太守妻子. 靈帝建寧二年 玄菟太守耿臨討之 斬首虜數百級 伯固降 屬遼東. 嘉平中 伯固乞屬玄菟. 公孫度之雄海東也 伯固遣大加優居 主簿然人等助度擊富山賊 破之. (중략) 自伯固時 數寇遼東 又受亡胡五百餘家."
53) 「三國史記』 권16, 高句麗本紀4 고국천왕 12년, 13년, 16년 조.
54) 朴淳發, 2001, 『漢城百濟의 誕生』, 서경문화사, 75~83쪽.
55) 東義大學校博物館, 2000, 『金海 良洞里 古墳文化』.

관련이 있다.[56)]

　그러므로 변한과 진한 지역에서 2세기 후반에 덧널무덤이 출현한 이면에는 서북한 지방으로부터 새로운 유이민 세력이 들어와 인근 세력들에 대한 통합을 이루었을 가능성을 생각지 않을 수 없다. 신라와 가야의 신화에 보이는 박씨나 석씨 왕계, 수로 왕계 등은 그 이주민들의 소국 통합 이데올로기를 보여주고 있다. 이렇게 성립한 소국들은 각자의 지역적 전통 및 문화권에 따라 마한, 진한, 변한, 즉 삼한으로 구분되어 성장해나갔다.

④ [3세기] 백제의 국가 성립과 신라-가야의 분쟁

　3세기에 들어와 고구려 동천왕은 요동 공손씨 정권이 위나라에 멸망된 직후의 세력 공백을 틈타 요동과 낙랑군 사이의 요충인 서안평을 공격하였다가 위나라 장군 관구검의 반격으로 심대한 타격을 입었다(242). 고구려는 3세기 후반에 西晉의 혼란을 틈타 동옥저 및 동예 지역을 다시 회복하였고,[57)] 서천왕 때에는 고구려의 那部 지배 세력을 왕도로 집결시켜 중앙 행정 단위인 方位部로의 편제를 완료함으로써[58)] 5부체제를 질적으로 전환시켜 중앙 집권 체제를 강화하였다. 그러나 아직까지 한반도 서북부의 낙랑군과 대방군이 존재했기 때문에, 한반도 남부와는 직접적인 접촉을 이루지 못하였다.

　한편 3세기 전반까지 마한 지역에는 54개 소국이 분립되어 있었고 그 대표권은 목지국 辰王이 소유하고 있었으며, 백제는 일개 소국에 불과하였다. 그러나 백제는 3세기 후반 고이왕 대에 官階의 기본 골격을 제정하고 5부체제를 성립시켰다.[59)] 다만 『晉書』에 '백제'의 이름이 보이지 않는 것으로 보

56) 崔秉鉉, 1992, 『新羅古墳硏究』, 一志社, 97쪽.
57) 임기환, 2004, 「고구려와 낙랑의 관계」, 『韓國古代史硏究』 34, 156쪽.
58) 앞의 주석 24와 같음.
59) 노태돈, 1975, 「三國時代의 部에 관한 硏究」, 『韓國史論』 2, 14~16쪽.
　노중국, 1988, 『百濟政治史硏究』, 一潮閣, 78~107쪽.

아, 아직은 백제가 고대국가로 대두되는 데에 일정한 제약이 있었던 듯하다. 당시의 백제는 낙랑과의 대결 과정에 많은 힘을 소진하여, 마한 지역 내의 다른 세력들을 제치고 월등하게 성장할 수 없었고, 한반도 동남단의 가야 제국과 직접 교류할 정도의 여력도 없었다.

낙동강 유역의 변진 12국은 명분상 마한의 진왕에 소속되었지만, 실제로는 구야국과 안야국을 중심으로 통합되어 정치적으로 진한과 구분되었다. 그래서 변한은 대외적으로 독립적인 존재로서, 삼한의 하나로 인정받고 있었으나, 안야국보다는 구야국이 더 우월하였다.[60] 그 당시 남한 지역에서 가장 활발한 교역 중개자는 낙동강 하구에 위치한 김해의 가야국(구야국, 금관가야)이었다.[61] 또한 『삼국지』辰·弁韓傳에서 "나라에서 철이 생산되는데, 한·예·왜에서 모두 와서 가져갔고 또 (낙랑·대방의) 두 군에도 공급했다."[62]고 서술하였다. 이처럼 가야는 풍부한 철 생산과 활발한 해운 교역을 통하여 발전해나갔다.

3세기 이전의 가야가 변한 12국을 주도하는 소국이었던 것에 대하여, 신라는 진한 12국을 주도하는 소국으로서 존재하고 있었다. 특히 신라는 3세기 중엽에 이르러 대방군과 가야 사이의 해로를 이용하는 간접 교역으로부터 벗어나기 위하여 낙랑과 직통하는 내륙 교통로를 개설하였다.[63] 이로 인하여 신라도 자기 나름의 교역 주도권을 가지고 성장하기 시작하였고, 가야와 신라는 3세기 후반부터 영토적인 분쟁 관계로 돌입하였다.[64]

---

60) 金泰植, 2002, 『미완의 문명 7백년 가야사 2권』, 서울: 푸른역사, 21쪽.
61) 『三國志』 권30, 魏書30 烏丸鮮卑東夷傳30 倭 "從郡至倭 循海岸水行 歷韓國 乍南乍東 到其北岸狗邪韓國 七千餘里, 始度一海 千餘里至對馬國 (중략) 又南渡一海千餘里 名曰瀚海 至一大國 (중략) 又渡一海 千餘里至末盧國."
62) 위의 책, 韓 "國出鐵 韓濊倭皆從取之 諸市買皆用鐵 如中國用錢 又以供給二郡."
63) 林起煥, 2000, 「3세기~4세기 초 魏·晉의 東方政策」, 『역사와 현실』 32, 한국역사연구회.
    金泰植, 2006, 「韓國 古代諸國의 對外交易 -加耶를 中心으로-」, 『震檀學報』 101, 10~12쪽.

(2) 四國의 發展

① [4세기 전반] 고구려의 낙랑 병합과 남한 지역의 저조

4세기는 동아시아에서 중국 漢族 중심의 국제 질서가 무너지고 동북아시아 여러 종족의 운동력이 확산되는 시기였다. 4세기 초의 고구려 미천왕은 북중국 방면의 혼란기를 맞이하여 313년에 낙랑군을, 314년에 대방군을 멸망시키는 성과를 올렸다. 이는 400여 년 동안 한반도 서북부를 차지하고 있던 식민 정권을 퇴치한 것이라는 점에서 민족사의 개가였다. 그러나 고구려의 팽창은 요동 지역에 세력을 구축하던 선비족과의 대결을 불러, 결국 342년에 前燕 慕容皝의 공격을 받아 환도성이 함락되는 패배를 맛보았다.[65]

한강 유역의 백제는 313년에 낙랑군이 멸망된 이후 국가적 성장의 계기를 맞이하였으나, 肖古系 비류왕과 古爾系 계왕의 왕위 계승 분쟁이 있어서[66] 한동안 대외적인 활동을 보이지 못하였다.

한반도 남부의 낙동강 유역에서는 3세기 말 이후 김해 지방을 중심으로 해서 가야 연맹체가 독점적으로 영도되기 시작하였다. 대형 덧널무덤인 김해시 대성동 29호분[67]은 오르도스 청동솥[銅鍑], 쇠로 만든 갑옷과 투구, 마구 등을 부장하여, 강하고 부유한 지배자의 면모를 보여주었다.[68] 그러나 고구려에 의한 낙랑-대방군의 멸망은 한반도 동남부에서 그들과의 원거리

---

64) 『삼국사기』 초기 기록에 보이는 신라와 가야의 전쟁 기사는 탈해 이사금 21년(서기 77) 조부터 지마 이사금 5년(116) 조까지 8차례에 걸쳐서 나오는데, 인명, 지명, 전쟁 상황 등에 대한 기록이 일관되게 나온다. 이는 가야와 신라가 이미 자기 세력권 내에서 연맹장의 지위를 확보하고 영역을 다투기 시작한 3세기 후반의 사실이라고 간주해야 한다.
65) 『三國史記』 권18, 高句麗本紀6 故國原王 12년 조.
66) 盧重國, 1988, 앞의 책, 123~129쪽.
67) 경성대학교박물관, 2000, 『金海大成洞古墳群 I 』, 부산: 경성대학교박물관, 141~153쪽.
68) 신경철, 2000, 「금관가야의 성립과 연맹의 형성」, 부산대학교 한국민족문화연구소 편, 『가야 각국사의 재구성』, 혜안, 45~72쪽.

무역을 통해 발전하던 김해 가야국의 영도력에 큰 지장을 초래하여, 가야연 맹은 함안 안라국 중심의 서부 지역과 김해 가야국 중심의 동부 지역으로 분열되었다.[69]

4세기 전반에 신라가 대외적으로 어떤 상태에 있었는지는 확실치 않다. 다만 4세기 전반 내지는 그 이전으로 편년되는 경주 정래동 고분과 월성로 29호분 출토 철제 판갑옷이나, 월성로 5호분에서 출토된 고구려계 綠釉 도자기 등은 신라와 고구려 등의 북방 세력과의 교섭이 이때부터 이루어졌을 가능성을 시사한다.[70]

② [4세기 후반] 고구려와 백제의 쟁패 및 신라 · 가야의 연동

4세기 중엽 이후 한반도 정세의 큰 변화는 백제의 도약으로부터 비롯되었다. 백제는 346년에 근초고왕이 왕위에 오르면서 폭발적인 성장을 하기 시작하였다. 이는 낙랑군과 대방군이 고구려에게 멸망되고 거기서 높은 문화를 지닌 유민들이 백제에 편입된 것과 관련이 있다.[71] 근초고왕은 369년 과 371년의 對 고구려 전쟁을 승리로 이끌고 나서, 372년에는 東晉에 사신을 파견하여 '鎭東將軍 領樂浪太守'를 책봉 받고, 이를 전후하여 박사 고흥에게 국사인 『書記』를 편찬케 하였다.[72] 얼마 후 384년(침류왕 원년)에 불교를 공인하였다는 것으로[73] 보아, 그를 전후하여 백제의 고대국가 체제가 완비되었다고 볼 수 있다.

백제는 이러한 성장을 배경으로 삼아, 한편으로는 남쪽으로 마한 잔여 세력을 억압하여 영역 확대에 나서고, 한편으로는 동진으로부터 선진 문물

---

69) 김태식, 1994, 「咸安 安羅國의 成長과 變遷」, 『韓國史硏究』 86, 서울: 한국사연구회, 60쪽.
70) 李賢惠, 1988, 「4세기 가야사회의 교역체계의 변천」, 『한국고대사연구』 1, 한국고대사연구회.
71) 權五榮, 2003, 「백제의 對中交涉의 진전과 문화변동」, 『강좌 한국고대사』 제4권, 가락국사적개발연구원, 6~11쪽.
72) 盧重國, 앞의 책, 114쪽.
73) 『三國史記』 권24, 百濟本紀2 枕流王 즉위년, 2년 2월 조.

을 수입하여 가야 및 왜로 연결되는 교역로를 개척하였다.[74] 그 당시에 백제의 공세로 인하여 영역에 포함된 범위는 전라북도 서쪽 방면까지 미쳤다.[75] 또한 백제는 전남 해안의 해남·강진 방면 세력의 대외 교섭권을 박탈하여 세력 확장을 위한 교두보를 마련하였으며,[76] 해안에서 벗어난 영암이나 나주 등의 영산강 유역 세력에는 무력적인 제재나 개편 없이 공납 지배를 하는데 그쳤다.[77]

4세기 후반 김해 중심의 동부 가야는 대방-가야-왜의 교역로에서 대방이 사라진 상태에서 왜와의 교역에 더욱 몰두할 수밖에 없었다. 이러한 시기에 백제의 근초고왕이 가야와 교류를 원하자, 가야 제국은 백제와 교역을 시작하였다.[78] 이리하여 가야연맹은 다시 김해 가야국을 중심으로 일원적으로 통합되어, 백제와 왜 사이의 중계 기지로서 안정적인 교역 체계를 형성하게 되었다.[79]

반면에 고구려는 371년에 고국원왕이 백제의 공격을 받아 평양성에서 전사하는 어려움을 겪고,[80] 거듭되는 외환 속에 주변 국가에 대한 거시적 외교와 안정된 지배질서 창출의 필요성을 절실히 느꼈다. 그리하여 소수림

---

74) 金泰植, 1997,「百濟의 加耶地域 關係史: 交涉과 征服」,『백제의 중앙과 지방』, 忠南大學校 百濟硏究所, 48~51쪽.
『三國史記』에 369년 백제의 북방 고구려와의 전쟁에 대한 기록은 있어도 남방 정벌에 대한 기록이 없는데, 이는 백제가 남쪽에 대하여 역사적으로 특기할 만큼 본격적인 군사 행동을 취한 것이 아니기 때문이라고 생각된다.
75) 위의 논문, 51쪽.
76) 權五榮, 1999,『복암리고분군』, 전남대박물관, 310쪽.
77) 李賢惠, 2000,「4~5세기 영산강 유역 토착세력의 성격」,『歷史學報』166, 30쪽.
문안식·이대석, 2004,『한국고대의 지방사회 -영산강유역의 역사와 문화를 중심으로-』, 혜안, 107쪽.
78)『日本書紀』卷10, 欽明天皇 2年 夏4月 "聖明王曰 昔我先祖速古王貴首王之世 安羅加羅卓淳旱岐等 初遣使相通 厚結親好 以爲子弟 冀可恒隆."
79) 金泰植, 1994,「廣開土王陵碑文의 任那加羅와 '安羅人戍兵'」,『韓國古代史論叢』6, 駕洛國史蹟開發硏究院, 86쪽.
80)『三國史記』권18, 高句麗本紀6 故國原王 39년, 41년 조.

왕은 前秦과 교류하여 불교를 받아들이고 태학을 세우고 373년에 율령을 반포함으로써 성숙한 고대국가 체제를 완성하였다. 그를 이은 고국양왕은 後燕과 대결하면서 한편으로는 한반도 동남부의 신라에 사신을 보내 수호하고 그로부터 왕족 實聖을 인질로 받아,[81] 신라가 백제와 연결되는 것을 봉쇄하려 하였다.

신라는 흘해 이사금을 끝으로 석씨 왕통이 단절되고 356년에 나물 이사금이 왕위에 오른 후 외교에 적극적인 면모를 보였다. 377년에 신라가 전진에 사신을 파견할 때 고구려의 사신과 동행했다든가,[82] 381년에 신라가 고구려를 통해 사신 衛頭를 전진에 파견했다든가,[83] 392년에 고구려와의 우호의 대가로 실성을 볼모로 보냈다든가[84] 하는 것은 이를 반영한다.

여기서 주목해야 할 것은 4세기 후반의 30여 년에 걸쳐 옛 대방 지역의 소유권을 둘러싸고 고구려와 백제 사이에 기나긴 쟁탈전이 벌어졌다는 점이다. 이 시기에 한반도를 둘러싼 국제적 교섭 및 전쟁의 이면에는 옛 대방 지역의 영역과 문화 인력[85]에 대한 소유권 다툼이 기조를 이루고 있었다. 이처럼 4세기 후반 한반도 관련 국제 정세의 기본은 고구려와 백제 두 강국의 대결 구도였다. 그에 비하면 한반도 남부의 신라와 가야는 그에 부수적으로 연동되어 움직이는 측면이 강하였다.

③ [4세기 말~5세기 초] 고구려-신라 동맹과 백제-가야-왜 동맹의 대결

서기 391년에 고구려 광개토왕이 즉위하자, 백제 중심으로 재편되어가던 한반도 정세는 큰 변화를 일으켰다. 광개토왕은 즉위한 직후에 백제를 쳐서 10성을 뺏고 관미성을 함락시키더니, 396년(영락 6)에는 백제의 58성

---

81) 위의 책, 故國壤王 8년 조.
82) 『資治通鑑』 권104, 晉紀 太元 2년 조.
83) 『三國史記』 권3, 新羅本紀3 奈勿尼師今 26년 조.
84) 위의 책, 奈勿尼師今 37년 조.
85) 尹龍九, 1989, 「樂浪前期 郡縣支配勢力의 種族系統과 性格」, 『歷史學報』 126, 歷史學會, 140쪽.

을 빼앗고 백제 도성을 포위 공격하여 아신왕으로부터 영원히 '奴客'이 되겠다는 맹세를 받았다.

백제 아신왕은 고구려에게 크게 패한 직후에 왜국과 우호를 맺고 태자 전지를 볼모로 보냈으니(397), 여기에는 임나가라, 즉 금관가야의 협조가 필수적이었다. 가야와 왜는 2~3세기 이래 4세기까지 전통적으로 가야의 물적 자원과 왜의 인적 자원을 교환하는 긴밀한 교역 관계를 가지고 있었다. 그리고 4세기 후반이 되자, 양자의 교류 관계는 전통적인 鐵素材와 威勢品 교역에 더하여, 가야의 군수물자 수출 및 왜의 군사력 동원 문제가 중요시 되었다. 그런 중에 백제가 고구려와의 전쟁에서 열세에 밀리자, 백제는 가야를 매개로 하여 왜군을 끌어들였던 것이다.[86] 백제가 4세기 말 고구려와의 전쟁에 임나가라와 왜를 끌어들인 조치는, 西晉이 3세기 말 4세기 초의 극심한 내란 중에 병력 보급을 위하여 五胡를 끌어들인 것과 마찬가지의 행위였다.

광개토왕은 신라의 구원 요청을 받고 400년(영락 10)에 步騎 5만을 신라에 보냈다. 신라에 들어와 있던 왜군은 고구려군을 보고 물러갔다. 여기서 왜군이 경주로부터 멀리 떨어진 김해 방면까지 도망해 갔다는 것은, 그 왜군이 원래부터 임나가라의 지원에 의존하는 세력이었음을 보인다. 광개토왕릉비문의 '倭賊'이란 것도 실은 백제의 후원을 받는 가야-왜 연합군인데, 고구려는 왜를 과도하게 인식하고 또 그들이 섞여 있는 군대를 경멸하는 의식 아래 지칭한 것이다.[87] 이는 『남제서』 백제전에서 백제와 남조가, 북위와 친하게 지내고 있던 고구려의 군대를 '魏虜'라고 칭한 것과[88] 마찬가지의 어법이다.

---

86) 金泰植, 2005, 「4世紀의 韓日關係史 -廣開土王陵碑文의 倭軍問題를 中心으로-」, 『한일역사공동연구보고서』 제1권, 한일역사공동연구위원회, 70~74쪽.

87) 위의 논문, 45쪽.

88) 『南齊書』 권58, 列傳39 百濟國 "是歲(490) 魏虜又發騎數十萬攻百濟 入其界. 牟大遣將沙法名贊首流解禮昆木干邪 率衆襲擊虜軍 大破之."

고구려-신라 연합군은 임나가라의 성들을 평정하고 그 곳에 순라병을 두어 지키게 하였다.[89] 이로 인하여, 영남 지역의 패권 경쟁에서 신라는 결정적으로 가야보다 앞설 수 있게 되었으며, 백제의 右翼이면서 김해의 가야국(금관가야)을 대표로 하는 전기 가야연맹은 막을 내렸다. 고구려군의 南征은 전기 가야연맹을 해체시키면서 한반도 사국의 세력 판도를 고구려 위주로 바꾸어 놓았으며, 그 중에서 가장 큰 희생의 제물은 가야였다.

④ [5세기 전반] 고구려의 팽창과 백제, 가야, 신라의 재기

고구려는 4세기 말 5세기 초의 광개토왕 재위 기간(391~413) 중에 광대한 영토를 획득하였다. 서쪽으로는 요하까지 닿았고, 서북으로 거란을 쳐서 일부를 귀속시키고, 북으로 북부여를 점령하여 말갈족의 대부분을 복속시키고, 동으로 동부여를 병탄하였으며, 남으로 백제를 쳐서 한강 이북을 차지하였다. 장수왕은 이를 바탕으로 427년에 평양으로 천도하여 안정을 도모하였다.

5세기 초에 백제 전지왕(405~420)은 빈번하게 왜국과의 공식적 교섭을 이루었으나, 비유왕은 얼마 후 왜국 일변도의 교섭에서 벗어나 고구려에 대항하는 중국 남조 및 한반도 남방 제국의 동맹 네트워크를 구성하려고 노력하였다. 그가 여러 차례에 걸쳐 중국 남조의 송나라에 사신을 보내고(429, 440),[90] 신라에 사신을 파견하여(433, 434)[91] 우호 관계를 튼 것은 이를 말해준다. 또한 백제는 영산강 유역에 대해서도 적극적인 교섭 의지를 보였으니, 5세기 중반 이후 나주 반남 고분군의 성장은 백제의 이러한 조치에 영향을 받았던 것이다.[92]

---

89) 金泰植, 1994, 「廣開土王陵碑文의 任那加羅와 '安羅人戌兵'」, 『韓國古代史論叢』 6, 99~100쪽.
90) 『宋書』 권97, 列傳57 夷蠻傳 百濟國 및 『三國史記』 권25, 百濟本紀3 비유왕 3년, 14년 조.
91) 『三國史記』 권25, 百濟本紀3 비유왕 7년 및 8년 조.
92) 이정호, 1999, 「영산강유역의 고분 변천과정과 그 배경」, 『榮山江流域의 古代社會』, 최성락 편저, 學研文化社, 114쪽.

한편 가야 지역은 고구려-신라 연합군의 임나가라 정벌 이후 큰 타격을 입고 약화되었다. 우선 신라에 가까운 성주, 창녕, 부산 지방은 4세기경까지는 가야연맹에 속해 있다가 5세기 초의 시기에 신라에게 자발적으로 투항하였다. 반면에 낙동강 서쪽의 나머지 가야 지역은 멸망하지 않고 지속적으로 존속하였다. 특히 전기 가야시대에 후진 지역이었던 고령 지방의 반파국은 김해 지방으로부터 선진 기술자들을 수용하여, 그 도질토기 문화를 계승하고 철광산을 개발함으로써[93] 가야연맹을 복구하였다. 반파국 발전의 토대에는 5세기 중엽 이후 백제 귀족 목씨와의 관계가 기여한 바도 컸다고 추정된다.[94]

신라는 5세기에 들어 낙동강 동쪽의 가야 세력을 복속시키면서 크게 성장하였으며, 고구려를 매개로 한 교역을 통해 활발한 문화 변혁을 이루어나갔다. 그 대가로 신라는 한동안 고구려의 정치적 영향력에 시달려야 했으나, 얼마 안 있어 눌지왕은 나물계 김씨의 왕위 세습을 확립하고 백제의 화친 요청을 수락함으로써 고구려의 영향력을 배제하려고 노력하였다. 다만 고구려 계통 청동기의 출토가 5세기 후반까지 이어지는 것으로 보아, 신라는 아직 고구려와의 단절을 추진할 수는 없었다.[95]

⑤ [5세기 후반] 고구려의 남진과 백제-가야-신라 동맹의 저항

5세기 후반이 되어 고구려는 동북아시아 동북부의 중추적 중계 교역자로 성장하여, 挹婁, 南室韋, 夫餘, 涉羅 등의 주변 민족과 중국 남북조의 문

---

93) 金泰植, 1986, 「後期加耶諸國의 성장기반 고찰」, 『釜山史學』 11; 2002, 『미완의 문명 7백년 가야사 1권』, 푸른역사, 176쪽.

94) 『일본서기』 神功紀의 기록에는 서기 262년에 백제 장군인 木羅斤資가 왜왕의 명령을 받아 加羅의 사직을 복구해 주었다는 기록이 나온다. 이 기사들을 문장 그대로 믿을 수는 없지만, 그 편년을 3갑자 내려서 보고(山尾幸久, 1978, 「任那に關する一試論」, 『古代東アジア史論集』 下卷, 198~202쪽) 제한적인 사실성을 인정한다면 그 시기를 442년으로 결정하게 되어, 5세기 중엽 이후로 백제 귀족인 목씨의 활동을 매개로 하여 '加羅' 즉 고령의 伴跛國을 중심으로 한 백제-왜 교류 관계가 존재했던 것을 추정해 볼 수 있다.

95) 金泰植, 2006, 「韓國 古代諸國의 對外交易 -加耶를 中心으로-」, 『震檀學報』 101, 13~14쪽.

물을 교역하였다.[96] 고구려는 이러한 국제적 영향력을 바탕으로 하여 479년(장수왕 67)에는 외몽고 지역의 柔然과 모의하여 홍안령 산맥 일대의 거란족 일파인 地豆于의 분할 점령을 시도하였고,[97] 남쪽으로는 한강 이남에 대한 남진 정책을 추진하였다. 그 중에서 고구려 장수왕의 475년 백제 공격에 의해 백제 수도 위례성(서울 송파구)이 함락되고 개로왕이 전사한 것[98]은 한반도 정세의 판도를 뒤흔드는 큰 사건이었다. 고구려는 신라 쪽으로도 468년에 신라의 悉直州城(강원 삼척)을 쳐서 빼앗고, 481년에는 신라의 彌秩夫(경북 포항시 흥해읍)까지 쳐내려가는 등 남쪽으로 영토를 크게 확장하였다.

백제 개로왕은 비유왕을 이어 적극적인 외교 정책을 추진하여 송나라에 사신을 보내 조공하고, 왜국에 동생 곤지를 보내 우호를 닦았으며,[99] 호남 지역에 대한 영향력을 강화해나갔다. 그러나 백제는 고구려와의 대결에서 패하여 475년에 수도 위례성이 함락되어 웅진(충남 공주)으로 천도하였다. 그 후 동성왕은 국력을 회복하는 한편 493년(동성왕 15)에 신라에게 청혼하여 결혼 동맹을 맺음으로써 안정을 도모하였다.

가야는 5세기 중엽에 고령의 반파국이 大加耶로 국명을 바꾸면서 후기 가야연맹을 주도하기 시작하더니, 5세기 후반에는 소백산맥을 서쪽으로 넘어 전북 남원, 임실, 전남 여수, 순천, 광양 등지의 세력들을 종속적으로 연합하면서 영역을 확장하였다. 그러한 개척에 힘입어 가라왕 荷知는 479년에 중국 남제에 조공하여 '輔國將軍 本國王'의 작호를 받았다. 그 후 가야는 신라가 고구려의 침입을 받을 때 백제와 함께 군대를 파견하여 이를 도와 물리쳤으며,[100] 487년에 백제가 爾林(충북 음성)에서 고구려를 물리치

---

96) 위의 논문, 6쪽.
97) 『魏書』 권100, 列傳88 契丹國傳 "太和三年 高句麗竊與蠕蠕謀 欲取地豆于以分之."
98) 『三國史記』 권25, 百濟本紀3 蓋鹵王 21년(475) 조.
99) 『日本書紀』 권14, 雄略天皇 5년 조.
100) 『三國史記』 권3, 新羅本紀3 炤知麻立干 3년 조.

려고 군사를 일으켰을 때도 군대를 파견하여 이를 도왔다.[101] 가야가 496년에 신라에 흰 꿩을 보냈다는 것으로 보아, 그들의 우호 관계는 상당 기간 지속되었다.

신라의 자비 마립간은 5세기 후반에 고구려와의 전쟁이 시작되자 泥河, 삼년산성, 모로성, 명활성 등에 성을 쌓아 대비하였다. 소지 마립간도 그를 이어 구벌성, 삼년성, 굴산성, 도나성, 비라성 등에 성을 쌓아 대비하였다. 신라는 백제가 고구려의 침공을 받을 때 원군을 파견하기도 하고, 자신이 고구려의 공격을 받을 때는 백제와 가야의 원군을 받아 저지하였다. 그러면서 469년에 수도의 방리명을 정하고 487년에 신궁을 짓고 우편 역마제도를 실시하고 수도에 시장을 설치함으로써 중앙 집권적인 지배 체제를 확립하기 위한 사회 경제적인 기반을 닦았다.

⑥ [6세기 전반] 가야를 둘러싼 백제와 신라의 경쟁

5세기 말 이후 6세기에 들어서도 고구려는 계속해서 백제와의 전쟁을 치르고 있었다. 즉 494년에 고구려가 신라의 薩水原(충북 괴산 청천)과 犬牙城을 치고 이듬해에 백제 雉壤城을 쳤으며, 503년에는 백제가 고구려의 水谷城(황해 신계 다율)을 쳤다. 또한 507년에 고구려가 백제의 漢城을 치려고 橫岳(서울 북한산)에 나아갔고, 512년에는 백제의 加弗城과 圓山城(충북 음성)을 함락시켰다.[102]

백제는 6세기에 들어 무령왕이 즉위하자 그 동안의 축적을 바탕으로 확

101) 金泰植, 2006, 「5~6세기 高句麗와 加耶의 관계」, 『북방사논총』 11호, 고구려연구재단, 127~143쪽.
102) 위 지명들의 현재 지명 고증에 대해서는 金泰植, 2006, 「5~6세기 高句麗와 加耶의 관계」(『북방사논총』 11호, 고구려연구재단), 144~146쪽 참조. 다만 아차산의 고구려 보루가 6세기 전반부터 중엽까지 유지되고 있었다는 것(최종택, 2002, 「한강유역의 고구려 요새」, 『특별전 고구려 -한강유역의 고구려 요새』, 서울대학교박물관, 52쪽.)이 옳다면, 당시에 고구려와 백제가 황해도 북방의 水谷城에서 전투를 했다는 기록은 의문의 여지가 있다.

장하기 시작하였으며, 지방에 22담로를 두고 왕의 자제와 종족을 파견하여 다스리게 한 것은[103] 당시의 일이었다고 추정된다. 그리하여 북쪽으로는 금강으로부터 한강 이남에 이르는 영토를 회복하고, 남쪽으로는 전남 서부의 영산강 유역을 대부분 영역에 편입시키고, 가야와의 경쟁을 통해 전남 동부의 섬진강 유역에 대해서도 주도권을 회복하였다. 그런 과정에서 그는 왜국에 오경박사를 보내 유학을 전수함으로써,[104] 가야를 배제하고 왜와의 직접적인 교류를 도모하였다. 그에 이어 성왕은 538년에 사비(충남 부여)로 천도하고 국호를 남부여로 고치는 등 중흥을 꾀하였다. 성왕은 중앙 관청을 22부로 확대하고 수도와 지방을 5부와 5방으로 정비하였으며, 양나라에 방물을 보내는[105] 등 적극적인 대외관계를 전개하였다.

한편 대가야는 510년대에 백제의 선진 문물을 토대로 한 외교력에 밀려 소백산맥 서쪽의 호남 동부 지역에 있던 가야 소국들을 빼앗기자, 자신의 영도력이 미치는 사방에 성을 쌓음으로써 중앙 집권적 지배 체제를 한 단계 고조시켰다. 이는 대가야가 가야 지역 북부의 절반에 미치는 영역에 걸쳐 고대국가를 성립시켰음을 의미한다. 그런 위에서 대가야 이뇌왕은 보다 큰 권위를 가지고 522년에 신라에 요청하여 결혼 동맹을 맺었으나, 국제 관계의 대처에는 미숙함을 드러냈다. 그리하여 얼마 후 아라가야(=安羅國, 경남 함안)를 비롯한 남부 소국들의 반발을 불러일으켜, 530년대에는 낙동강 하류역의 喙己呑(경남 창녕군 영산면), 南加羅(=금관가야, 경남 김해시), 卓淳(경남 창원시) 등을 신라에게 빼앗기고, 帶沙(경남 하동군) 등을 백제에게 빼앗김으로써, 대가야의 영도력은 흔들리게 되었다.

신라는 6세기에 들어 지증 마립간이 왕권을 강화하여 '新羅國王'의 尊

---

103) 『梁書』 권54, 列傳48 百濟 "號所治城曰固麻 謂邑曰檐魯 如中國之言郡縣也. 其國有二十二檐魯 皆以子弟宗族分據之."
104) 『日本書紀』 권17, 繼體天皇 7년(513), 10년(516) 조.
105) 『梁書』 권54, 列傳48 諸夷傳 百濟 "中大通六年(534) 大同七年(541) 累遣使獻方物. 幷請涅盤等經義毛詩博士 幷工匠畵師等敕並給之."

號를 채택하고(503), 그 후 국내의 주군현제를 제정하고(505), 우산국을 정벌하는 등(512) 서서히 발전하기 시작하였다. 그를 이어 즉위한 법흥왕은 병부 설치(517), 율령 반포(520), 공복 제정(520) 등의 제도 정비를 하여 성숙한 고대국가 체제를 완비하였다. 법흥왕은 더 나아가 불교 공인(528), 상대등 설치(531), 연호 시행(534) 등을 통하여 왕권의 초월적인 지위를 확보하였다. 대외적으로는 521년에 백제를 통하여 중국 양나라에 사신을 보내 조공하였고, 대가야와의 결혼 동맹을 이용하여 532년(법흥왕 19)에 금관가야를 병합함으로써 정복 전쟁의 단초를 열었다.

⑦ [6세기 중엽] 신라의 한강 유역 병합과 가야의 멸망

530년대를 거치면서 가야는 일부 영역을 상실하고 연맹 전체가 남북으로 분열되었으나, 540년대에는 다시 모여 영토를 회복함과 동시에 백제 및 신라의 침공에 대비하기 위하여 대책을 모색하였다.[106] 당시에 백제와 신라는 고구려의 남진에 공동 대응하는 나제 동맹을 맺고 있었으면서도, 가야 지역의 병합을 위해서는 서로 경쟁하고 있었다. 이에 가야 북부 지역의 맹주인 대가야는 백제에 의지하는 움직임을 보였고, 가야 남부 지역의 맹주인 아라가야는 독립을 강하게 주장하면서도 신라나 왜국을 선호하는 취향을 드러냈다. 그러나 백제의 성왕은 결국 550년경에 외교적으로 가야를 종속적으로 연합하고 그 권위를 가지고 신라와 동맹하여 551년에 고구려의 남부를 쳐서 한강 유역을 회복하려고 하였다.

진흥왕은 불교 교단을 육성하여 사상적 통합을 도모하면서 적극적인 영토 팽창을 도모하였다. 그리하여 550년에는 고구려의 道薩城(충북 괴산군 도안면)과 백제 金峴城(충북 진천)을 빼앗고, 551년에는 백제 성왕과 함께 고구려가 영유하고 있던 한강 유역을 쳐서 그 상류 지역을 차지한 후,[107] 2

---

106) 金泰植, 1988, 「6세기 전반 加耶南部諸國의 소멸과정 고찰」, 『韓國古代史研究』 1, 한국 고대사연구회편, 지식산업사; 1993, 『加耶聯盟史』, 서울: 一潮閣.

년 후인 553년에 백제가 점령한 한강 하류 지역까지 탈취하였다.[108] 6세기 중엽에 고구려가 대외 전쟁에서 큰 힘을 발휘하지 못했던 것은, 안원왕 말년 (545)에 외척들을 중심으로 한 중대한 왕위 계승 분쟁이 있었고 그에 이어 양원왕이 8세의 어린 나이로 즉위하는 내부적 혼란이 있었기 때문이다.[109]

한강 하류 지역을 둘러싼 백제와 신라 사이의 갈등으로 인하여 120년 동안 이어져오던 나제 동맹(433~553)이 완전히 파탄에 이르렀다. 백제는 이를 탈환하고자 554년에 가야 및 왜의 원군을 이끌고 신라를 쳐들어가 관산성 (충북 옥천) 전투를 일으켰으나, 성왕이 뜻하지 않은 죽음을 당하여 백제-가야 연합군은 급격히 패퇴되었다.[110]

그 결과 백제를 의지하던 가야연맹 제국은 신라와 결전을 치르지 않는 한 독립을 유지하기 어렵게 되었다. 그러나 그 시기에 급격히 체제를 정비하며 발전하고 있던 신라에 비하여, 가야 지역에서는 대가야를 중심으로 한 통합력이 약화되고 여러 소국들 사이의 분열이 점점 심화되었다. 그리하여 560년에 아라가야(=안라국 : 경남 함안)가 먼저 신라에게 투항하는 등 쇠퇴의 분위기가 이어지자, 대가야(=가라국 : 경북 고령)가 마지막 힘을 내어 신라에게 굴복하지 않는 자세를 나타냈다.

이에 신라는 화랑 사다함과 장군 이사부가 이끄는 대군을 출동시켜 대가

---

107) 『三國史記』 권4, 新羅本紀4 眞興王 9년(548), 11년(550), 12년(551) 조.
　　　『三國史記』 권26, 百濟本紀4 聖王 26년(548), 28년(550) 조.
　　　『日本書紀』 권19, 欽明天皇 12년(551) 是歲條.
108) 신라의 한강 하류 유역 점령 원인에 대해서는 신라의 일방적인 백제 공격에 의한 점탈로 보기보다는 552년이나 553년 초 고구려와 신라의 和約에 의한 백제 협공으로 보는 것이 일반적이다. 그 때 고구려는 이미 상실한 한강 유역과 함께 함흥평야 일대를 신라에게 넘겨주고, 대신 양국이 화평한 관계를 맺는다는 것이 주된 내용이었을 것으로 추측된다. 『삼국유사』 진흥왕 조의 기록은 이를 방증한다.
109) 盧泰敦, 1976, 「高句麗의 漢水流域 喪失의 原因에 대하여」, 『韓國史硏究』 13, 한국사연구회; 1999, 『고구려사연구』, 서울: 사계절, 397~401쪽.
110) 묘하게도 관산성을 공격하던 백제-가야 연합군을 대패시킨 사람이 금관가야 구형왕의 셋째 아들로서 신라의 新州軍主가 되었던 金武力이어서, 옛 가야의 왕족에 의하여 현재의 가야연맹 대군이 몰살당한 것이니, 역사의 아이러니라고 하지 않을 수 없다.

야를 정복하였다(562). 이로써 신라는 중국 및 고구려와의 관계에서 유리한 고지인 한강 유역과 함경남도 일대 뿐만 아니라, 대왜 교역의 이익을 취할 수 있는 요지인 낙동강 유역까지 차지하게 되었다. 신라 진흥왕은 이러한 정복 활동을 후세에 널리 알리려 하였으니, 그 사실은 단양 적성비와 창녕비, 북한산비, 황초령비, 마운령비의 4개 순수비를 통하여 확인할 수 있다.

(3) 新羅의 三國統一

① [6세기 후반] 고구려, 백제, 신라 삼국의 정립

가야가 멸망한 이후, 6세기 후반의 한반도는 고구려, 백제, 신라의 삼국이 정립하여 경쟁적으로 중국의 남북조에 조공 교섭을 하며 한동안 평화를 유지하였다. 고구려 평원왕은 중국의 북제 및 주, 진나라에 조공하고 586년에는 도읍을 장안성으로 옮겨 번영을 구가하였다. 백제 위덕왕은 관산성 패전 직후의 위기를 수습하고 중국의 북제 및 주, 진나라에 조공하며 안정을 추구하였다.

신라 진흥왕도 중국의 북제와 진나라에 조공하면서 발전을 추구하였다. 진흥왕은 영토가 팽창됨에 따라 이를 관리하기 위하여 각지에 州를 추가하고 군주를 파견하여 다스렸다. 또한 國原(충북 충주)을 小京으로 만들어 부유한 사람들을 이민시켜 충실하게 만들었다. 또한 종전의 촌락공동체 내부에 있었던 청년 조직들을 중앙에 일괄 흡수하여 화랑도를 창설하고, 불교를 장려하여 祇園寺, 實際寺, 皇龍寺를 짓고 八關筵會를 개최하였다(572).

진평왕은 579년에 왕위에 오르자 금관가야 구형왕의 맏아들인 노리부[111]를 상대등으로 삼고 제도를 정비하되 특히 중앙 조정의 관부 설치에 많은 노력을 기울였다. 그리하여 位和府, 船府, 調府, 乘府, 禮部, 領客府 등을 설치함으로써, 관리의 인사, 조세, 육상 및 해상 운송, 외교 행정 및 접대 등의 주요 관부 설치를 일단락지었다.

이처럼 삼국은 각기 내실을 도모하며 안정을 유지하고 있었으나, 589년에 수나라가 진나라를 멸망시키고 중국을 통일하자 한반도에서 경계의 움직임이 나타나기 시작하였다. 백제 위덕왕은 수나라의 전함 한 척이 耽牟羅國(제주)에 표류하여 돌아가려고 백제 경계를 경유할 때, 필요한 물건을 주고 사신을 보내 진나라 평정한 것을 축하하였다.[112) 고구려 평원왕은 陳나라가 망하였다는 소식을 듣고 크게 두려워하여 군사를 훈련하고 군량을 쌓아서 방어할 계책을 세웠으나, 590년에 수나라 고조가 고구려에 국서를 보내 위협하자 양국 사이에는 전운이 감돌았다.[113)

② [7세기 전반] 고구려-백제의 공세와 신라의 수세

수나라의 위협에 대하여 고구려 영양왕은 즉위 직후에 여러 차례에 걸쳐 사신을 보내 조공하더니, 598년에 돌연 스스로 말갈군 만여 명을 거느리고 요서를 침략하였다가 수나라 營州摠管에게 격퇴 당하였다. 이로 보아 고구려가 이 때 사신을 보낸 것은 수나라의 내정을 탐색하기 위한 것이었다고 보인다. 이에 대해 수 문제가 격노하여 30만 군으로 공격해 왔으나(1차 침공), 홍수와 풍랑으로 10중 8,9가 사망하였다. 고구려는 미리 수나라의 침입에 상당한 대비를 하고 있었던 것이다.

612년에 수 양제는 113만(자칭 2백만) 대군으로 고구려 요동성 방면으로 대거 침공해 왔다(2차 침공). 이는 고구려를 완전히 멸망시키려는 거대한

---

111) 노리부는 여러 사료에서 內禮夫智, 內夫智, 奴夫, 奴宗, 世宗, 弩里夫라고도 불리는 사람으로서 금관국 구형왕의 맏아들이다. 『삼국유사』에는 세종이 문무왕의 모친인 文明王后의 증조부라는 계보가 소개되어 있기도 하다. 그는 532년에 가족들과 함께 신라에 들어간 이후(奴宗, 世宗), 550년 단양적성비 단계에 관등 서열 제5위의 대아찬으로서 大衆等의 하나였고(內禮夫智), 551년의 한강 유역 탈취 전쟁 때에는 제4위 파진찬 관등의 장군으로서 출전하였고(奴夫), 568년 북한산비와 마운령비 단계에는 제2위 이찬 관등의 大等으로 진흥왕의 御駕를 수행하였으며(內禮夫智), 577년에는 역시 이찬으로서 一善郡 북쪽에서 백제군을 격파하였고(世宗), 579년에는 상대등이 되었다가(弩里夫), 588년에 사망하였다(弩里夫). 진지왕을 폐위하고 진평왕을 세우는데 가야계 진골인 노리부가 앞장섰다는 점은 신라 정치사에서 재평가되어야 한다. 혹은 이때 전임 상대등이었던 거칠부가 인위적으로 제거되었을 가능성도 있다.

112) 『三國史記』 권27, 백제본기5 위덕왕 36년 조.

113) 『三國史記』 권19, 고구려본기7 평원왕 32년 조.

포부에 의한 것이었으나, 요동성은 끝내 스스로를 잘 지켜내고, 을지문덕이 우중문, 우문술의 평양 직공부대 30만을 청천강 유역에서 괴멸시키니(살수 대첩), 수의 대군은 전의를 잃고 귀환하였다. 수 양제는 그 후에도 매년 침공해 왔으나 별 효과를 보지 못하였고, 수나라는 결국 본토의 내란을 수습하지 못하고 멸망하였다(618).

고구려 영류왕은 수나라에 이어 일어난 당나라의 고조와 서로 포로를 교환하고 조공 관계를 맺는 등 한동안 우호적인 교류를 지속하였다. 그러나 626년에 당 태종이 왕위에 오르자 요동성의 전승 기념탑을 허물게 하는 등, 외교적 압력을 넣기 시작하였다. 이에 고구려도 외형적으로는 빈번한 교섭을 이루었으나, 내부적으로는 천리장성을 축조하며 대비하였다.

한편 7세기 전반의 삼국 관계는 고구려와 백제가 서로 협력하였다고 할 수는 없으나 양자 사이의 분쟁이 거의 없는 상태에서 각자 신라를 공격하고, 신라는 홀로 이를 방어하는 추세에 있었다. 그리하여 신라는 수나라 및 당나라와의 외교에 주력하였으나, 아직은 본격적인 협조를 이끌어내지 못하였다.

고구려는 수나라와의 전쟁 및 당나라와의 알력 관계로 인하여 남쪽으로의 침공에 주력할 수 없었으나, 중국과의 관계가 잠시 안정되는 틈을 노려 몇 번에 걸쳐 신라 북방을 공략하였다. 당시에 고구려가 침공해 온 곳은 603년 北漢山城, 607년 松山城(경기 연천군 전곡읍)과 石頭城(경기 연천군 삭녕면),[114] 608년 牛鳴山城(함남 안변군 안변면),[115] 625년 남양만 해로, 638년 七重城(경기 파주시 적성면) 등이다. 신라는 그 중에서 한강 하류의 對 중국 교통로를 방어하기 위해서 온 힘을 기울였으니, 한반도 중서부의 북한산성, 송산성, 칠중성 등에서 고구려의 공격을 모두 막아내고, 629년에 신라의 김

---

114) 『三國史記』 권20, 고구려본기8 영양왕 18년 조. 松山城과 石頭城은 고구려가 백제를 공격한 성으로 나오나, 당시의 국경선으로 보아 이는 신라에 대한 침공으로 보아야 한다.
115) 우명산성은 현재의 함경남도 안변군 안변면 동쪽으로 추정되니, 『신증동국여지승람』 안변도호부 고적 조에 나오는 鐵垣成는 '牛鳴'과 함께 발음이 '쇠울'로 공통점을 가진다.

유신 등이 오히려 고구려의 娘臂城(충북 청주시)을 함락시키기도 한 것은[116] 그 일환이다. 그러나 동쪽은 비교적 등한시하여 우명산성을 빼앗겼다.

백제도 두 방면으로 신라를 침공하였으니, 이때 백제가 공격한 곳으로는 椵岑城(611, 618, 628), 阿莫城=母山城(602, 616), 勒弩縣(623), 速含 등 6성(624) 등이 있다. 가장 치열한 공방을 벌인 곳은 가잠성(경기 안성군 죽산면)과 아막성(전북 남원시 동면)이다. 이로 보아 이 시기에 백제는 신라가 차지하고 있는 영역 중에 한강 하류 지역과 옛 가야 지역을 회복하기 위해 노력하고 있었음을 알 수 있다. 당시의 신라는 결사적인 항전으로 한강 유역으로 통하는 길목의 가잠성과 늑노현(충북 괴산)을 지켜냈으나, 아막성은 결국 뚫려서 624년에 옛 가야 서부 지역의 속함성(경남 함양) 등 6성을 빼앗기고 말았다. 백제 무왕은 이러한 승세를 타고 번영을 구가하여 부여의 왕흥사, 익산의 미륵사를 대대적으로 창건하였으며, 궁남지를 축조하고 대왕포에서 유람하는 등 여유를 찾았다.

신라의 진평왕은 재위 후반기에 들어 고구려와 백제의 공격을 방어하면서도 왕권 강화를 추진하였다. 그리하여 620년대의 진평왕 후기에는 군사력의 체계적 관리를 포함하여 주로 왕실의 재정과 호위 및 그 권위를 높이기 위한 內省, 兵部 大監, 侍衛府, 賞賜署 등의 관서들을 설치하였다.

그럼에도 불구하고 631년에 이찬 칠숙과 아찬 석품이 반란을 일으켰으니,[117] 그 원인은 진평왕의 아들이 없는 상태에서 그 딸인 덕만을 선덕여왕으로 삼으려는 왕실의 의도에 일부 귀족들이 반발했기 때문이다.[118] 이 당시에 반란을 진압한 쪽은 신라가 김씨 진골 연합체로 운영되어서는 안 되고 대왕이 권력을 독점해야 한다고 보는 이른바 '新貴族'이었다. 이들은 신라

---

116) 『三國史記』 권4, 신라본기4 진평왕 51년 가을 8월 조.
117) 『三國史記』 권4, 신라본기4 진평왕 53년 여름 5월 조.
118) 진평왕 말기의 권력층 내에서는 성골 남자가 없으므로 성골인 공주가 여왕으로 될 수밖에 없다는 파와 여왕은 부당하며 화백회의를 통해 남자 왕을 선출해야 한다고 생각하는 파로 나뉘었다.

의 전통적인 진골 귀족이 아니라, 왕실에서 축출당한 眞智王系의 김용춘, 김춘추 부자와 옛 금관가야 왕족으로서 진골로 편입되어 소외받던 김서현, 김유신 부자를 중심으로 형성된 신흥 세력이었다.[119]

③ [7세기 중엽] 백제-고구려의 멸망과 신라의 최종 승리

백제 의자왕은 642년에 스스로 군대를 일으켜 신라 獼猴城 등 40여 성을 함락시키고 나아가 당시의 州治였던 대야성(경남 합천군 합천읍)을 함락시켰다.[120] 이로써 낙동강 서쪽의 옛 가야 지역은 80년 만에 백제의 수중에 들어가게 되었다. 또한 그 해에 고구려에서는 천리장성의 축조를 감독하던 연개소문이 영류왕을 죽이고 보장왕을 세웠다.

643년에는 고구려와 백제 사이에 화친이 성립되어 양국 합동작전으로 신라 黨項城(경기 화성시 남양동)의 탈취를 모색하였으나, 신라가 이를 알고 미리 당나라에 연락을 취하여 대처하였다. 그 후 백제와 신라는 낙동강 중·상류 및 충북 내륙 일대에서 뺏고 빼앗기는 전투를 거듭하였다.

백제와 신라의 치열한 전쟁 중에 648년에 신라와 당나라의 동맹이 체결되고, 653년에는 백제와 왜의 우호가 성립되어, 신라-당의 동맹과 고구려-백제-왜의 동맹의 대결 구도가 성립되었다. 그리하여 655년에는 고구려-말갈-백제의 연합군이 신라 33성을 공격하여 탈취하였다.[121] 신라는 이제 낙동강 동쪽의 원 신라 지역과 한강 하류로 나아가는 통로 밖에 영토가 남지 않은 국가적 위기에 봉착하였다.

이런 상태에서 나당 연합군이 발동되어, 660년에 당나라 소정방의 12만 군과 신라 김유신의 5만 군이 백제 수도를 향하여 발진하였다. 백제는 귀족 간의 의견 충돌로 사전 대비를 하지 못하였으니, 결국 사비성이 나당 연합군의 공세에 함락됨으로써 멸망하였다. 당나라는 공주에 웅진도독부를 설

---

119) 金瑛河, 2002,『韓國古代社會의 軍事와 政治』, 高麗大民族文化研究院, 253~277쪽.
120)『三國史記』권28, 백제본기6 의자왕 2년 가을 7월, 8월 조.
121)『三國史記』권5, 신라본기5 태종 무열왕 봄 정월 조.

치하여 백제의 옛 땅을 다스렸다.

한편 북방의 고구려는 645년에 당 태종이 이끄는 10만 군의 공격을 받고 난공불락의 요새 요동성 등이 함락되어 곤경에 처했으나, 안시성 전투에서 잘 막아내어 위기를 모면하였다. 당군은 그 이듬해인 647년에도 다시 침략해 오고, 648년에도 재침하면서 거센 공세를 취했으나, 649년에 당 태종이 사망하면서 잠시 동안의 평화가 찾아왔다.

661년에는 백제를 멸망시킨 당나라 소정방이 30만 대군으로 평양성을 공격하고, 글필하력이 압록강 방면을 공격하여 고구려 남생의 군대가 패퇴하는 등 위태로웠으나, 662년에 연개소문이 蛇水 가에서 당군을 전멸시키자 소정방은 포위를 풀고 물러갔다. 그러나 665년에 연개소문이 사망하고 고구려에 권력 후계를 둘러싸고 내분이 일어나자, 당군은 전면적인 공격을 재개하였다. 그리하여 667년에 신성이 함락되고, 668년 9월에 당나라 이적의 군대와 신라 김인문·김흠순의 군대가 연합하여 평양성을 함락시켰다. 당나라는 평양에 안동도호부를 설치하여 고구려의 옛 땅을 지배하고 신라에는 계림도독부를 세우려고 하였다.

신라는 이에 저항하여 백제 옛 땅의 80여 성을 함락하고 웅진도독부를 공격하여 이김으로써 나당 전쟁을 일으켰다. 당나라는 20만 군을 일으켜 신라를 공격하였으나, 신라는 買肖城 전투와 伎伐浦 해전에서 이를 물리치고 예성강 이남의 땅을 지켜냈다. 이에 676년에 당나라가 안동도호부를 후퇴시켜 만주 지방으로 불러갔다. 이로써 신라는 562년에 가야를 멸망시킨 이후, 백제와 고구려까지 통합하고 당군을 몰아냄으로써, 676년에 사국을 통일하였다. 다만 신라는 이 때 예성강 이북의 고구려 영토를 확보하지 못하였으므로, 이는 한반도에서 최초의 통일이었다고 해도 불완전한 것이었다.

4. 맺음말

한국 고대의 세력들은 문명이 앞선 중국과의 관계로 인하여, 한반도의 북쪽에 있었는가 남쪽에 있었는가, 혹은 남쪽에서도 서쪽에 있었는가 동쪽에 있었는가에 따라 성장 속도에 상당한 차이가 있었다. 그래서 한국 고대사에서 상당 부분을 차지하는 핵심적 시기를 하나의 시대로 명명하기에는 많은 어려움이 있다. 그렇다고 하여 시기를 너무 세분하는 것은 전체적인 이해를 어지럽게 하므로, 되도록이면 단순한 편이 좋다.

고구려와 백제가 이미 고대국가로 형성되어 있는 상태에서, 연맹체의 형태로나마 신라와 가야가 하나의 세력으로 국제 사회에 등장하여 활동한 시대에 국한시켜 말하자면, 사국시대는 4세기부터 6세기 중엽까지의 200여 년에 해당한다. 여기서 가야가 멸망하고 고구려, 백제, 신라가 각축한 시기는 6세기 중엽부터 7세기 중엽까지의 100년 정도이다.

그래서 일반적인 개설서 수준에서는 기원전 1세기부터 7세기 중엽까지를 삼국시대라고 일컬어 왔으나, 좀 더 분명한 기준을 요하는 학계에서는 대개 4세기부터 7세기 중엽까지의 300여 년간을 삼국시대라고 불러왔다. 그러나 앞에서 논의한 바와 같이 이러한 구분은 몇 가지 문제점을 가지고 있다.

첫째로, 시대 관념은 하나의 역사 인식이라고 볼 때, '삼국시대'는 신라의 역사 인식에 기원한 고려시대의 역사 인식이며, 한국사의 발전에 따라 조선 후기 이후로는 '사국시대'의 역사 인식이 확산되고 있었다. 그러므로 시대 명칭도 역사 인식에 따라 변경되어야 한다.

둘째로, 가야의 영역은 그 전성기인 5세기 후반, 6세기 초의 시기를 기준으로 보면 경상도의 낙동강 서쪽 일대와 전라도의 호남정맥 동쪽 일대를 차지하여[122] 그 전체적인 크기가 신라에 못지않았으며, 6세기 초에는 대가야가 그 영역의 일부를 아우르는 고대국가를 성립시키기도 하였다.

셋째로, 엄격한 의미에서 고대국가 체제를 이룬 것만을 말한다면 신라는 6세기 전반 법흥왕 때에야 성숙한 고대국가를 이루었다. 그렇게 본다면 삼

---

122) 김태식, 2002, 『미완의 문명 7백년 가야사 2권』, 서울: 푸른역사, 204~206쪽.

국시대는 그때부터 7세기 중반까지 100년 남짓한 시기에 지나지 않게 된다. 그러므로 시대 명칭은 '중앙 집권적 지배 체제'의 완성도에 집착하기 보다는, 어느 정치 세력이 대외적으로 얼마나 독자적인 형태로 활동했는가를 분석해야 한다.

넷째로, 좁은 의미에서의 삼국시대인 4~7세기의 한국사에서 가야는 4~6세기의 260여 년(300~562) 동안 엄연히 하나의 독자적인 정치 세력으로 활동하였다. 6~7세기의 100여 년(562~668)이 중요하기는 하지만 시기적으로 260년의 절반도 되지 않으므로, 둘 중의 하나를 택하라고 하면 '삼국시대'보다는 '사국시대'로 칭하는 것이 타당하다.

다섯째로, 기원 전후한 시기부터 3세기까지를 '원삼국시대' [123]나 '삼한시대' [124]로 부르는 경우도 있으나, 사실 그 시기의 핵심은 한반도 서북부에 자리 잡고 있던 낙랑군 등의 중국 군현의 존재에 있다. 그러나 이를 부각시켜 시대 이름을 짓는 것은 바람직하지 않다. 게다가 그 시기에 사국의 하나인 고구려는 기원 전후시기부터 엄연히 대외적으로 활동하였고, 백제는 3세기 중엽에 고대국가를 성립시켰으며, 신라와 가야는 소국의 형태로 존재하다가 점차 그 영향력을 증대시켜 나가고 있었다. 그러므로 이 시기를 독자적인 명칭으로 다시 명명하려고 논하기보다는 '사국시대'의 형성기에 포함시켜 설명하는 것이 무난하다. [125]

---

123) 김원룡, 1972, 「석촌동 발견 원삼국시대의 가옥 잔구」, 『고고미술』 113, 114; 1973, 「원삼국문화」, 『한국고고학개설』, 일지사; 1977, 「철기문화」, 『한국사 I: 고대 한국의 선사문화』, 국사편찬위원회; 1986, 『한국고고학개설』 제3판, 일지사.
   이희준, 2004, 「초기철기시대·원삼국시대 재론」, 『한국고고학보』 51, 한국고고학회.
124) 이현혜, 1993, 「원삼국시대론 검토」, 『한국고대사논총』 5, 한국고대사회연구소.
125) 기존에 이 시기를 '삼국시대 전기'로 표현한 적이 있었고(최몽룡, 1987, 「한국고고학의 시대구분에 대한 약간의 제언」, 『최영희선생 화갑기념 사학논총』), 최근에 이를 찬성한 견해도 있다(이청규, 2007, 「先史에서 歷史로의 전환 -原三國時代 개념의 문제-」, 『한국고대사의 시기구분』, 한국고대사학회 창립 20주년 기념 제20회 합동토론회 발표요지, 98쪽). 이들의 견해에서 가야의 존재를 인정한다면, 이 시기를 '사국시대 형성기'로 표현하는 것이 가능하게 된다.

더욱이 가야사는 일제강점기를 거치면서 이른바 '任那日本府說'의 왜곡을 가장 심하게 받아왔다. 그래서 얼마 전까지만 해도 많은 학자들이 가야사에 대해서 언급하는 것 자체를 기피해왔고 일본에서는 어째서 한국 교과서에서 '임나'를 언급하지 않느냐 하고 공격하기도 하였다. 그러므로 가야사를 한국 고대사의 체계에 포함시켜 사국시대로 하는 것은 임나일본부설의 망령을 근본적으로 물리치는 정당한 방안이기도 하다.

지금까지 논하였듯이, '삼국시대'라는 시대 명칭은 많은 문제점을 가지고 있으며, '사국시대'라는 명칭은 그보다 우월해도 마지막 100년간의 처리 문제에서 상당한 무리가 있는 것이 사실이다. 그러나 기원전 1세기 초(엄격하게 말한다면 고조선이 멸망한 기원전 108년)부터 668년까지 이어진 거의 800년간의 사국시대에서 마지막 100년 때문에 '사국'이라는 명칭을 사용하지 않을 수는 없다.

가야 멸망 후 100년간의 역사 전개 과정에서도 가야의 유민들은 신라에 포함되어 중요한 정치적 역할을 하였고, 金庾信과 强首와 같은 가야 후손들의 힘은 결국 신라가 삼국을 통일하는 데 많은 기여를 하였다. 그리고 그 지역 주민들의 가야사 인식은 면면히 살아남아 조선 후기를 이어 현대까지 이어오고 있다. 가야와 관련된 이러한 역사 인식을 무시해서는 안 될 것이다.

* 이 글의 원전 : 金泰植, 2007, 「四國時代論 -한국 고대사 三國時代論의 代案-」, 『韓國古代史研究』 46, 한국고대사학회, 101~150쪽.

3.

한국 고대 제국의 대외 교역

1. 머리말

交易이란 이익을 추구하기 위하여 물품을 서로 교환하는 일을 말한다. 그 교환 행위를 하는 대등한 경제 주체 사이에는 互惠性의 원리가 작용한다. 그러나 국제 교역에서는 두 주체의 생산 기술, 사회 통합 정도, 인구 규모, 지역 여건, 보유 자원, 선호 물품의 차이 등 여러 가지 요소에 따라 호혜성이 차별적으로 보장되는 것이다.

고대 동북아시아 여러 지역의 문화 수준은 서로 상당한 격차가 있었다. 그러므로 초기에는 대등한 교역이 이루어졌다고 보기 어려우나, 그럼에도 불구하고 상호간에 활발한 교역이 이루어진 결과 점점 더 대등한 교역이 이루어질 수 있었다. 본고에서는 그런 관점에 따라 기원 전후한 시기부터 6세기까지 한반도를 중심으로 하여 중국대륙과 일본열도 지역 사이에 이루어진 교역의 변천 과정을 개관하되, 가야의 대외 교역을 좀 더 상세히 정리해 보고자 한다.[1]

한국, 중국, 일본을 둘러싼 국가적 차원의 대외 교역은 위만조선으로부터 시작되었다고 해도 과언이 아니므로, 여기서부터 매듭을 풀기 시작한다.

『史記』朝鮮傳에 의하면, 중국 한나라 孝惠(B.C.195~188) 高后(B.C.188~180) 때 위만조선은 중국으로부터 外臣의 지위를 받아[2] 중국의 문물을 활발하게 수용하고 그 반대급부로 다른 주변 종족들의 對 중국 교역을 중계하는 역할을 맡았다. 한반도 서남부의 충남, 전북, 전남 지역에서 기원전 2세기경의 세형동검 계통 청동기 문화가 성행하고[3] 남해안의 경남 사천 늑도 유적과 일본 이키섬 하루노츠치[原ノ辻] 유적을 거쳐 북큐슈 모로오카[諸岡] 유적에까지 세형동검 계통 청동기와 단면 원형 덧띠토기와 같은 후기 민무늬토기가 발견되고 있는 것은[4] 이를 반영하고 있다.

외신 제도는 중국 前漢이 주변 세계를 관리하기 위해 고안한 일종의 외교적 제도로 볼 수 있지만, 여기에는 외신을 구속하거나 제도를 유지할 만한 장치가 결여되어 있었기 때문에 위만조선의 배타적 성향을 조절하지 못하고 실패로 끝났다.[5] 그 결과 한 무제는 외신이었던 위만조선을 공격하였으니, 그 공식적인 이유는 眞番 옆에 있는 辰國이 중국에 서신을 보내 천자를 알현코자 했는데 이를 막은 데 있다.[6]

여기서 주목되는 것이, 충남 부여 합송리, 당진 소소리, 논산 원북리 및 전북 장수 남양리, 완주 반교리 갈동 유적 등의 세형동검 II기 후반의 유적에서 갑자기 청동기 부장이 줄어드는 현상이다. 그 중요한 이유는 청동기 제작에 쓰이는 銅鑛石과 납, 주석 등의 원료 중에서 일부가 중국을 통해서 입수되다가, 위만조선과 한나라가 갈등을 빚던 기원전 125년경부터 그 유통

---

1) 이에 관해서는 다음과 같은 전문 연구서가 참고된다.
   李賢惠, 1998, 『韓國 古代의 생산과 교역』, 一潮閣.
2) 『史記』권115, 朝鮮列傳55 "會孝惠高后時天下初定 遼東太守卽約滿爲外臣 保塞外蠻夷 無使盜邊 諸蠻夷君長欲入見天子 勿得禁止. 以聞 上許之 以故滿得兵威財物."
3) 李賢惠, 1994, 『三韓社會形成過程硏究』, 一潮閣, 11~31쪽.
4) 武末純一, 2002, 「日本 九州 및 近畿地域의 韓國系遺物」, 『古代 東亞細亞와 三韓·三國의 交涉』, 2002년도 복천박물관 국제학술대회 발표요지, 85~86쪽.
5) 권오중, 2004, 「중국사에서의 낙랑군」, 『韓國古代史硏究』 34, 21쪽.
6) 『史記』권115, 朝鮮列傳55 "傳子至孫右渠 所誘漢亡人滋多 又未嘗入見 眞番旁辰國 欲上書見天子 又擁閼不通."

이 끊어졌기 때문이라고 한다.[7] 진국 세력이 필요로 한 것이 납과 같은 전략 물자였다면, 위만조선으로 인하여 이를 억제당한 진국과 한나라의 손실은 매우 컸을 것이다. 그리하여 전쟁을 일으켜 승리한 한 무제는 옛 조선 지역에 낙랑 등의 군현을 설치하여 동북아시아의 교역을 주도하게 하였다.

이로 보아 한반도 북부에 한 군현이 등장하게 된 것은 교역 이득에 대한 주도권의 문제 때문이었다. 그러나 낙랑을 비롯한 한 군현은 초기에 군 안팎의 토착민의 저항 및 주변 임둔군, 진번군의 폐지에 따른 영역 재편 등의 혼란을 겪느라고 남한 지역과 효과적인 교역을 이룰 수 없었고, 기원전 1세기 중반 宣帝代 이후 차츰 안정을 찾아 교역을 이룰 수 있었다.[8] 그러면 그후에 한반도의 정세 변화와 그에 따른 한국 고대 제국의 대외 교역의 상황을 살펴보기로 하되, 전반에는 고구려, 백제, 신라 삼국의 형세를 전반적으로 살펴보고, 이를 바탕으로 하여 후반의 중점을 가야의 대외 교역 변천상에 두기로 한다.

2. 삼국의 대외 교역

(1) 고구려의 대외 교역

현도군은 한 사군 중에서도 한반도 북부 및 만주 지방과 중국 사이의 교역을 중계하는 역할을 맡고 있었다. 고구려는 그 현도군 영역 내에서 성장하여, 서기 14년(유리왕 33)에 현도군의 도읍인 高句麗縣을 공파하고[9] 재차 撫順 지역으로 옮기게 한 이후 고구려와 중국 군현과의 접촉은 한동안 보이지 않는다. 한편 고구려는 함경도 방면의 동옥저에 대해서는 서기 1세기 중

---

7) 이현혜, 2005,「한반도 서남부지방 청동기 생산활동의 쇠퇴 배경」,『韓國古代史研究』40.

8) 尹龍九, 2004,「三韓과 樂浪의 교섭」,『韓國古代史研究』34, 128~129쪽.

9)『三國史記』권13, 高句麗本紀1 유리왕 33년 "秋八月 王命烏伊摩離領兵二萬 西伐梁貊滅其國 進兵襲取漢高句麗縣."

엽에 공격하여 신속시키고 여러 가지 공납을 바치게 하는 종속적 교역 방식을 추진하였으며,[10] 그 공납 물품으로는 貊布·魚·鹽·海中食物·美女 등이 있었다.[11] 고구려는 동예도 정벌하여 공납 지배를 실시한 것으로 보이며, 그 복속 시기는 '漢末'[12] 즉 2세기 무렵으로 추정된다.

고구려는 후한의 군현에 대하여 공세를 펴는 중에도 교섭을 하는 이중적 행동을 보여, 105년(태조왕 53)에 요동군의 여섯 현을 공략하고 118년(태조왕 66)에는 예맥과 함께 현도를 치고 華麗城을 공격하였고, 그 사이인 111년(태조왕 59)에는 사신을 한나라에 보내 현도를 통해서 한나라와 우호적인 조공 무역 관계 맺기를 구하였다.[13] 이처럼 고구려는 서기 1~2세기 동안 현도군을 차츰 약화시키면서 한반도 북부 및 중국 사이의 교역 중계 역할을 대행해갔다.

공손씨 정권 멸망 직후의 세력 공백을 틈타, 고구려는 242년(동천왕 16)에 요동군과 낙랑군 사이의 요충인 西安平을 공격하였다가 위나라의 반격으로 심대한 타격을 입었으나, 3세기 후반에 西晉의 혼란을 틈타 동옥저 및 동예 지역을 다시 회복하였다.[14] 그 연장선 위에서 고구려가 313년(미천왕 14)과 314년에 걸쳐 낙랑군과 대방군을 병합하고, 중간 기구를 거치지 않고 北朝의 정권들 및 東晉·宋 등과 직접 교섭에 임하게 되자, 4세기 이후 한반도의 각 세력과 중국의 교역 형태에는 큰 변화가 나타났다.

4세기 당시에 고구려가 중국에서 받은 문물들에는 요서 및 요동 지역으

---

10) 『三國史記』 권15, 高句麗本紀3 태조대왕 4년(서기 56) "秋七月 伐東沃沮 取其土地爲城邑 拓境東至滄海 南至薩水."

11) 『三國志』 권30, 魏書30 烏丸鮮卑東夷傳30 東沃沮 "句麗復置其中大人爲使者 使相主領, 又使大加統責其租稅 貊布魚鹽海中食物 千里擔負致之, 又送其美女以爲婢妾 遇之如奴僕."

12) 위의 책, 東濊 "漢末更屬句麗."

13) 『後漢書』 권85, 東夷列傳75 高句驪 "和帝元興元年(105)春 復入遼東 寇略六縣 太守耿夔擊破之 斬其渠帥. 安帝永初五年(111) 宮遣使貢獻 求屬玄菟. 元初五年(118) 復與濊貊寇玄菟 攻華麗城."

14) 임기환, 2004, 「고구려와 낙랑의 관계」, 『韓國古代史研究』 34, 156쪽.

로부터의 유망민 이주에 따른 것도 있고 교역에 의한 것도 있어서, 前燕으로부터는 벽화고분, 服飾, 역사다리꼴 모양의 鑿頭形 화살촉, 帶金具, 복숭아형 透刻 허리띠 장식, 원판모양 재갈멈추개 달린 금동재갈, 발걸이를 비롯한 마구, 자루솥, 暗文土器 등의 문물을 받았으며,[15] 前秦으로부터는 불상, 經文, 太學, 율령과 같은 고급문화를 도입하기도 하였다.

集安 국내성 안의 체육장 지점에서 東晉製 靑磁가 출토되고[16] 集安 禹山下 3319호분에서도 4세기 중엽으로 비정되는 東晉製 목항아리가 출토되었으므로,[17] 이들은 고구려의 왕족과 귀족들이 사용하던 위세품이면서 동시에 사치품으로서 남조와의 교역을 통해 유입되었을 것이다.[18] 고구려의 晉式 띠고리는 전형적인 것과 함께 일부 북조 계통 특히 三燕 지역 띠고리의 영향을 받은 것도 있다고 하므로,[19] 고구려가 남조 및 북조의 국가들과 고루 교섭하고 책봉을 받으면서 衣幘을 받았음을 알 수 있다.[20] 5~6세기에도 고구려가 중국과 교섭한 사실은 여러 기록에 보이나, 그를 통하여 정치적 안정을 추구한 외에 무엇을 수입하였는지는 알 수 없다.

그러면 고구려가 그에 대응하여 중국에 전한 물품은 무엇일까? 고구려는 413년(장수왕 원년)에 晉에 赭白馬를 보냈고 439년(장수왕 27)에 宋 太祖의 요청으로 말 800필을 보냈으며, 459년(장수왕 47)에는 肅愼氏 즉 읍루의 사절을 대동하고 가서 楛矢과 石弩를 보냈다.[21] 또한 고구려는 挹婁의 담비 가죽을 중개하여 교역했는데, 읍루족의 담비 가죽을 구하면서 그들에

---

15) 孔錫龜, 2003, 「高句麗와 慕容 '燕'의 갈등 그리고 교류」, 『강좌 한국고대사』 제4권, 가락국사적개발연구원, 103~107쪽.

16) 國家文物局 主編, 2004, 「吉林集安高句麗王城與王陵」, 『2003 中國重要考古發現』, 文物出版社, 121~122쪽.

17) 東潮, 1997, 『高句麗考古學研究』, 吉川弘文館, 560~561쪽.

18) 金昌錫, 2004, 「高句麗 초·중기의 對中 교섭과 교역」, 『新羅文化』 24, 東國大學校 新羅文化研究所, 22쪽.

19) 權五榮, 2004, 「晉式帶鉤의 南과 北」, 『第10回 加耶史國際學術會議 發表要旨』, 金海市, 73~74쪽.

20) 金昌錫, 앞의 논문, 17쪽.

게 沈默交易의 형태로 쇠손칼을 주었고,[22] 철을 생산하지 못하는 내몽고 동북부 지역 南室韋에게도 鐵을 공급하였는데 거기에는 돼지, 소, 담비가 많았다고 한다.[23] 한편 고구려는 나라에서 銀鑛을 운영하여 은을 채굴하였으며,[24] 장수왕(413~491) 후반에는 北魏에 사신을 파견하여 일 년에 黃金 200斤과 白銀 400斤을 보냈다.[25]

6세기 초에 고구려가 북위에 보낸 국서에서 '夫餘에서 나는 黃金과 涉羅에서 나는 마노[珂]를 이제는 보내지 못하게 되었다'[26]고 언급한 것을 통해서도 동북아시아 동북부의 중추적 중계 교역자였던 고구려의 위치를 알 수 있다. 그러므로 고구려는 읍루, 남실위, 부여, 섭라 등의 주변 민족에게 철기 생활도구 등을 공급하고 그 대가로 담비를 비롯한 동물 가죽이나 천연 보석류를 받아 중국에 중계 교역하고, 자신들이 생산하는 銀이나 말을 중국에 보내기도 하였던 것을 알 수 있다. 고구려의 성장 동력은 동북아 일대의 광범위한 영역에 걸쳐 성장하던 서로 다른 민족들의 문화적 차이를 알고 이를 총괄하는 대표자가 되어 중국과 중계 교역하던 능력에 있었던 것이다. 이는 서력기원전 1세기 이래 오랜 동안 중국과 대결하며 성립하고 성장한 고구려의 역사적 체험에 의하여 가능했다고 하겠다.

(2) 백제의 대외 교역

『삼국지』위서 동이전에 의하면, 3세기 전반까지 마한 지역에는 54개 소국

---

21) 『宋書』권97, 열전57 夷蠻 東夷高句驪國 "高句驪王高璉 晉安帝義熙九年(413) 遣長史高翼 奉表獻赭白馬. (중략) 璉每歲遣使 十六年(439) 太祖欲北討 詔璉送馬, 璉獻馬八百匹. (중략) 大明三年(459) 又獻肅愼氏楛矢石砮."

22) 金昌錫, 앞의 논문, 24쪽.

23) 『北史』권94, 열전82 室韋國(南室韋) "多猪牛. (중략) 其國無鐵 取給於高麗. 多貂."

24) 『建康實錄』南齊 高麗傳.

25) 『魏書』권100, 열전88 高句麗 "後貢使相尋 歲致黃金二百斤 白銀四百斤."

26) 위의 책, 高句麗 "正始中 世宗於東堂引見其使芮悉弗, 悉弗進日 高麗係誠天極 累葉純誠 地産土毛 無愆王貢. 但黃金出自夫餘 珂則涉羅所産. 今夫餘爲勿吉所逐 涉羅爲百濟所幷, 國王臣雲惟繼絶之義 悉遷于境內 二品所以不登王府 實兩賊是爲."

이 분립되어 있었고 그 대표권은 目支國 辰王이 소유하고 있었으며, 백제는 일개 소국에 불과하였다. 그러나 백제는 3세기 후반 고이왕 대에 官階의 기본 골격을 제정하고 5부체제를 성립시켰다.[27] 몽촌 토성과 풍납 토성의 축조 연대가 3세기 중반 이후로 추정되고,[28] 3세기 중엽부터 4세기 중엽까지에 해당하는 백제 토기가 동쪽으로는 강원도 원주까지, 남쪽으로는 충남 천안과 홍성을 잇는 선 이북까지 분포한다는 것은,[29] 고이왕에 의한 제도 개편과 세력권 확장 및 그 후의 추이를 반영한다. 다만 『晉書』에 276년부터 291년 사이에 서진과 물자 교류를 이룬 세력으로 '東夷' 또는 '馬韓'은 보여도[30] '백제'의 이름이 보이지 않는 것으로 보아, 아직은 백제가 고대국가로 대두되는 데에 일정한 제약이 있었던 듯하다. 『삼국사기』 백제본기에는 260년(고이왕 13) 이후 298년(책계왕 13)을 거쳐 304년(분서왕 7)까지 백제와 낙랑이 지속적으로 대결하고 있음을 전하고 있다.

백제는 3세기 후반부터 4세기에 걸쳐 중국의 晉나라로부터 고급 도자기를 많이 수입한 것이 특징적이다. 西晉의 동전무늬 도자기가 서울 몽촌 토성, 풍납 토성, 홍성 신금성 등지에서 다수 출토되었으며, 이는 사료상의 '馬韓'과 서진 東夷校尉府 사이의 교역을 반영한다.[31] 그에 이어 백제의 근초고왕과 전지왕이 372년과 416년에 東晉과 공식적인 관계를 맺고[32] 동진의 유물로 청동 자루솥, 청동 허리띠 金具, 晉式 띠고리 등이 출토되어[33] 양

---

27) 노태돈, 1975, 「三國時代의 部에 관한 硏究」, 『韓國史論』 2, 14~16쪽.
   노중국, 1988, 『百濟政治史硏究』, 一潮閣, 78~107쪽.
28) 박순발, 2001, 『漢城百濟의 誕生』, 서경문화사, 182~186쪽.
29) 위의 책, 218쪽.
30) 『晉書』 권3, 帝紀3 咸寧 2年(276)·3年·4年, 太康 元年·2年·3年·7年·8年·9年·10年, 太熙 元年; 『晉書』 권4, 帝紀4 永平 元年(291)條.
31) 權五榮, 2001, 「백제국에서 백제로의 전환」, 『역사와 현실』 40, 한국역사연구회.
32) 『晉書』 권9, 帝紀9 簡文帝 咸安 2년(372) 조; 『宋書』 권97, 열전57 夷蠻 百濟國 義熙 12년(416) 조.
33) 權五榮, 2003, 「백제의 對中交涉의 진전과 문화변동」, 『강좌 한국고대사』 제4권, 가락국사적개발연구원, 6~7쪽.

자 사이의 직접 교섭을 확인케 한다. 동진의 靑磁는 서울의 풍납 토성, 몽촌 토성, 석촌동 고분군을 비롯하여 포천 자작리, 원주 법천리, 천안 화성리 고 분 등지에서 다수 출토되었다. 고구려나 신라, 가야, 왜 등과 달리 4세기의 백제가 이처럼 많은 중국 도자기를 선호하고 있었던 것은, 낙랑군과 대방군 의 축출 이후 중국계 이주민들이 다수 백제 영역으로 들어와 그 지배 계급 의 일부를 구성하며 중국 본토 문화의 수요층으로 작용하였기 때문이라고 추정된다.[34)]

5세기에 백제와 중국 남조 宋 사이에는 420년 이후 471년까지 將軍號 제 정과 관련된 많은 정치적 교섭이 있었으나,[35)] 교역과 관련된 기록이나 유물 은 그리 흔치 않다. 宋의 청자로 보이는 것은 익산 입점리 1호분, 천안 용원 리 C지구 석실분, 부안 죽막동 제사 유적 출토품이 1점씩 있을 뿐이다.[36)] 백 제 유적에서 발견된 중국 도자기류는 漢城期 71점 이상, 熊津期 9점, 泗沘期 23점으로서[37)] 시기가 내려올수록 줄어드는 편이다. 그 이유는 6세기 이후 백제의 중국 문화에 대한 수입 자세가 도자기 등의 고급 물품의 수입으로 시 종한 것이 아니라 그 이면에 있는 정신적 측면, 혹은 학문과 지식 체계로 이 전되었기 때문이다.[38)] 문헌상으로 보아 450년에 백제왕 餘毗 즉 비류왕이 易林 · 式占과 腰弩를 구하므로 宋 太祖가 이를 모두 보냈다는 것이나,[39)] 백 제 성왕이 534년 및 541년에 梁에 방물을 보내면서 涅槃等經義, 毛詩博士, 工

34) 위의 논문, 8~11쪽.
35) 『宋書』 권97, 열전57 夷蠻 百濟國 宋高祖 즉위년(420), 少帝 景平 2년(424), 元嘉 7년(430), 27년(450), 世祖 大明 원년(457), 2년(458), 太宗 泰始 7년(471) 조.
36) 成正龍, 2002, 「陶瓷器로 본 百濟와 南朝交涉」, 『古代 東亞細亞 文物交流의 軸 - 中國 南 朝, 百濟, 그리고 倭』, 忠南大學校 百濟研究所, 88쪽.
37) 위의 논문, 81쪽.
38) 權五榮, 2003, 앞의 논문, 28쪽.
39) 『宋書』 권97, 열전57 夷蠻傳 百濟國 "元嘉(中略) 二十七年(450) 毗上書獻方物 私假臺使馮 野夫西河太守 表求易林式占腰弩 太祖並與之."
40) 『梁書』 권54, 열전48 諸夷傳 百濟 "中大通六年(534) 大同七年(541) 累遣使獻方物. 并請涅 盤等經義毛詩博士 并工匠畫師等 敕並給之."

匠, 畵師 등을 청하여 받았다는 기록은[40] 백제의 그런 자세를 확인케 한다.

4~6세기에 백제가 중국 남조에 도자기, 서적, 지식인, 기술자 등의 대가로 어떤 물품을 보냈는지는 확인할 수 없다. 다만 "晉 太元中(376~396)의 須(근구수왕), 義熙中(405~418)의 餘映(전지왕), 宋 元嘉中(424~453)의 餘毗(비류왕)가 사신을 보내 生口를 바쳤다."는 간단한 기록[41]을 통해서, 4~5세기 백제의 방물 중에 가장 인상적인 것은 生口, 즉 사람(노예)이었다는 것을 알 수 있을 뿐이다.

위에서 보았듯이 백제는 5세기에 중국 남조의 송나라에 대하여 적극적인 대외 교섭을 이루었는데, 그러한 자세는 신라에 대해서도 확인된다. 즉 백제는 433년(비유왕 7) 및 434년에 신라에 사신을 파견하여 좋은 말과 흰매를 보내는 방식으로 우호 관계를 텄다.[42] 백제의 이러한 대외 교섭은 고구려를 겨냥한 것으로, 특히 한반도 남방 제국의 동맹 네트워크를 구성하기 위한 것이었다고 생각된다. 그렇다면 이를 전후해서 백제는 영산강 유역에 대해서도 적극적인 교섭 의지를 보였을 가능성이 높으며, 5세기 중반 전라남도 나주 반남 고분군의 성장은 백제의 이러한 조치에 영향을 받았던 것이다. 백제의 가야에 대한 교섭은 다음의 제3장 제2절에서 좀 더 자세히 거론한다.

한편 백제와 왜 사이의 교역은 어떠했을까? 믿을 만한 기록상으로는, 백제가 고구려의 군사적 공격에 시달리던 중 397년에 처음으로 왜국에 태자를 보내 교섭을 시작했다고[43] 하였으나, 그 이전에도 加耶를 통하여 왜의 존재를 알고 있었을 가능성은 충분하다. 다만 유물 상으로는 4세기 단계 백제와 왜 사이의 물품 왕래 흔적이 거의 보이지 않는다.

『삼국사기』로 보아 백제와 왜 사이의 교섭은 397년부터 418년까지 5차례에 걸쳐 이루어졌고, 당시에 왜국은 백제 태자 腆支를 호위하기 위한 병

---

41) 위의 책 "晉太元中 王須 義熙中 王餘映 宋元嘉中 王餘毗 並遣獻生口."

42) 『三國史記』권25, 百濟本紀3 비유왕 7년(433) 및 8년(434) 조.

43) 위의 책, 阿莘王 6년(397) "夏五月 王與倭國結好 以太子腆支爲質."

사 100인과 夜明珠를 보냈고 백제는 왜국에 白綿 10匹을 보냈다고 한다.[44] 다만 이를 이은 5세기에도 백제와 왜 사이의 문물 교류 흔적은 확인되지 않다가 5세기 후반에 이르러 백제 남부 즉 전남 지역의 토기들, 이른바 '韓式土器'의 영향이 일본 스에키에 일부 나타날 뿐이다. 이는 후술하듯이 당시까지 한반도와 일본열도 사이 교역의 주체가 가야였기 때문이다.

왜와의 교역 중심은 6세기 전반 내지 중엽 이후로 백제로 옮겨지니, 나라 아스카[飛鳥] 문화가 곧 그 반영이다. 당시에 백제는 왜국의 요청에 따라 주로 고급 정신문화를 전하였다. 그리하여 백제는 513년, 516년 및 554년에 걸쳐 五經博士 段楊爾, 漢高安茂, 馬丁安, 王柳貴 등을 보내 儒學을 전수하였다.[45] 또한 백제는 552년에 怒唎斯致契 등을 보내 釋迦佛金銅像 1軀와 幡蓋 약간, 經論 약간 권을 보냈고, 577년에는 경론 약간 권과 律師, 禪師, 比丘尼, 呪禁師, 造佛工, 造寺工 6인을 보내고, 588년에는 불사리와 승려, 寺工, 鑪盤博士, 瓦博士, 畵工 등을 보내 法興寺(飛鳥寺)를 지었다고 하였으니,[46] 일본의 불교와 사찰 건축은 실질적으로 그 때부터 시작된 것이다. 또한 554년에 백제가 왜국에 易博士, 曆博士, 醫博士, 採藥師, 樂人 등을 보냈다고 하였으니,[47] 曆法 및 醫藥 등도 백제로부터 전수되었다고 하겠다.

백제는 4~6세기에 걸쳐 중국 남조의 문화를 수입하고 그 문화를 왜국에 전하는 중계 교역자였다. 백제가 중국 남조로부터 수입하는 문화는 5세기 후반 이후 선진 문물에서 차츰 정신문화로 변화되었다. 4~5세기에는 백제가 가야 및 전남 지역을 통해서 왜국과 간접적으로 교섭한 것으로 보이나, 6

---

44) 위의 책, 阿莘王 6년, 11년 조, 腆支王 즉위년(405), 5년, 14년 조.
45) 『日本書紀』 권17, 繼體天皇 7년(513), 10년(516) 조; 같은 책, 권19, 欽明天皇 15년(554) 조. 『日本書紀』 應神紀 15년(연대 미상)과 16년 조의 백제 阿直岐와 王仁, 또는 『古事記』 의 和邇吉師가 論語 10권과 千字文 1권을 전했다고 하여, 이것이 儒學의 최초 전수라고도 하지만, 어느 정도의 사실성을 가지고 있는지는 알 수 없다.
46) 『日本書紀』 권19, 欽明天皇 13년(552) 겨울 10월 조; 같은 책, 권20, 敏達天皇 6년(577) 겨울 11월 경오삭 조; 같은 책, 권21, 崇峻天皇 원년(588) 시세 조.
47) 위의 책, 欽明天皇 15년(554) 2월 조.

세기에 들어서면 백제와 왜 사이의 교섭 내용이 직접적인 방식으로 변화된다. 이렇게 볼 때, 백제는 중국 남조와의 교섭을 통해 얻어진 문물을 가지고 한반도 남부와 왜국을 중계하는 교역 주재자였으나, 거기에 신라가 빠지고 또 한동안 가야의 중재를 필요로 하는 불완전한 면모를 나타냈다.

(3) 신라의 대외 교역

3세기 이전 신라의 대외 교역을 알기는 매우 어렵다. 이에 대해서는 『삼국지』동이전에도 내용이 별로 없을 뿐만 아니라, 『삼국사기』신라본기의 초기 기사들도 그 신빙성에 의문이 제기되고 있기 때문이다. 『삼국사기』신라본기에 나오는 외부 세력인 '낙랑'에 대해서는 중국 군현으로서의 낙랑이 아니라 그와 다른 실체의 것으로 보는 것이 대세이다.[48] 그 '낙랑'이 西北韓 낙랑군 지역으로부터의 유민이든 관동 지방에 있던 낙랑 속현 세력이든 간에, 신라인에게 낙랑이란 선진 세력으로서 두려움과 선망의 대상이었던 듯하다. 낙랑군 방면의 유이민이 진한으로 유입된 것을 자랑스럽게 여겨, 진한 사람들이 낙랑인을 자신들의 남은 무리 곧 '阿殘'이라고 부른 인식이 있었음을[49] 주목할 필요가 있다.

또한 『삼국사기』신라본기 초기 기사에는 세 군데에 남신현 관련 기사가 나오고 있다. 즉 파사 이사금 5년 5월에 남신현에서 보리줄기가 가지를 치더니 크게 풍년이 들었다거나,[50] 벌휴 이사금 3년 7월에 남신현에서 상서로운 벼이삭을 올렸다거나,[51] 나해 이사금 27년 4월에 남신현의 사람이 죽었

---

48) 이 문제에 대한 학설사로는 조법종, 2003, 「낙랑군의 성격문제」, 『韓國古代史研究』32; 文昌魯, 2004, 「新羅와 樂浪의 關係 -新羅史에 보이는 '樂浪'의 實體와 그 歷史的 意味를 중심으로-」, 『韓國古代史研究』34 참조.
49) 『三國志』권30, 魏書30 烏丸鮮卑東夷傳30 韓 "辰韓在馬韓之東 (중략) 名樂浪人爲阿殘 東方人名我爲阿 謂樂浪人本其殘餘人."
50) 『三國史記』권1, 新羅本紀1 파사 이사금 5년(서기 84) "夏五月 古陁郡主獻靑牛. 南新縣麥連歧 大有年 行者不齎糧."
51) 『三國史記』권2, 新羅本紀2 벌휴 이사금 3년(186) "秋七月 南新縣進嘉禾."

다가 다시 살아났다고 하였다.[52] 그런데 『晉書』 권14 지리지 대방군 조에는 帶方, 列口, 南新, 長岑, 提奚, 含資, 海冥 등의 현 이름이 전하고 있어서, 남신현이 그 하나이다.[53] 대방군은 서기 204~207년경에 屯有縣(冬忽, 황해도 황주) 이남 황무지에 설치되었고, 그 중에서도 남신현은 265년 이후의 『진서』 단계에 등장하였으나, 실제로는 대방군 설치 초기부터 있었을 가능성도 있다. 그러므로 대방군 남신현의 존재 시기(서기 207~314)는 『삼국사기』 신라 초기의 관련 기사들(서기 84~222)보다 적어도 123년 내지 92년 정도 늦다. 현재까지 황해도 봉산군, 신천군, 안악군, 신원군 등에서 대방군 관련 塼築墳 내지 토성이 발견되고 있는데,[54] 남신현은 그 중에서 한 곳에 해당하지 않을까 한다. 신라인들이 대방군 남신현의 이변 소식에 그처럼 영향을 받을 정도로 정보를 공유하였다면, 신라인들이 남신현에 왕래가 잦았고 또 그 곳을 선망하고 있었다는 것을 상정할 수 있다.

다만 그 두 지역은 멀리 떨어져 있는데 어떤 교통로를 통해서 서로 왕래하였던 것일까? 여기에 대해서도 관련 정보는 매우 희미할 뿐이다. 그 첫째는 王莽 地皇年間에 辰韓右渠帥 廉斯鑡가 낙랑을 가기 위해 육로로 읍락을 나서 含資縣에 갔다가 돌아올 때는 岑中에서 큰 배를 타고 辰韓에 들어갔다는 이야기[55]가 있고, 둘째는 아달라 이사금 3년 및 5년에 雞立嶺(경북 문경시)과 竹嶺(경북 영주시 풍기읍)의 길을 개통하였다는 기사[56]가 있으며, 셋째는 冶匠 설화를 지닌 석탈해가 낙랑 방면에서 서해안 및 남해안 항로를 통하여 김해의 금관국에 도달했다가 다시 경주의 계림국으로 이주한 세력

---

52) 위의 책, 나해 이사금 27년(222) "夏四月 雹傷菽麥. 南新縣人死 歷月復活."
53) 南新縣은 『三國史記』 지리4의 '三國有名未詳地分'에 나오는 지명인바, 그 위치에 대한 시사는 2005년에 동국대 윤선태 교수와 『三國史記』를 함께 강독하는 중에 얻은 것이므로, 지면을 빌어 감사의 뜻을 표한다.
54) 오영찬, 2003, 「대방군의 군현지배」, 『강좌 한국고대사』 제10권, 서울: 가락국사적개발연구원.
55) 『三國志』 권30, 魏書30 烏丸鮮卑東夷傳30 韓條 魏略 인용문 참조.
56) 『三國史記』 권2, 新羅本紀2 아달라 이사금 3년(156) "夏四月 隕霜 開雞立嶺路." 및 5년(158) "春三月 開竹嶺 倭人來聘."

으로 이해된다는 점[57] 등이다.

　여기서 염사치 설화에 주목한 혹자는 군현 설치 전에 위만조선과 진국 사이의 교섭이 활발하다가 중단되었으나 그 교섭은 전한 말부터 2세기 초까지 낙랑군과 진한 사이에 재개되었다고 하였다.[58] 그 시기에는 한반도 서북 지방과 진한 방면을 연결하는 내륙 교통로를 중심으로 조공과 교역이 이루어졌지만, 교섭의 규모는 작고 빈도는 간헐적이었으며, 진한 廉斯邑과 같은 몇몇 지역 외에는 낙랑과 교섭하지 않았다고 보았다.[59]

　두 번째의 기사에서 신라가 계립령과 죽령의 길을 개통하였다는 기사의 의미는, 신라가 그 곳에 인부를 보내 산간 도로 개통을 위한 토목 공사를 했다기보다, 경주로부터 그 곳에 이르는 사이에 있는 여러 지역 세력들의 양해를 얻어 통행권을 확보하였다는 뜻이라고 생각된다. 이는 곧 신라가 한반도 서북부의 낙랑군 또는 대방군과 직접 교통할 수 있는 육로를 개척하고 있었다는 의미도 되나, 그 시기는 『삼국사기』의 기년인 2세기 중엽보다 후대의 것으로 보아야 한다. 앞에서 대방군 남신현과 관련된 기록을 참고한다면 적어도 90년은 하향 조정해서 3세기 중엽 이후로 보아야 할 것이다.

　그렇다면 세 번째의 석탈해 설화에서 추정되는 서·남해안 항로가 낙랑과 진한 사이에 좀 더 시원적이고도 기본적인 교통로였다고 해야 할 것이다. 앞에서 고고학적인 자료들을 통해서 추정했듯이 이미 기원전 2세기의 위만조선 때부터 한반도 서북 지역으로부터 서·남해안 항로를 거쳐 이키 및 규슈로의 통로가 이용되고 있었으며, 『삼국지』 왜인전에 보이듯이 이 항로는 3세기 중엽까지도 한-중-일을 잇는 기본 항로였다. 그 항로를 통한다면 역시 교역의 중심은 낙동강 하구의 변한 狗邪韓國이고, 진한은 그를 이용한 간접적인 교역에 머무를 수밖에 없다.

---

57) 金泰植, 1993, 『加耶聯盟史』, 一潮閣, 54~55쪽; 文昌魯, 2004, 「新羅와 樂浪의 關係」, 『韓國古代史研究』 34, 197~199쪽.
58) 尹龍九, 2004, 「三韓과 樂浪의 交涉」, 『韓國古代史研究』 34, 138쪽.
59) 위의 주석과 같음.

그러한 한계성 때문에 진한은 내륙 교통로를 통한 낙랑과의 직접적 교섭을 원하였으며, 3세기 중엽 시기에 신라가 계립령과 죽령로를 개통한 사실을 크게 기념한 것이다. 魏 景初年間(237~239)에 위나라가 낙랑·대방군을 다시 정비한 후 部從事 吳林이 진한 8국을 분할하여 낙랑에게 주었다고 한 것은[60] 내륙 교통로를 통한 교섭을 원하던 진한 소국들을 낙랑군이 분할 조종하려던 의지를 보이는 것이다. 신라가 문화적인 측면에서 자립적으로 발전하기 시작한 것은 이때부터라고 해도 과언이 아니다.[61] 경주 지방에서 3세기 후반에 김해 지방과 달리 세장방형 평면의 慶州型 덧널무덤[62]이라고 부르는 새로운 형식의 묘제가 발생하여 경산, 울산, 포항 등의 慶尙 동부 지역으로 확산되어간 것은[63] 그 반영이다.

그러나 4세기 초에 고구려가 낙랑군과 대방군을 멸망시킨 이후 상황은 크게 바뀌었다. 4세기 전반 내지 그 이전으로 편년되는 경주 정래동 고분과 월성로 가29호분 출토 판갑옷이나, 월성로 가5호분에서 출토된 고구려계 綠釉 도자기 등은 신라와 고구려의 교섭이 이른 시기부터 이루어졌을 가능성을 시사한다.[64] 신라가 377년에 고구려와 함께 前秦에 사신을 파견했다든

---

60) 『三國志』 권30, 魏書30 烏丸鮮卑東夷傳30 韓 "景初中 明帝密遣帶方太守劉昕·樂浪太守 鮮于嗣 越海定二郡 諸韓國臣智加賜邑君印綬 其次與邑長. 其俗好衣幘 下戶詣郡朝謁 皆 假衣幘 自服印綬衣幘千有餘人. 部從事吳林以樂浪本統韓國 分割辰韓八國以與樂浪."

61) 『晉書』 권97, 辰韓列傳은 그 문장이 대부분 『三國志』 韓傳의 후반부를 그대로 축약한 것이고 새로운 내용이 없어서 그 신뢰도에 약간 의문이 들기는 하지만, 그 말미에 부가된 것으로서 280년에 진한의 왕이 사신을 보내 토산물을 바치고, 281년과 286년에도 또 조공을 하였다는 내용(武帝太康元年 其王遣使獻方物. 二年復來朝貢, 七年又來.)에 착오가 없다고 한다면, 이는 신라가 그 내륙 교통로를 통하여 東夷校尉와 적극적으로 교역을 이룬 것이었다고 할 수 있다. 다만 이와 같은 내용이 『晉書』 본기에는 그저 東夷라고만 나오기 때문에 여전히 의문이 남는다.

62) 申敬澈, 1995, 「金海大成洞·東萊福泉洞古墳群 點描」, 『釜大史學』 19, 釜山大學校.

63) 金大煥, 2001, 「嶺南地方 積石木槨墓의 時空的 變遷」, 『嶺南考古學』 29, 大邱: 嶺南考古學會, 83~85쪽.

64) 李賢惠, 1988, 「4세기 가야사회의 교역체계의 변천」, 『한국고대사연구』 1, 한국고대사연구회.

65) 『資治通鑑』 권104, 晉紀 太元 2년(377) "春 高句麗新羅西南夷 皆遣使入貢于秦."

가,[65] 382년에 衛頭를 前秦에 파견했다든가[66] 하는 것으로 보아, 4세기 후반에는 신라가 고구려의 중개로 중국에 연결하던 상황을 알 수 있다. 『三國史記』 신라본기에 나오는 413년의 平壤州大橋 기사도,[67] 기존 설과 같이 후대의 '南平壤'(현재의 서울시 일대)을 가리키는 것[68]이 아니라, 신라인이 그 당시 선망의 세계였던 고구려의 대동강 유역 개발과 대교 설치를 보고 남긴 見聞 기록이라고 보는 것이 옳다. 이로 보아 4~5세기의 신라는 고구려와 빈번한 왕래와 교역을 이루고 있었음을 알 수 있다.

신라의 돌무지덧널무덤 출토품 중에서 외래계 물품으로 주목되는 것은 식리총의 4세기 전반 東晉 용머리 자루솥, 황남대총 북분의 4세기 후반 동진 黑褐釉 작은 병, 호우총의 415년 고구려 乙卯年銘 靑銅壺杆, 서봉총의 고구려 延壽元年辛卯銘 銀盒[69] 등이 있다. 황남대총 남분의 청동 세발솥, 청동 대야, 청동 시루, 청동 가마솥, 황남대총 북분의 청동 세발솥, 양머리 注口 자루솥, 청동 대야, 천마총의 청동 세발솥, 양머리 注口 자루솥 등과 같은 고구려 계통의 漢式 靑銅容器도 있다.[70] 또한 스키타이 전통과 같은 황금 유물의 성행, 노보체르카스크의 사르마트 금관과 같이 樹木과 鹿角을 모티브로 한 金冠, 흉노 노인울라 고분에서 나온 것과 같은 白樺樹皮 冠帽, 사산조 페르시아를 원류로 하는 金銅製 뿔잔, 페르시안 글래스와 같은 고급 유리容器, 이탈리아와 카자흐스탄에서 나온 것과 같은 경주 계림로 출토 七寶裝飾 寶劍, 사산조 페르시아 銀器에서 유래한 황남대총 북분의 打出紋 은잔, 흑해 北岸 쿠르오바에서 나온 것과 같은 황남대총 북분의 板狀嵌玉 금

---

66) 『太平御覽』 권781, 東夷 新羅 所引 『秦書』 符堅 建元 18년(382) 조.
67) 『三國史記』 권3, 新羅本紀3 실성 이사금 12년(413) "新成平壤州大橋."
68) 『三國遺事』 권1, 紀異2 第十八實聖王 조에서는 "義熙九年癸丑(413) 平壤州大橋成."이라 쓰고 그 세주에서 "恐南平壤也. 今楊州."라고 하고, 이병도의 『國譯三國史記』(1977, 乙酉文化社, 43쪽)에서는 "南平壤이 新羅의 영토로 되기는 이후 眞興王 때의 일이므로, 도대체 이 記載는 믿기 어렵다."고 하였다.
69) 崔秉鉉, 1992, 『新羅古墳研究』, 一志社, 347~351쪽.
70) 위의 책, 359~365쪽.

팔찌, 중국 북방 胡族에 공통하는 마구 등과 같은 물건들도 있다.[71] 이에 대해서는 신라에 북방아시아 기마민족 이동의 여파가 밀려온 결과로 보는 견해도 있다.[72]

한편 5세기 이후 신라는 금관과 금귀걸이를 비롯한 다양한 金工品을 자체 생산하게 되는데, 거기에 사용된 기술 중에 步搖 장식을 만들고 이를 冠의 본체에 접합하는 기술은 박트리아 및 慕容燕의 步搖冠에서 온 金工術이고, 금귀걸이의 垂下飾 구슬로 매달린 空心多面體 구슬은 동남아시아 및 東晉의 금공술이며, 이는 모두 고구려를 거쳐서 들어온 것이라고 추정된다.[73] 신라의 청동 세발솥들은 고구려에서 제작되어 신라 사회로 이입된 것이라는 연구도 있다.[74] 그러므로 4~5세기 신라에서 출토된 외래 물품들은 중국의 漢, 東晉, 慕容燕, 동남아시아, 중앙아시아의 페르시아, 흑해 연안, 카자흐스탄, 스키타이, 중국 북방의 匈奴를 비롯한 胡族 등의 것이든지, 또는 고구려 계통의 물품이다. 그러나 신라가 그렇게 많은 국가들과 직접 교역하거나 관계를 맺은 정황이 없으므로, 신라 문화의 외래적 요소에 북방 이주민의 영향을 일부 인정할 수 있다 해도, 그 주류는 고구려를 매개로 한 교역 결과였다고 볼 수밖에 없다.

다만 6세기에는 신라에 그와 같은 외래 물품들이 들어온 흔적이 없으니, 이는 5세기 후반 이후에 고구려 장수왕이 남하 정책을 추구하면서 481년(소지 마립간 3)에는 고구려의 군대가 彌秩夫(포항 흥해)까지 밀고 내려오는 등, 고구려와 신라 사이의 정치적 관계가 대립적으로 변모하였기 때문이다.

신라는 전술했듯이 434년에 백제와 공식적인 국교를 텄고, 그 후 6세기 중엽까지 백제와 갈등이 보이지 않으나, 고구려와의 관계가 주류를 이루었

---

71) 위의 책, 410~411쪽.
72) 위의 책, 415쪽.
73) 李松蘭, 2003, 「皇南大塚 新羅冠의 技術的 系譜」, 『韓國古代史硏究』 31, 한국고대사학회, 137~138쪽.
74) 鄭仁盛, 1996, 「韓半島 出土 (靑銅)鼎의 性格」, 『古文化』 48, 韓國大學博物館協會.

던 5세기 후반까지는 백제와의 관계가 크게 진전될 수 없었다. 그러다가 신라는 521년(법흥왕 8)에 백제 사신을 따라 梁에 조공한[75] 이후, 564년에 北齊, 566년 이후에 陳에 사신을 보내 조공함으로써[76] 중국과의 직접 교섭에 나섰다. 그 기록에는 신라가 중국에 토산물을 바쳤다고만 되어 있으므로 교역 내용을 알기는 어려우나, 북제가 신라 진흥왕을 '使持節東夷校尉樂浪郡公新羅王'으로 봉했다 하고, 陳이 불교 경론 1,700여 권을 보냈다고 하므로,[77] 6세기 중엽의 신라가 원하는 것은 국제 사회에서의 지위 획득과 불교와 같은 고급 정신문화의 수입이었다고 보인다.

3. 가야의 대외 교역

(1) 낙랑 · 대방과의 교역

경남 사천 늑도 유적이나 창원 다호리 1호분의 납작도끼[板狀鐵斧], 星雲文 거울, 五銖錢, 창원 성산 패총에서 나온 오수전, 김해 패총에서 출토된 王莽錢과 같은 출토 유물로 보아, 경남 해안지대는 낙랑군 설치 직후인 서력기원전 1세기부터 철을 비롯한 여러 가지 외래 문물을 교류하는 중계지였다. 지속되는 부의 축적에 따라 여러 읍락들이 통합되어 작은 정치 단위인 小國이 성립되고, 소국들은 작은 지역 집단들의 매개를 물리치고 소국 對 소국 사이의 정치성을 띠는 좀 더 큰 교역으로 이행해갔다. 그래서 경남 사천시 늑도와 같은 섬이나 해안가에 생겼던 소규모 국제 무역항 마을들이 사라지고, 교역의 범위가 좀 더 멀리까지 확대되었다.

한반도에서 중국 거울이 출토된 곳을 토대로 3세기 이전의 교역 상황을

---

75) 『梁書』 권54, 列傳48 諸夷傳 新羅 "普通二年(521) 王姓募 名秦 始使使隨百濟 奉獻方物."
76) 『三國史記』 권4, 新羅本紀4 진흥왕 25 · 27 · 28 · 29 · 31 · 32 · 33년 조.
77) 위의 책, 진흥왕 26년(565) "春二月 北齊武成皇帝詔 以王爲使持節東夷校尉樂浪郡公新羅王. (中略) 九月 廢完山州 置大耶州. 陳遣使劉思與僧明觀 來聘 送釋氏經論千七百餘卷."

추정해 보면, 그 중에 61개소가 평양시 일원이고, 충남에 2개소(익산, 공주), 경북에 4개소(대구2, 영천, 경주), 경남에 3개소(창원, 김해2)가 있어서,[78] 당시의 교역은 평양시 일대와 낙동강 유역의 세력들이 주도했다는 것을 알 수 있다. 교역의 직접적 증거라고 볼 수 있는 중국 화폐가 출토된 곳을 남한에서 살펴보면, 서울에 1개소, 전남에 2개소(해남, 여천), 경북에 1개소(경산), 경남에 3개소(삼천포, 창원, 김해), 제주 1개소 등이어서,[79] 해운이 편리한 남해안 일대의 우월성이 더욱 두드러진다. 그러므로 3세기 이전 동북아시아의 교역은 낙랑·대방군을 매개로 하여 중국-한반도-일본열도가 연결되는 형세에 있었으며, 남한 지역에서 가장 활발한 중개자는 낙동강 하구에 위치한 김해의 가야국(구야국, 금관가야)이었다.

서기 2세기 중엽 또는 후반으로 추정되는 소국 수장급 덧널무덤인 김해 양동리 162호분에서는 후한시대의 內行花文 거울과 四乳鳥文 거울이 출토되어 낙랑과의 교섭을 나타내고 있으며, 그 전체 유물 분포상은 평양 정백동 53호 덧널무덤에서 출토된 청동기, 철기, 토기, 구슬 등의 것과 유사성을 보인다.[80] 그러므로 이를 통해서 양동리 고분 축조 세력은 서북한 지역의 낙랑 문화와 밀접한 연관이 있었음을 확인할 수 있다. 이는『三國志』韓傳에 "桓帝(147~167년)와 靈帝(168~189년) 말기에 韓과 濊가 강성해져서 군현이 제대로 통제하지 못하자, 주민들이 많이 韓國에 흘러 들어갔다."는 기록과도 관련이 있다고 보인다. 3세기의 것으로 추정되는 김해 양동리 322호 덧널무덤에서 출토된 청동 세발솥과 화려한 목걸이(수정제 곡옥 148점, 대형 多面玉 2점) 등도 낙랑 지역에서의 수입품으로 추정된다.

이와 같이 3세기 이전에 김해의 가야국은 낙랑군 및 대방군을 통해 중국과 교역하였다. 중국 군현 관리와 삼한 臣智와의 교역 활동은 朝貢과 官

---

78) 高久健二, 1995,『낙랑고분문화연구』, 학연문화사, 280~299쪽.
79) 박순발, 2001,『한성백제의 탄생』, 서경문화사, 341쪽.
80) 임효택, 1991,「김해 양동리 제162호 토광목곽묘 발굴조사개요」(발굴지도위원회 현장보고자료), 3쪽.

爵・印綬의 수여라는 公貿易 형식을 띤 '국가 교역'을 통해 이루어졌고, 김해와 같이 해로 교통이 편리한 곳에서는 중국 상인과 왜인 등 각지에서 모여든 외래 교역인들 사이에서 직접적으로 거래가 이루어지는 '중심지 시장 교역'의 형태도 있었다.[81] 국가 교역을 통해 삼한으로 들어오는 물품은 중국 官營 공방에서 제작된 의복, 冠帽, 청동 거울, 고리자루큰칼 등이 있었고, 중심지 시장 교역을 통해서는 중국의 철제 또는 청동제 容器, 낙랑 비단, 낙랑 칠기, 유리 또는 수정제 장신구, 辰弁韓의 철, 倭의 청동제 儀器 등이 거래되었다.[82] 좀 더 구체적인 연구에 의하면, 변한 지역을 포함한 그 주변 지역으로 반입된 漢式 土器는 대부분 지금의 平壤에서 제작되어 이입된 것이며, 낙랑 상인에 의해 운반된 낙랑 토기는 대체로 변한 해안의 교역로나 무역항 주변에 머물렀다고 한다.[83]

다만 당시의 한반도 남부에는 낙랑과 더 많은 교역을 이루려는 首長들이 다수 존재하였고, 이를 정치적으로 이용하여 한반도에 통합 권력이 나오는 것을 막으려는 중국 군현의 의도도 작용하고 있었다. 그리하여 위나라 景初年間(237~239)에 중국 군현과의 교역 증서인 衣幘을 갖고 있던 삼한 사람들이 천여 명에 이르렀다는 것으로 보아[84] 원거리 교역만으로는 가야의 독점적 지위가 형성되기 어려웠다.

그러나 3세기 말 이후에는 가야연맹체가 좀 더 독점적으로 영도되기 시작하였다. 이 때 가야국의 중심은 현재의 김해 시내 쪽으로 옮겨졌으며, 그 최초의 고분은 김해시 대성동 29호분[85]이다. 이 고분은 대형 덧널무덤으로서 도질토기를 다량 부장하고 순장을 하였으며 오르도스 청동솥[銅鍑], 쇠로 만든 갑옷과 투구[鐵製甲冑], 騎乘用 馬具 등의 북방 문화 요소를 부장하여,

81) 李賢惠, 1998, 『韓國 古代의 생산과 교역』, 一潮閣, 289쪽.
82) 위의 주석과 같음.
83) 鄭仁盛, 2003, 「弁韓・加耶의 對外交涉 -樂浪郡과의 교섭관계를 중심으로-」, 『가야 고고학의 새로운 조명』, 부산대학교 한국민족문화연구소 편, 혜안, 595쪽.
84) 앞의 주석 60 참조.
85) 경성대학교박물관, 2000, 『金海大成洞古墳群Ⅰ』, 부산: 경성대학교박물관, 141~153쪽.

강하고 부유한 지배자의 면모를 보였다.[86] 김해 양동리 318호분의 쇠솥[鐵鍑], 235호분의 청동솥[銅鍑], 김해 대성동 11호분의 청동제 호랑이모양 띠고리[虎形帶鉤], 47호분의 청동솥, 23호분의 굽은 칼[曲刀] 등도 내몽고나 중국 동북 지역에 기원을 둔 유목 기마민족 계통의 유물들이다.

혹자는 이러한 북방 문화 도래의 기원을 부여에 두고, 그 교통로를 한반도 동해안 방면의 통로로 보기도 한다.[87] 그러나 북방 문화 요소는 김해 양동리 162호분의 쇠솥과 같이 한반도 서북 지역과 원활한 교역 활동을 하고 있던 2세기 후반부터 나타나기 시작하다가, 3세기 말, 4세기 초 중국 북부를 중심으로 하여 동북아시아 세계에 전해진 외부 충격으로 인하여 집중적으로 나타난 것이다.[88] 게다가 이 지역에서 특징적인 철제 종장판 갑옷[89]이나 두 줄의 철봉을 꼬아서 만든 재갈쇠[90]와 같은 유물들은 단순한 移入品이 아니라 김해 지방의 전통적인 금속 가공 기술을 토대로 하여 이 지역에서 창안된 것이다. 이렇게 볼 때, 가야의 재지 세력은 외부에서 들어온 강력한 힘에 의하여 정복된 것이라기보다는, 주변 세계의 변화를 주시하고 있다가 무언가 위기의식을 느끼고 민감하게 반응한 것이라고 하겠다. 물론 거기에는 일부 북방 주민의 이동에 의한 정보 유입이 필수적이고, 이러한 정황은 당시에 김해 지방의 가야국이 한반도 서북 지역과 원활한 교역 활동을 하고 있던 사실을 바탕으로 나올 수 있었던 것이다.

이로 보아, 가야는 3세기 후반까지 한반도 서북 지역의 낙랑 및 대방과 가장 긴밀한 교역을 이루었으며, 그러한 상황은 낙랑·대방이 사실상 교역

---

86) 신경철, 2000, 「금관가야의 성립과 연맹의 형성」, 『가야 각국사의 재구성』, 부산대학교 한국민족문화연구소 편, 혜안, 45~72쪽.

87) 위의 주석과 같음.

88) 송계현, 2000, 「토론 요지: 금관가야의 성립과 연맹의 형성」, 『가야 각국사의 재구성』, 부산대학교 민족문화연구소 편, 서울: 혜안, 85~87쪽.

89) 申敬澈, 1994, 「加耶 初期馬具에 대하여」, 『釜大史學』 18; 2000, 「금관가야의 성립과 연맹의 형성」, 『가야 각국사의 재구성』, 부산대학교 한국민족문화연구소 편, 혜안.

90) 李蘭暎·金斗喆, 1999, 『韓國의 馬具』, 한국마사회·마사박물관, 196~204쪽.

기능을 상실한 3세기 말 이후에도 단속적으로 이어져 가야의 문화 능력 향상에 큰 기여를 했다고 하겠다.

(2) 백제와의 교역

『삼국지』 위서 동이전에 의하면, 3세기 전반까지 마한 지역에는 54개 소국이 분립되어 있었고 그 대표권은 目支國 辰王이 소유하고 있었으며, 백제는 일개 소국에 불과하였다. 또한 마한 목지국의 진왕이 때로 칭하였다는 優呼에 拘邪와 安邪의 국호가 거명되는 것으로 보아,[91] 이 시기에 변한 12국들은 중국 또는 중국 군현과의 교역 체계에서 마한 소국들과 마찬가지로 명목상 진왕에게 소속되어 있었다.[92] 그러므로 백제와 가야 제국들은 비슷한 처지에 있었으며, 상호간에 특별한 관계를 맺을 수는 없었을 것이다.

백제와 가야 사이의 보다 직접적인 교섭은 4세기 후반 근초고왕 때에 이루어진 것으로 보인다. 『日本書紀』 欽明 2년 4월 조의 백제 성왕 회고담에 의하면, 백제 근초고왕 및 근구수왕 때에 安羅, 加羅, 卓淳 등의 旱岐들이 처음으로 사신을 보내 서로 통하여 친교를 두터이 맺었다고 하였다.[93] 이로보아 4세기 후반에 백제가 가야 지역에 진출한 것의 성격은, 사신의 왕래와 같은 평화적 수단으로 그들의 협조를 얻어 교역로를 개통했다는 것이다.[94] 백제가 가야 지역에 와서 왜로 이어지는 해상 교역로를 개척한 것은, 낙랑·대방 멸망 이후 중국계 선진 문물 구입에 난조를 겪던 이 지역 소국들에게 바람직한 방향으로 작용하였다. 그리하여 任那加羅를 중심으로 해로를 통하여 한반도 중서부 및 왜로 이어지는 중계 기지가 복원되면서 가야

---

91) 『三國志』 권30, 魏書30 烏丸鮮卑東夷傳30 韓 "辰王治目支國 臣智或加優呼臣雲遣支報安邪秦支廉臣離兒不例拘邪秦支廉之號."

92) 金泰植, 1993, 『加耶聯盟史』, 一潮閣, 66~67쪽.

93) 『日本書紀』 권19, 欽明天皇 2년(541) 4월 "聖明王曰 昔我先祖速古王貴首王之世 安羅加羅卓淳旱岐等 初遣使相通 厚結親好 以爲子弟 冀可恆隆."

94) 『日本書紀』 권9, 神功皇后 49년 조에는 왜군이 백제 장군과 함께 比自㶱 等 7국을 무력 정벌하였다고 나오나, 이는 교역로 개통 사실에 대한 과장이다.

제국은 안정을 이루었다.[95)]

그러나 4세기 말에 백제는 고구려와의 전쟁에서 열세에 밀리게 되자 가야와의 교역로를 정치적으로 이용해서 왜군을 동원하려고 하였다. 그리하여 백제-가야-왜 사이의 동맹이 형성되었으나, 이들은 400년 및 404년에 걸쳐 고구려-신라의 동맹군에게 큰 패배를 맛보았다. 이에 따라 가야연맹 중에서 김해와 창원 등 낙동강 하구의 세력들은 쇠잔해지고 낙동강 동쪽의 부산, 창녕 등지의 세력들은 고구려의 후원을 받는 신라에 종속하는 자치 세력으로 전환되고 말았다.[96)] 그렇다면 낙동강 수로를 통해서 백제나 왜의 문물이 운반될 수는 없었을 것이니, 백제와 김해 가야국 사이의 교역 체제가 5세기 초에는 완전히 봉쇄되었다고 해도 과언이 아니다.

한편 5세기 전반에서 중엽에 이르는 시기까지 신라 측에 경도되지 않은 낙동강 서쪽 지역의 가야 소국들은 어떠한 상태에 있었을까? 『일본서기』에는 서기 262년에 백제 장군인 木羅斤資가 왜왕의 명령을 받아 加羅의 사직을 복구해 주었다거나,[97)] 294년에 그의 아들인 木滿致가 아버지의 공으로 임나를 오로지하고 백제와 왜국을 왕래하면서 백제 조정에서 높은 권세를 누렸다는[98)] 등의 기록이 나온다. 이 기사들을 문장 그대로 믿을 수는 없지만, 『삼국사기』 백제본기 개로왕 21년(475) 조의 木劦滿致와 관련하여 그 편년을 3갑자 내려서 보고[99)] 제한적인 사실성을 인정한다면 그 시기를 442년 및 474년으로 결정하게 되어, 5세기 중엽 이후로 '加羅' 즉 고령의 伴跋國을 중심으로 한 백제-가야-왜 교류 관계가 존재했던 것을 추정할 수 있다.

그 교류 관계는 백제 귀족인 木氏의 활동을 매개로 하여[100)] 새로이 고령

95) 金泰植, 1994, 「廣開土王陵碑文의 任那加羅와 '安羅人戌兵'」, 『韓國古代史論叢』 6, 韓國古代社會研究所, 86쪽.
96) 김태식, 2002, 『미완의 문명 7백년 가야사 1권』, 푸른역사, 157~163쪽.
97) 『日本書紀』 권9, 神功皇后 攝政 62년(262) 조.
98) 『日本書紀』 권10, 應神天皇 25년(294) 조.
99) 山尾幸久, 1978, 「任那に關する一試論 -史料の檢討を中心に-」, 『古代東アジア史論集』 下卷, 末松保和博士古稀記念會, 198~202쪽.

의 반파국이 백제의 대왜 교통에 협조한 것을 가리키는 것이 아닐까 한다. 『宋書』의 기록으로 보아, 개로왕 4년(458)에 그의 추천으로 송나라로부터 관작을 받은 11인 중에[101] 木羅斤資로 추정되는 沐衿이 龍驤將軍의 작호를 받은 것은,[102] 개로왕이 그의 공로를 크게 인정한 덕분이라고 보인다. 백제가 고령의 반파국에 주목하지 않을 수 없었던 이유는, 그들이 5세기에 들어 가야산 기슭 야로 지방(경남 합천군 야로면과 가야면 일대)의 철광산을 개발함으로써 제철 산업을 일으키고,[103] 이를 토대로 대왜 교역을 주도하기 시작하였기 때문이다.

백제 계통의 금·은상감 고리자루큰칼이 5세기 2/4분기로 편년되는 고령 지산동 32NE-1호분과 남원 월산리 M1-A호분에서 출토되고, 이미 4세기 경에 서천 오석리, 부여 저석리, 공주 분강리, 남산리, 청주 신봉동 등의 금강 유역에서 출토되던 낫, 살포, 따비, 도끼 등의 축소모형 철제 농기구가, 한편으로는 4~5세기의 영암 내동리, 만수리, 신연리 등 영산강 유역에 퍼지고,[104] 다른 한편으로는 5세기 이후의 고령 지산동, 본관동, 쾌빈동, 남원 월산리, 임실 금성리 고분군 등의 고령 양식 토기 문화권으로 퍼진 것은, 백제 귀족인 목씨의 활동 결과를 반영한다고 보인다.[105] 만일 목씨가 마한 목지

100) 李道學, 1995, 『백제 고대국가 연구』, 一志社, 195~197쪽.
101) 『宋書』 권97, 夷蠻傳 百濟國.
102) 김기섭, 2000, 『백제와 근초고왕』, 학연문화사, 166쪽.
103) 김태식, 1986, 「後期加耶諸國의 성장기반 고찰」, 『釜山史學』 11; 2002, 『미완의 문명 7백년 가야사 1권』, 푸른역사, 176쪽.
104) 김기섭, 앞의 책, 166쪽.
105) 박순발, 2000, 「百濟의 南遷과 榮山江流域 政治體의 再編」, 『韓國의 前方後圓墳』, 130쪽. 다만 박순발 교수가 백제 목씨의 근거지의 하나라고 인정한 청주 신봉동 유적은 백제가 아닌 대가야 계통이고 6세기 중엽 이후의 것이라는 견해(서정석, 2005, 「청주 신봉동 세력과 인접 세력과의 관계」, 『백제 지방세력의 존재양태』, 한국학중앙연구원, 317쪽)도 있고, 축소모형 철제 농기구는 대가야권의 공통된 祭儀의 존재와 권역 설정의 물적 증거라고 보는 견해(李熙濬, 1995, 「토기로 본 大伽耶의 圈域과 그 변천」, 『加耶史研究』, 경상북도, 386쪽)도 유력하다. 이 문제에 대한 결론은 관련 유적들의 편년이 안정되기를 기다릴 필요가 있다.

국의 지배 세력이었고 한성기 백제 남부의 핵심 세력이었다면,[106] 목씨의 활동은 마한시절 목지국과 가야국·안라국의 관계와 같은 전통적인 교역망의 계승이라고 할 수 있다. 다만 고령 지산동 고분군의 해당 시기 유물에 백제계 문물의 요소는 고리자루큰칼과 같은 일부 위세품에 지나지 않고 토기를 비롯한 대부분의 생활 유물은 재지 기반의 독자적인 것이었다는 점으로 보아, 목씨의 매개를 통해 고령 지방에 미친 백제의 영향력은 강압적인 것이 아니라 고령 세력의 선택에 의한 상호 동맹적인 성격이었음을 알 수 있다.

그러나 5세기 후반에 이르러 국제 관계는 다시 크게 동요하였다. 백제는 475년에 고구려의 공격으로 수도 한성을 상실하고 웅진으로 천도하였으며, 이에 따라 백제는 내부 혼란이 잇따랐고 외부적으로도 주변 지역에 대한 장악력이 현저하게 약화되었다. 이를 전후하여 경북 고령의 伴跛國 즉 대가야는 독자적으로 대두하여 후기 가야연맹체를 강화하였으며,[107] 문주왕의 남천을 보필하였던 목만치 일파도 천도 초기의 정쟁에서 패배하여 왜국으로 이주한 듯하다.[108] 따라서 백제에서 가야 지역을 통하여 왜로 가는 교통로는 다시 두절되기에 이르렀다.

6세기 초에 이르러 국세를 회복한 백제는 왜와의 교역을 회복한다는 명분 아래 가야 지역을 잠식해 들어오기 시작하였다. 『일본서기』 繼體 6년(512) 조부터 10년(516) 조까지 나오는 백제의 이른바 '任那 4縣'(전남 광양, 순천, 여수 지방) 및 己汶(전북 남원, 임실, 장수)·帶沙(경남 하동) 공략은 이를 나타내고 있다. 그에 이어 530년대에 백제는 가야에 대한 잠식 방법을 바꾸어, 선진 문물을 공여하면서 외교적으로 가야연맹 전체를 부속시키려고 노력하였다. 그 결과 고령, 합천, 거창, 진주 등 주로 대가야 문화권에는 백제 문물의 요소들이 약간 추가된다. 백제 계통의 굴식 돌방무덤인 고령 고아동 벽화고분과 진주 수정봉 2·3호분, 합천 창리 A지구 e유구 출토

106) 盧重國, 1994, 「百濟의 貴族家門 硏究 -木劦(木)氏 勢力을 中心으로-」, 『大丘史學』 48.
107) 김태식, 1993, 앞의 책, 88~136쪽.
108) 山尾幸久, 1978, 앞의 논문 .

뚜껑세발토기, 거창 말흘리 2호분 출토 백제 양식의 덧입술항아리[二重口緣短頸壺], 진주 수정봉 2호분 출토 청동 주발[銅盌] 등이 그것이다. 문헌상으로 보아도 백제는 545년부터 3년에 걸쳐 문물 증여를 통해서 가야연맹을 달래고 왜국에 대해서도 백제의 우수성을 입증시켰다.[109]

가야연맹은 백제의 거듭되는 선진 문물 증여에 의하여 경계심이 이완되다가 결국 친 백제적인 태도로 돌아섰다. 그리하여 백제는 549년 또는 550년 초에 걸쳐서 가야연맹에 대한 외교의 대성공을 거두었다.[110] 즉 백제는 왜와의 교역이 지역 발전에서 중요한 부분을 차지하는 가야연맹의 약점을 외교적으로 공략하였고, 이에 따라 가야는 백제의 영향력 아래 연합되었다. 그러나 백제는 한강 유역의 영유권 문제로 신라와 사이가 틀어져 554년에 관산성 전투를 일켰다가 크게 패배하자, 가야 전역이 신라의 수중에 들어가는 것을 막을 수 없었다.

위로 보아 가야와 백제는 4세기 후반에 교섭을 개통한 이후, 6세기 중엽의 가야 멸망 시기까지 전반적으로 원활한 교역을 이루었다. 다만 그 교역은 5세기 초에 고구려의 임나가라 침공에 의하여 강제적으로 단절된 적이 있었으나 5세기 중엽에 반파국=대가야와의 사이에 재개되었고, 또한 6세기의 510년대에 호남 동부 지역에 대한 양자 사이의 패권 다툼으로 다시 단절된 적이 있었으나 530년대에는 다시 회복되었다.

(3) 신라와의 교역

3세기 이전의 가야와 신라는 변한과 진한을 주도하는 소국으로서 존재하고 있었다. 그런데 1~3세기의 진한과 변한은 문화 성격이 거의 비슷한 모습을 띠고 있어서 흔히 '진·변한 공통 문화 기반'을 이루고 있었다고 표현한다. 『삼국지』위서 동이전에서도 진한과 변한은 성곽, 의복, 거처가 서로 같고

---

109) 『日本書紀』 권19, 欽明天皇 6년(545) 5월·9월 조, 7년 6월 조, 8년 4월 조.
110) 金泰植, 1993, 『加耶聯盟史』, 一潮閣, 288쪽.

언어와 법속이 서로 비슷하나, 귀신을 제사지내는데 차이가 있어서 변한은 부뚜막을 입구의 서쪽에 설치한다고 하였다.[111] 이로 보아 3세기 이전의 가야와 신라는 문화적으로 거의 차이가 나지 않을 만큼 상호 교류가 원활하였으나 정치적으로는 서로 구분되는 세력이었다고 하겠다.

그러나 3세기 중엽에 이르러 경주의 사로국은 이러한 구도를 타파하기 위하여 낙랑과 직통하는 내륙 교통로를 개설하였다. 전술하였듯이 신라가 아달라 이사금 때에 雞立嶺路와 竹嶺路를 개통하였다는 것은 이를 의미한다. 이로 인하여 신라도 자기 나름의 교역 주도권을 가지고 성장하기 시작하였고, 가야와 신라는 이때부터 상호 교류보다는 영역을 다투는 분쟁 관계로 돌입하였다. 『삼국사기』 초기 기록에 보이는 신라와 가야의 전쟁 기사는 탈해 이사금 21년(서기 77) 조부터 지마 이사금 5년(116) 조까지 8차례에 걸쳐서 나오는데, 인명, 지명, 전쟁 상황 등에 대한 기록이 일관되게 나온다. 가야와 신라가 일개의 소국 단계를 지나 黃山河, 즉 양산-김해 사이의 낙동강 하류를 사이에 놓고 서로 팽팽한 대결 상황을 보였다면, 이는 가야와 신라가 이미 자기 세력권 내에서 연맹장의 지위를 확보하고 영역을 다투기 시작한 3세기 후반의 사실이라고 간주해야 한다.

한편 『삼국사기』 신라본기 나해 이사금 6년(201) 조부터 17년(212) 조까지 나오는 가야 관련 기사를 보통 '浦上八國의 亂' 또는 '포상팔국 전쟁'이라고 부른다. 그 요점은 가야에서 해변 또는 강가에 있는 여덟 나라가 가야국을 공격하였는데, 신라가 이를 구원해주고 가야 왕자를 볼모로 삼았다는 것이다. 그렇다면 포상팔국 전쟁 기사는 어느 시대에 비정해야 할까? 3세기 초부터 4세기 말까지의 한반도 정세에서 가장 큰 변혁은 313년과 314년의 낙랑군과 대방군의 멸망이며, 이는 낙랑과의 원거리 무역을 통해 발전하던 김해 가야국의 영도력에도 이상이 생길 가능성을 예고하는 것이다.[112] 고

---

111) 『三國志』 권30, 魏書30 烏丸鮮卑東夷傳30 韓 "弁辰與辰韓雜居 亦有城郭. 衣服居處與辰韓同 言語法俗相似, 祠祭鬼神有異 施竈皆在戶西."

고학적 유물의 분포로 볼 때, 포상팔국 중에 고증이 가능한 지역인 마산, 칠원, 고성, 사천 등은 토기 문화권의 측면에서 마산 서쪽에 속하고, 4세기 안라국의 옛 터로 추정되는 함안 지방에서도 그들과 같은 형식의 원통모양 굽다리접시가 출토되고 있다. 반면에 전기 가야의 문화 중심지였던 김해, 부산, 창원 지방에서는 입구가 바깥으로 벌어지고 투창이 없는 굽다리접시[外反口緣 無透窓高杯]가 출토되고 있다. 4세기 陶質 굽다리접시의 이러한 분화 현상은,[113] 포상팔국 전쟁의 문화적 기반 및 그 결과를 보여준다.

그렇다면 포상팔국 전쟁의 성격은 어떻게 이해해야 하는 것일까? 이 두 차례의 전쟁은 주로 김해나 울산과 같은 해안의 거점을 둘러싸고 일어나고 있으며, 그 주변의 남해안 지역의 소국들과 동해 남부 해안의 사로국이 참여하고 있다. 그러므로 이는 4세기 초에 낙랑·대방이 몰락하면서 서·남해안 항로의 역할이 약화되자, 김해의 가야국이 전기 가야연맹을 주도하던 세력 관계를 인정치 않는 서부 경남 지역의 소국들이 동요하는 모습을 나타내고 있다. 그러자 김해의 가야국은 그 海路의 배후에 있던 낙동강 중·상류의 소국들이나 동해 남부의 소국 등을 규합해서 이에 대응하였으며, 사로국도 그 배후 세력 중의 하나였다. 이런 사실이 신라인의 역사인식 속에서 자신들이 가야를 '구원' 해 주었다고 과장한 것이다.

이로 인하여 가야와 신라 사이에 일시적으로 화해와 통교의 시대가 이어졌으나, 4세기 중엽에 들어 고구려와 백제가 황해도 지역을 놓고 격렬하게 대립한 것의 여파로, 가야와 신라도 다시 분쟁의 시기로 들어섰다. 그리하여 가야는 백제와 상업적 교역을 시작하고 신라는 고구려의 문물을 전수받는 위성국의 지위로 들어서면서, 가야와 신라 사이에 문물의 단절이 지속되었다. 결국 이는 4세기 말 5세기 초에 격렬한 전쟁으로 이어졌고, 그 전쟁에서 고구려-신라 연합군이 승리하자, 가야의 교역권은 축소되었고. 신라의

---

112) 김태식, 1994, 「함안 안라국의 성장과 변천」, 『한국사연구』 86.
113) 안재호·송계현, 1986, 「고식도질토기에 관한 약간의 고찰 -의창 대평리 출토품을 통하여-」, 『영남고고학』 1.

교역권은 낙동강 동쪽 지역을 총괄하면서 확대되었다. 5세기 이후 낙동강 서쪽의 가야와 낙동강 동쪽의 신라는 정치적으로 대립하면서 한동안 교류를 하지 않은 것으로 보인다. 이는 대표적인 생활 문물인 토기에서 낙동강을 경계로 하여 신라 토기와 가야 토기가 분명히 구분되기 때문이다.[114]

그러나 522년에 고령의 대가야가 신라의 법흥왕조와 결혼 동맹을 맺으면서 일시적으로 가야와 신라 사이의 문물 교류가 허용되었던 것으로 추정된다. 다만 이것은 곧이어 신라에 의한 喙己呑(창녕 영산 및 밀양), 南加羅(김해), 卓淳(창원) 3국의 무력 병합으로 이어지면서 가야와 신라 사이의 교섭은 다시 끊어졌고, 결국 562년에 가야연맹은 신라에게 병합되었다.

위로 보아, 가야와 신라는 3세기 전반까지는 원활한 상호 교류를 이루었고 당시의 주도권은 해운 입지 조건이 우월한 가야에 있었다. 그러나 3세기 중엽에 신라가 낙랑·대방과 내륙 교통로를 개설하고 새로운 교역 주도권을 만들어내자, 가야와 신라 사이에는 영남 지역에 대한 영역 주도권을 놓고 대립하기 시작하였다. 그러한 대립은 4세기 전반의 포상팔국 전쟁 당시와 6세기 전반의 대가야-신라 결혼 동맹 당시의 일시적인 화해를 제외하고는 지속되었다. 그러므로 3세기 중엽 이후로 신라와 가야의 교역은 대체로 소원한 상태였다.

(4) 왜와의 교역

가야와 왜의 교역을 논할 때 첫 번째로 말할 수 있는 것은, 낙랑 및 대방군에서 왜로 가는 항로에서 김해의 가야국은 왜의 北岸이라고 인식될 정도로 중요한 교통 거점이었다는 점이다.[115] 가야 지역에서 출토된 서기 2~3세기의 왜계 유물로는 김해 지내동 독무덤에 부장된 袋狀口緣 항아리, 김해 부원동

---

114) 김태식, 2002, 『미완의 문명 7백년 가야사 1권』, 푸른역사, 165쪽.

115) 『三國志』권30, 魏書30 烏丸鮮卑東夷傳30 倭 "從郡至倭 循海岸水行 歷韓國 乍南乍東 到其北岸狗邪韓國 七千餘里, 始度一海 千餘里至對馬國 (중략) 又南渡一海千餘里 名曰瀚海 至一大國 (중략) 又渡一海 千餘里至末盧國."

조개무지의 二段口緣 항아리모양 토기, 창원 삼동동 2호 돌널무덤에서 나온 청동 화살촉, 김해 양동리 덧널무덤들과 고성 동외동 조개무지 등에서 출토된 폭넓은 청동 투겁창과 본뜬거울 등이 있는데, 부장품 전체에서 그것이 차지하는 비율은 그리 크지 않다.

그런데 이보다 더욱 중요한 기사는 『삼국지』韓傳에서 진한과 변한에 공통으로 관련된 사실을 서술한 가운데 나오는 "나라에서 철이 생산되는데, 한, 예, 왜에서 모두 와서 가져갔다."[116]는 것이다. 일본열도 출토 철기로 보아, 2~3세기에는 주로 규슈를 중심으로 하여 漢式 거울 등의 낙랑계 유물과 영남 지역의 회색 와질토기와 함께 철기들이 나온다.[117] 아직 낙동강 하류 유역에서 연대가 올라가는 제철 유적이 발견되지 않았지만, 가야를 상징하는 소용돌이무늬나 장식 문물의 출토가 일본 내에 많기 때문에, 그것은 '가야의 철'이었을 가능성이 높다는 견해도 있다.[118] 대방군과 왜의 교통 사이에서 가지는 狗邪韓國의 위치로 보아도 그 철이 김해의 가야국에서 2郡이나 왜로 공급된 것은 추측할 수 있다. 그러므로 그 철은 진한보다는 변한의 것이었을 가능성이 더 높다.

낙랑군이 약화된 3세기 말 이후 가야의 교역 상황은 서북한 지역과의 교역이 일부 지속되기도 하나, 그보다는 일본열도와의 교류가 빈번해졌다. 4세기 가야 지역의 왜계 유물로는 김해 예안리와 부산 복천동 고분군의 內彎口緣 항아리, 하지키 把手附 항아리, 김해 대성동의 바람개비모양 방패꾸미개[巴形銅器], 碧玉製 돌화살촉, 紡錘車形 石製品, 돼지이빨 팔찌, 돌화살촉, 骨화살촉 등이 있다. 4세기가 되면 가야 지역과 일본 긴키[近畿] 지역의 교

116) 위의 책, 韓 "國出鐵 韓濊倭皆從取之 諸市買皆用鐵 如中國用錢 又以供給二郡."
117) 武末純一, 2002,「日本 九州 및 近畿地域의 韓國系 遺物」,『古代 東亞細亞와 三韓・三國의 交涉』, 복천박물관, 126~127쪽.
118) 大澤正己, 2004,「金屬組織學からみた日本列島と朝鮮半島の鐵」,『國立歷史民俗博物館 研究報告 110 -第五回歷博國際シンポジウム: 古代東アジアにおける倭と加耶の交流-』, 佐倉: 國立歷史民俗博物館, 89~122쪽.

류가 가장 중요한 통로가 되어, 일본에서 원통모양 창끝꾸미개[筒形銅器], 덩이쇠[鐵鋌], 철제 판갑옷[板甲] 등의 가야 유물이 다량 출토되고, 4세기 후반부터 시작되는 고훈시대 중기에는 가야 지역의 도질토기를 본받아 만들어진 스에키, 가야 계통의 철제 판갑옷과 마구 등과 같은 실용적이고 전투적인 새로운 문물들이 등장하며 일본 고대 문화의 비약적인 발전이 시작되었다. 특히 4~5세기의 교우자즈카[行者塚] 고분의 마구, 주조 가래, 단야 도구는 가야 지역에서 왔다고 하고, 오사카 노나카[野中] 고분, 나라 미나미야마[南山] 고분, 시가 신카이[新開] 2호분, 야마토[大和] 6호분 등의 덩이쇠는 그 형태나 반출된 가야 토기로 보아 낙동강 유역의 동래, 김해, 창원, 함안 등에서 온 것이라고 한다.[119]

전기 가야 제국이 철을 왜에 수출하여 무엇을 주로 수입했는가는 분명치 않다. 김해 지방에서 나온 왜의 물건들은 위에서 본 바와 같이 몇 점의 하지키[土師器]와 비실용적인 청동기, 석기 등으로서, 가야 문화 수준에 비해 열등한 물품들일 뿐이기 때문에 그런 것들이 주요 수입품이었을 가능성은 없다. 당시에 가야는 왜에게 물적 자원인 덩이쇠와 선진 문물을 공급하였으며, 왜는 가야에게 그 대가로 인적 자원인 노동력[120] 또는 군사력[121]을 공급하였다. 이러한 상호 교류를 주도하며 김해의 가야국과 긴키의 가와치[河內] 세력은 각자 가야연맹 또는 일본 서부연맹의 맹주국으로서 위치를 굳혀갔다.

가야와 왜 사이의 긴밀한 우호 관계에 바탕을 둔 문화 교류는 4세기 말에 더욱 강화되었다. 이는 신라를 견제하기 위해 가야를 지원하고 교류하던 백제가, 4세기 말에 황해도 지역을 둘러싼 고구려와의 전쟁에서 결정적으로 패하게 되자, 가야와 왜 사이의 교역 형태를 주목하고 가야를 매개로 하여

119) 東潮, 2004, 「弁辰と加耶の鐵」, 『國立歷史民俗博物館硏究報告 110』, 佐倉: 國立歷史民俗博物館, 40~41쪽.
120) 申敬澈, 2000, 「금관가야의 성립과 연맹의 형성」, 『가야 각국사의 재구성』, 부산대학교 민족문화연구소 편, 혜안, 73~77쪽.
121) 鈴木靖民, 2002, 「倭國と東アジア」, 『倭國と東アジア』, 鈴木靖民編, 東京: 吉川弘文館, 15쪽.

왜병을 대거 동원하였던 데서 비롯되었다.[122] 가야는 백제로부터 선진 문물을 제공받는 입장에 있었고, 교역을 중시하는 가야연맹의 정치적 통합은 그에 의존하는 바가 컸기 때문에, 가야는 백제의 요구를 들어줄 수밖에 없었다. 그러나 백제-가야-왜의 연합 세력은 그다지 공고하지 못하여 고구려-신라 연합군의 공세에 쉽사리 와해되었고, 그런 와중에 전기 가야연맹은 거의 해체되었다.

5~6세기 후기 가야의 왜와의 교역은 김해를 대신하여 고령을 중심으로 계속되어나갔다. 5세기 후반까지도 철 생산을 독자적으로 할 수 없어서 가야로부터 鐵素材를 수입해서 이를 가지고 단야 과정을 거쳐 철기를 생산했던 왜로서는[123] 전통적으로 밀접한 교역을 이루던 가야와의 교류가 필수적이었다. 그리하여 5세기 후반의 일본열도 각 지역의 유력한 수장묘들에 대가야 계통의 위세품으로 보이는 단면 팔각형 쇠투겁창, S자형 말재갈, 용문투조 허리띠 장식, 산치자형 수하식 달린 귀걸이, 劍菱形 말띠드리개[杏葉], 말투구[馬冑] 등이 나타나고 있다. 5세기 후반 이후로 일본열도 각지에서 고령 계통의 위세품과 토기가 분포되기 시작하고,[124] 축소모형 철제 농기구가 4세기 말부터 6세기 초엽에 이르는 기간에 걸쳐 성행하고 있었다는 사실은,[125] 고령 지방의 반파국 즉 대가야가 자신의 문물과 함께 일부의 백제 문

122) 金泰植, 2005, 「4세기의 한일관계사 -광개토왕릉비문의 왜군문제를 중심으로-」, 『한일역사공동연구보고서 제1권』, 한일역사공동연구위원회, 72쪽.
123) 藤尾愼一郎, 2004, 「彌生時代の鐵」, 『國立歷史民俗博物館硏究報告 110』, 佐倉: 國立歷史民俗博物館, 3~29쪽.
    東潮, 앞의 논문, 31~54쪽.
    穴澤義功, 2004, 「日本古代の鐵生産」, 같은 책, 73~88쪽.
    大澤正己, 2004, 「金屬組織學からみた日本列島と朝鮮半島の鐵」, 같은 책, 89~122쪽.
124) 박천수, 1994, 「도래계 문물에서 본 가야와 왜에 있어서의 정치적 변동」, 『동아시아 고대사』, 東京: 고고학연구회.
    定森秀夫, 1997, 「초기 스에키와 한반도제 도질토기」, 『한국고대의 토기』(특별전 도록), 국립중앙박물관, 173~174쪽.
125) 都出比呂志, 1967, 「農具鐵製化の二つの劃期」, 『考古學硏究』 13卷 3號.

물을 가지고 왜와 교류한 것을 반영한다. 또한 고령 지산동 44호분에서 오키나와산 야광패제 국자가 출토되고, 지산동 45호분에서 왜 계통 청동 거울이 출토되고, 합천 봉계리 20호분에서 스에키가 출토되어, 왜의 물품이 가야 지역에 들어왔음을 확인할 수 있다.[126]

대가야는 위와 같은 위세품과 鐵과 같은 물품들의 유통권을 대내적으로 장악하는 한편, 대왜 교역 창구를 일원적으로 독점하면서 중앙집권적 통치력을 성장시켰던 것이다. 그러나 6세기 전반에 백제가 중국 남조로부터 획득한 선진 문물과 학문, 기술 등을 바탕으로 직접 왜와의 교섭을 시도하자, 대가야는 그와의 경쟁에서 이길 수 없었다. 그 열세는 곧이어 대가야를 중심으로 한 후기 가야연맹의 내분 및 약화로 이어져, 백제와 신라 양쪽으로부터의 회유 및 공세에 시달리다 562년에 신라에게 멸망하고 말았다.

위로 보아, 2세기부터 6세기까지 가야는 한반도 지역에서 왜와 가장 긴밀한 교역을 이룬 세력이었으며, 그 교역은 가야가 왜에게 물적 자원을 공급하고 그 대가로 왜의 인적 자원을 공급받는 방식이 주류를 이루었다. 2~3세기에는 김해의 가야국이 철과 낙랑의 선진 문물을 가지고 왜와 교역하였고, 4세기에는 가야국 단독으로 왜와 교역하였으나, 4세기 말에는 그 관계가 백제에게 정략적으로 이용당하여 자체 파멸로까지 이어졌다. 5~6세기에는 고령의 대가야국이 철과 위세품 및 백제의 선진 문물을 가지고 왜와 교역하였으나, 6세기 전반에 백제가 왜와의 직접 교역을 주장하자 가야의 교섭능력은 급격히 쇠퇴하였다.

4. 맺음말

서력기원전 1세기부터 기원후 3세기까지 한반도 서북방에 낙랑군이 존재하

---

126) 朴天秀, 1994, 앞의 논문.

고 있을 무렵, 가야는 한반도를 중심으로 한 동아시아 제국 간의 교역에서 가장 중요한 핵심적 존재였다. 거기서 산출되는 철은 한반도를 둘러싼 서남 해상로 및 내륙 교통로를 따라 낙랑군, 대방군, 마한, 예 뿐만 아니라 바다 건너 일본열도까지 공급되었고, 이를 중심으로 하여 중국의 선진 문물들이 유통되었다.

가야는 이처럼 해상 원거리 교역의 거점이 될 수 있는 양호한 입지적 조건과 '철' 이라는 전략 물자의 생산 및 유통을 통해 한반도 남부의 핵심적 권력으로 재편될 수 있는 가능성이 많았고, 여기에는 원거리 교역의 대상인 낙랑의 선진 문물 공급이 필수적이었다. 그러나 낙랑군은 중국의 정책에 따라 한반도 안에서 새로운 권력 중심이 생기는 것을 막기 위해 교역 대표를 하나로 인정치 않고 다원화하는 등 여러 가지 방안을 모색하였고, 또 낙랑군의 사회 내부도 본체인 중국의 정치적 상황 변화에 따라 유동적으로 변하였기 때문에 안정적인 공급원으로서의 역할을 하지 못했다. 즉 선진 문물 供給源인 낙랑군의 견제와 한계성 때문에, 가야는 자생적인 권력을 창출하거나 주변 지역을 통합하는 주체로 쉽사리 대두될 수 없었다.

반면에 중국 군현이 약화될 때마다 한반도 내부에서는 그에 대항할 수 있는 권력 주체들이 생기기 시작하였다. 그 약화 시기는 중국 내부에 정변이 일었던 서력기원 전후, 後漢 말기인 기원 후 2세기 후반, 西晉 시기인 3세기 후반 등의 시기였으며, 이러한 때를 틈타 그 주변에서 고구려, 백제, 신라 등의 새로운 권력 및 교역 주체들이 성장해갔다. 특히 3세기 후반에 신라가 내륙 교통로를 개척하여 새로운 권력 및 교역 주체로 나타나자, 가야도 신라와 영역을 다투며 권력 통합을 추구하였다.

그리하여 중국 군현이 소멸되는 4세기에 들어 동아시아의 교역은 다원적인 체제로 재편되었다. 중국 북방 민족들의 에너지 분출로 인하여 중국이 둘로 분열되는데 반하여, 한국은 고구려, 백제, 신라, 가야의 4개 지역 중심이 나타났다. 한반도의 권력 중심이 이처럼 늦게 또 4개나 출현하게 된 것은 옛 중국 군현의 한반도 분열 정책의 결과이기도 하였다.

그러나 그 중에서도 특히 중국 군현에 인접해 있던 고구려와 백제는 중국 군현에 대항하며 문화 수준이나 기술을 높여가고 있었기 때문에, 중국 군현의 방해가 사라지자 곧바로 수준 높은 국가 체제를 형성할 수 있었다. 그들은 요서·요동 및 한반도 서북 지역으로부터 중국계 이주민을 흡수하고 중국의 남·북조로부터 선진 문물을 직접 교역으로 받아들이면서 급속한 성장을 이루었다. 고구려는 이 단계에 이미 국가제도 구축에 필요한 유교, 불교 등의 고급 정신문화까지 정착시키면서 앞서나갔고, 백제도 이를 일부 달성할 수 있었다.

5세기 이후 고구려는 동아시아 북부의 중추적 중계 교역자 겸 생산자로서 중국의 남북조 및 주변 민족들을 조율하는 국가로 성장하였고, 이에 힘입어 北魏-宋-高句麗 사이에 세력의 균형이 이루어졌다. 백제는 5세기 이후 중국 남조의 宋, 梁과 교역하면서 국가제도 정비를 위한 고급 정신문화 수입에 주력하였고, 6세기에는 이를 바탕으로 신라, 가야 및 왜에 대한 백제 중심의 교역망을 구축하고자 하였다.

반면에 신라, 가야는 아직 제도를 수용할 수 있을 정도의 사회 통합을 이루지 못한 상태에서 고구려 및 백제와 제한적인 교역을 이루었고, 왜는 가야와 2차적인 교역을 이루었을 뿐이다. 신라는 4~5세기에는 고구려와의 교역에 종속되어 있으면서 차츰 사회 통합을 이루고, 6세기 전반에 백제를 통해 梁과의 교섭을 도모하였으나 근본적인 한계성이 있었다. 그리하여 신라는 한강 하류 유역을 차지한 6세기 중엽 이후에야 陳과의 직접적인 교역을 통해 국가제도 정비를 위한 고급 정신문화 수입을 적극적으로 도모하였다.

가야는 3세기경까지 한반도 남부에서 가장 활발한 중계 교역자였으나, 4세기 이후 낙랑·대방군이 소멸된 이후의 환경 변화를 능동적으로 타개하지 못하였다. 김해의 가야국은 선진 문물 공급처가 사라진 이후에도 규모가 큰 수요처인 왜와의 교역에만 열중하고, 포상팔국 전쟁 등의 내분에 시달리느라 사회 통합 및 발전의 계기를 상실하였다. 그러다가 4세기 후반에 새로이 대두한 백제와 상업적 교역을 시작하였으나, 백제와 같이 그러한 교역을 정치적으로 이용할 수 있는 단계에 이르지 못하고 피동적으로 동북아시아 정세에 휘말려서 임나가라 자체가 파멸되는 지경에 이르게 되었다.

5세기 중엽에 한반도 남부 및 왜의 교역망을 재건하려는 백제의 움직임에 따라 고령의 반파국이 계발되어 백제 및 왜와의 사이에서 교역의 중계 역할을 맡게 되었고, 5세기 후반에는 백제의 일시적 몰락에 힘입어 '대가야'가 되어 스스로 왜와의 교역을 주도하기도 하였다. 그러나 대가야는 그보다 사회적 성장도가 높은 백제가 6세기 전반에 회복하여 왜와 직결되자 그와 대립하기까지 하면서 발전의 원동력을 상실하였고, 이미 그보다 한발 앞서 사회 통합을 이룬 신라와도 경쟁하게 되었다. 이런 상황에서 백제와 신라의 책략에 따라 가야연맹 안의 小地域 문화권들이 다시 분열하자 몰락할 수밖에 없었다.

가야는 초기에 한반도 남부의 교역을 주도하던 화려한 경험을 내부적인 사회 통합으로 연결시키지 못하고, 선진 문물 공급처의 요구에 피동적으로 따라가는 상황에 안주하였고, 4세기 이후에 벌어지는 사회 변화는 그런 미숙성에 대한 징벌이었다. 5세기 후반에 이르러 고령의 대가야가 기존의 체질을 수정하여 사회 통합과 교역 주도권 회복에 노력했으나, 그 때는 이미 주변의 백제, 신라 및 왜가 과거보다 또 가야에 비하여 성숙한 단계에 도달해 있었기 때문에 뜻을 이룰 수 없었던 것이다.

* 이 글의 원전 : 金泰植, 2006, 「韓國 古代諸國의 對外交易 -加耶를 中心으로-」, 『震檀學報』 제101호, 진단학회, 1~32쪽.

4.
한국 고대 사국의 국경선

1. 머리말

역사지도를 편찬한다고 할 때, 이를 어떤 개인의 견해에만 의존하여 수행하는 것은 큰 의미가 없다. 왜냐하면 학계의 여러 견해들을 수렴하여 대부분의 역사학자들이 공감할 수 있는 역사지도를 편찬해내야만 그 지도가 긴 생명력을 갖기 때문이다. 또한 지도는 본질적으로 그림이기 때문에 이를 어떻게 종이 또는 화면에 구현하는가 하는 문제도 중요하다. 그러한 작업에는 오랜 연구 및 준비 기간이 소요되기 마련이다.

그처럼 어려운 작업이기 때문에 우리나라에는 공동 연구 또는 협동 작업에 의한 역사지도가 거의 존재하지 않는다. 게다가 역사지도는 각국의 강역 및 행정 구역을 가장 기본으로 삼는데, 이는 정치적 상황에 따라 시시각각 변하는 것이므로 대단한 주의가 요구된다. 중등학교 교과서에 실린 한국 고대 역사지도를 보면 주로 고구려, 백제, 신라, 가야의 전성기의 강역도를 싣고 있으나, 그 하나하나에 대한 구체적인 연구가 뒷받침된 것은 아니었다고 생각된다. 이처럼 기본적인 역사지도마저 세밀한 고증 없이 그려지고 교육된다는 것은 매우 큰 문제가 아닐 수 없다.

그리하여 본고에서는 고구려가 가장 강대했을 당시의 역사지도 시안을 그려보고자 하였다. 고구려가 최대 판도에 이른 시기는 장수왕 후반기인 5세기 후반으로 추정되므로, 그 시기의 국가인 고구려, 백제, 신라, 가야의 강역을 둘러싼 여러 가지 쟁점들을 검토하고, 이를 종합하여 한 장의 지도로 구현해 보고자 하는 것이다.

그러나 근래에는 한국 고대사에서도 각 연구자들의 전공이 세분화되고 각 전공별 연구가 세밀하게 이루어지고 있기 때문에, 한 시대에 대한 것이라고 해도 어느 한 사람의 연구자가 고대 사국의 모든 쟁점을 종합하기는 쉽지 않다. 현재의 학계 연구 동향으로 보아 5세기 후반 각국의 국경선 문제만을 둘러싸고도 중대한 쟁점들이 허다하게 존재한다는 점도 예상되었다. 그래서 본고는 공동 연구의 성격을 취하여 5세기 후반의 국경선 문제를 다섯 과제로 나누어 각각의 전공자들에게 연구를 위촉하고, 그 연구 내용을 종합하여 일관성 있게 정리하는 것을 목표로 삼았다. 그 위촉 상황은 다음과 같다.

1) 475년 위례성 함락 직후 고구려와 백제의 국경선 (양기석)
2) 5세기 후반 고구려와 신라의 국경선 (강종훈)
3) 5세기 후반 백제와 가야의 국경선 (이동희)
4) 5세기 후반 가야와 신라의 국경선 (조효식)
5) 5세기 후반 고구려의 북방 경계선 (송기호)

5세기 4/4분기라는 하나의 시점에 대하여 고구려와 주변 국가들과의 강역에 대한 정보를 최대한 확보하면서, 공동 연구에 따르는 여러 가지 문제점을 파악하자는 것이 이번 연구의 주요 내용이다. 다만 본고의 내용은 위의 연구자들의 내용을 종합하면서도 세부적인 내용에서는 결국 필자의 주관적인 판단을 중시하여 결론을 달리한 부분도 있으므로, 본고 내용의 최종 책임은 필자에게 있다고 하겠다.

2. 역사지도 작성의 문제점

동북아역사지도편찬위원회의 2007년도 한국사지도연구팀은 2007년 7월 28일(토)에 모여 1차 회의를 갖고 각자의 역할 분담을 논의하였고, 동북아역사지도편찬위원회 제1회 국제학술토론회의 이틀 째 날인 12월 1일(토)에 그동안의 연구에 대한 학술발표회를 이행하였다. 거기서 논의된 지도 작성의 기본적 문제점들은 다음과 같다.

전북대 이강원 교수는 중국 북방의 農·牧地帶 경계를 표시할 때, 이를 하나의 선으로 표시하는 것은 현실과 맞지 않아 문제가 있으므로, 목축의 동남한계선과 농업의 북서한계선 사이를 농·목 교차지대라는 별도의 지역으로 표시해야 한다고 제안하였다.[1] 또한 근거가 분명한 경우에는 지도에 면이나 선으로 분명하게 표현할 수 있지만, 근거가 불분명하거나 연구가 불충분한 경우에는 지도에 점선이나 濃淡으로 혹은 유선도로 표시하고 그런 사실을 범례로 붙여야 한다고 제안하였다.[2] 이러한 제안들은 역사지도에서도 고려해 보아야 하며, 특히 문화지도 분야에서는 반드시 고려해 보아야 할 사항이라고 생각된다.

고려대 서태열 교수는 전자역사지도는 종합적인 역사정보와 종합적인 지리정보가 통합된 시스템으로 구축되어야 하며, 이는 지리정보시스템(GIS)을 이용해서 이룩할 수 있다고 하였다.[3] 또한 기본도는 해당 시기의 주제도 작성의 기본이 되도록 복원된 지도이므로 가능한 현재의 수치지도들과 연계되어 활용될 수 있도록 작성되어야 하고, 기본도는 자료가 가장

---

1) 李康源, 2007, 「東北亞 歷史地圖의 農·牧 限界線 設定을 위한 提言」, 『고대 동북아시아 역사지도의 현황과 과제』, 동북아역사지도편찬위원회 제1회 국제학술토론회 발표요지, 2007년 11월 30일~12월 1일, 87쪽.
2) 위의 논문, 92쪽.
3) 서태열·김현종, 2007, 「한국사 전자지도 제작을 위한 제언 -전자역사지도를 위하여-」, 『고대 동북아시아 역사지도의 현황과 과제』, 동북아역사지도편찬위원회 제1회 국제학술토론회 발표요지, 2007년 11월 30일~12월 1일, 97쪽.

풍부한 시대의 것을 먼저 작성하는 것이 편리하다고 하였다.[4)]

이에 대해 여러 사람들이 공감을 나타냈으나, 현재의 상황과 같이 아직 연구가 충분치 못하여 자료가 소략한 경우에는, 초기 투자가 많이 드는 GIS를 이용한 전자지도 작성이 무리가 아닌가 하는 의문이 제기되었고, 그렇다면 어느 정도로 연구가 성숙된 시기에 GIS를 이용한 전자역사지도를 만드는 것이 좋은가 하는 질문이 있었다.

그에 대하여 서태열 교수는 처음부터 전자역사지도로 시작하는 것이 바람직하다는 답변을 하였으나, 일반적인 공감을 얻어내지는 못하였다. 전자지도 제작 방식에 얽매여 역사지도 본연의 연구가 충분히 이루어질 수 없다는 생각을 펴는 이도 있었다. 역시 전자역사지도 제작 및 그를 이용한 홈페이지 공개는 역사지도 연구가 다 끝난 후에 시작되어야 하는 것은 아니라고 해도, 상당한 정도로 연구가 심화되어 종이 지도 작성이 어느 정도 진행된 단계에 시작하는 것이 경제적이지 않을까 한다.

한편 양기석 교수는 475년 위례성 함락 이후에 고구려가 차령산맥을 넘어 금강 중류 유역의 對岸에까지 진출하였다고 하더라도 한강 이남지역까지는 영역 변화가 대단히 유동적으로 나타나는 일종의 완충지역이라고 판단된다고 하였다.[5)] 또한 이 지역에 대한 통치 방식은 영역 지배보다는 母基地에서 교통로를 따라 교두보나 거점을 마련하는 전략적 거점 지배방식을 취한 것으로 볼 수 있다고 하였다.[6)] 그리하여 이럴 경우에는 일반적인 고구려의 영역과 같은 방식으로 표기하지 말고 다른 방식으로 표기하는 것이 어떤지 하는 의문이 제기되었다.

대구가톨릭대 강종훈 교수는 중·고등학교 국사교과서의 5세기 고구려

---

4) 위의 논문, 111쪽.
5) 梁起錫, 2007, 「475년 위례성 함락 직후 고구려와 백제의 국경선」, 『고대 동북아시아 역사지도의 현황과 과제』, 동북아역사지도편찬위원회 제1회 국제학술토론회 발표요지, 2007년 11월 30일~12월 1일, 131쪽.
6) 위의 논문, 129쪽.

전성기의 판도가 경주 바로 위쪽의 포항 일대까지 그려진 것을 비판하고, 당시의 고구려-신라 사이의 국경선을 강릉 일대로 보아야 한다고 주장하였다.[7] 지정 토론에 나선 대전대학교 이한상 교수는, 5세기 중후반대에 신라 양식의 금공 위세품이 강릉 초당동 고분군에서 출토되었다고 하여, 강종훈 교수의 견해를 고고학적으로 뒷받침하였다. 다만 기전문화재연구원의 서봉수 연구원은, 유적들에서 출토되는 토기의 빈도보다는 통치 기간의 안정성이 있어야 영토라고 할 수 있으므로, 고구려와 신라의 영역 사이에 완충지대를 인정해야 하지 않을까 하고 의문을 제기하였다.

순천대학교 박물관의 이동희 학예사는, 백제의 전남 지역에 대한 직접지배는 6세기 이후가 되어서야 가능했으므로 5세기까지는 간접 지배에 그쳤으며, 대가야의 5세기 후반 호남 동부지역에 대한 지배 형태도 간접 지배로 파악된다고 하였다. 그러므로 5세기 후반 백제와 가야의 경계선을 그리는 경우에는 '영역'을 직접 지배 영역과 간접 지배 영역을 포함하는 지역적 범위로 인식하는 일반론에 근거하여 논의를 전개한다고 하였다.[8]

지정 토론자인 함안박물관 백승옥 학예사는, 간접 지배 지역까지 영역에 넣을 수 있는가를 질의하였다. 즉, 동옥저와 읍루가 고구려나 부여에 공납을 바치고 있었다고 해서 이들을 곧바로 고구려 영역이나 부여 영역에 포함시킬 수 있는가를 물었다. 원나라의 간접 지배를 받고 있던 고려 말기의 한반도를 원나라 땅이라고 표기할 수 있는가 하는 것도 질의하였다. 또한 유물 양식을 가지고 영토를 논할 수는 없으며, 어디까지나 문헌을 기준으로 해야 하지 않는가 하는 것을 질의하였다. 또한 대가야의 영향권 안에는 여

---

7) 강종훈, 2007, 「5세기 후반 고구려와 신라의 국경선」, 『고대 동북아시아 역사지도의 현황과 과제』, 동북아역사지도편찬위원회 제1회 국제학술토론회 발표요지, 2007년 11월 30일 ~12월 1일, 146쪽.
8) 이동희, 2007, 「5세기 후반 백제와 가야의 국경선」, 『고대 동북아시아 역사지도의 현황과 과제』, 동북아역사지도편찬위원회 제1회 국제학술토론회 발표요지, 2007년 11월 30일~12월 1일, 148쪽.

러 소국들이 있으므로 그 영역 내에 소국명들을 써넣어 주어야 한다고 지적하였다.

이에 대해 이동희 연구원은 유물의 산발적인 출토 양상과 대세적인 출토 양상은 구분되므로 이를 통해 영토를 논할 수 있다는 입장을 보였다. 다만 가야의 간접 지배를 신라나 백제와 같은 '영역'으로 표시할 수 있는가에 대해서는 異論이 더러 있었다. 서울대 노태돈 교수는 가야의 경우에는 '領域'이라는 말 대신에 '境域'이라는 단어를 사용해야 한다고 보았다. 그리고 계명대학교 노중국 교수는, 같은 간접 지배라고 하여도, 백제의 전남 지역 지배와 가야의 호남 동부지역 지배는 소국 '국명'의 잔존 여부에 차이가 있으므로 같은 상태로 보기 어렵다는 견해를 표명하였다.

그 토론에서 이런 문제들을 어떻게 해결해야 한다는 결론은 나지 않았다. 즉 (1) 영역 경계선을 둘러싸고 학설의 대립이 극심하여 한쪽으로 결론을 내기 쉽지 않은 경우, (2) 고구려와 백제의 사이, 또는 고구려와 신라의 사이에 일정한 지역에 걸쳐 세력의 완충지대를 설정해야 한다는 견해, (3) 직접 지배가 아닌 간접 지배의 상태에 있는 것을 직접 지배 영역과 구분할 것인가 말 것인가, 혹은 구분한다면 어떤 식으로 표시할 것인가 하는 문제들이 제기되었다. 이런 문제 제기에 대해서는 섣불리 결론을 짓기보다 여러 사례를 수집하면서 만전을 기하는 신중한 자세를 취해야 할 것이다.

3. 5세기 4/4분기 지명 및 경역 관련 쟁점

5세기 후반(특히 4/4분기) 동북아시아의 한국 측 국경선에 대한 쟁점은 우선 한국과 외국 사이의 국경선이다. 북쪽으로는 고구려와 중국 및 북방민족 사이의 국경선이고, 남쪽으로는 백제, 신라, 가야와 왜 사이의 국경선이나, 왜와의 국경선은 바다로 거의 분명하게 단절되어 있어서 큰 문제가 되지 않는다. 그에 이어 한반도 내부에서는 고구려, 백제, 신라, 가야 4국 사이의 경계선이 문제가 된다. 이를 하나씩 정리해 보면 다음과 같다.

(1) 고구려와 백제의 국경선 쟁점

우선 문제가 되는 것은 고구려와 백제 사이의 국경선이다. 왜냐하면 475년에 고구려 장수왕이 백제 개로왕을 죽이고 위례성을 함락하였는데, 『삼국사기』에서는 그 후의 기사에서도 마치 고구려와 백제 사이의 국경선이 황해도 방면이었던 것처럼 기술하고 있기 때문이다. 그래서 그 이후에도 백제가 계속해서 한강 유역의 한성을 영유하였다는 것을 긍정하는 견해,[9] 부정하는 견해,[10] 일시 회복하였었다는 견해[11] 등으로 나뉘어 있고, 최근에는 한강 이남 금강 유역인 대전 월평동 유적[12]과 청원 남성곡 유적[13]에서 고구려 유적과 유물들이 확인되고 있어서 연구가 새로운 국면으로 접어들고 있다. 그렇다면 『삼국사기』 지리지에 나오는 옛 고구려 영역이 漢山州까지만 나오는 것도 문제가 된다. 이 쟁점에 대한 이번 공동 연구자들의 견해와 학계의 토론 등을 보아 해당 국경선을 어디로 그을 것인가를 결정해야 할 것이다.

한강 하류 유역 뿐만 아니라, 中原京(충주시), 槐壤郡(괴산), 黑壤郡(진천)을 비롯한 충청 내륙 일대에 대한 고구려-백제 국경선 문제도 논의되어야 한다. 충주(국원)는 6세기 중엽에 신라가 장악하여 유력 귀족들을 사민하는 등의 조치를 통하여 자기 영토로 만들지만, 國原이라는 고구려식 지명, 중원고구려비의 존재 등으로 보아 그 전에는 고구려의 영토였을 가능성이 높기 때문이다.

---

9) 천관우, 1976, 「삼한의 국가형성」, 『한국학보』 3, 일지사, 115쪽.
　김영관, 2000, 「백제의 웅진천도의 배경과 한성경영」, 『충북사학』 11·12합, 75~91쪽.
　김병남, 2002, 「백제 웅진시대의 북방 영역」, 『백산학보』 64, 131~156쪽; 2004, 「백제 웅진 천도 초기의 북방영역 관련 지명 분석」, 『한국상고사학보』 52, 5~23쪽.
10) 이기백, 1978, 「웅진시대 백제의 귀족세력」, 『백제연구』 9, 충남대 백제연구소, 7쪽.
　노중국, 2006, 「5~6세기 고구려와 백제의 관계」, 『북방사논총』 11, 고구려연구재단, 19~22쪽.
11) 박찬규, 1991, 「백제 웅진초기 북경문제」, 『사학지』 24.
　양기석, 2005, 「5~6세기 백제의 북계 -475~551 백제의 한강유역 영유문제를 중심으로-」, 『박물관기요』 20, 단국대학교 석주선기념박물관, 48쪽.
12) 국립공주박물관·충남대학교박물관, 1999, 『大田 月坪洞遺蹟』.
13) 忠北大學校博物館, 2004, 『清源 南城谷 高句麗遺蹟』.

문헌 사료로 볼 때, 『삼국사기』 백제본기에서 문주왕 2년(476)에 大豆山城을 수리하여 漢北 민호를 이주시켰다고 하였는데, 백제 초기 기록의 온조왕 27년 大豆山城 축조, 온조왕 36년 湯井城(온양, 즉 아산시 읍내동산성) 축조 및 大豆城 민호 分居 기사는 그와 같은 기사의 반복으로 보인다. 그러므로 대두산성을 탕정성에 인접한 아산 일대로 보는 것[14]이 무난하다. 482년에 고구려에 부용된 말갈이 한산성을 습격해 왔다고 하는데, 그 한산성에 대해서는 충남 천안시 직산으로 보는 견해[15]와 아산 일대의 대두산성과 같은 곳으로 보는 견해[16]가 있다.

또한 『일본서기』顯宗紀 3년(487) 조에서, 고구려와 연통한 紀生磐宿禰와 任那 左魯 那奇他甲背가 고구려 땅인 爾林에서 백제 장군을 죽이고 帶山城을 쌓았으므로, 백제가 帶山을 공격하여 나기타갑배 등 300여 명을 죽였다고 나온다. 여기서 爾林에 대해서는 이설이 많아, 이를 전북 임실군으로 보는 견해,[17] 전북 김제군 청하면(옛 지명 乃利阿)으로 보는 견해,[18] 경기도 臨津(옛 지명 津臨城)으로 보는 견해[19] 등도 있고, 근래에는 이를 충북 음성(옛 지명 仍忽縣) 또는 괴산(옛 지명 仍斤內郡)으로 보는 견해,[20] 이를

14) 이기백, 앞의 논문, 12쪽.
   유원재, 1992, 「백제 탕정성 연구」, 『백제논총』3, 백제문화개발연구원.
15) 이기백, 앞의 논문.
   노중국, 2006, 앞의 논문, 22~23쪽.
16) 양기석, 2007, 「475년 위례성 함락 직후 고구려와 백제의 국경선」, 『고대 동북아시아 역사지도의 현황과 과제』, 동북아역사지도편찬위원회 제1회 국제학술토론회 발표요지, 126쪽.
17) 鮎貝房之進, 1937, 「日本書紀朝鮮地名考」, 『雜攷』7 下卷, 25~27쪽.
   延敏洙, 1990, 「六世紀前半 加耶諸國을 둘러싼 百濟・新羅의 動向 -소위 '任那日本府' 說의 究明을 위한 序章-」, 『新羅文化』7, 東國大學校 新羅文化研究所, 106~112쪽.
   李永植, 1995, 「百濟의 加耶進出過程」, 『韓國古代史論叢』7, 한국고대사회연구소 편, 서울: 가락국사적개발연구원, 207쪽.
   南在祐, 2003, 『安羅國史』, 서울: 혜안, 211~212쪽.
18) 末松保和, 1956, 앞의 책, 76~77쪽.
19) 山尾幸久, 1978, 「任那に關する一試論 -史料の檢討を中心に-」, 『古代東アジア史論集』下卷 (末松保和博士古稀記念會編), 吉川弘文館, 218쪽.
   白承忠, 1995, 『加耶 地域聯盟史 研究』, 부산대 박사학위논문, 262~263쪽.

충북 음성으로 한정시키고 帶山城을 괴산군 도안면의 도살성과 동일시한 견해[21]도 나왔다. 그 이림이 음성이라고 본다면, 5세기 후반 당시에 고구려의 영역이 충북 일대까지 깊숙이 내려와 있었다는 것을『삼국사기』외의 다른 자료로도 확인할 수 있다는 점에 의의가 있다.

최근에 나온 종합적 견해로서는, 고구려의 최대 남한계선을 예산읍에서 천안을 거쳐 청원을 지나 대전을 거쳐 괴산에 이르는 일대까지로 보는 견해[22]와, 충남 북부의 직산을 넘어 중부 내륙지역인 진천(모산성)-청원 미원(살매현)-보은 내북(견아성) 및 음성, 충주, 제천, 단양을 연결하는 선으로 보는 견해[23] 등이 있다.

(2) 고구려와 신라의 국경선 쟁점

5세기 말엽 고구려와 신라 사이의 국경선 문제도 쉽지 않다. 일단『삼국사기』신라본기에서는 比列城(함남 안변), 何瑟羅城(강원 강릉), 悉直(강원 삼척) 등이 일찍부터 신라 영토였다고 나오고, 자비 마립간 17년(474)에는 고구려의 남하에 대비하여 一牟城(충북 청원군 문의면), 沙尸城(충북 옥천군 이원면) 등을 쌓았던 것으로 기술하고 있으나,『삼국사기』지리지로 보아서는 野城郡(경북 영덕), 聞詔郡(경북 의성군 금성면), 嵩善郡(경북 선산), 開寧郡(경북 김천시 개령면), 永同郡(충북 영동) 일대가 옛 고구려 영토라고 나오기 때문이다. 즉 고구려의 남쪽 한계는 상당히 깊이 내려오고 있다.

그러나 이 문제에 대한 연구는 그리 많지 않아,『삼국사기』지리지의 본래 고구려 영토에 대한 기록을 그대로 믿기 어렵다거나,[24] 죽령과 조령 등

20) 李鎔賢, 1997,「五世紀末における加耶の高句麗接近と挫折」,『東アジアの古代文化』90; 1999,『加耶と東アジア諸國』, 日本 國學院大學 大學院 博士學位論文, 46~47쪽.
21) 金泰植, 2006,「5~6세기 高句麗와 加耶의 관계」,『북방사논총』11호, 136~140쪽.
22) 盧重國, 2006, 앞의 논문, 30쪽.
23) 양기석, 2007, 앞의 논문, 130쪽.
24) 井上秀雄, 1961,「三國史記地理志の史料批判」,『朝鮮學報』21・22합집.

소백산맥을 고구려의 남쪽 경계로 간주하는 견해[25]가 있었다. 또한 고고학적 출토 자료를 근거로 하여 동해안의 경북 포항으로부터 강원 양양에 이르는 지역의 5~6세기 분묘에서 경주 계통의 묘제와 토기, 장신구가 확인된다는 연구 결과[26]도 있다. 반면에 『삼국사기』 지리지의 기사를 신뢰하여 경북 영덕 일대까지를 5세기 고구려의 남쪽 경계로 보는 견해들이[27] 이어오고 있으며, 그에 따라 2002년부터 2010년까지의 중・고등학교 국정 역사교과서에도 그런 결과가 고구려의 최대 강역 지도로 표기되어 있다.

이와 관련해서는 『삼국사기』 신라본기 소지 마립간 3년(481) 조 기사에 대한 이해가 관건이 된다. 이를 번역하여 인용하면 다음과 같다.

> 3년 봄 2월에 比列城에 행차하여 군사들을 위로하고 군복 외투를 내려주었다. 3월에 고구려가 말갈과 함께 북쪽 변경에 쳐들어와 狐鳴城 등 일곱 성을 빼앗고 또 彌秩夫에 진군하였다. 아군이 백제와 가야의 구원병과 함께 여러 길로 나누어서 그들을 막았다. 적이 패하여 물러가므로 추격하여 泥河의 서쪽에서 깨뜨려서 천여 명을 목 베었다.

그에 따르면 481년 3월에 고구려가 말갈과 함께 북쪽 변경에 쳐들어와 狐鳴城(경북 영덕군 영덕읍) 등 일곱 성을 빼앗고 또 彌秩夫(경북 포항시 흥해읍)에 진군하였는데, 신라군이 백제와 가야의 구원병과 함께 그들을 막고

---

25) 이기백・이기동, 1982, 『한국사강좌 -고대편』, 일조각, 172쪽.
26) 이한상, 2003, 「동해안지역의 5~6세기대 신라분묘 확산양상」, 『영남고고학』 32.
27) 이병도, 1959, 『한국사 -고대편』, 진단학회, 427~428쪽.
　　김정배, 1988, 「고구려와 신라의 영역문제 -순흥지역의 고고학자료와 관련하여-」, 『한국사연구』 61・62합집.
　　이도학, 1988, 「고구려의 낙동강유역 진출과 신라・가야 경영」, 『국학연구』 2.
　　정운용, 1989, 「5세기 고구려 세력권의 南限」, 『사총』 35.
　　김현숙, 2002, 「4~6세기경 소백산맥 이동지역의 영역 향방 -삼국사기 지리지의 경북지역 '고구려군현'을 중심으로-」, 『한국고대사연구』 26.
　　장창은, 2004, 「신라 자비-소지왕대 축성・교전 지역의 검토와 그 의미 -소백산맥 일대 신라・고구려의 영역 향방과 관련하여-」, 『신라사학보』 2.

또 추격하여 泥河의 서쪽에서 깨뜨려서 천여 명을 목 베었다고 하였기 때문이다. 다만 여기서 比列城(함남 안변시) 기사는 믿기 어렵다고 보는 것이 보통이다. 그러므로 泥河의 위치가 어디인지가 문제인데, 이에 대해서는 함경남도 덕원설, 강원도 강릉설, 경상북도 남한강 상류설 등이 대립하고 있다. 이 문제에 대해서는 학계의 활발한 연구가 이루어져 있지 않지만, 지난 연구 발표와 토론에서 이를 강릉 지방으로 보는 것에 대하여 대개 공감하는 분위기였다.

정확한 편년 기사로 보기는 어렵지만, 『일본서기』雄略紀 8년(464) 조에는, 신라가 자국 내에 있던 고구려 주둔군들을 살해하자 고구려왕이 즉시 군병을 일으켜 筑足流城[다른 기록에는 都久斯岐城이라고 하였다.]을 포위했으며, 신라가 임나왕에게 사람을 보내 구원군을 청하여 물리쳤다는 기사가 나온다.

이 기사는 그 구원군이 日本府 行軍元帥 膳臣斑鳩 등 3인이라고 하는 등 여러 문제점을 보이고 있으나, 신라가 고구려군을 살해했고, 고구려의 신라 침공에 대하여 임나에게 구원을 청했다는 사실은 『삼국사기』신라본기에도 보인다. 『삼국사기』에서 450년에 고구려의 변방 장수가 悉直 들에서 사냥하는 것을 何瑟羅城主 三直이 군사를 내어 죽이자 고구려가 신라의 서쪽 변경을 침입하였다는 기사,[28] 454년에 고구려가 신라의 북쪽 변경을 침범하였다는 기사,[29] 468년에 고구려가 말갈과 함께 북쪽 변경 悉直城(강원 삼척시)을 습격하였다는 기사,[30] 481년에 고구려군이 미질부까지 진군하자 백제와 가야의 원병이 이를 막았다는 기사 등과 어울린다. 고구려군이 침범했다는 筑足流城은 悉直城과 같은 곳으로 비정된다.[31] 이로 보아 강원도 삼척

---

28) 『三國史記』권3, 新羅本紀3 訥祇痲立干 34년(450) "秋七月 高句麗邊將 獵於悉直之原. 何瑟羅城主三直 出兵掩殺之. 麗王聞之怒 使來告曰 孤與大王 修好至歡也. 今出兵殺我邊將 是何義耶. 乃興師侵我西邊. 王卑辭謝之 乃歸."
29) 『三國史記』권3, 新羅本紀3 訥祇痲立干 38년(454) "八月 高句麗侵北邊."
30) 위의 책, 慈悲痲立干 11년(468) "春 高句麗與靺鞨 襲北邊悉直城."

시의 悉直이 오래 전부터 신라 영역이었다는 점은 분명한 듯하다.

강종훈 교수는 『삼국사기』 지리지의 '본래 고구려 군현' 기사는 신문왕 대 9주 정비 때에 한주, 삭주, 명주에 속하게 된 군현 모두를 옛 고구려 영역으로 간주한 오류에서 온 것이고, 고구려와 신라 사이의 경계선은 소백산맥이라는 자연적 장애물을 기준으로 삼은 위에 동해안의 강릉 일대까지 신라 영역으로 삼는 것이 옳다고 하였다.[32] 이한상 교수도 이에 동의하여, 동양대박물관에 소장된 영주 일원 출토 토기 일괄품 가운데 소위 '고식 도질토기'로 불리는 4세기 토기는 양식적으로 경주, 울산, 포항, 경산 일대의 그것과 동일하고, 5세기 순흥 읍내리 고분군, 문경 고모산성 목곽 창고 출토 신라계 유물과 4세기 후반 함창 신흥리 유적의 경주산 갑주 및 마구류 등으로 보아, 늦어도 5세기 중후반의 신라는 조령, 죽령 이남의 여러 지역을 확고히 장악하고 있었다고 하였다. 또한 5세기 중후반에 신라계 금동관, 금동 관식, 은제 관식, 금제 이식, 장식 대도 등의 금공예 위세품이 강릉 초당동 고분군에 집중되며 그 양상이 연속적이라는 점을 주목하여 보면, 적어도 5세기 중엽 이후에는 강릉 지방에 대한 신라의 지배력이 확고히 관철되고 있었다고 볼 수 있다고 하였다.[33]

(3) 백제와 가야의 국경선 쟁점

5세기 후반 백제와 가야의 국경선에 대해서는 『삼국사기』에 근거 자료가 거의 없어서 전통적으로 잘 논의가 되지 않았지만, 가야사 분야에서는 매우 핵심적인 주제의 하나이다. 즉 호남 지역의 소속은 어떻게 되었는가 하는 것이다. 대개 호남 지역은 마한 소국연맹체에 소속되어 있다가 4세기 근초

---

31) 金泰植, 2006, 앞의 논문, 126~127쪽.
32) 강종훈, 2007, 「5세기 후반 고구려와 신라의 국경선」, 『고대 동북아시아 역사지도의 현황과 과제』, 동북아역사지도편찬위원회 제1회 국제학술토론회 발표요지, 146쪽.
33) 이한상, 2007, 「'5세기 후반 고구려와 신라의 국경선'을 읽고」, 동북아역사지도편찬위원회 제1회 국제학술토론회 토론요지, 유인물.

고왕 정복 이후에는 자연히 백제의 영역이었다는 것으로 알고 있다. 『삼국사기』 지리지에도 이 지역은 원래부터 백제 영토였다고 기록되어 있다. 그러나 요즘 학계의 논의는 이와 달리 급변하고 있다. 그 지역이 6세기 전반의 어느 시기에 모두 백제의 영역으로 전환되었다는 것에는 이의가 없으나, 그 이전에는 영산강 유역과 섬진강 유역으로 나뉘어, 백제로부터 공납 지배를 받던 세력인가, 독립 세력이었는가, 혹은 가야연맹에 소속된 세력이었는가 하는 점이 문제로 되고 있다.

이 대부분은 『일본서기』 繼體紀 6년(512) 조의 지명 고증과 재해석 및 고고학 자료들의 분석으로부터 나오는 연구 성과이다. 이를 번역하여 인용하면 다음과 같다.

> 여름 4월 신유삭 병인에 穗積臣押山을 백제에 사신으로 보내 筑紫國馬 40필을 주었다. 겨울 12월에 백제가 사신을 보내 調를 바치고 별도로 표문을 올려 任那國의 上哆唎·下哆唎·娑陀·牟婁 四縣을 청하였다. 哆唎國守 穗積臣押山이 아뢰어 말하였다.
>
> "이 4현은 백제에 가까이 접해 있고 일본에는 멀리 떨어져 있습니다. (백제와는) 아침저녁으로 쉽게 통하고 닭과 개도 (어느 나라 것인지) 구별하기 어렵습니다. 지금 백제에게 주어 같은 나라로 만드는 것이니, 굳게 보존하는 책략으로 이보다 나은 것이 없습니다. (백제에게) 주어 나라를 합친다고 해도 후세에는 여전히 위태로울 텐데 별도의 영역으로 해 놓으면 몇 년이나 지킬 수 있겠습니까?"
>
> 大伴大連 金村이 이 말을 듣고 뜻을 같이 하여 아뢰었다. (중략) 그래서 사신을 바꿔 칙령을 선포하였다. 賜物과 制旨를 붙여 표문대로 任那四縣을 (백제에게) 주었다.

이는 임나국, 즉 가야연맹의 일원이었던 상다리·하다리·사타·모루의 4현이 512년경에 백제의 소속으로 바뀌었으니, 그 이전에는 이곳이 가야연맹의 영역이었다는 것을 말한다. 다만 위의 기사에서 哆唎國守란 왜에서 이 지역으로 파견되었던 사신을 가리키는 듯하며, 4현을 백제에게 주었다는 것은 그 지역을 통해서 이제부터는 가야가 아닌 백제와 교역한다는 것을 왜가 인식한 정도로 파악하여야 할 것이다.[34]

여기서 문제가 되는 것은 그 임나 4현의 위치가 어디인가 하는 것인데, 이에 대해서는 상다리와 하다리를 모두 경남 하동으로 본 견해,[35] 상다리를 경남 진주, 하다리를 웅천, 사타를 하동, 모루를 蚊火良으로 본 견해,[36] 상다리를 전북 高山, 하다리를 충남 珍山, 사타를 경북 尙州, 모루를 전북 龍潭으로 본 견해,[37] 상다리를 전북 서남 일대, 하다리를 전북 서북과 충남 동남 일대, 사타를 전남 구례, 모루를 전남 서부의 광주·영암·무안·영광 일대의 광역에 걸쳐 존재한 것으로 본 견해,[38] 상다리와 하다리를 경북 의성군 다인, 사타를 인동, 모루를 예천으로 본 견해,[39] 상다리·하다리를 각각 경남 함양과 산청 일대로 본 견해,[40] 임나 4현을 부산시 일원의 하단동·괘법동·모라동 등지로 본 견해,[41] 上·下哆唎를 여수시(옛 지명 猿村縣)와 돌산읍(옛 지명 突山縣), 娑陀를 순천시(옛 지명 欽平郡=沙平縣), 牟婁를 광양시 광양읍(옛 지명 馬老縣)으로 비정한 견해[42] 등이 있다.

　　근래에는 5세기에 영산강 유역은 백제로부터 공납 지배를 받고 있었고, 섬진강 유역은 5세기 후반에 가야에 속했다는 것이 공감을 얻어가고 있다.

---

34) 金泰植, 1997, 「百濟의 加耶地域 關係史 : 交渉과 征服」, 『百濟의 中央과 地方』(百濟研究論叢 第5輯), 儒城: 忠南大學校 百濟研究所.

35) 津田左右吉, 1913, 「任那疆域考」, 『朝鮮歷史地理研究』1; 1964, 『津田左右吉 全集』11.

36) 今西龍, 1919, 「加羅疆域考」, 『史林』4-3·4; 1920, 「加羅疆域考補遺」, 『史林』5-1; 1922, 「己汶伴跛考」, 『史林』7-4; 위의 논문 모두 『朝鮮古史의 研究』(1970, 國書刊行會)에 재수록.

37) 鮎貝房之進, 1937, 「日本書紀朝鮮地名攷」, 『雜攷』7 상·하권.

38) 末松保和, 1949, 『任那興亡史』, 大八洲出版; 1956, 再版, 吉川弘文館.

39) 千寬宇, 1977, 「復元加耶史(上)」, 『文學과知性』28, 302~303쪽.

40) 金廷鶴, 1977, 『任那と日本』, 小學館, 東京; 1983, 「가야사의 연구」, 『사학연구』37, 47~63쪽.

41) 허만성, 1989, 「일본서기 계체 6년조의 임나4현 할양 기사에 대한 일고찰」, 『성심외국어전문대학논문집』8, 29쪽.

42) 全榮來, 1985, 「百濟南方境域의 變遷」, 『千寬宇先生還曆紀念韓國史學論叢』, 146쪽.
　　金泰植, 1997, 앞의 논문; 2002, 『미완의 문명 7백년 가야사 2권』, 푸른역사, 184~185쪽.
　　문안식, 2002, 『백제의 영역확장과 지방통치』, 신서원.
　　박천수, 2006, 「임나사현과 기문, 대사를 둘러싼 백제와 대가야」, 『가야, 낙동강에서 영산강으로』, 제12회 가야사국제학술회의, 김해시.
　　이동희, 2007, 「백제의 전남동부지역 진출의 고고학적 연구」, 『한국고고학보』64.

다만 이것을 지도로 그리기 위해서는 그 정확한 경계선이 나와야 한다. 고고학적 연구 성과를 중심으로 하여 세밀하게 논의할 필요가 있다. 근래의 발굴 성과 중에 가장 주목해야 할 것은 전남 순천 운평리 고분군과 고흥 안동 고분이다. 유적과 출토 유물에 대한 고고학적 분석 결과, 전남 순천 운평리 고분군은 순천 지방의 토착 세력에 대하여 대가야가 간접 지배와 같은 영향력을 미치고 있었음을 보여주며,[43] 고흥 길두리의 안동 고분은 그 피장자가 왜인이든 아니든 간에 백제 중앙 정권의 관료이거나 혹은 간접 지배를 받고 있던 재지 수장층이었음을 보여주고 있다.[44]

그리하여 해당 주제의 공동 연구를 담당한 이동희 학예사는 5세기 후반 백제와 가야의 국경선은 대체로 호남정맥과 관련되며, 좀 더 구체적으로 접근해 보면, 북쪽으로 가야산과 덕유산을 경계로 삼고, 진안-임실-순창-곡성-구례-순천-여수반도를 잇는 선이 대가야의 서쪽 국경선이라고 볼 수 있다고 하였다.[45]

(4) 가야와 신라의 국경선 쟁점

5세기 후반 가야와 신라의 국경선 문제도 『삼국사기』의 문헌 자료를 통해서는 거의 논의되지 않아왔다. 왜냐하면 이 지역은 원래부터 신라 영토였다고 기록되어 있기 때문이다. 『삼국사기』 지리지에서 해당 지역 중에 원래는 신라가 아니었던 것으로 기록된 것은 尙州의 沙伐國(경북 상주), 召文國(경북 의성군 금성면), 甘文小國(경북 김천시 개령면), 古寧加耶國(경북 상주시 함창읍), 良州의 金官國(경남 김해), 押梁小國(경북 경산시), 音汁伐國(경북 포항시, 또는 경주시 안강읍), 康州의 南海郡(경남 남해), 阿尸良國(경남 함

43) 이동희, 2007, 「5세기 후반 백제와 가야의 국경선」, 『고대 동북아시아 역사지도의 현황과 과제』, 동북아역사지도편찬위원회 제1회 국제학술토론회 발표요지, 156쪽.
44) 박천수, 2006, 앞의 논문.
    문안식, 2007, 「고흥 길두리고분 출토 金銅冠과 백제의 王·侯制」, 『한국상고사학보』 55.
45) 이동희, 2007, 앞의 발표요지, 156쪽.

안), 巨濟郡(경남 거제), 大加耶國(경북 고령) 뿐이다. 그 중에서도 시조와 마지막 왕의 이름을 거론하고 있는 것은 가야의 금관국과 대가야국, 둘 뿐이다. 이들은 지리지와 신라본기를 종합해 볼 때 각각 서기 532년과 562년에 멸망된 것으로 나온다.

기존 설을 보면, 대체로 신라와 가야의 경계선은 낙동강이었다고 보았는데, 조선 후기 실학자들은 『삼국유사』 5가야 조의 撰者 견해를 인정하여 非火伽耶를 경남 창녕, 古寧伽耶를 경북 상주 함창으로 보아, 낙동강 동쪽에 가야의 2개국이 있었다고 하였다. 이에 대하여 이병도는 그 중의 하나인 古寧伽耶는 그 위치상 가야연맹의 一國으로 인정하지 않고 非火伽耶의 訛傳으로 보든지,[46] 아니면 그 위치를 경남 진주(古名 居烈)에 비정해야 할 것으로 보았다.[47] 이는 낙동강 상류 쪽에 가야 소국이 있었음을 부정한 견해이다.

한편 일본학자들은 『일본서기』의 임나 관련 지명들을 한국사에 관련시키기 시작하였는데, 그 중에서 아유가이는 比自㶱(창녕), 喙國(경산), 卓淳(대구), 多多羅(다대포), 己汶(개령) 등의 낙동강 동쪽 지역, 즉 慶尙左道 西部의 대부분을 임나령으로 인정하였다.[48] 그의 이런 견해는 스에마쓰[49]를 이어 천관우의 연구까지 이어졌다.[50]

고고학자로서 김원룡은 신라·가야문화권의 구분 문제를 처음으로 체계화하여, 서기 4~6세기의 신라토기는 경주·양산·달성·창녕 등의 낙동강 東岸地帶의 토기와 낙동강 西岸의 성주의 토기가 포함되는 '新羅中心群'과 김해·함안·진주·고령 등 낙동강 西岸 특히 그 남부지방의 토기로 구성되는 '伽耶中心群'으로 구분된다고 하였다.[51]

46) 李丙燾, 1937, 「三韓問題의 新考察」(六), 『震檀學報』 7, 139쪽.
47) 李丙燾, 1976, 『한국고대사연구』, 박영사, 313쪽.
48) 鮎貝房之進, 1937, 「日本書紀朝鮮地名攷」, 『雜攷』 7 상권, 55쪽.
49) 末松保和, 1949, 앞의 책.
50) 千寬宇, 1977, 「復元加耶史」(上), 『文學과知性』 28, 302~303쪽.
51) 金元龍, 1960, 『新羅土器의 硏究』(國立博物館叢書 甲 第四), 乙酉文化社, 6쪽.

이은창은 3세기 후반 이후 6세기 전반까지의 낙동강 유역 출토 토기를 모두 가야토기로 본다고 하여, 안동·의성·칠곡·대구·경산·현풍·창녕 등지의 낙동강 東岸型(성주 포함)의 토기 양식을 '新羅中心形式系의 가야토기'라 하고, 고령·합천·함안·진주·웅천·고성 등지의 낙동강 西岸型의 토기 양식을 '伽耶中心形式系의 가야토기'라고 하였다.[52] 또한 김정학은 고고학 자료 및 문헌 사료를 종합하여 보는 입장에서 4~6세기의 가야의 지역 구분을 획정하여, 의성(召文國)·경산(押督國)·울산(于尸山國) 등은 고고학 자료에 의하면 가야 문화권에 속하나 정치적으로 일찍 신라에 병합된 듯하므로 가야에서 제외시킨다 하고, 가야의 東界는 鳥嶺에서 洛東江口까지의 線인 문경·상주·선산·김천·대구·밀양·양산·동래라고 보았다.[53]

필자는 위의 견해들을 비판적으로 종합하여 4세기 이전 전기 가야연맹의 영역에 낙동강 동쪽의 밀양, 동래 등을 포함시키되, 4세기 말, 5세기 초 광개토왕 대 고구려군의 남정 이후에 낙동강 동쪽의 동래와 낙동강 중류 서안의 성주 등의 세력은 경주 중심의 신라 지역으로 이탈해 들어갔다고 보았다.[54] 또한 5세기 이후 후기 가야연맹의 영역 중에 낙동강 동안에서는 경남 창녕군 영산면 일대만이 6세기 전반까지 가야 소국인 喙己呑國으로 존속하고 있었다고 보았다.[55]

특히 5~6세기 가야 영역 문제점의 또 하나는 성주의 성산가야와 창녕의 비화가야가 5세기 이후에도 가야 소속국이었다고 볼 수 있는가 하는 점이었다. 우선 성주의 옛 지명이 伴跛國이고 이는 가야 소국의 하나였다는 설이

52) 李殷昌, 1981, 「新羅·伽耶土器 編年에 關한 研究」, 『曉星女子大學校研究論文集』 23; 1987, 「伽耶土器」, 『韓國史論』 17(韓國의 考古學 IV), 국사편찬위원회.
53) 金廷鶴, 1983, 「加耶史의 研究」, 『史學研究』 37, 47~63쪽.
54) 金泰植, 1991, 「가야사 연구의 시간적, 공간적 범위」, 『韓國古代史論叢』 2, 韓國古代社會 研究所編, 駕洛國史蹟開發研究院; 1993, 『가야연맹사』, 일조각, 80쪽.
55) 김태식, 1991, 위의 논문; 1993, 위의 책, 163쪽.

주류를 이루고 있었으나,[56] 이는 반파국이 곧 고령의 대가야와 같으며 성주 성산동 고분군의 유물 양식으로 보아 적어도 5세기 이후의 성주 지방은 신라계통의 소국으로 보아야 한다는 신설[57]이 나온 이후에는 새로운 주류를 이루었다고 할 수 있다. 창녕의 不斯國 또는 比斯伐國=比自㶱國은 3세기 당시에는 신라 중심의 진한연맹에 소속되어 있다가 4세기에는 가야 소국들과 이해관계를 함께하였으며, 5세기 이후로는 신라에 영합하여 그의 후원을 받아 발전하다가 6세기 전반의 어느 시기에 신라에 편입되었다고 보았다.[58]

또 하나의 문제점은 530년대까지 가야 소국의 하나인 卓淳과 喙己呑이 어느 곳으로 비정되는가 하는 점이었다. 종래 탁순에 대해서는 칠원, 창원 등의 비정이 있었고, 탁기탄에 대해서는 영산, 밀양, 대구 등의 비정이 있었으나,[59] 아유가이의 탁순=대구 및 탁기탄=경산이라는 설[60]이 나온 이후로는 대부분의 연구자가 이를 따랐다.[61] 그러나 이는 고고학 유물 자료의 신라 편향성을 검토하여 대구와 경산은 일찍부터 신라 문화권에 속해 있었기 때문에 가야 소국이라고 볼 수 없고, 『일본서기』 기사들을 합리적으로 해석

---

56) 鮎貝房之進, 앞의 책.
　　末松保和, 앞의 책.
　　千寬宇, 앞의 논문.
　　金廷鶴, 1977, 앞의 책.
57) 金泰植, 1985, 「5세기 후반 大加耶의 발전에 대한 研究」, 『韓國史論』 12, 서울大學校 國史學科; 1993, 『加耶聯盟史』, 일조각, 97~98쪽.
58) 김태식, 2002, 『미완의 문명 7백년 가야사 3권』, 푸른역사, 117~127쪽.
59) 津田左右吉, 1913, 「任那疆域考」, 『朝鮮歷史地理研究』 1; 1964, 『津田左右吉全集』 11, 102~108쪽.
　　今西龍, 1919, 「加羅疆域考」, 『史林』 4-3·4; 1970, 『朝鮮古史の研究』, 346~363쪽.
60) 鮎貝房之進, 1937, 「日本書紀朝鮮地名攷」, 『雜攷』 7, 上卷 143~151쪽, 下卷 72~102쪽.
61) 末松保和, 앞의 책.
　　三品彰英, 1962, 『日本書紀朝鮮關係記事考證』 上卷, 97쪽, 149쪽.
　　千寬宇, 1977, 앞의 논문, 303쪽.
　　山尾幸久, 1977, 『日本國家の形成』.
　　平野邦雄, 1978, 「繼體·欽明紀の對外關係研究」, 『古代東アジア史論集』 下卷, 136쪽.
　　大山誠一, 1980, 「所謂 '任那日本府' の成立について(中)」, 『古代文化』 32-11, 693쪽.

할 때 탁순은 경남 창원, 탁기탄은 영산·밀양 일대라는 신설[62]이 나온 이후, 대체로 대구와 경산을 신라 세력권으로 인정하는 것이 일반적이다.[63]

이를 토대로 해서 대개 5세기 후반 당시 신라와 가야의 국경선은 낙동강이었다고 보고 있다. 그러나 여기서 문제가 되는 점은 낙동강 중류 유역 방면이다. 그 중의 어디가 신라와 가야의 경계선이었는가 하는 점이다. 이는 고고학 자료의 분석을 통해서 이루어져야 할 것이다.

이번 공동 연구의 담당자인 조효식 학예사는 이 문제에 대한 고고학적 연구를 통하여, 가야산 방면의 고령 백리·예리·월산리 고분군, 거창 성북리·연교리·동호리 고분군 등은 가야 고분이나, 성주군 금수면 명천리 고분군, 성주읍 성산동 고분군은 신라 고분이라고 보았다. 낙동강 중류 유역의 고령·합천·의령 지역은 가야 문화권이나, 대구 다사, 창녕 교동·송현동 고분군, 창녕 영산의 계성 고분군의 유물은 모두 신라 양식 권역에 해당하며, 특히 영산에서는 창녕 양식 토기가 주류를 이루고 있고 대가야 양식 토기는 한두 점 정도만 출토된 것이 전부라고 하였다. 또한 낙동강 하류 유역에서는 김해, 진영, 창원 일대에 보이는 신라와 가야 문화의 융합 현상이 보이고, 밀양 신안 유적, 월산리 고분군, 추화산성, 김해 예안리·가달·안양리 고분은 모두 신라 유적이며, 양산 금조총·부부총, 부산 복천동·연산동 고분군도 일찍이 신라의 지배권에 들어선 것으로 봄이 타당하다고 하였다. 그리하여 최종적으로 5세기 후반 가야의 북쪽 경계선은 고령과 거창 일대이고, 동쪽은 낙동강이 경계가 됨이 분명하다고 보았다.[64]

62) 金泰植, 1988, 「6세기 전반 加耶南部諸國의 소멸과정 고찰」, 『韓國古代史硏究』1, 한국고대사연구회; 1993, 『加耶聯盟史』, 일조각, 173~189쪽.
63) 田中俊明, 1992, 『大加耶連盟の興亡と「任那」』, 吉川弘文館.
   白承忠, 1995, 『加耶의 地域聯盟史 硏究』, 釜山大學校 大學院 史學科 文學博士 學位論文.
   盧重國外 9人, 1995, 『加耶史硏究 -대가야의 정치와 문화-』, 慶尙北道.
   남재우, 2003, 『安羅國史』, 혜안.
   물론 아직도 탁순을 대구 지방으로 보는 설도 존재하고 있다. 백승옥, 1995, 「탁순의 위치와 성격」, 『부대사학』19; 2003, 『가야 각국사 연구』, 서울: 혜안.

(5) 고구려의 북방 경계선 쟁점

5세기 후반 고구려의 북방 경계선은 北魏(386~534) 때의 상황을 보이는 『위서』 고구려전의 "其所居平壤城 (中略) 遼東南一千餘里 東至柵城 南至小海 北至舊夫餘"라는 기사를 중심으로 한다고 볼 수 있다.

서쪽 북위와는 대개 요하를 경계로 한다고 하나, 『위서』 거란국전 태화 3년(479) 조에 고구려가 蠕蠕(柔然)과 모의하여 地豆于를 분할하려고 하자, 거란의 莫弗賀勿于가 그 침입을 두려워하여 자기 部의 차 3,000대와 무리 만 여 인을 이끌고 여러 가축들을 몰아 북위에 內附하려다가 白狼水(대릉하) 동쪽에서 멈췄다는 기사가 나온다. 여기서 고구려의 의도가 계획에 그쳤는지, 혹은 일부 실행된 적이 있는지는 알 수 없으나, 그것이 거란족에게 커다란 두려움을 줄 정도로 위협적이었음은 틀림없다. 이 문제에 대해서는 『수서』 거란전의 기록을 근거로 삼아 고구려의 지두우 분할이 실행된 것으로 보는 견해[65]도 있으나, 실제 공격은 이루어지지 않았다고 보는 견해가 대부분이다. 그렇다면 고구려의 서쪽 경계선은 일단 요하를 경계로 인정하고 더 이상의 西進은 없었다고 보아야 할 듯하다.

고구려가 북쪽으로는 옛 夫餘까지 이르렀다고 하는데, 이것이 부여의 초기 수도인 길림시 일대를 말하는지, 혹은 후기 거점이었던 농안, 장춘 일대를 말하는지 검토해야 하며, 당시에 세력을 확장 중이었던 물길과 어느 시기에 어느 지점을 경계로 하였는지를 검토해야 한다. 동쪽으로는 柵城(훈춘)까지 이르렀다고 하는데, 그 동북쪽으로는 어디까지 올라갔는가가 문제이다.

고구려의 영역에 대하여 가장 적극적인 견해를 보인 것은 손영종으로서, 5세기 후반의 고구려는 서쪽으로는 대릉하 유역까지, 서북쪽으로는 내몽고

---

64) 조효식, 2007, 「5세기 후반 가야와 신라의 국경선」, 『고대 동북아시아 역사지도의 현황과 과제』, 동북아역사지도편찬위원회 제1회 국제학술토론회 발표요지, 177~178쪽.
65) 이재성, 2002, 「4~5세기 고구려와 거란」, 『고구려연구』 14, 고구려연구회, 38~39쪽.

동남부까지, 북쪽으로는 눈강 상류를 지나 흑룡강까지 미쳤다고 보았다.[66] 그러나 북위의 행정력이 미치는 것은 대체로 대릉하 내외였다고 해도, 대릉하와 요하 하류 사이에는 중간지대가 형성되어 북위와 고구려가 직접 접경하지는 않는다고 보는 것이 일반적이다. 그리하여 중국의 역사지도에는 북위의 경계를 대릉하 유역까지, 고구려의 경계를 요하 하류까지 그렸다.[67]

한편 5세기 후반 고구려의 북방 영토는 『위서』 물길전에 나오는 延興中(471~476)의 물길 사신 乙力支의 언급과 깊은 연관이 있다. 그 자료를 번역하여 인용하면 다음과 같다.

> 지난 延興 중에 乙力支를 사신 보내 조헌하였다. (중략) (을력지가) 스스로 말하기를, '그 나라(물길)는 앞서 고구려의 10부락을 격파하였으며, 몰래 百濟와 함께 모의하여 水道를 따라 힘을 합쳐 고구려를 빼앗을 것입니다. 을력지를 보내 대국에 奉使하여 그 가부를 묻습니다.'라고 하였다. 詔를 내려 말하기를, "세 나라는 모두 藩附이니 마땅히 함께 사이좋게 지내고 서로 침입하지 말라."고 하였다. 을력지는 이에 돌아갔다. 그가 온 길을 따라 본래의 배를 타고 그 나라에 도달하였다.

이번 공동 연구를 담당한 송기호 교수는, 위의 기사에서 水道는 북류송화강이고, 고구려의 10부락은 북류송화강 일대의 길림시 일대이며, 물길은 계속 서진하여 494년에는 마침내 후기 부여까지 쫓아냈다고 주장하였다.[68] 즉 475년 이전에 물길이 길림시 일대를 취했다고 보아야 한다는 것이다.

그러나 이에 대하여 임기환 교수는, 을력지의 주장은 외교적 修辭에 불과한 것이라 사실 여부를 논하기 어렵고 고구려 10부락을 길림시 일대의 광역으로 상정할 필요도 없으며, 고구려가 479년에 柔然과 함께 地豆于 분할

---

66) 손영종, 1993, 「5~7세기 고구려의 서방과 북방 령역에 대하여」 (1)(2), 『력사과학』 1993-2 · 3.
67) 송기호, 2007, 「5세기 후반 고구려의 北境」, 『고대 동북아시아 역사지도의 현황과 과제』, 동북아역사지도편찬위원회 제1회 국제학술토론회 발표요지, 187쪽.
68) 송기호, 앞의 논문, 201쪽.

논의를 할 정도로 강성했던 것으로 보아 475년경에 길림시 일대를 물길에게 빼앗겼다고 보기는 어렵다고 하였다. 또한 부여는 이미 고구려에 복속되어 있던 상태였으므로 이를 고구려의 영토로 포함시켜 보는 것도 무방하지 않을까 하고 의문을 제기하였다.[69]

송기호 교수는 결론적으로 5세기 후반 고구려의 북방 경계선에 대하여 다음과 같이 제시하였다. 즉 고구려의 맨 서쪽에서는 遼河를 경계로 삼아서 북상하여 鐵嶺市까지 올라가는 데에는 이견이 없으며, 여기서 昌圖 부근에서 길림성의 大黑山脈으로 연결된 뒤에 산맥을 따라 동북으로 올라가면서 吉林市까지 연결한다. 대흑산성 이북에는 農安을 중심으로 한 후기부여가 자리 잡고 있었다. 길림시 以東의 연결선은 蛟河, 敦化, 汪淸을 거쳐 琿春으로 연결되었을 것이다.[70]

4. 쟁점 종합 및 지도 시안 작성

이상의 논점들이 5세기 후반의 한국 고대 지명 관련 쟁점들이다. 이번에 그릴 지도의 시점을 어디로 결정할 것인가 하는 것도 중요한데, 이번에는 될수록 고구려의 최대 판도를 표시해보고자 한다. 고구려와 백제 사이의 최대판도는 475년 위례성 함락 직후가 될 것이고, 고구려와 신라 사이의 판도는 481년 미질부성 전투 직후에 안정되었을 것이며, 요서 방면으로는 479년 地豆于 분할 시도가 그 정점이 아닐까 한다. 그렇다면 일단 482년을 시점으로 선택해 보고자 한다.

---

69) 이 내용은 2007년 12월 1일의 국제학술토론회 이후, 이를 토대로 필자가 임기환 교수에게 12월 7일에 전화를 걸어 자문을 받은 내용이다.

70) 송기호, 앞의 논문, 205~207쪽.

(1) 고구려와 백제의 국경선 시안

482년 고구려와
백제의 국경선은
서해안의 아산만
으로부터 시작해
서 경기도와 충
청남도의 경계선
을 따라 긋다가,
아산시의 둔포면
과 성환읍의 경
계선을 따라 남
하한다. 용와산
에서 동쪽으로
나아가 직산면·
성거읍과 천안시
의 경계를 지나
북면의 성거산과
개죽산을 가로질
러 동면 서쪽의
동성산에 이르러

〈지도 1〉 고구려와 백제의 국경선 시안

남쪽으로 그어 천안시 수신면과 충북 청원군 오창면·옥산면 사이를 따라
내려간다. 이는 아산시 일대에 대두산성이 있었다는 견해[71]와 『삼국사기』
지리지에서 직산이 옛 고구려 蛇山縣인 점을 중시한 것이다. 다만 직산의
옛 이름이 위례성이고 그 곳이 480년대의 漢山城이었다는 설[72]이 옳다면

71) 아산에 대두산성이 있었다는 견해로는 이기백, 앞의 논문; 유원재, 앞의 논문; 양기석,
    2007, 앞의 논문 등이 있다.

충남 직산 일대도 백제에 포함시켜 수정할 필요가 있다.

수신면 남단의 망경산 아래로는 충남 연기군과 충북 청원군의 경계를 따라 계속 남하한다. 연기군 남단에서 아래쪽으로는 공주시와 대전광역시의 경계를 따라 남하하다가 유성구 서남단의 조개봉에서 동쪽으로 동북쪽으로 비스듬하게 그어 서구와 중구의 경계선을 만나 이를 따라간다. 이는 청원군 부용면 남성곡과 대전시 서구 월평동에 5세기 후반의 고구려의 산성이 발견되고, 시기는 약간 늦지만 498년에 백제가 沙井城(대전시 중구 사정동)을 축성했다는 『삼국사기』 백제본기의 기사에 따른 것이다.

대전시 대덕구와 동구의 경계선을 따라 북쪽으로 올라가다가 대청호의 서쪽 끝에서 고구려와 백제 사이의 경계선이 끝나게 된다.

(2) 고구려와 신라의 국경선 시안

482년 고구려와 신라의 국경선은 동해안의 강원도 양양군과 강릉시의 경계선인 주문진 북단으로부터 시작하여 서쪽으로 가다가, 오대산 두로봉에서 평창군과 강릉시의 경계를 따라 남하한다. 다시 강릉시와 정선군의 경계를 따라 남쪽 및 동쪽으로 진행하다가, 정선군과 동해시·삼척시의 경계를 따라 남하하며, 다시 영월군과 태백시의 경계를 따라 남하한다. 이는 481년에 신라가 고구려군을 추격하여 泥河 일대까지 올라갔다는 『삼국사기』 신라본기 기사와, 늦어도 5세기 중엽 이후로 강릉 및 삼척 일대가 신라 세력권이었다는 강종훈·이한상 교수의 견해[73]에 따른 것이다.

태백산으로부터 서쪽으로 소백산맥을 따라 서쪽으로 나아간다. 즉 강원도 영월군과 경상북도 봉화군의 경계를 따라 서쪽으로 진행한다. 어래산에 이르러 충청북도 단양군과 경상북도 영주시의 경계를 따라 서남쪽으로 진

---

72) 이기백, 앞의 논문.
노중국, 2006, 앞의 논문.
73) 본고, 제3장 2절에 소개한 해당 교수들의 견해 참조.

행하며 소백산·
죽령을 거처 남
하하다가 충북
단양군과 경북
예천군·상주시
의 경계를 따라
서진한다. 단양
의 온달산성은
이곳이 고구려의
영역임을 보이고
있다.

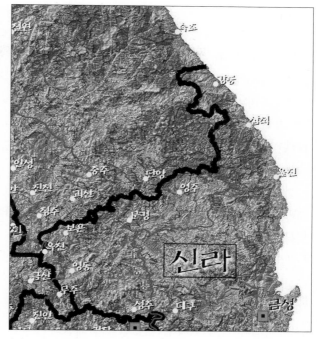

〈지도 2〉 고구려와 신라의 국경선 시안

월악산 국립
공원 일대에서
충북 제천시·충
주시와 경북 문
경시의 경계를
따라 서향하다가,
조령 일대에서 충북 괴산군과 경북 문경시 경계를 따라 남하하며, 백악산
일대에서 충북 청원군과 경북 상주시의 경계를 따라 다시 남하한다. 보은군
산외면 동쪽의 묘봉에서 서쪽으로 보은군 산외면·내북면과 보은읍 사이의
경계를 따라 서진한다. 이는 494년에 고구려의 성이었던 薩水와 犬牙城이
각기 청원군 미원면 및 보은군 내북면 일대로 비정된다는 견해[74]를 따른 것
이다. 또한 『삼국사기』 신라본기로 보아 신라가 470년에 三年山城(충북 보
은군 보은읍)을 축조하였으므로, 고구려와 신라의 경계선이 보은군 내부에
서 설정된 것이다.

---

74) 양기석, 2001, 「신라의 청주지역 진출」, 『신라 서원소경 연구』, 서경, 35쪽.

보은군 내북면과 보은읍의 서쪽 끝에서 청원군 가덕면과 보은군 회덕면의 경계를 따라 서남향하다가, 청원군 가덕면과 문의면의 경계를 따라 서진한다. 문의면 서쪽 경계를 둘러 내려오다가 대전광역시 동구와 옥천군 경계를 따라 남하한다. 여기부터는 사실상 신라와 백제의 국경선이다. 여기서 청원군 문의면을 신라 영역으로 편입시킨 것은 『삼국사기』 신라본기에서 자비 마립간 17년(474)에 一牟城(충북 청원군 문의면), 沙尸城(충북 옥천군 이원면), 廣石城, 沓達城(경북 상주시 화서면), 仇禮城(충북 옥천군 옥천읍), 坐羅城(충북 영동군 황간면)을 축성했다는 기록에 따른 것이다.

신라와 백제의 국경선은 충북 영동군과 충남 금산군, 전북 무주군의 경계를 따라 동남쪽으로 내려가다가 무주군 설천면의 나제통문에서 백운산, 거칠봉, 덕유산 줄기를 따라 남하하여 무주군 안성면과 경북 거창군 북상면의 경계에 이른다.

(3) 백제와 가야의 국경선 시안

482년 백제와 가야의 국경선은 전남 남해안의 고흥군과 여수시의 바다를 경계로 시작하여 순천만 서쪽으로 들어가 보성군과 순천시의 경계를 따라 북쪽으로 제석산, 백이산을 거치면서 서북향하다가 국기봉에서 북쪽으로 올라간다. 이는 앞에서 서술한 바와 같이 임나 4현 중의 沙陀가 순천에 비정되며, 고흥 길두리의 고분군에서 백제계 유물이 출토되고, 순천 운평리 고분군에서 대가야계 유물이 출토된 데 따른 것이다.

순천시 서쪽 끝의 송광면·주암면과 화순군의 경계를 따라 올라가다가 다시 화순군과 곡성군의 경계를 따라가며, 이어 담양군과 곡성군의 경계를 따라 올라간다. 곡성군 서북단의 주산리 고분군과 순창 고원리 고분군에서는 7기 내외의 봉토분이 발견되었으나, 그 유적 성격은 분명치 않다.[75] 그

---

75) 곽장근, 2004, 「호남동부지역의 가야세력과 그 성장과정」, 『호남고고학보』 20; 이동희, 2007, 앞의 발표요지, 150쪽.

유적의 성격에
따라 앞으로 경
계선의 변동이
있을 수도 있다.
다만 곡성 방송
리 고분군의 지
표 조사에서 대
가야계 토기와
대가야형 금제
이식이 확인되었
으므로,[76] 곡성
군 일대가 가야
영역으로 포함된
것은 별 문제가
없을 듯하다.

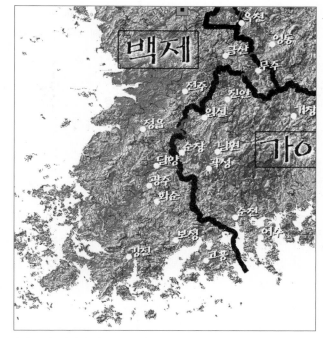

〈지도 3〉 백제와 가야의 국경선 시안

　　전남 담양군
과 곡성군 경계
의 끝에서 담양과 전북 순창군의 경계를 따라 서북쪽으로 따라 올라가며,
그 끝에서 백암산과 내장산을 만나 다시 전북 정읍시와 순창군의 경계를 따
라 북향한다. 정읍시와 임실군의 경계를 따라 가다가 정읍시 동쪽 끝 산외
면의 중간에 이르러 완주군과 임실군의 경계를 따라 동북쪽의 오봉산으로
나오고, 그 경계선을 따라 북쪽으로 동쪽으로 다시 북쪽으로 진행하다 보면
만덕산에 이른다. 여기서 완주군과 진안군의 경계를 따라 계속 북향하면 충
남 금산군과 마주치면서 전북·충남 道 경계를 이룬다.
　　충남 금산군과 전북 진안군 사이의 경계를 따라 동쪽으로 진행하다보면

---

76) 이동희, 2007, 앞의 발표요지, 150쪽.

진안군 용담면 동쪽 끝에서 무주군을 만나 그 경계를 따라 동남쪽으로 내려온다. 진안군과 무주군 경계의 남쪽 끝에서 장수군 계북면과 무주군의 경계를 따라 동진하다보면 삿갓봉이 나온다. 여기서 무주군 안성면과 거창군 북상면의 경계를 따라 동북향하면 무룡산을 거쳐 덕유산에 이르니, 이곳이 백제와 가야의 경계선의 끝이다. 진안 용담에는 대가야 계통의 토기를 출토하는 황산리 고분군[77])과 고령의 주산성과 같은 가야계 산성의 특징이 있는 월계리 산성[78])이 있다.

(4) 가야와 신라의 국경선 시안

482년 가야와 신라의 국경선은 부산광역시의 강서구와 사하구 · 사상구 · 북구 사이를 흐르는 낙동강 흐름을 따라 거슬러 올라간다. 이는 부산시 강서구 일대가 얼마 전까지만 해도 김해시에 소속되어 있었기 때문이다.

낙동강이 서낙동강과 갈라지는 분기점에서 김해시 대동면과 부산시 북구 사이의 경계를 북쪽으로 올라가, 대동면이 양산시 물금읍과 만나는 지점부터 낙동강 줄기를 따라 서북쪽으로 거슬러 올라간다. 이어서 김해시 상동면과 양산시 원동면 경계를 이루는 낙동강 줄기를 서북쪽으로 거슬러 오르면 삼랑진에 도달한다. 김해시 한림면 · 대산면과 밀양시 하남읍 사이를 흐르는 낙동강 줄기를 따라 서쪽으로 진행하다 보면 밀양시 초동면과 창녕군 부곡면의 경계에 이른다.

이곳에서 낙동강 줄기를 벗어나 밀양시 초동면과 창녕군 부곡면의 경계를 따라 북상한다. 덕암산에 이르러 밀양시 무안면과 창녕군 영산면 · 계성면의 경계를 따라 북상하다가, 창녕군 계성면과 창녕읍의 경계에서 서쪽으로 꺾는다. 계성면과 창녕읍의 경계의 끝에서 다시 장마면과 창녕읍의 경계

77) 곽장근, 2004, 앞의 논문.
78) 곽장근, 2005, 「웅진기 백제와 가야의 역학관계 연구」, 『백제의 변경』, 2005년도 백제연구 국제학술회의, 충남대 백제연구소.

를 따라 서진하다가, 장마면과 유어면의 경계를 따라 남하하다보면 남지읍과 유어면의 경계를 만나 서진하여 낙동강 줄기에 다시 닿는다. 여기서 창녕군 부곡면·길곡면·도천면·영산면·계성면·장마면·남지읍 일대를 가야 영역에 포함시킨 것은『일본서기』欽明紀에 나오는 가야 소국인 喙己呑國이 영산 일대에 해당한다는 문헌 사학의 견해[79]에 의거한 것이다. 후기 가야 소국 중에 가장 먼저 신라에게 멸망한 것이 탁기탄국이기 때문에, 적어도 이것은 낙동강 동쪽에 인접할 가능성이 크다. 영산·계성 방면이 지금은 창녕군에 속해 있지만, 신라시대에는 밀양시에 속해 있어서 창녕과 구분되는 독립적 지역이었다. 해당 기록으로 보아, 탁기탄국은 가라와 신라 사이에 있어서 매년 공격받아 패한다고도 하였고, 그 규모가 작다고도 하였으므로, 영산 일대가 적절한 곳이라고 하겠다.[80] 다만 앞에서 조효식 학예사의 견해를 인용하였듯이 고고학적으로는 그곳에 가야 문화로서의 요소가 그리 강하지 않았다는 것이 문제이다.

창녕군 남지읍과 유어면의 경계에서 낙동강 줄기를 만나, 유어면과 의령군 낙서면의 경계를 따라 북상한다. 이어서 합천군 청덕면과 창녕군 이방면의 경계를 따라 북상하다보면 덕곡에 도달한다. 덕곡은 회천과 낙동강 본류가 만나는 지점인데, 거기서 우측 물줄기인 낙동강 본류를 따라 북상한다.

경북 고령군 우곡면과 대구광역시 달성군 구지면의 경계를 따라 북상하다보면, 물줄기가 동서로 심하게 굽이치며 다시 고령군 개진면과 달성군 현풍면의 경계를 이룬다. 낙동강을 따라 계속 북상하여 고령군 성산면과 달성군 논공읍의 경계를 따라 올라가다가, 다시 고령군 다산면과 달성군 화원면의 경계를 이룬다. 고령군 다산면의 동쪽 끝에서 서쪽으로 물줄기가 바뀌면서 달성군 다사읍·하빈면과 경계를 이루게 된다.

성주군 용암면과 달성군 하빈면의 경계가 끝나는 곳에서 서쪽으로 성주

79) 김태식, 1991, 앞의 논문; 1993, 앞의 책, 163쪽.
80) 김태식, 2002, 앞의 책 3권, 225쪽.

군 용암면과 선
남면의 경계를
따라 진행하면,
용암면은 다시
성주읍과 경계를
이루며 서쪽으로
진행된다. 칠봉
산에서 성주군
수륜면과 대가면
의 경계를 서쪽
으로 나아가다가
그 끝에서 남쪽
으로 꺾어 수륜
면과 가천면의
경계를 따라 내
려간다. 여기서
5~6세기의 성주

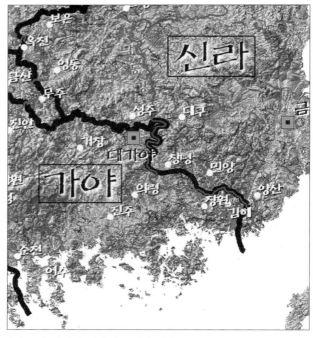

〈지도 4〉 가야와 신라의 국경선 시안

지방은 신라 세력권에 속함에도 불구하고 그 남쪽의 용암면과 수륜면을 대
가야 세력권에 편입시킨 것은, 성주군 수륜면 백운리의 가야산성이 북쪽 성
주읍 방향을 경계 대상으로 삼도록 설계되어 있어서 대가야 산성이라고 보
이기 때문이다.[81] 대가야의 중심지인 고령 세력은 562년에 신라에게 정복
되어 나라가 멸망하고 신라에게 군현 편제될 당시에 직접 지배 지역의 상당

81) 김세기, 2003, 『고분 자료로 본 대가야 연구』, 학연문화사, 80~81쪽.
   다만 김세기는 고고학적인 유적 조사 결과에 따라 성주군 수륜면만을 대가야 세력권에
   포함시켰지만, 본고에서는 지형상으로 보아 그에 인접하여 별도의 지역으로 분리하기 어
   려운 용암면도 대가야 세력권에 포함시켰다. 그러므로 성주군 용암면 일대에 대한 유적
   조사 결과가 나와서 신라 문화권으로서의 성격이 뚜렷하다면 이를 제외할 수 있다.

수를 인접 군들에게 빼앗긴 것으로 보인다. 합천군 야로면·가야면과 성주군 수륜면·용암면이 그런 지역이었다고 보인다. 이 일대는 대가야의 聖地인 가야산 유역이기 때문에 대가야에 속했던 것이 틀림없다.

가야산에서 성주군 가천면과 합천군 가야면의 경계를 따라 서쪽으로 나아가다가, 경남 거창군 가북면과 경북 김천시 증산면의 경계를 따라 서쪽으로 진행한다. 수도산에 이르러 거창군 웅양면과 김천시 대덕면의 경계를 따라 서북쪽으로 나아가면 대덕산에 이른다. 거기서 거창군 고제면과 전북 무주군 무풍면의 경계를 따라 서남쪽으로 꺾어져 내려간다. 다시 거창군 북상면과 무주군 설천면의 경계를 따라 서진하다보면 덕유산에 이른다. 여기까지가 가야와 신라의 경계선이다.

(5) 고구려의 북방 경계선 시안

482년 고구려의 북방 경계선은 중국 遼寧省의 遼寧灣 요하 입구에서부터 시작한다. 盤錦市를 관통하여 흐르는 雙台子河를 동북쪽으로 거슬러 올라가 鞍山市를 관통한다. 鞍山市의 동쪽 끝에서 遼河 본류와 만나 沈陽市 서쪽 일대를 관통하여 鐵嶺市 서쪽에 이른다. 여기까지는 5세기 후반 고구려의 서쪽 경계가 遼河에 이르렀다는 통설을 따른 것이다.

鐵嶺 서쪽에서부터는 遼河의 흐름을 따르지 않고 동북쪽 길을 따라 昌圖에 이른다. 昌圖 북쪽에서 四平 남쪽까지 동북쪽으로 직진한 후에 遼寧省을 벗어나 吉林省에 접어든다.

四平市 남쪽의 市 경계선에서부터 시작되는 大黑山脈을 따라 동북쪽으로 올라가면 公主嶺 남쪽과 長春市 남쪽을 지나 吉林市 북단에 이른다. 大黑山脈은 여기서 동북쪽으로 진행하다 舒蘭市 남쪽에서 멈추는데, 거기서부터는 동남쪽으로 나아가 蛟河市 북단에 이르러 吉林市 권역을 벗어난다.

다만 여기서 吉林省 長春市 農安縣을 중심으로 한 후기 부여 권역을 어떻게 표시할 것인가가 문제이다. 이 지역에 대해서는 5세기 후반 고구려의 영역을 최소한도로 축소 표시한 譚其驤의 『中國歷史地圖集』(1982)에서도 고구려의 영역에 포함시켜 놓았기 때문이다. 이는 부여가 이미 고구려에 종속되어 있었다는 일반적인 상식에 의거한 듯하다. 그렇다면 여기서도 고구려의 간접 지배 권역에 속했던 부여, 즉 농안·장춘 일대까지 고구려의 영역에 포함시킬 것을 고려해 보아야 한다. 다만 여기서는 전술하였듯이 494년까지 부여가 독립성을 유지하고 있었다는 송기호 교수의 견해에 따라 고구려의 최대 영역에서 배제하되, 고구려와 관련 있다는 것을 보이기 위해 고구려의 북방 경계선에 연접시켜 점선으로 표기해 둔다.

또한 송기호 교수는 460년대에는 길림시 일대가 고구려의 영역에 속해 있었지만, 475년경에는 물길에게 이곳을 빼앗겼을 것이라고 추정하였다. 이는 훗날 속말말갈의 성장과 발해 주민의 기원 문제까지 고려한 원대한 생각 속에 나온 결론이라고 보인다.[82] 그 견해에 따른다면 482년의 고구려 판도에서는 길림시 일대를 고구려의 영역에서 제외해야 할 것이다. 그러나 고구려는 479년에 地豆于의 분할을 논할 정도로 막강한 힘을 가지고 있었고, 물길이 길림시 일대를 취했다는 분명한 언급이 없었기 때문에, 좀 더 확실한 증거가 확보되거나 또는 해당 학계의 중론이 모아지기까지는 일단 길림시 일대를 고구려 영역에 포함시켜 두기로 한다.

吉林省 蛟河市 동북쪽 끝에서 동쪽으로는 延辺朝鮮族自治州의 북단을 이루는 도시들, 즉 敦化市와 汪淸縣의 북쪽 경계선을 따라 동쪽으로 포물선을 긋다가 琿春市의 북단을 거쳐, 러시아 연해주 블라디보스톡의 서쪽 바다로 빠진다. 이는 吉林市·蛟河市 뿐만 아니라 敦化市·安圖縣·汪淸縣·琿春市 일대에서 고구려 성지가 많이 발견되었다는 韓·中 학자들의 연구보고[83]에 따른 것이다.

---

82) 송기호, 2003, 「粟末鞨鞨의 원류와 扶餘系 집단 문제」, 『한반도와 만주의 역사 문화』, 서울대학교출판부.
83) 孫進己·馮永謙 主編, 1989, 『東北歷史地理』 2, 黑龍江人民出版社.
　　王禹浪·王宏北 編著, 1994, 『高句麗渤海古城址研究滙編』, 哈爾濱出版社.
　　한국방송공사, 1994, 『高句麗城』.
　　余昊奎, 1999, 『高句麗城 II -遼河流域篇-』, 國防軍事研究所.

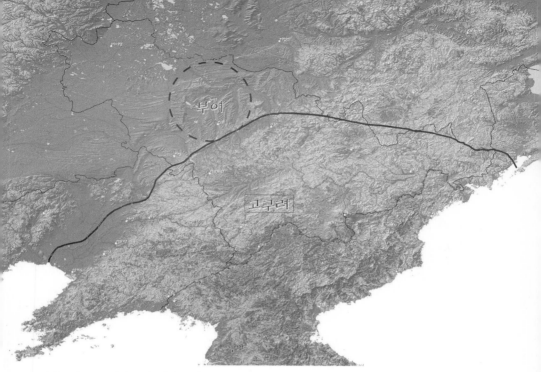

〈지도 5〉 고구려의 북방 경계선 시안

5. 맺음말

본고에서 작성한 5세기 후반 역사지도 시안을 간략하게 요약하면 다음과
같다.

이 역사지도 시안은 고구려의 최대 판도를 구현하기 위하여 482년을 기
준 시점으로 잡았다. 고구려와 백제의 국경선은 대체로 경기도와 충청남도
의 경계선에 따라 나뉘나, 충청북도 일대는 대부분 고구려의 영역에 속하였
다. 특히 새로운 고고학적 발굴 성과에 따라 대전직할시의 절반 정도를 고
구려의 영역에 포함시켰다.

고구려와 신라의 국경선은 기존의 역사지도들에서 경주 바로 북쪽의 포
항시 일대까지 고구려 영역에 포함시켰으나, 본고에서는 이것이 『삼국사
기』 신라본기의 기사들 및 신라 관련 고고학적 유적 분포와 어긋난다고 보

아, 신라 영역을 북상시키는 쪽으로 크게 수정하였다. 그리하여 고구려의 최대 영역은 신라 쪽으로는 소백산맥을 넘지 못했으며, 482년 당시에는 강릉 지방까지 신라에 속해 있었다고 결론지었다.

백제와 가야의 국경선은 일반적으로 소백산맥을 경계로 삼아 그려왔으나, 본고에서는 이것이 5세기 후반 당시의 문헌 및 고고학 자료에 배치된다는 생각에 따라 가야의 영역을 크게 확장시켰다. 즉 가야의 영역은 전라남·북도의 중간을 가로지르는 호남정맥을 경계로 하여 그 동쪽 일대를 포함하고 있었다는 것이다. 이에 따라 전북 진안·장수·임실·순창·남원과 전남 곡성·구례·순천·광양·여수 일대를 가야 영역에 포함시켰다.

가야와 신라의 국경선은 일반적으로 낙동강을 경계로 그려왔으며, 이번 공동 연구에서도 그것을 대체로 확인하되, 5세기 후반 당시에 낙동강 서쪽에서도 경북 성주·김천·상주 일대는 신라 영역에 속하는 것으로 보았다. 다만 낙동강 중류 동쪽에서 경남 창녕군 장마·영산·계성면 일대는 가야 소국인 탁기탄국의 세력권으로서 가야 영역에 속한다고 보았다.

고구려의 북방 경계선은 遼寧省의 동남쪽 절반과 吉林省의 동남쪽 절반 정도가 고구려 영역에 속한다고 보았다. 결과적으로 遼寧省의 盤錦市·鞍山市·沈陽市가 대체로 고구려의 서쪽 경계를 이루며, 그 동쪽의 營口市·大連市·丹東市·遼陽市·本溪市·撫順市·鐵嶺 일대가 고구려의 영역에 속하였다. 또한 吉林省의 遼源市·吉林市가 고구려의 서북쪽 경계를 이루며, 그 동쪽의 通化市·白山市·延邊朝鮮族自治州 대부분이 고구려의 영역에 속하였다. 다만 農安縣을 중심으로 한 長春市 일대는 후기 부여의 경역에 속하므로, 일단 점선으로 扶餘 영역으로 분리시켜 놓았으나, 이곳이 고구려의 간접 지배 속에 있었다는 개념 속에서 본다면 고구려의 영역에 포함시킬 수도 있는 것으로 보았다.

지도를 실제로 그릴 때 중요한 것은 각국 사이의 국경선뿐만 아니라, 각국 안의 지리 정보 중에 어느 것을 표시하는가 하는 점이다. 우선은 각국의 수도 위치가 표시되어야 할 것이나, 그 외에 어느 수준까지 각 도시나 성의 위치가 표현되어야 하는가의 기준도 마련되어야 한다. 그 지명도 옛 지명으로 하는 것은 기본이겠으나, 거기에 현재 지명을 괄호 안에 부기할 지의 여부도 판정해야 한다. 자연지리 정보에 대한 것은 지도 원안에 어느 수준까지 표시되어야 할 것인가를 의논해야 한다. 또한 지도를 그릴 때는 이를 몇 개로 나누어 세부 지도를 표시하는가, 혹은 한 장의 지도에 모두 표기하는가, 파일로 표현할 때 프로그램은 무엇을 사용할 지 등등의 문제에 대하여 공동 연구자들과 논의하여 최적의 선택을 구해야 한다.

그러나 이번 연구에서는 기간도 너무 짧고 경험이 없어서, 이런 문제에 대한 구체적인 논의를 이루지 못하였다. 이 문제는 추후 연구가 지속된다면 본격적으로 검토해야 할 것이다. 그리고 제1장에서 논의한 바와 같이 간접 지배 지역을 영역에 포함시킨다면 어떤 식으로 그려야 하는가, 또는 각 소국의 이름이 남아 있는 연맹체 단계의 사회에 대해서는 어떻게 표기해야 하는가의 문제에 대해서도, 결론을 내지 못하고 단지 문제만 제기하였다. 이러한 문제들은 역사지도의 표기 단계에서 매우 중요한 문제이니 만큼, 앞으로 충분한 논의가 이루어져야 할 것이다.

한편 이번에 5세기 4/4분기의 고구려 최대 판도를 생각해 보자는 공동 연구에서 많은 문제점들이 확인되었다. 가장 큰 문제는 현존하는 대부분의 역사지도가 이 시기의 역사적 사실에 대하여 별다른 고민을 하지 않고 그려졌기 때문에 불확실하다는 점이다. 그러한 지도가 중등학교 교과서에 버젓이 실려 있는 것은 후세의 교육을 위해서도 바람직하지 못한 일이다.

어쩌면 이번에 그린 5세기 후반 지도가 미흡하나마 최초로 학계의 의견을 어느 정도 반영한 역사지도라고 할 수 있을 것이다. 그 지도는 "482년 한반도 사국의 국경선 역사지도" 라고 이름 지었다. 이 논문의 말미에 첨부된 지도는 고려대학교 서태열 교수가 필자의 연구 성과를 지리정보시스템 (GIS: Geographical Information System)의 소프트웨어를 이용하여 표현한 것이다. 그 작업 내용을 전한다면, 일단 한반도와 만주 지역 일대에 대한 고해상도의 위성 영상 자료와 입체적인 사진 자료를 구입하여 같은 축적으로 조합하고 축소한 후, 필자가 원하는 강줄기와 현재 행정 지명을 추가하고, 필자가 그린 각국의 국경선 정보를 입력한 후, 이를 최종적으로 포토샵으로

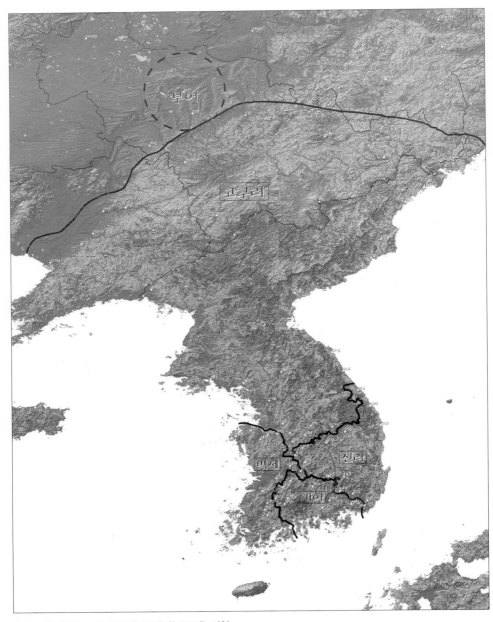

〈지도 6〉 한국 고대 사국의 국경선(482년) 시안

옮겨 완성한 것이라고 한다. 필자와 서태열 교수는 몇 차례 만나서 그 지도의 최상의 표현을 위하여 의논하였으며 그 때마다 한림대학교 김병준 교수가 동참하여 많은 조언을 주었다. 지면을 통해서나마 두 분께 다시 한번 감사의 뜻을 전한다.

* 이 글의 원전 : 김태식, 2008, 「한국 고대 사국의 국경선 -5세기 후반을 중심으로-」, 『한국 고대 사국의 국경선』, 서울 : 서경문화사, 7~55쪽.

II부
한국 고대사에서 가야의 위치

1.
가야사 경시의
논리들에 대한 비판

1. 머리말

일본 國立歷史民俗博物館이 주최한 제5회 국제 심포지엄(2002년 3월 12~16
일)의 주제가 "古代 東아시아에서의 倭와 加耶의 交流"라고 이름 붙여진 것
은 가야사 연구자인 본인에게 많은 것을 느끼게 한다. 그 하나는 '가야'를
'任那'나 '加羅'도 아니고 '伽耶'나 '伽倻'도 아닌 '加耶'로 표기한 점이
다. 이는 그 동안의 한일 간의 가야사 연구가 명칭의 표현에서부터 상호 간
에 어느 정도 공감을 획득했다는 점에서 중요하다. 또 하나는 加耶와 倭의
'交流'라는 용어를 중시했다는 점이다. 한쪽에 의한 일방적인 영향이나 지
배 관계에서 벗어나 대등한 양자를 인정해두고 그 둘 사이의 '交流'를 주목
하겠다는 입장 표명으로 받아들여져서 반갑게 생각된다.

　　더욱이 심포지엄에 참석하여 그곳에서 발표된 제반 주제들을 경청해보
니, 대부분의 논문이 4~6세기 일본의 고대 문명 성장 과정에 관심을 두면서
그에 미친 鐵과 騎馬·甲冑文化의 원류를 가야에서 찾는 것이었다. 이는 타
당한 시도이며, 21세기 한국과 일본 전문가들의 가야에 대한 인식의 현주소
를 확인할 수 있었다. 그러나 가야사나 고대 일본사의 전문 연구자들과 달

리, 다른 분야 전문가들의 인식이나 일반적인 인식은 아직도 가야에 대하여 경시하는 논리가 팽배해 있다.

돌이켜보건대 가야사의 연구는 근대적인 것만 하더라도 100년의 역사를 넘기고 있다. 그 동안 가야사는 상당히 많은 연구가 축적되었으나, 『三國史記』에서 가야가 한국 고대사의 축의 하나로 인정받지 못한 이후, 지금까지도 수많은 난관에 직면하고 있다. 존재를 무시당하는 것처럼 고통스러운 일은 없을 것이다. 그래서 본고에서는 근래의 상황을 중심으로 하여 가야사에 대한 연구 현황과 인식 및 그 문제점의 소재를 논해보고자 한다.

2. 加耶의 역사

가야 멸망 이후 신라 및 고려, 조선시대 사람들은 가야의 존재를 무시해왔다.[1] 가야의 존재를 인정하고 부각시킨 것은 어쩌면 근대 일본 사학자들이었다고도 할 수 있다. 그러나 그들의 상당수는 가야를 왜의 지배를 받던 任那라고 하여, 임나를 희생양으로 삼아 大和의 존재를 높이려 하였다.[2]

그러나 한일 양국 역사학의 연구 수준이 상승하면서 가야사는 점차 발전해왔다. 가야사가 제대로 인정받기 시작한 것은, 1970년대 이후 가야 지역에서 많은 고고학적 발굴 성과가 나오면서부터이다. 초기에는 고고학적 유물들의 성격이 제대로 인식되지 못하였으나. 이를 토대로 하여 『삼국사기』, 『삼국유사』, 『일본서기』 등의 사서도 새로이 평가되고, 이에 따라 유물들에 대한 해석도 점차 정비되어 왔다. 그 결과로 필자가 지금까지 정리한 가야사를 요약하면 다음과 같다.

---

1) 金富軾, 1145, 『三國史記』.
    權近, 1403, 『東國史略』.
2) 鮎貝房之進, 1937, 「日本書紀朝鮮關係地名攷」, 『雜攷』 7, 上・下卷.
    末松保和, 1949, 『任那興亡史』, 大八洲出版; 1956, 再版, 吉川弘文館.

前期 가야사는 대체로 2~4세기 동안 김해 가야국을 중심으로 한 경남 해안 및 낙동강 유역 변진 12국의 역사를 말하나, 그 이전의 국가 형성 과정을 포괄할 경우 그 기원을 위만조선이 멸망하고 그 유민들이 남하하는 기원전 2세기 말 내지 기원전 1세기 초까지 올려 보아야 한다. 이 시대를 세분하면, 철기를 수반하는 널무덤 문화가 시작되는 기원전 1세기부터 기원후 1세기 무렵까지를 가야 문화기반 형성기로 볼 수 있고, 덧널무덤 문화가 형성되는 기원후 2세기를 가야 제국 성립기, 3~4세기는 金海 지방의 우월성이 드러나는 전기 가야연맹 시기이면서 가야 문화의 전성기로 볼 수 있다.

2세기 후반 내지 3세기에는 서북한 지역의 낙랑 및 바다 건너 왜와의 원거리 교역을 통해서 점진적으로 발전하였고, 3세기 후반에는 기존의 문화 축적을 토대로 사회 통합이 한 단계 더 진전되어 경남 해안지대에서는 김해 가야국의 우월성이 더욱 두드러졌다. 4세기 전반에는 낙랑군과 대방군 멸망의 여파로 일시적으로 동서로 분열되었으나, 4세기 후반에는 백제와의 교역이 시작되고 서북한 지역으로부터의 移民을 받아들여 다시 김해 중심으로 통합되면서 강성해졌다.

그리하여 4세기 말에는 신라 지역과 자웅을 겨루면서 우세를 유지하였으나, 전성기의 말미인 400년경에 동북아시아의 패권을 다투는 국제 관계에 휘말려 김해, 창원 등의 중심 소국들이 고구려-신라 연합군의 공격으로 멸망하고 부산, 창녕 등의 낙동강 東岸 소국들이 신라에 투항함으로써, 전기 가야연맹은 해체되었다. 전기 가야는 한창 발전하던 중에 외부의 강적인 고구려의 공격을 받아 급작스럽게 소멸되었기 때문에, 특정한 쇠퇴기를 설정할 수 없다.

後期 가야사는 5·6세기 동안 고령 대가야를 중심으로 한 경상 내륙 및 낙동강 西岸 10여 소국들의 역사를 말한다. 그 시대를 세분하면, 움식 돌덧널무덤 문화가 각지에서 나타나기 시작하는 5세기 전반기를 가야 제국 복구기로 볼 수 있고, 5세기 후반부터 520년대까지는 가야 문화의 중흥기로 볼 수 있다.

5세기 전반에는 전기 가야 맹주국의 몰락으로 상대적인 우위를 가지게 된 함안의 安羅國과 고성의 古自國 등의 가야 서부 제국이 활발하게 움직여 교류를 확대해나가는 모습을 보였으나, 세력의 集積을 이루지는 못하였다. 반면에 고령 대가야를 중심으로 한 경상 내륙지방 소국들은 차츰 세력을 축적하고 5세기 후반에는 세력을 확대하여 서쪽으로 소백산맥을 넘어 섬진강 유역의 호남 동부지역까지 포섭하면서 크게 대두하였다. 6세기 초에 大加耶는 백제와의 경쟁 과정에서 호남 동부지역을 상실하였으나, 진주, 하동, 부림, 영산 등에 축성함으로써 내부의 결속과 외부에 대한 방어를 추진하였다.

520년대 후반 이후는 가야연맹이 소멸 과정을 겪는 시기이다. 그 가운데에서도 530년대는 신라와 백제의 침투로 인하여 남부 지역의 일부 소국들이 멸망하는 시기, 540년대는 大加耶(고령)와 安羅(함안)의 南北 二元體制로 분열된 시기, 550년대는 독립성을 유지하면서도 백제에게 복속되어 협력하던 시기였다. 그러다가 백제의 관산성 패전 이후 562년에 대가야국이 신라의 습격으로 함락되면서 후기 가야연맹은 종식되었다.

『日本書紀』에 나오는 이른바 '任那日本府'는 대외적으로 가야에 駐在하는 왜국의 使節團이라는 명분을 지니면서도, 실질적으로는 함안 안라국을 중심으로 한 가야 제국의 독립성 유지를 위해 일하고 있었다. 그러므로 이는 가야연맹이 백제와 신라의 압박으로 인하여 위기에 처한 대가야-안라 二元體制 시기에 함안 안라국의 세력 열세를 보완해주는 특수 외무관서, 즉 安羅倭臣館이었다고 할 수 있다.[3]

가야는 기원전 1세기의 여러 소국 성립 당시부터 6세기 중엽의 멸망 당시까지 700년 동안 완전한 중앙 집권적 고대국가를 완성하지는 못했지만, 그 나름대로의 소국연맹 체제를 유지하면서 독립적인 세력을 이루고 있었고, 때로는 상당한 영역을 포괄하는 초기 고대국가의 면모를 보이기도 하였다. 그리고 같은 시기의 백제나 신라 지역에서 출토된 고분 유물들과 비교해 볼 때, 그 유물의 질과 양의 측면에서, 또 그를 만들어내는 사회 기반과 기술력의 측면에서 백제, 신라, 왜 등에 비하여 손색이 없었다.[4]

---

3) 金泰植, 1993, 『加耶聯盟史』, 一潮閣.

3. 加耶 輕視의 論理들

이제 한일 양국의 고대사 연구자들 사이에는 任那日本府說을 인정한다고 공언하는 사람은 극히 드물다. 아직도 일부 정치나 교육에 이를 이용하려는 세력이 온존하고 있지만, 일본 역사 교과서 왜곡 사태를 맞이하여 한일 양국의 학계에서 임나일본부설을 인정치 않는다는 공감을 가지게 된 것은 다행스러운 일이다.[5] 임나일본부설은 20세기 전반기를 거치면서 『일본서기』, 중국 사료, 광개토왕비문 등 금석문의 고증을 통하여 뒷받침된 당시의 학문적 성과인 것처럼 보이지만, 동시에 그것은 일본의 조선 침략 및 식민지주의를 긍정하는 데에 기여하려는 목적이 있었으므로,[6] 그것이 21세기인 지금에 와서 설득력을 잃는 것은 당연한 일이다.

그런데 자세히 살펴보면, 모든 이의 의견이 합일되어 부정하는 것은, 4세기 후반에 왜군이 가야 지역을 군대로 정벌한 후에 이를 식민 통치하였고 그 기관으로서 임나일본부가 있었다는 논리일 뿐이다. 그 가설을 부정한다고 공언해도, 그와 비슷한 기조를 바탕으로 가야를 바라보는 시각들이 아직도 많이 존재하고 있다. 이를 크게 나누어 볼 때, 요즘 세 부류의 변형 임나일본부설이 있다고 느껴진다. 엄밀히 말하면, 이는 加耶를 輕視하는 論理들이다.

첫 번째는, 왜군이 4세기 후반에 가야를 정벌하지는 않았지만 6세기 전반에 가야는 백제와 신라 등에게 위협을 받고 있어서 왜국에 구원 요청을

---

4) 김태식, 2002, 『미완의 문명 7백년 가야사』, 푸른역사.
5) 東洋史研究會 外 14個學會, 2001, 「올바른 한일관계 정립을 위한 학술회의에 참가한 한국의 역사학 관련 학회 공동성명」, 및 同 심포지움 자료집 『일본의 역사교과서 문제와 네오내셔널리즘의 동향』, 2001년 3월 19일.
   大阪歷史科學協議會 外 18개 學會, 2001, 「'새 역사교과서'가 교육의 장에 들어오는 것에 반대하는 긴급 어필」, 2001년 5월 26일.
6) 山崎雅稔, 2002, 「廣開土王時代의 高句麗의 南進と倭王權의 展開」, 『廣開土太王과 高句麗 南進政策』, 廣開土太王 銅像建立 紀念 高句麗 國際學術大會, 2002년 3월 2일, 141쪽.

하였으므로 그 후로 가야는 왜의 강한 영향력 아래 놓이게 되었다는 것이다.[7] 물론 그 이전에도 가야 지역은 그런 논리의 연장으로 어느 정도 왜의 영향력 아래 있었다고 보고 있다.[8]

두 번째는, 왜가 아닌 백제가 4세기 후반에 가야를 정벌하거나 무력 시위하여 가야와 상하 관계를 맺고 한동안 속국으로 삼아 영향력을 미치다가, 5세기 후반에 대가야가 대두하자 그 영향력을 상실했다는 것이다.[9]

세 번째는, 기원후 3세기까지는 삼한시대일 뿐이고 4세기에 들어와 김해의 가야국이 강화되었으나, 4세기 후반부터는 이미 고령의 加羅國이 나타나서 김해의 南加羅國과 경쟁하다가 5세기에 들어와서는 가야 북부 지역만을 다스리는 초기 고대국가로 발전하였다는 것이다. 그 시기에 가야 남부 지역은 신라의 강한 영향력 아래 있었다고 보고 있다.[10]

첫 번째는 일본 고대사 위주의 논리이고, 두 번째는 백제사 위주의 논리이며, 세 번째는 신라사 위주의 논리이다. 이제 가야 지배 기구로서의 任那日本府나 百濟軍司令部의 존재를 인정하는 연구자는 거의 없으나, 그럼에도 불구하고 모두들 가야에게 강한 영향력을 미치고 있었다고 한다. 사람들은 누구나 자기중심으로 세상을 바라보는 눈을 가지고 있으므로 이를 탓할수 없다. 사료가 부족한 고대사의 특성상, 주변의 어떤 지역을 희생양으로 삼으면 역사의 전개 상황을 설명하기가 용이하다. 그러나 그것이 역사적 사실에 위배된다면 곤란하다.

무슨 근거로 가야가 아닌 다른 國家史의 연구자들이 가야에 대하여 우월

7) 大山誠一, 1980, 「所謂「任那日本府」の成立について」上・中・下, 『古代文化』 32-9・11・12, 古代學協會, 京都.
8) 鈴木英夫, 1996, 『古代倭國と朝鮮諸國』, 靑木書店.
9) 盧重國, 1995, 「大伽耶의 政治・社會構造」, 『加耶史硏究 -대가야의 정치와 문화-』, 慶尙北道.
   李道學, 1995, 『백제고대국가연구』, 서울: 일지사.
10) 朱甫暾, 1995, 「序說 -加耶史의 새로운 定立을 위하여-」, 『加耶史硏究 -대가야의 정치와 문화-』, 慶尙北道.
    李熙濬, 1999, 「신라의 가야 복속과정에 대한 고고학적 검토」, 『嶺南考古學』 25.

감을 가지는지 자세히 들여다보면, 결국 세 가지이다. 하나는 『日本書紀』
神功皇后 49年條 기사에 대한 자기 나름대로의 해석이고, 또 하나는 『三國
史記』의 신라 중심 삼국시대 논리이며, 나머지 하나는 가야가 중앙 집권 국
가를 완성하지 못하고 6세기 후반에 멸망하였다는 것에 대한 소급 적용이
다. 무엇보다도 결정적인 것은 가야가 약했다는 오래된 선입견이지만, 일단
은 그 근거들부터 논박하는 것이 순서이다.

4. 神功紀 49年條의 문제

우선 神功紀 문제를 살펴보아야 한다. 신공기 49년 조의 기사는 근래 들어
대부분 이를 긍정하지 않는다고 하면서도, 왜나 백제가 가야 지역을 4세기
후반에 세력을 뻗치거나 강한 영향력 아래 두었다고 하고,[11] 또는 4세기 후
반에 이미 김해 지방이 쇠퇴하고 고령 지방이 대두했다는 '四世紀加羅論'
[12]의 근거가 되고 있기 때문이다. 그러므로 이 사료를 재검토하는 것이 긴
요하다.

　일본의 근대 초기 연구자들은 이 기사의 신빙성을 인정하든 인정하지 않
든 대부분 4세기 후반 왜의 임나 정벌을 긍정하였으나, 1970년대를 전후한
井上秀雄의 태도 변화를 계기로 하여[13] 기사 및 사실 모두를 부정하는 방향
으로 전환되었다. 山尾幸久의 3周甲引下論이나[14] 그에 바탕을 둔 田中俊明
의 記事分解論도[15] 木氏 문제만 제외하고는 모두 부정 일변도이다. 반면에

---

11) 尾藤正英·藤村道生·益田宗·吉田孝·大口勇次郎·萱原昌二·原口幸男·福士堯夫,
　　1996, 『日本史B』, 東京書籍.
　　上橫手雅敬·和田萃·井上滿郎·西山克·喜舍場一隆, 1997, 『新考日本史B』, 帝國書院.
　　盧重國, 앞의 논문.
12) 朱甫暾, 앞의 논문; 1998, 「가야와 가야사」, 『가야문화도록』, 경상북도, 411~412쪽.
　　金世基, 1995, 「大伽耶 墓制의 變遷」, 『加耶史硏究』, 慶尙北道.
13) 井上秀雄, 1973, 『任那日本府と倭』, 東出版, 42쪽.

한국의 초기 연구자를 대표하는 李丙燾는 근초고왕의 마한 정벌만 인정하고 왜의 가야 정벌을 부정하였으나, 1980년대를 전후하여 千寬宇의 백제 주체적 관점이 나와서 이 기사를 백제의 가야 정벌 기사로 이해하는 경향이 나타났다. 그 후 백제사 연구자(李基東, 盧重國)들과 일부의 신라사 연구자(朱甫暾)는 이를 긍정하고 가야사 연구자들(李永植, 延敏洙, 金泰植)은 이를 부정하는 二元的 이해 방향으로 나뉘었다.[16]

그렇다면 神功紀 49년 조의 기사를 어느 정도 인정할 수 있을까? 신공기 49년 조의 기사를 정밀하게 이해하기 위하여 그 前半部를 번역하여 인용하면 다음과 같다.

[A] (神功皇后 攝政) 49년(249) 봄 3월에 荒田別, 鹿我別을 장군으로 삼아 久氐 등과 함께 군사를 이끌고 건너가 卓淳國에 이르러 신라를 습격하려고 하였다.

[B] 그 때 누군가 말하였다.
"병사의 무리가 적어서 신라를 격파할 수 없소. 다시 한번 沙白과 蓋盧를 받들어 올려 보내 군사를 증원하도록 요청합시다."
그래서 木羅斤資와 沙沙奴蛻(이 두 사람은 그 姓을 알 수 없는 사람이다. 다만 木羅斤資라는 자는 백제의 장군이다.)에게 명하여 정예 군사를 거느리게 해서 沙白, 蓋盧와 함께 보냈다.

[C] 모두 卓淳에 모여 新羅를 쳐서 깨뜨렸다. 그로 인하여 比自㶱, 南加羅, 喙國, 安羅, 多羅, 卓淳, 加羅의 일곱 나라를 평정하였다.

[D] 거듭 군사를 옮겨 서쪽으로 돌아 古奚津에 이르러 南蠻 忱彌多禮를 잡아 백제에게 주었다.

[E] 이에 그 왕 肖古와 왕자 貴須도 군사를 거느리고 와서 모였다. 이 때 比利, 辟中, 布彌支, 半古의 네 읍이 저절로 항복하였다.[17]

14) 山尾幸久, 1978, 「任那に關する一試論 -史料の檢討を中心に-」, 『古代東アジア史論集』下卷(末松保和博士古稀記念會編), 吉川弘文館.
15) 田中俊明, 1992, 『大加耶連盟の興亡と「任那」』, 吉川弘文館.
16) 이에 대한 자세한 정리는 金泰植, 2000, 「加耶聯盟體의 性格 再論」, 『韓國古代史論叢』 제10집 참조.

위에서 우선 [A] 부분을 인정하는 학자는 1970년대 이후로는 한일 간에 아무도 없다. 이는 그 기사가 일본 고대 씨족의 傳承 요소를 『日本書紀』 撰者가 변형하여 작문한 것일 뿐이고 『百濟記』의 것으로 인정할 수 없기 때문이다. 그러므로 사료적 가치의 문제는 일본 내 씨족 전승의 요소와 『일본서기』 찬자의 改作을 제거하고 『백제기』 原典의 문장을 찾아내되 그 자체의 편찬 시기와 사실성 여부를 추정해야 하는 것이다.

[B]·[C]·[D]의 사백, 개로, 목라근자, 사사노궤 등의 인명 표기와 비자발, 남가라, 탁국, 안라, 다라, 탁순, 가라 및 고해진, 남만 탐미다례 등의 지명 표기는 일본 측의 것으로 볼 수는 없으므로, 이들 기사가 『백제기』의 원전에서 나온 것임은 분명하다. 그렇다고 해도 그 기사를 모두 신뢰할 수 있는 것은 아니고, 백제 중심적인 과장과 일본 위주의 변개, 후대적인 용어 표기 등을 배제해야 하기 때문에, 진상 파악은 거의 불가능하다.

[B] 부분에서 목라근자와 사사노궤의 두 장군을 왜왕이 보낸 것인지 백제왕이 보낸 것인지는 알 수 없다. 應神紀 25년 조에 인용된 『백제기』 문장처럼 목라근자가 목만치의 아버지라면[18] 山尾幸久나 田中俊明의 견해와[19] 같이 백제장군 목라근자의 신라 정벌은 3周甲 引下하여 429년의 기사로 보아야 하나, 그 정벌의 범위가 [E]의 4읍에는 미치지 못한다고 해도 [C]의 7국과 [D]의 탐미다례가 포함되는 지의 여부를 알 수 없다. 다만 『삼국사기』 백제본기 비유왕 7년(433) 가을 7월에 백제가 사신을 신라에 보내 화친을 청

---

17) 『日本書紀』卷9, 神功皇后攝政 49年 春3月 "以荒田別鹿我別爲將軍 則與久氏等 共勒兵而度之 至卓淳國 將襲新羅. 時或曰 兵衆少之 不可破新羅. 更復奉上沙白蓋盧 請增軍士. 卽命木羅斤資沙沙奴跪[是二人 不知何姓人也. 但木羅斤資者 百濟將也.] 領精兵 與沙白蓋盧 共遣之. 俱集于卓淳 擊新羅而破之. 因以平定比自㶱南加羅㖨國安羅多羅卓淳加羅七國. 仍移兵 西廻至古奚津 屠南蠻忱彌多禮 以賜百濟. 於是 其王肖古及王子貴須 亦領軍來會. 時比利辟中布彌支半古四邑 自然降服."

18) 『日本書紀』卷10, 應神天皇 25年 細注 "百濟記云 木滿致者 是木羅斤資討新羅時 娶其國婦而所生也."

19) 山尾幸久, 앞의 논문.
田中俊明, 앞의 책.

하고,[20] 同 8년 봄 2월에 사신을 신라에 파견하여 좋은 말 두 필을 보내고, 가을 9월에 또 흰 매를 보냈으며, 겨울 10월에 신라가 질 좋은 금과 明珠로써 답례하였다는[21] 등의 우호 관계가 이어지는 것으로 보아, 429년에 백제의 대대적인 신라 정벌, 또는 가야 정벌이 있었다고는 생각하기 어렵다. 그러므로 목라근자 관련 기사는 [C]와 [D] 부분에 연결하여 생각하기 어려우며, [B] 기사의 신빙성 자체도 의심스럽다.

[C]와 [D] 부분의 문맥은 따로 떼어서 볼 것인지, 아니면 한 문장으로 연결하여 볼 것인지에 따라 중대한 차이가 난다. 따로 떼어서 본다면 왜군이 7국을 평정하여 자기가 소유하고 서쪽의 탐미다례를 잡아 이것만 백제에게 준 것이 되고, 한 문장으로 연결하여 보면 왜국이 7국을 평정하고 서쪽의 탐미다례를 잡아 모두 백제에게 준 것이 되기 때문이다. 기존의 연구자들이 이 구절을 어떻게 해석하였는지는 명확하게 드러나지 않으나, 末松保和를 비롯하여 '倭의 任那 支配'를 주장한 이들은 前者로 이해하여왔다. 이병도도 그렇게 이해하였기 때문에 [D]의 탐미다례와 [E]의 比利등 4읍만이 백제의 소유로 되었다고 보았다.

여기서의 주체를 千寬宇의 主體交替論에 따라 왜군이 아닌 백제군으로 본다면 두 가지 해석의 차이가 문제되지 않을 것이다. 그러나 應神紀 25년조에 인용된 『百濟記』 문장에서 왜국을 '貴國'이나 '天朝'로 표시하고 목만치가 '天朝의 분부를 받들어 우리(백제) 국정을 잡았다'거나 '天朝가 그의 횡포를 듣고 불러들였다'는 식으로 표현한[22] 것으로 보아, 『백제기』는 백제의 업적을 자랑하기 위한 책이 아니라 왜국에 대한 백제의 봉사를 공손하게 환기시키기 위한 사서였다고 하겠다. 그렇기 때문에 이 문장의 主體를

---

20) 『三國史記』 卷25, 百濟本紀 3 毗有王 7年 "秋七月 遣使入新羅請和."
21) 위의 책, 毗有王 8年 "春二月 遣使新羅 送良馬二匹. 秋九月 又送白鷹. 冬十月 新羅報聘以良金明珠."
22) 『日本書紀』 卷10, 應神天皇 25年 細注 "百濟記云 木滿致者 (中略) 以其父功 專於任那. 來入我國 往還貴國. 承制天朝 執我國政 權重當世. 然天朝聞其暴 召之."

섣불리 백제로 바꿔서 해석할 수는 없지 않을까 한다.

그러므로 [C]와 [D] 부분의 문맥은 두 문장을 연결하고 그 주어를 왜로 보아 '왜국이 신라를 쳐서 7국을 평정하고 서쪽의 탐미다례를 잡아 모두 백제에게 준 것'으로 해석해야 옳다.[23] 다만 그 의미 해석은 문장 표현과 달리 이해해야 한다. 이미 前稿에서도[24] 밝힌 바 있듯이, 가야 멸망 이후의 사료인 推古紀 31년(623) 조 기사에서, 親百濟的 왜인 관료인 中臣連國이 조정 내에서 '신라를 정벌하고 임나를 취하여 백제에 부속시키자'는 논의를 하는 것으로[25] 보아서도, '왜의 신라·임나 정벌'이란 왜가 임나 땅을 영유하자는 것이 아니라 임나 지방을 통하여 백제 문물을 교역하는 체제를 마련하자는 정도의 뜻밖에 없는 것이다. 따라서 신공기 49년 조의 문장도, 백제가 비자발 등 7국과 탐미다례를 통하여 왜국과 문물을 교역하는 체제를 마련한 것을 친백제적 왜인의 어법에 따라 재구성한 것이라고 할 수 있다. 그렇다면 이 기사를 토대로 삼아 왜의 임나 지배를 논하거나 백제의 가야 정벌을 논하는 것은 허망한 일이 아닐까 한다.

또한 여기서 비자발 등 7국의 지명이 가지는 의미에 대하여 논의해 보자. 신공기의 7국명과 『양직공도』 백제국사전의 旁小國名을[26] 비교하여, 新羅=斯羅, 卓淳=卓, 安羅=前羅, 加羅=叛波, 忱彌多禮=下枕羅 등이 서로 대

---

23) 神功紀 49년 조의 7국 평정 기사를 허구로 보는 입장이기는 하지만, 이영식도 왜국이 가라 7국을 평정하여 백제에게 하사하였다고 이해하고 있다(李永植, 1995, 「百濟의 加耶進出過程」, 『韓國古代史論叢』7, 駕洛國史蹟開發研究院, 187쪽).

24) 金泰植, 1994, 「廣開土王陵碑文의 任那加羅와 '安羅人戍兵'」, 『韓國古代史論叢』6, 駕洛國史蹟開發研究院, 84쪽; 1997, 「百濟의 加耶地域 關係史: 交涉과 征服」, 『百濟의 中央과 地方』(百濟研究論叢 第5輯), 忠南大學校 百濟研究所, 49쪽.

25) 『日本書紀』卷22, 推古天皇 31年 "是歲 新羅伐任那 任那附新羅. 於是 天皇將討新羅 謀及大臣 詢于群卿. 田中臣對曰 不可急討. 先察狀 以知逆後擊之不晚也. 請試遣使 覘其消息. 中臣連國曰 任那是元我內官家. 今新羅人伐而有之. 請戒戎旅 征伐新羅 以取任那 附百濟. 寧非益有于新羅乎."

26) 『梁職貢圖』百濟國使 圖經 "旁小國有叛波卓多羅前羅斯羅止迷麻連上己文下枕羅等附之."

응되어 높은 일치율을 보인다고 지적한 견해도 있으나,[27] 가라와 반파는 같은 나라를 가리킨다 해도 표기 자체는 상당히 다르며, 7국 중에 비자발, 남가라, 탁국 등은 빠졌다. 520년대의 『양직공도』 백제국사전으로 대표되는 백제 측의 인식에서 고령 세력을 '叛波'라고 부른 것은, 前稿에서 논한 바와 같이[28] '大加耶' 또는 '加羅'라는 이름 아래 가야 지역을 통합하려는 가야의 大君長으로 인정치 않고 前時代와 같은 여러 소국 중의 하나로만 간주하려는 태도를 보인 것이다.

그러므로 『백제기』를 원전으로 하는 지명으로서 백제 측의 인식을 반영하면서도 고령 세력을 '加羅'라고 표기한 신공기 49년 조의 7國名은 『양직공도』 백제국사전 草稿의 성립 시기인 520년대보다 후대의 지명 표기라고 하겠다. 百濟三書의 지명에 쓰인 字音假名字가 모두 7세기 推古朝遺文의 표기법과 높은 近似性을 보인다는 木下禮仁의 연구 성과도[29] 고려할 필요가 있다. 『일본서기』에는 4세기 이전 전기 가야시대의 국명이나 상황이 거의 고려되어 있지 않고, 거의 모든 것이 6세기 이후의 상황을 반영하고 있다고 보아야 할 것이다.

고령 세력을 '加羅'라고 칭하는 것은 불확실한 왜국의 시각에 따라 아무리 올려 보아도 5세기 중엽보다 앞서기 어렵다. 고고학적 유적 상황으로 보아도, 369년을 전후한 4세기 후반 시기에 고령 지산동 고분군 축조 세력이 김해 대성동 고분군 축조 세력을 압도하여 '加羅'라는 국명을 빼앗고, 예전부터 狗邪=加耶=加羅로 칭하던 김해 세력을 '南加羅'로 격하시켰을 가능성은 없다. 그러므로 신공기 49년 조의 7국명은 후대의 국명을 나타내고 있으며, 이를 근거 삼아 369년 당시에 이미 고령의 가라국과 김해의 남가라국이 그런 국명을 사용하면서 공존하고 있었다고 볼 수는 없다. 이를 토대로

---

27) 延敏洙, 1998, 『고대한일관계사』, 혜안, 48쪽.
28) 金泰植, 1985, 「5세기 후반 대가야의 발전에 대한 연구」, 『韓國史論』 12; 1993, 앞의 책, 103쪽.
29) 木下禮仁, 1961, 「"日本書紀"にみえる'百濟史料'の史料的價値について」, 『朝鮮學報』 21·22合.

하여 4세기 후반 고령 세력의 대두를 논하는 것은 성립할 수 없는 논리이다.

5. 三國時代論의 문제

삼국 중심의 논리로 가야를 경시하는 것은 어떠한가? 가야는 문헌 기록에 서기 42년부터 562년까지 존속하였으며, 『삼국유사』 왕력에도 이미 고구려, 백제, 신라와 대등하게 駕洛國이 연표 형식으로 들어가 있다. 가야의 최대 판도를 살펴보면, 慶尙右道와 全羅左道를 모두 포함하며, 慶尙左道에서도 낙동강 변에 가까운 창녕, 밀양, 부산 등지는 그 영역 안에 포함시킬 수 있다. 그렇다면, 현재 5,000만 남한 인구 중에 3분의 1 정도는 가야의 후예라고 볼 수 있다. 그들을 한국 고대사 체계에서 이방인으로 소외시켜서는 안 될 것이다.

보통 한국 고대사를 삼국시대라는 이름으로 표현한다. 그러나 이것으로 한국 고대사를 모두 설명할 수 있을까? 시기적으로 보아 고구려, 백제, 신라의 세 나라가 만주 및 한반도를 셋으로 나누어 지탱하고 있던 것은 562년부터 660년까지의 98년간이었으므로, 삼국시대를 고집하면 시간적으로 그 이전의 천년 이상을 버리게 된다. 과연 이것을 옳다고 할 수 있을 것인가?

삼국시대라는 관념은 고려시대 중기의 정치가 겸 역사가인 김부식이 1145년에 편찬한 사서인 『삼국사기』에서 비롯된 것이다. 지금은 그것이 현존하는 가장 오래된 역사서이나 그 이전에는 이규보가 말하는 바와 같이 고려 전기부터 『舊三國史』가 있었다. 그러므로 그 역사서들의 이름만 보아도, 고대의 역사를 '三國'으로 정리하는 것은 일단 고려시대 사람들의 인식에서 비롯한다고 볼 수 있다. 어떻게 보면 고려인들이 발해를 제외한 후삼국을 통일한 것을 그보다 앞선 고대까지 소급하여 반영한 것일 수도 있다.

그러나 고려인들의 그 인식도 실은 신라인들의 것을 계승한 것에 불과하다. 『삼국사기』에는 신라의 건국 연대가 가장 오래된 것으로 기록되어 있고, 이것은 최후 승자인 신라인들의 주관적인 역사 인식임이 틀림없다. 그러나『삼국사기』에는 이를 의심하거나 수정하려는 노력이 전혀 보이지 않는다. 또한 신라는 660년과 668년의 두 차례에 걸쳐 백제와 고구려를 멸한 이후, 삼한과 삼국을 동일시하고 신라가 삼한을 통일한 것을 자랑하였다. 692년에 당나라가 신라 태종무열왕의 廟號를 바꿀 것을 요구하자 신라가 이를 거절하며 당에 보낸 국서에서[30] 신라인들의 그러한 자부심을 확인할 수 있다. 그래서 신라 말의 崔致遠은 마한이 고구려가 되고, 진한이 신라로 되고 변한이 백제로 되었다고 보았는데, 김부식은『삼국사기』에서 최치원의 견해가 옳다고 한 것이다.[31]

그렇다면 신라인들의 역사 인식과 그를 계승한 고려인들의 인식이 현재의 관점에서 보아도 옳다고 할 수 있을 것인가? 우선 삼한과 삼국을 동일시하는 것도 문제가 되며, 또한 한국 역사의 터전에서 명멸했던 고조선, 부여, 가야, 발해 등을 무시하는 것은 더 큰 문제이다. 가야만 보더라도 동쪽으로는 경상남북도의 낙동강 유역부터 서쪽으로 소백산맥을 넘어 전라남북도의 동부 지역에 이르는 옛 가야 주민들의 역사를 무시하게 된다.

그래서 고려 후기에 오랫동안 몽고의 침입을 물리치기 위해 큰 시련을 겪은 후 당시의 사상계를 이끌던 일연은『三國遺事』를 저술하여 삼국시대의 관념을 확대하고자 하였다. 그는 사서의 이름을 '삼국의 남은 일들' 이라고 하였으나, 그 속의 기이편에는 古朝鮮(王儉朝鮮), 衛滿朝鮮, 馬韓, 二府, 七十二國, 樂浪國, 北帶方, 南帶方, 靺鞨=渤海, 伊西國, 五伽耶, 北扶餘, 東扶餘, 高句麗, 卞韓=百濟, 辰韓 등을 망라하고 장문의 駕洛國記를 거의 그대로 게재하였으며, 왕력편에서는 우리의 역사를 고구려, 백제, 신라, 가야 네 나

---

30)『三國史記』卷8, 新羅本紀8 神文王 12年 "王與羣臣同議 對曰 小國先王春秋諡號 偶與聖祖廟號相犯 勅令改之 臣敢不惟命是從 然念先王春秋 頗有賢德 況生前得良臣金庾信 同心爲政 一統三韓 其爲功業 不爲不多 捐館之際 一國臣民 不勝哀慕 追尊之號 不覺與聖祖相犯."

31)『三國史記』卷34, 雜志3 地理1 序文 "新羅崔致遠曰 馬韓則高麗 卞韓則百濟 辰韓則新羅也. 此諸說 可謂近似焉."

라 왕들의 紀年으로 정리했다.

　부족하나마 이러한 확대된 역사 인식의 토대 위에서 한민족은 몽고간섭기를 극복하고 朝鮮을 개국할 수 있었다. 그 후 조선 초기의 권근은 최치원의 그릇된 삼한 인식을 처음으로 지적했으나, 마한은 백제가 되고, 진한이 신라가 되고, 변한이 고구려가 되었다고 하여,[32] 삼한과 삼국을 동일시하는 큰 틀을 벗어나지는 못했다.

　조선 중기에 임진왜란을 겪고 나서 한백겸은 신라적인 삼국시대론의 허점을 지적해냈다.[33] 즉 우리 동방은 옛날부터 한강을 경계로 남북으로 갈라져 있어서, 북쪽에서는 檀君朝鮮-箕子朝鮮-衛滿朝鮮-四郡-二府-高句麗로 전개되었고, 남쪽에서는 馬韓, 辰韓, 弁韓의 三韓이 각각 百濟, 新羅, 駕洛으로 계승되었다고 하였다.[34] 그는 지리 고증을 올바로 함으로써, 그동안 잊혀졌던 가락국, 즉 가야의 존재를 밝히고, 결국은 한국 고대시기에 고구려, 백제, 신라, 가야의 4국이 대등하게 병존하였음을 논증한 것이다.

　한백겸의 이론은 그 후 많은 실학자들의 지지를 얻으며 확산되면서 삼국만을 강조하는 인식에서 벗어날 수 있었다. 이수광은 우리 동방의 역사는 장구하여, 檀君이 1048년, 箕子에서 馬韓까지가 1071년, 백제가 678년, 고구려가 705년, 신라가 992년, 가락국이 491년, 고려가 475년이라고 정리하였

---

32) 權近, 1403, 『東國史略』; 盧思愼・徐居正 等, 1476, 『三國史節要』外紀 三韓 "權近曰 三韓
　　之說 互有不同. 然朝鮮王準 避衛滿之亂 浮海而南 開國 號馬韓. 至百濟遷祚立 遂并之. 今
　　之益州有古城 至今人稱爲箕準城. 則馬韓之爲百濟 無疑矣. 辰韓 新羅始祖赫居世所起之
　　地. 新唐書曰 卞韓在樂浪之地 又曰 平壤古漢之樂浪郡. 則辰韓之爲新羅 卞韓之爲高句麗
　　亦無可疑. 後漢書以爲 卞韓在南 辰韓在東 馬韓在西. 其謂卞韓在南者 盖自漢界遼東之地
　　而云爾 非謂卞韓在辰・馬二韓之南也. 崔致遠因謂 馬韓麗也 卞韓百濟也 誤矣"
33) 韓百謙, 1615, 『東國地理志』.
34) 위의 책, 後漢書三韓傳, "我東方在昔自分爲南北. 其北本三朝鮮之地. 檀君與堯竝立 歷箕
　　子 曁衛滿 分以爲四郡 合以爲二府 與高朱蒙迭爲盛衰. 東晉以後 高氏遂并其地 是爲高句
　　麗也. 其南乃三韓之地也. (中略) 馬韓統五十四國 辰弁韓各統十二國. 所謂國卽今之郡縣.
　　合辰弁二韓 僅得二十四國 不能當馬韓之半. 以此見之 湖西湖南 合爲馬韓 而嶺南一道 自
　　分爲辰弁二韓 又何疑乎."

다.[35] 이는 곧 한국사를 고조선-사국(고구려, 백제, 신라, 가야)-고려로 정리하는 인식을 보여준 것이다.

안정복은 한백겸의 설을 받아들이면서도 삼한정통론을 세워 예맥, 옥저, 가락, 가야 등은 소국의 반열로 편입시킨 한계성은 있으나, 한나라 건무 18년(서기 42) 조에서 "가락국 시조 김수로 원년인데, 이 해 이후 大國이 셋이고 小國이 하나로 모두 네 나라이다." 라고 하여[36] 사국시대를 인정했다. 한치윤과 한진서는 『海東繹史』에서 가야와 임나에 관한 모든 사서의 기록들을 종합하여 이를 상호간에 관련지어 이해하려고 했다.[37] 정약용은 김해의 가락국이 가야 제국의 總王이었고, 가야는 해운을 잘 이용했으므로 같은 시대에 신라보다 훨씬 더 발달할 수 있었다고 하여,[38] 근대적인 가야사 연구의 단서를 열었다.

고려 후기 이후 수백 년에 걸쳐 선조들의 역사 경험이 넓어지고 연구가 심화되면서 신라 중심적인 협소한 역사 인식은 수정되어왔다. 그래서 이제 대부분의 역사 개설서에서는 우리 역사의 연원을 고조선부터 찾고 있고, 고구려의 개국 연대를 신라보다 높이 올려보고 있다.[39] 그러나 가야사에 대해서만은 실학자들의 연구 동향을 계승하지 못하였다.

실학자들의 올바른 연구 경향이 왜곡된 것은 일제강점기를 전후하여 우리에게 강요된 식민사학의 결과이다. 그리하여 상당수의 한국인들도 가야는 약해서 고대 왜국의 지배를 받았다는 것이 사실일지도 모른다는 열등감에 빠졌으며, 이것이 가야에 대한 선입견으로 된 것이다.

---

35) 李睟光, 1614, 『芝峰類說』.
36) 安鼎福, 1783, 『東史綱目』.
37) 韓致奫, 1814, 『海東繹史』.
   韓鎭書, 1823, 『海東繹史-續』.
38) 丁若鏞, 1811, 『疆域考』; 1833, 『疆域考-續考』.
39) 邊太燮, 1993, 『韓國史通論』三訂版, 127쪽.
   韓永愚, 1997, 『다시 찾는 우리 歷史』, 經世院, 83쪽, 126쪽.
   國史編纂委員會・1種圖書編纂委員會, 2002, 『高等學校 國史』, 敎育人的資源部, 61쪽.

그러나 1970년대 이후 고고학이 발달하고 역사에 대한 이해가 증가하면
서 가야의 풍부하고 수준 높은 유물들이 나타나고 가야사를 재평가하기 시
작했다. 거기에서 고대 왜국의 지배라든가 백제의 지배, 또는 신라의 지배
를 생각할 수 있는 근거는 하나도 나오지 않았고, 오히려 풍부한 부와 기술,
특히 제철 능력에서 나오는 무력과 토기 문화의 선진적인 면모 속에서 오랜
기간에 걸치는 가야 문화의 독자적인 성격을 확인할 수 있을 뿐이다. 이제
는 가야사에 대한 잘못된 생각들을 바꿀 때가 되었다.

6. 加耶政治體의 수준

어떤 사람들은 가야는 소국들이 分立하고 고대국가를 완성하지 못해 하나
의 국가로 취급할 수 없다고 한다. 그러나 서양 중세의 봉건국가들은 중앙
집권화를 이루지 못하였으니 그 시대의 역사를 인정하지 않을 것인가? 또는
소국으로 분립되어 있었기 때문에 그 주변 세력들의 강한 영향력 또는 지배
아래 들어가 있었을 것이라고 당연시 할 것인가? 보다 중요한 것은 그 세력
의 실체와 여건 및 기능이다.

가야 소국들의 존재 양태에 대한 해석은 여러 가지가 있다. 이 문제에 대
해서는 조선 후기 실학 이래로 막연하게 이른바 '六加耶'가 연맹체를 이루
고 있었다는 설이 통용되고 있었으나, 근래에 들어서는 여러 가지 다양한
견해들이 표출되었다. 이미 알려진 연구 성과 중에서 그 견해들을 정리해
보면, ① 가야 전역에 여러 소국들이 있었으나 상호간에 연맹 체제를 이루
지는 못하였다는 單純分立說(이현혜, 이영식),[40] ② 10여 개의 소국들이 하

---

40) 李賢惠, 1988,「4세기 加耶社會의 交易體系의 變遷」,『韓國古代史研究』1, 韓國古代史研
    究會.
    李永植, 1985,「加耶諸國의 國家形成問題 - '加耶聯盟說'의 再檢討와 戰爭記事分析을 중
    심으로-」,『白山學報』32; 1993,『加耶諸國と任那日本府』, 吉川弘文館, 東京.

나의 연맹체를 이루고 있었다는 單一聯盟體說(김정학, 김태식),[41] ③ 가야
전역에 걸치는 가야 연맹체는 없었고 여러 개의 작은 지역별로 연맹체가 공
존하고 있었다는 地域聯盟體說(권학수, 백승충, 노중국, 이형기)[42] 등으로
나누어 볼 수 있다. 이로 보아, 가야 연맹체의 존재 여부에 대해서는, 이를
인정하는 설로부터 제한적으로 인정하는 설, 인정하지 않는 설 등이 대립되
어 있음을 알 수 있다.

위의 견해 중에서 요즘 유행하는 설은 세 번째의 지역 연맹체설이다. 그
러나 내부적으로는 이들 사이에도 차이가 존재하여, 권학수는 5세기 후반에
는 고령 중심의 西北加耶群, 김해 중심의 東部加耶群, 함안 중심의 西南加
耶群이라는 3개의 小聯盟이 형성되었다고 했고,[43] 백승충은 김해, 고령이
중심이 된 2개 지역 연맹체가 단기적으로 성장했으나 지역 전체를 포괄하지
못하여 그에 소속되지 않은 소국들이 널리 존재했던 점을 논했다.[44] 노중국
은 좀 더 시기를 앞당겨 3세기 삼한의 각 연맹체는 연맹장의 권한이 상대적
으로 약했기 때문에 그 내부에서 일정한 지역을 중심으로 이루어진 지역 연
맹체가 있었는데, 변한, 즉 가야의 경우에는 그 상태가 끝까지 지속되었다
고 보았고,[45] 이형기는 3~4세기 단계 이래 가야 지역에는 여러 지역 연맹
체, 즉 금관가야 연맹체, 아라가야 연맹체, 소가야 연맹체, 및 대가야 연맹체

---

41) 金廷鶴, 1982,「古代國家의 發達(伽耶)」,『韓國考古學報』12; 1983,「加耶史의 研究」,『史
學研究』37.
    金泰植, 1993,『加耶聯盟史』, 一潮閣; 2000,「加耶聯盟體의 性格 再論」,『韓國古代史論叢』
    제10집.
42) 權鶴洙, 1994,「加耶諸國의 相關關係와 聯盟構造」,『韓國考古學報』31, 152~158쪽.
    白承忠, 1995,「加耶의 地域聯盟史 研究」, 부산대학교 박사학위논문, 24~30쪽.
    盧重國, 1995,「大伽耶의 政治・社會構造」,『加耶史研究 -대가야의 政治와 文化-』, 慶尙北
    道, 158~159쪽.
    李炯基, 1999,「阿羅伽耶聯盟體의 成立과 그 推移」,『史學研究』57・58合; 2000,「大加耶
    의 聯盟構造에 대한 試論」,『韓國古代史研究』18.
43) 權鶴洙, 위의 논문.
44) 白承忠, 앞의 논문.
45) 盧重國, 1995, 앞의 논문.

가 형성되어 있었다고 했다.[46)]

한편 1998년도에 편찬된 『加耶文化圖錄』에서는 각 지역의 유적, 유물 사
진을 권역별로 구분하되 大加耶圈, 金官加耶圈, 阿羅加耶圈, 小加耶圈과 其
他地域으로 나누어 실었다.[47)] 고고학적으로 발굴된 유적, 유물을 치밀하게
분석하여 편년을 조정하고 문화권을 설정하는 것은 매우 중요하며, 이를 토
대로 삼아 5~6세기의 가야 지역을 크게 네 개 권역으로 나눌 수 있다는 것은
최근에 이루어진 고고학적 연구의 중요한 성과이다. 그러나 이를 고고학적
命名法에 충실하게 현재 지명을 써서 고령권, 김해권, 함안권, 사천-고성권
등으로 나누지 않고 곧바로 대가야권(또는 대가야 연맹체), 아라가야권(또
는 아라가야 연맹체), 소가야권(또는 소가야 연맹체) 및 금관가야권(또는 금
관가야 연맹체)으로 각각 명명함으로써, 변형된 6가야 연맹체로 인정시키
려는 것은 받아들이기 어렵다.

연맹체란 그 연맹을 이루는 각 소국들의 독립성이 유지된 상태에 있기
때문에, 외부의 신라나 백제와 같은 큰 적에 대해서는 하나의 단일 연맹체
라는 외형을 갖추고 있다고 하더라도, 그 내부에는 각기 혈족이나 지리, 경
제 교류, 문화 전통 등의 측면에서 친하거나 소원한 차이가 있어서, 상황에
따라 몇 개 또는 그 안에서 다시 몇 개의 정치체로 나뉘어 상호 견제하는 分
節體系가 존재한다. 상당한 시기에 걸쳐 가야 소국들이 신라나 백제에 대하
여 '加耶'라는 단일한 이름 아래 불리었다면, 이들은 하나의 연맹체 안에
있다고 할 수 있을 것이다. 그리고 그 내부에 몇 개의 서로 경쟁하는 지역 연
맹체 조직이 있는 것은 당연하며, 상황에 따라 때로는 그 지역 연맹체들의
분립성이 두드러지게 밖으로 노출되기도 하겠으나, 평상적인 안정기에는
그 지역 연맹체 중에서 가장 큰 것의 중심국이 대외적으로 전체 연맹장의
역할을 수행한다.

---

46) 李炯基, 앞의 논문.
47) 金世基, 盧重國, 朴天秀, 李明植, 李熙濬, 朱甫暾 編, 1998, 『加耶文化圖錄』, 慶尙北道.

그러므로 가야 지역이 문화적으로 네 개의 작은 권역으로 구분될 수 있다고 해서, 가야 지역 전체에 걸치는 연맹체의 존재를 자연히 부정할 수 있는 것은 아니다. 그 네 개의 토기 분포권은 상호간에 동질성을 비교적 많이 갖추고 있고, 그 문화적 성격이 신라나 백제의 토기 문화권과는 더욱 크게 차이가 난다. 또한 『삼국지』, 『삼국사기』, 『일본서기』 등의 문헌 사료에서도 이들을 하나의 단위로 서술하는 기사들이 확인되므로, 역시 이들을 하나의 연맹체로 인정할 수 있다. 그들 사이에 小地域圈이 구분되는 것은 연맹체에 특유한 分節體系의 존재 양상일 뿐이다.

뿐만 아니라 가만히 들여다보면, 지역 연맹체론을 주장한 연구자 중에 일부는 가야 전역에 걸치는 단일 연맹체의 실체를 인정하고 있다. 즉, 권학수는 6세기 전반에 고령 중심의 西北加耶群이 절정을 이루었다고 하였고,[48] 박천수는 후기 가야 고분군의 분포 상태에 나타난 우열 관계를 분석하여 가야 전역에서 가장 우월한 제1 계층의 분묘는 고령 지산동 44호분이고 가장 우월한 A유형의 고분군은 고령 지방에만 존재한다고 하였다.[49] 김세기는 5세기 후반에 Ⅰ급 묘형의 지산동 고분군은 그보다 작은 Ⅱ급 묘형의 고령 본관동 고분군, 합천 옥전 고분군, 반계제 고분군, 함양 백천리 고분군, 남원 월산리 고분군 등과 그보다 한 단계 낮은 Ⅲ급 묘형의 고분군을 축조하던 세력들을 직접 지배하는 영역으로 편입시켜 영역국가가 되었다고 보았고,[50] 이희준은 고령 양식 토기의 확산 과정을 통하여, 5세기 중엽에는 고령부터 남원 일대까지 미치는 지역이 대가야를 중심으로 상하 관계를 맺는 연맹체를 이루었다고 보았고, 5세기 4/4분기에는 합천과 함양 등 권역 내의 대부분 지역이 대가야의 간접 지배 아래 들어가서 영역국가로 되었으며, 6세기 2/4분기에는 대가야가 진주 및 함안 지역과도 연맹 관계에 들어가, 가

48) 權鶴洙, 앞의 논문.
49) 朴天秀, 1997, 「政治體의 相互關係로 본 大加耶王權」, 『加耶諸國의 王權』(仁濟大學校 加耶文化硏究所 編), 新書苑.
50) 金世基, 1995, 「大加耶墓制의 變遷」, 『加耶史硏究』, 慶尙北道, 363쪽.

야 전체가 대가야를 중심으로 하나의 연맹체를 이루었다고 추정했다.[51]

고령 양식 토기의 출토 범위가 점점 넓어졌다고 할 때, 그 범위 안의 세력들이 비교적 당당한 고분 규모를 갖추고 있는 경우에 그들이 部인지, 聯盟 小國인지, 아니면 國名을 상실하고 간접 또는 직접 지배를 받고 있는 郡縣인지 고고학적으로 판별하기는 매우 어렵다. 그런데 『일본서기』 欽明紀에 따르면, 6세기 중엽 가야 지역에 10여 개의 국가들이 있어서, 개별적으로, 혹은 공동이기는 해도 소국들의 명칭을 그대로 유지한 채로 대외적 외교를 행하고 있으므로 그들은 部가 아니라 연맹체를 이루고 있는 소국들이라고 판단할 수밖에 없다.

강력한 연맹체 사회는 일시적으로, 또는 외형적으로 영역국가와 같은 면모를 나타낼 수도 있으므로, 이를 섣불리 영역국가라고 단정할 수는 없다. 실제로는 맹주국이 그와 같이 대외적으로 연맹체 전체를 대표하는 결정이나 행위를 오랫동안 반복하다 보면, 그 사회의 내부 체제도 점차 중앙 집권적으로 변모되어 갈 것이다. 그러므로 영역국가를 이루었는가의 여부는 단일한 맹주국 중심의 강력한 연맹체가 적어도 2~3세대 동안 지속되고 나서 그 결과 部體制가 나타나고 대외 교섭권을 독점하는 등의 증거가 나타나야 확인할 수 있다.

적어도 3세기 이후로 가야연맹은 고구려, 백제, 신라와 관계를 맺을 때 대외적으로 엄연히 하나의 정치체로서 역할을 하였으며, 일시적으로 고대국가의 면모를 보여 479년에 중국 南齊로부터 책봉을 받기도 하였다. 다만 『일본서기』 繼體紀에서 510년대에 고령 대가야국이 멀리 떨어진 진주, 하동, 부림, 영산 등에 축성했다는 기사로 보아, 늦어도 그 시기까지 대가야의 異腦王은 북부 가야 지역만을 포괄하는 초기 고대국가를 형성했다고 볼 수 있다. 그러나 가야는 함안 安羅國 등 남부 가야 지역과의 갈등 관계 때문에 그 체제를 정착시키지 못하고 있다가 6세기 중엽에 백제와 신라의 경쟁적인 병합

---

51) 李熙濬, 1995,「土器로 본 大加耶의 圈域과 그 變遷」,『加耶史硏究』, 慶尙北道, 422~426쪽.

시도에 시달리다가 결국 562년에 道設智王을 끝으로 멸망하고 말았다.

가야연맹이 아무리 중앙 집권적인 고대국가 체제를 완성하지 못했다고 하더라도 한반도에서 이들의 존재를 제외하고는 적어도 3세기부터 6세기까지 300여 년간의 역사를 제대로 구성할 수 없다.

7. 맺음말

전문가가 아닌 보통의 일본인들은 두 종류의 눈을 가지고 加耶(任那)를 바라보고 있다. 하나는 그 곳이 옛 시기에 일본의 조상들이 지배했었던 곳이라는 막연한 자부심의 눈이다. 그러나 그 자부심의 근거인 任那日本府說은 사막의 신기루와 같은 허상일 뿐이다. 또 하나는 한반도 남부 지역에서 선진 문물을 가진 도래인들이 와서 일본을 개화시켜 주었다는 선망의 눈이다. 기원전 4세기 稻作의 傳來에 의하여 야요이[彌生] 시대가 개막되고, 5세기 이후 제철, 금속 가공, 스에키 제작과 같은 기술이 전래되면서 일본 고대 문명이 형성된 것과 같이, 그 선망의 근거는 매우 구체적인 사실, 그 자체이다.

그런데 많은 일본인들은 물론이고 한국인들도 이를 가야와 연관시키지 못하고 있다. 일본의 힘은 가야와 긴밀한 교류 관계를 가지면서 축적되었고, 가야의 힘도 일본과의 평화적인 우호 관계를 유지하고 있을 때에만 지속되었다. 이러한 관계를 알기 위해서는 우선 한반도에서의 가야사에 눈을 떠야 한다.

가야는 문헌 기록에서 서기 42년에 건국하여 562년에 멸망했다고 나오고 있지만, 실제로는 신라와 마찬가지로 기원전 2세기 말 내지 기원전 1세기 초에 서북한 지역으로부터 철기 및 회색토기를 기반으로 하는 발달된 문화가 들어와 각각의 지역에서 성립되기 시작했다. 즉 가야는 처음 시작부터 신라에게 조금도 뒤진 것이 없었다. 그리하여 신라와 마찬가지로 2세기 중엽을 전후하여 소국이 형성되고, 3세기에 들어와 김해와 경주를 중심으로 완만한 연맹체를 조성했으며, 3세기 후반 이후로는 김해의 狗邪國과 경주의

斯盧國이 좀 더 강한 연맹체 중심으로 대두하기 시작했다.

그 시기에 고구려와 백제는 한반도 서북부에 들어와 있던 중국 군현과의 대항 과정에서 보다 빨리 성장하여 이미 중앙 집권적인 고대국가로서 대외적인 정복 활동을 벌였다. 그리하여 4세기 초에 고구려가 낙랑군과 대방군을 축출하고 백제와 국경을 접한 이후로는 서로 격렬한 싸움을 벌였다. 4세기 중후반에는 백제가 우세를 점했고, 4세기 말 이후로는 고구려가 대세를 주도했다. 그 시기에 신라는 고구려의 영향을 받으며 성장했고, 가야는 백제와 연결하여 왜와의 중계 교역을 이루었다. 그러나 고구려와 백제 사이의 쟁패가 그에 연결된 하위 세력인 신라와 가야에도 영향을 미쳐, 결국은 고구려의 직접적인 무력 개입으로 400년에 김해 가야국을 중심으로 한 전기 가야연맹이 해체되고 말았다.

5세기 중엽에 가야연맹은 고령의 대가야를 중심으로 다시 부흥되어 5세기 후반에는 소백산맥 서쪽의 호남 동부 지역까지 포괄하며 발전했다. 후기 가야연맹은 체제 결성의 시기가 늦음에도 불구하고 6세기 초에는 중앙 집권화가 상당히 진전되어 초기 고대국가로 성장했었는데, 6세기 중엽을 전후하여 고구려가 내분에 휩싸이며 약화되자 신라와 백제가 경쟁적으로 이를 위협 또는 공격하여 흡수하려고 했다. 그런 와중에 532년에 김해의 금관국을 병합하고 나서 신라는 비로소 약소국에서 벗어났고 562년에 고령의 대가야국을 병합한 후로는 당당한 삼국의 일원으로 고구려 및 백제와 겨룰 수 있게 되었다.

그러므로 한국 고대 시기의 대부분은 고구려와 백제의 2强과 신라와 가야의 2弱이 서로 뒤엉켜 세력의 균형을 이루며 전개되었다. 가야를 포함한 사국시대의 관념은 한국 고대사를 올바로 이해할 수 있는 관건이며, 임나일본부설의 망령을 물리칠 수 있는 하나의 유력한 방안이다. 게다가 5세기 초에 전기 가야가 해체될 때에는 수많은 이주민이 일본열도로 건너가 日本에 제철 기술과 단단한 도질토기인 스에키 제작 기술을 전해주기도 하였으며, 일본의 고대 문명은 거기서 비롯되었다. 가야는 비록 완성되지 못하고 고구려나 백제보다 앞서 멸망된 문명이지만, 그렇다고 해서 그 역사 전개의

전반을 경시하는 것은 고대 한일관계사의 이해에도 바람직하지 못하다고
하겠다.

   * 이 글의 원전 : 金泰植, 2004, 「加耶史輕視論への批判」, 『國立歷史民俗博物館硏究報
     告』第110集, 佐倉 : 國立歷史民俗博物館, 563~578쪽.

2.
백과사전 속의 가야

1. 정의

서기전 1세기부터 서기 6세기 중엽까지 주로 경상남도 대부분과 경상북도
일부 지역을 영유하고 있던 정치체.

2. 개설

가야는 弁韓의 12소국, 소국 연맹체, 초기 고대국가 등의 단계를 거쳤다. 서
기전 1세기 낙동강 유역에 세형동검 관련 청동기 및 초기 철기 문화가 유입
되면서 가야의 문화 기반이 성립되었다. 서기 2세기경에는 이 지역에 소국
들이 나타나기 시작하여 3세기에는 12개의 변한 소국들이 성립되었으며, 그
중에 김해의 구야국(狗邪國, 金官加耶)이 문화 중심으로서 가장 발전된 면
모를 보였다. 이를 변한 소국 연맹체 또는 전기 加耶聯盟體라고 부른다. 전
기 가야연맹은 4세기 말 5세기 초에 몰락하고, 5세기 중엽에는 고령의 대가
야국(加耶國, 加羅國)을 중심으로 한 후기 가야연맹체가 나타났다. 5세기

후반의 전성기에는 22개의 소국으로 형성되어 있었다. 6세기 초에 대가야는 가야 북부의 대부분을 통괄하여 초기 고대국가를 형성하기도 하였으나, 가야 전역을 통합하는데 이르지 못하고 분열하였다. 그리하여 532년에는 김해의 金官國(금관가야)이 멸망하고 562년에 고령의 대가야국이 신라에 멸망함으로써 나머지 가야 諸國들도 모두 신라에 병합되었다.

3. 명칭 유래

가야라는 말의 기원에 대해서는 (1)駕那설: 끝이 뾰족한 冠幘, (2)평야설: 남방 잠어에서 개간한 평야를 뜻하는 말인 가라(Kala), (3)간나라설: '신의 나라[神國]', 또는 '큰 나라'의 뜻, (4)갓나라설: 가야가 한반도 남단의 해변에 위치함으로써 '갓나라[邊國]'로 불린 것, (5)가람설: 가야 제국이 여러 갈래로 나뉜 낙동강 지류에 인접해 있었으므로, 가야는 'フ롬[江]' 또는 '가르=갈래[分岐]'의 뜻, (6)겨레설: '겨레[姓, 一族]'라는 말의 기원이고, 그 근원은 알타이 제어의 '사라(Xala)[姓, 一族]'에 있으며, 그것이 가라(Kala) 〉 가야(Kaya) 〉 카레(Kya+re) 〉 겨레(Kyeore)로 음운 변천, (7)성읍설: 가야는 곧 'フ르[大, 長의 뜻]'이며, 그 어원은 '城邑'의 뜻을 가진 '구루(溝婁)'라는 등의 학설이 있다. 그 가운데 현재로서는 겨레설이 다수의 지지를 받는 정설의 위치를 차지하고 있다고 보인다.

4. 자연 환경

가야 계통 소국들이 점유하고 있었던 지역이 늘 일정한 것은 아니었으나, 오랫동안 보유하며 중심 근거지로 삼았던 곳은 낙동강 중 · 하류의 서쪽 지역 일대로서, 낙동강의 서쪽 지류인 황강과 남강 유역 및 경상남도 해안 일대의 땅이었다. 이러한 형세는 소백산맥 서부의 덕유산과 지리산으로 둘러싸인 영남 지역 전체에서 서남쪽 절반을 차지한 형세이다. 그러나 가야 전기에는 이보다 조금 넓은 영역을 차지하여, 낙동강 동쪽의 가지산과 비슬산으로 둘러싸인 지역을 차지하기도 하였다. 또한 가야 후기의 전성기에는 소백산맥을 서쪽으로 넘어 湖南正脈을 경계로 삼아 금강 상류 지역과 노령산맥 이남의 섬진강 유역 및 광양만, 순천만 일대의 호남 동부 지역을 포함하기도 하였다.

가야 지역은 기후가 온난하고 땅이 비옥하여 낙동강변 및 남해안을 따라 골고루 분지 모양의 평야가 발달했으며, 곳곳에 나지막한 地脈이 뻗어 있어 광활한 평원은 존재하지 않는다. 이를 지리적인 조건에 따라 둘로 나눈다면, 낙동강 하류 역을 비롯한 경상남도 해안 지대와 낙동강, 남강, 황강 상류 지역을 비롯한 경상 내륙 산간 지방으로 나눌 수 있다. 가야 지역은 질 좋은 철광산이 산재하고 양호한 수상 교통을 이용할 수 있는 낙동강 가를 중심으로 하여 발전하되, 그에 더하여 하류 지역의 김해 · 부산 · 양산 일대는 어로와 해운의 이점을 가지고 있었고, 합천 · 고령 · 성주 등의 중류 지역 일대는 안정적이고 양호한 농업 입지 조건을 갖추고 있었다. 반면에 낙동강에서 멀리 떨어진 경상남도 서부 지역은 상대적으로 낙후되었으되, 제한적이나마 창원 · 고성 · 사천 등의 해안 지대는 해운을 유지할 수 있었고, 산청 · 함양 · 거창 등의 산간 지역은 농경 조건이 좋은 편이었다.

5. 형성 및 변천

(1) 전기 가야사

낙동강 유역을 비롯한 경남 해안 지대에는 서기전 1세기 초부터 한반도 서북부의 세형동검 관련 청동기 및 철기 문화와 토기 문화가 유이민과 함께 들어왔다. 서기 후 2세기 중엽에는 그 중에서 성장 속도가 빠른 김해 등지를 중심으로 사회 통합이 진전되어 김해 가야국 등의 단위 소국들이 출현하였다. 首露王 신화는 김해 지방 소국의 성립을 표방하는 정치 이념이었다.

이들은 2~3세기에 걸쳐 김해의 가야국을 중심으로 12개 소국들이 합친 변한 소국연맹, 즉 전기 가야연맹체를 이루었고, 발전된 철기 생산 능력과 양호한 해운 입지 조건을 바탕으로 주변 지역과 교역하며 발전해나갔다. 그 중에서도 김해 가야국(狗邪國)과 함안 安羅國(安邪國)이 우월하였는데, 특히 해운 입지 조건이 좋은 김해의 가야국은 낙랑과 왜 사이의 원거리 교역 중계 기지로서 큰 세력을 떨쳤다.

弁辰 12국, 즉 전기 가야 12국에는 ①彌離彌凍國, ②接塗國, ③古資彌凍國, ④古淳是國, ⑤半路國, ⑥樂奴國, ⑦彌烏邪馬國, ⑧甘路國, ⑨구야국, ⑩走漕馬國, ⑪安邪國, ⑫瀆盧國이 있다. 이 중에서 거의 확실하게 위치가 비정되는 곳은 밀양·고성·김해·함안·부산 정도에 지나지 않지만, 개연성이 높은 개령·고령·창원·칠원·단성·함양 등을 포함하여 보면, 변진 12국의 범위, 즉 전기 가야의 영역은 대체로 지금의 경상남도의 경역과 비교가 되면서 약간 차이가 나는 정도이다. 이를 좀 더 세분하여 보면, 전기 가야의 영역은 김해·창원·칠원·함안·밀양·부산 등의 낙동강 하류 지역을 중심으로 하여, 고령·개령 등의 낙동강 중·상류 지역과 고성·단성·함양 등의 서부 경상남도 지역이 포함된다. 여기에 나무널무덤[木棺墓]과 나무덧널무덤[木槨墓] 관계 유적이 발견된 지역 중에서 위의 영역 안에 들어가는 합천군·성주군·의령군·진주시 지방을 전기 가야의 영역에 추가해 넣을 수 있다. 또한 창녕군과 양산군 일대는 진한 또는 신라와 관련된 기사에서 그 이름이 보이나, 지리적 위치로 보아서는 때에 따라 가야연맹 소국에 포함되었을 가능성이 높은 곳이다. 유적의 발견 사례도 없고 문헌 자료도 없지만, 그 외에도 거창군·하동군 등은 전기 가야연맹의 영역 속에 포함된다(지도 1). 이 밖의 영남 지역은 대개 진한 12국의 영역으로 생각할 수 있다.

김해 대성동 고분군으로 대표되는 3세기 후반 이후의 유적에서는, 길이 8m 정도의 대형 덧널무덤이 설치되기 시작하고, 그 유물로서 청동솥[銅鍑], 쇠로 만든 갑옷과 투구, 騎乘用 馬具 등의 북방 문화 요소를 부장하였다. 이러한 유물·유적 상황은, 유적 입지 조건이나 부장 유물의 수준으로 보아 정치적 지배 계급의 성장에 따른 좀 더 강한 국가체 출현을 상정하기에 부

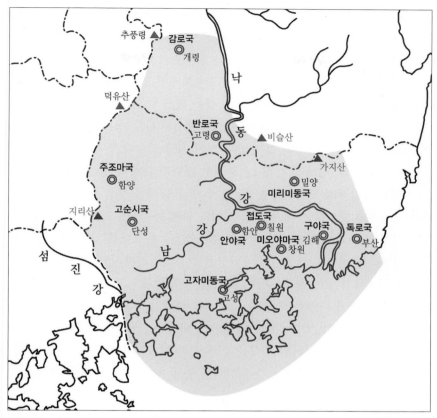

〈지도 1〉 전기 가야연맹 소국들의 위치

족함이 없다.

　그러나 4세기 전반에 고구려가 낙랑 및 대방군을 병합하자, 가야연맹은 선진 문물 교역 대상을 상실하면서 일시적인 혼란에 빠져, 古資國(古史浦 國), 史勿國, 骨浦國, 柒浦國, 保羅國 등의 이른바 '浦上八國'이 김해의 가야 국을 공격하는 내분을 겪었다. 가야국은 신라에 도움을 요청하여 포상팔국 의 군대를 물리쳤으나, 연맹의 분열상은 한동안 지속되었고, 김해 중심의 동부 가야는 왜와의 교역에 몰두할 수밖에 없었다.

4세기 중·후반에 백제의 근초고왕은 대방군의 옛 땅을 둘러싼 고구려와의 경쟁을 위해 가야 및 왜의 후원을 얻고자 하였다. 백제의 교역로 개척에 따라, 가야연맹은 다시 김해의 가야국을 중심으로 일원적으로 통합되어, 백제-왜 사이의 중계 기지로서 안정적인 교역 체계를 형성하게 되었다. 가야의 중계 역할은 富와 기술과 무력을 모두 갖춘 데서 나오는 것이지, 단순히 백제와 왜 사이의 교역을 위한 지리적 편의성에서만 나오는 것은 아니었다.

김해 가야국의 우월성은 철 생산과 철기 제작 기술과 무력의 측면에서도 확인할 수 있으니, 김해 대성동 2호분에서 출토된 다량의 덩이쇠[鐵鋌]와 종장판 정결 판갑옷[縱長板釘結板甲], 철제 재갈 등의 유물은 이를 보여준다. 가야는 백제와 교역하는 대가로 일부 왜와 함께 동원되어 고구려의 동조 세력인 신라를 공격하기도 하였다. 이러한 남방의 안정에 힘입어, 백제는 황해도 지역을 차지하고 고구려 고국원왕을 전사시키기까지 하였다.

그러나 4세기 말에 광개토왕이 즉위한 이후 황해도 지역을 둘러싼 고구려와 백제의 패권 다툼은 고구려의 승리로 결말이 났고, 그 여파로 신라의 요청을 받은 고구려군이 낙동강 하류까지 내려와 任那加羅를 급습하였다. 이 정벌로 인하여, 고구려의 무력을 앞세운 신라는 결정적으로 가야보다 앞설 수 있게 되었으며, 백제는 가야 지역을 중계 기지로 하는 대왜 교역망을 상실하게 되었다.

이 사건의 여파로 김해의 가야국을 대표로 하는 전기 가야연맹은 소멸되었다. 그렇다고 해도 가야 연맹권은 신라의 중앙 집권 능력의 한계성으로 인하여 지역 기반을 완전히 잃지는 않았으나, 한동안 침체기를 겪게 되었다. 김해 지방에서 가야 연맹장의 무덤으로 보이는 대성동 고분군이 5세기 초 이후 급격히 축소되는 것은 그러한 사태를 반영한다.

(2) 후기 가야사

5세기 전반에 들어 가야 제국은 한동안 침체에 빠져 있었다. 그 기간 중에 창녕·밀양·부산·성주·개령 등의 세력은 거의 신라 세력에 동조하게 되어, 가야의 영역은 크게 축소되고, 가야연맹을 영도할 세력도 나타날 수 없었다.

5세기 중·후반에 가야 문화는 다시 부흥되었으니, 그 진원지는 경상도 내륙 산간 지방에서부터였다. 고령·합천·진주·산청 등은 천혜의 안정된 농업 지역이었으나, 4세기 이전에는 해운 교역 입지 조건이 불리하여 그다지 큰 문화 축적이 없었다. 그런데 5세기 초 이래 경상남도 해안 지대로부터 철기 및 토기 제작 기술이 이주민과 함께 파급되어 들어오면서 급속히 발전하기 시작한 것이다.

그 중에서 가장 앞선 것은 고령의 伴跋國이었으니, 이들은 철 생산이 풍부한 가야산의 야로 철광을 소유·개발함으로써 다른 지역보다 빠른 발전을 이룰 수 있었다. 5세기 중엽에 이르러 반파국은 호남 동부 지역을 포섭하여 백제와 왜를 연결하는 교역 중심국으로 성장하였다. 그리하여 고령 세력은 옛 가야 지역을 상당히 복구하며 '대가야국'으로 이름을 고치고 여러 소국을 포괄하는 연맹체, 즉 후기 가야연맹체를 형성시켰다. 김해 금관국 수로왕을 동생이라고 지칭하는 대가야 伊珍阿豉王 신화는 그 당시에 변형된 것이라고 생각된다.

대가야는 475년 고구려에 의해 백제 漢城이 함락당한 사건을 계기로 하여 독자적인 움직임을 좀 더 강화하였다. 加羅國王 荷知는 479년에 독자적으로 중국 南齊에 교역하여 '輔國將軍 本國王'이라는 작호를 받았다. 또한 가야는 481년에는 백제와 함께 신라에 구원군을 보내 彌秩夫(경북 포항시 흥해읍)까지 쳐들어온 고구려의 군대를 물리치기도 하였다.

5세기 후반 및 6세기 초에 후기 가야연맹이 가장 번성하였을 때, 그 영역은 거창과 함양을 거쳐 서쪽으로 소백산맥을 넘어 섬진강 유역을 섭렵하였고, 동쪽으로는 낙동강을 경계로 삼아 신라와 대립하였다. 『삼국사기』와 『梁職貢圖』 그리고 『일본서기』 등에서 확인되는 후기 가야 소국으로는 ①가라국(대가야국: 伴跋), ②안라국, ③斯二岐國, ④多羅國, ⑤卒痲國, ⑥古嗟國, ⑦子他國, ⑧散半下國, ⑨乞飡國, ⑩稔禮國, ⑪南加羅國(금관국), ⑫卓淳國, ⑬喙己吞國, ⑭居烈國, ⑮史勿國, ⑯帶沙, ⑰上己文, ⑱下己文, ⑲上多唎, ⑳下多唎, ㉑娑陀, ㉒车婁(麻連) 등이 있다. 즉 전성기의 후기 가야연

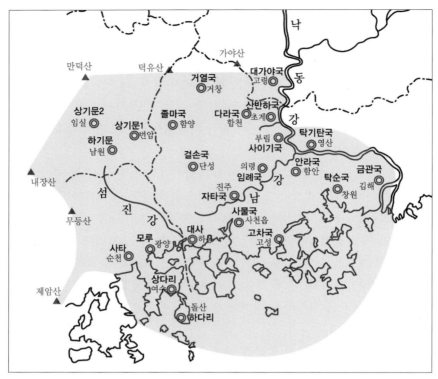

〈지도 2〉 후기 가야연맹 소국들의 위치

맹은 영남 지역의 16개 소국과 호남 지역의 6개 소국을 합하여 모두 22개 소
국을 아우르고 있었다(지도 2).

　그러나 6세기 초에 백제는 무령왕 대를 맞이하여 남진 정책을 추구하였
다. 특히 섬진강 하류를 통하여 왜와의 교역 체계를 만들고자 한 백제는 가야
연맹에 대하여 외교적 압력을 가하였다. 이에 대하여 대가야는 반발하였으
나, 결국은 백제의 공세에 밀려 호남 동부 지역을 상실하였고, 帶沙(경상남도
하동)와 子他(경상남도 진주) 등지에 성을 쌓아 백제와 대립하게 되었다.

　대가야 異腦王은 522년에 신라에게 청혼하여 결혼 동맹이 결성되었다.
그러나 몇 년 후에 이 동맹은 파탄에 이르고, 그에 따라 가야연맹 내부에는 분열의 조짐이 생겨났다. 이를 포착한 신라는 무력 공세를 통하여 영산의 탁기탄국으로부터 항복을 받아냈으며, 뒤이어 532년에 김해의 금관국(남가라국)이, 530년대 후반에 창원의 탁순국이 신라에 투항하였다. 그러자 백제도 군대를 투입하여 함안 안라국 주변의 乞乇城과 칠원의 久禮牟羅城 등에 군대를 주둔시키게 되었다.

6세기 중엽에 후기 가야연맹은 고령 대가야국과 함안 안라국 중심의 남북 이원 체제로 분열된 채, 백제와 신라 양측의 압력에 시달렸다. 국가적 위기 상황을 맞아 범 가야권은 백제와 신라의 침략을 막고 독립적 존재로 남기 위해 노력하였으나, 결국은 백제 성왕의 외교적 공세에 굴복하여 550년경에 그 보호 아래 들어갔다. 이 무렵 대가야의 樂師 于勒은 가야금을 들고 신라 진흥왕에게 투항하였다.

그러나 554년의 管山城(충청북도 옥천) 전투에서 백제-가야-왜 연합군이 신라에게 패배하자, 가야연맹 소국들은 백제의 보호를 기대할 수 없는 상황에서 하나씩 신라에 기울어갔다. 그 후 562년에 고령의 대가야가 신라의 급습으로 멸망하면서 가야연맹은 완전히 몰락하였다.

(3) 가야의 멸망 원인

가야는 왜 멸망했는가? 가야 고분 유적에서는 백제나 신라의 고분에 비해 수많은 철제 무기나 甲冑 등이 쏟아져 나오는데, 어째서 신라에게 일찍 망했을까? 가야의 직접적인 멸망 원인은, 562년에 대가야가 신라의 異斯夫가 이끄는 2만 대군의 공격을 방어해내지 못한 데 있다. 이 때 신라가 화랑 斯多含을 보내 미리 5,000명의 기병으로 대가야를 공격한 것은 일종의 기습 작전이었다. 그러나 대가야가 이를 막아내지 못한 것은 단기간의 실정 때문만은 아니다. 가야가 총체적으로는 약하지 않았으면서도 신라에게 멸망한 근본적인 원인을 몇 가지로 나누어 제시하면 다음과 같다.

첫째, 가야 지역에는 거의 모든 군이나 면의 야산마다 고분군들이 분포하고 있다. 육안으로 보이는 이 고분군들은 대개 5~6세기의 것들이다. 그 안에서 토기나 철기를 포함해 많은 유물이 출토되기 때문에, 가야 문화의 힘을 높게 평가하기도 한다. 그러나 가야 지역의 소국들은 농업 및 해운 입지 조건이 서로 대등한 상태에 놓여 있어서, 소국들이 독자적으로 비교적 고른 문화 축적을 이루고 있었다. 그래서 가야연맹의 초기에 김해의 가야국이 상대적으로 우월했다고 하더라도, 다른 소국들을 도태시키면서 영토를 확장하여 멀리 앞서 나가기에는 어려움이 많았다. 그 중에서도 김해·부산·창원·함안·고령 등의 세력은 타 지역에 비해 입지 조건도 좋고 문화 능력도 우월하여, 하나의 나라가 결정적으로 탁월해지는 것을 서로 견제하였다.

둘째, 가야 지역은 낙동강을 끼고 있어서 경상도 내륙으로 진입하는 수상 교통이 발달했으며 선진 문물의 창구인 한반도 서북부 및 중부 지역까지의 교통·해운 조건이 좋은데다가 남쪽으로는 왜와의 교역 창구를 이루고 있어서, 그 이권을 노리는 외부 세력이 많았다. 특히 가야는 4세기 말 5세기 초에, 낙동강 유역의 패권을 둘러싼 신라와의 경쟁에서 패배하였다. 신라가 고구려 광개토왕의 군대를 끌어들여 가야의 문화 중심이었던 김해 지방을 공격하였고, 고구려 군대의 힘을 빌어 가야 지역을 한동안 감시했다. 그로 인하여 가야는 국제 사회에서 한동안 고립되어 가야가 발전하는 기세의 맥을 끊어놓는 결과로 작용했다.

셋째, 위에 말한 두 가지 요인이 복합적으로 작용하여, 가야는 기존의 맹주국이 주변 소국들을 일원적으로 영도해 나가는 중앙 집권 체제를 마련하는 것이 늦어졌다. 5세기 중엽에 고령 대가야 중심의 소국연맹 체제가 다시 형성되었지만, 그동안 백제 및 신라에게 뒤떨어진 간격을 만회하기가 어려웠다. 그런 까닭에 가야연맹은 그들에 비하여 중앙 집권 체제의 마련이 늦어질 수밖에 없었다. 6세기에 들어 백제나 신라로부터 여러 가지 도전이 닥쳐왔지만, 가야는 외부 세력에 대하여 단일 외교 창구를 통해 일원적으로 대처할 수 없었다. 그리하여 효과적인 결정을 내리는데 비능률적이어서 자신들의 힘을 한데 모으기가 어려웠다.

넷째, 가야의 힘은 철 생산 능력의 우월성에 있었다. 가야는 일찍부터 풍부한 철광산을 소유하고 이를 개발하여, 철을 팔아 낙랑이나 백제의 선진 문물을 구해올 수 있었고, 왜국에 대하여 철 소재 자원 및 철기 제작 기술면에서 우위를 가지고 있어서 그들을 어느 정도 조종할 수 있었다. 왜국은 3~5세기까지 대부분의 철 소재를 가야 지역에서 얻어다 쓰고 있었으나, 5세기 말 이후에는 철광산 개발에 성공했다. 그 결과 가야는 6세기 이후로는 제철 능력 면에서 왜에 대한 상대적 우월성을 상실했다. 게다가 선진 문물의 측면에서 가야보다 우월한 백제가, 전라남도 방면을 통하여 왜와 직접 통교하기 시작하면서 가야의 입지적 우월성이 더욱 타격을 받았다.

위에서 말한 네 가지 요인은 상호 연관을 가지면서 가야 멸망의 원인으로 작용했다. 그 중에서도 가야가 백제와 신라 등의 주변 국가에 비하여 중앙 집권 체제의 마련이 상대적으로 늦어져서, 대외적인 문제를 효과적으로 대처해나갈 수 없었다는 점이 가장 결정적인 원인이었다.

6. 정치

(1) 가야 소국의 내부 구조

2~3세기 당시에 변진 12국은 각기 2,000호 정도를 지배하는 독립 세력이었지만 상대적인 규모의 차이가 존재했다. 하나의 소국이 2,000호라면, 그 인구는 1만 명 전후일 것으로 추정되는데, 그 정도의 규모는 하나의 '국가'로 보기에는 조금 미흡하다. 하나의 소국은 일률적인 규모가 아니어서, 소국에 따라 최대 5,000호로 이루어진 것도 있었고 최소 600호로 이루어진 것도 있었다.

전기 가야 소국들 내부의 사회 구조는 어떠하였을까? 3세기의 변진 소국, 즉 전기 가야 소국의 내부 구조는 하나의 國邑과 다수의 邑落 집단으로 구성되어 있었다. 국읍의 主帥가 각 읍락의 渠帥들로부터 권력을 독점하지 못하였고, 또한 天君의 종교적 권위를 초월하지 못한 한계성을 지니고 있었기 때문에, 각 소국은 자기가 통합하고 있는 지배 영역을 쉽사리 확장할 수 없었던 것으로 추정된다. 또한 소국들은 내부 구조의 면에서 일단 권력자가 출현하고 정치적·종교적 권위가 분화되어 있음을 확인할 수 있으나, 아직 중앙 집권화의 정도가 미흡할 뿐만 아니라, 그에 이르기 위한 조건, 즉 사회 경제적 계급의 분화, 관료제의 제도화, 중심 세력에 의한 권력 독점 등의 요소를 구비했다는 증거를 찾아낼 수 없다.

이에 비해 후기 가야 소국들의 규모를 알 수 있는 자료는 거의 없다. 다만 가야연맹체의 영역이 전기에 비하여 그다지 변하지 않았고, 후기 가야에서 평상시 소국의 수효가 13개 정도에 달하여 전기 가야 소국의 12국과 비슷했던 것으로 보아, 소국의 규모도 전기에 비해 큰 변동은 없었던 것으로 추측할 뿐이다. 다만 6세기의 가야 지역 소국은 하나의 국읍과 몇 개의 읍락으로 구성되어 있었고, 기본적인 지배 권력은 각 소국 旱岐에게 분산되어 있으나, 대가야국(가라국)·안라국 등의 일부 소국에서는 미약하나마 한 기층의 분화에 의한 관등 체계를 갖추고 있었음을 알 수 있다. 그러므로 후기 가야 소국들은 기본적으로 전기 가야 소국들과 거의 비슷한 내부 구조를 갖추고 있었으나, 맹주국의 경우에는 그보다 발전된 면모가 어느 정도 인정된다고 하겠다.

(2) 가야 소국 사이의 관계

변진 소국, 즉 전기 가야 소국들은 마한이나 진한의 소국들과 마찬가지로, 대외적으로 각기 국명을 사용하여 인정받고, 그 안에 1인의 지배자 또는 대표자가 존재하는 독립적 정치집단이었다. 그 소국의 크기에 따라 자신들이 부르는 지배자의 호칭에 차이가 있어서, 臣智, 險側, 樊濊, 殺奚, 邑借 등 다섯 등급의 칭호가 있었다. 이처럼 변한 소국의 지배자들 사이에 상호간의 서열 관념이 매우 발달했던 것으로 보아, 변진 소국들 사이에 연맹체 조직의 질서가 정연하게 자리 잡고 있었다고 추정할 수 있다.

삼한, 즉 마한과 진한 및 변한은 서로 구분되는 정치집단인데, 그 진·변한 24국 가운데 12국은 辰王에 속하는 상태에 있었다고 한다. 여기서 진왕에 속했다는 12국은 변진 12국이며, 그 진왕은 마한 目支國의 왕이다. 진왕은 독점적인 지배 권력을 배경으로 유지되는 지위라기보다는, 여러 소국 신지들의 선출에 의해 결정되는 존재였다. 이는 중국 군·현과 대등한 크기의 교역 주체를 내세우기 위해 삼한 소국들이 만들어내고 유지해오던 제도였다.

변한 소국 연맹체 내에서는 김해의 구야국 신지와 함안의 안야국 踧支가 가장 서열이 높아서, 진왕이 중국 군·현과의 교섭에서 변한 지역의 의사를 대변하기 위해서는 그 둘의 직함을 뒤에 덧붙여야 하였으며, 다른 소국들은 대외 관계에 있어서 그들의 결정을 따르지 않을 수 없었을 것이다. 이로 보아 당시의 변진 12국은 魏나라와의 통교를 위하여 형식상 진왕에 소속되었지만, 실제로는 구야국과 안야국을 중심으로 통합되어, 마한·濊·왜 및 낙랑군, 대방군과 상호 교역하는 등 독자적인 행위를 했던 것이다.

다만 1~4세기의 유물과 유적이 함안보다는 김해 지방에서 훨씬 더 풍부하게 출토된 점으로 보아, 안야국보다는 구야국이 좀 더 우월했다. 그런 실력 차이가 후대 사람들의 인식에 남아 『삼국유사』의 수로왕 신화와 5가야 조에 김해를 중심으로 하는 6가야연맹의 전승을 남기게 했을 것이다. 이러한 근거들을 적극적으로 수용한다면, 3세기 전반에 변진 12국은 김해의 구야국(가락국: 가야국)을 중심으로 통합되어 변한 소국 연맹체, 즉 전기 가야연맹을 이루고 있었다고 할 수 있다.

후기 가야 소국들 상호간의 관계를 무엇으로 알 수 있을까? 『일본서기』 欽明紀 2년(541) 4월 조와 5년(544) 11월 조에는 '사비 회의' 관련 기사가 나온다. 여기서 가야연맹 제국이 백제와의 대외관계를 처리함에 있어서, 일정한 관등을 가진 단일의 외교 사신을 파견한 것이 아니라, 7~8개 소국의 대표들이 함께 행동했다.

그 소국들에서 파견된 대표자들은 가야연맹 제국이 공동으로 파견하여 실무를 처리하는 사신단이었으며, 사료상으로는 이들을 '執事'라고 부르기도 한다. 가야연맹 집사들은 연맹체의 일을 처리하는 상설 기구는 아니었고, 대외적인 중대사가 있을 때 결성되는 임시 회의체였다. 그 소국들이 파견한 가야 연맹 집사들의 직함은 졸마국, 散半亥國, 사이기국, 자타국, 久嵯國의 경우에 이름 없이 단순히 한기나 君 또는 그 아들 등으로 나타나 있고, 안라국, 가라국(대가야), 다라국, 자타국은 次旱岐, 下旱岐, 上首位, 二首位 등으로서 그 이름과 함께 나타나 있다. 이로 보아 후기 가야연맹은 백제나 신라 등에 대해서는 대외적으로 하나의 세력으로 인식되었으나, 제국 내에는 연맹 전체를 통괄하는 중앙 집권적인 관직 체계가 있지 않고 각국이 이를 독립적으로 운영하고 있었다.

그러나 가야 소국들 중에서 안라와 대가야에는 다른 소국의 한기층보다 우월성이 인정되는 '왕' 의 칭호가 공식화되어 있었고, 그 두 왕이 가야 소국들 전체에 대한 최고 의사 결정권을 함께 가지고 있었다. 안라왕과 가라왕은 그 소국 한기들로부터 가야 지역 전체의 최고 책임자로 인정되기도 하고, 백제나 왜로부터 임나, 즉 가야연맹의 대표자로 거론되기도 하였다. 그러므로 6세기 중엽 당시에 안라와 가라는 대내적이고 대외적인 양 측면에서 보아 가야 지역의 소국들 전체에 대한 공동 맹주의 지위에 있었다고 볼 수 있다.

(3) 소국 연맹체 또는 고대 국가의 성립 여부

가야의 정치체제에 대해서 논의되어야 할 핵심은, 그 소국들이 상호간에 연맹 체제를 이루고 있었는가 또는 고대국가를 이루고 있었는가의 문제이다. 이 문제에 대해서는 조선 후기 실학 이래로 막연하게 이른바 '6가야' 가 연맹체를 이루고 있었다는 설이 통용되고 있었으나, 근래에 들어서는 여러 가지 다양한 견해들이 표출되었다.

5~6세기 후기 가야 문화권은 고령권, 함안권, 고성-진주권, 김해권의 4개 권역으로 나뉘고, 각 권역은 상호간에 서로 다른 특징과 발전 과정을 보인다. 그리하여 후기 가야 문화권의 정치 상황에 대해서는 분립적인 것으로 보는 견해들이 많이 나오고 있다. 그에 대한 견해로는 ① 가야 단일 연맹체론, ② 가야 소국 분립론, ③ 대가야 연맹론, ④ 가야 지역 연맹체론, ⑤ 대가야 고대국가론 등이 있다. 이런 견해들로 보아, 가야 연맹체의 존재 여부에 대해서는, 이를 거의 인정하지 않는 설로부터 제한적으로 인정하는 설, 그대로 인정하는 설 등이 대립되어 있고, 대가야는 이미 고대국가를 성립시켰다고 하는 설도 존재함을 알 수 있다.

고고학적으로 발굴된 유적, 유물을 치밀하게 분석하여 편년을 조정하고 문화권을 설정하는 것은 매우 중요하며, 이를 토대로 삼아 5~6세기의 가야 지역을 네 개 권역으로 나눌 수 있다는 것은 최근에 이루어진 중요한 연구 성과이다. 그러나 가야사 연구자들이 거시적인 시각을 견지하지 못하여 백제·신라·왜 등과 달리 가야 문화권이 가지고 있는 독자성, 또는 가야 문화권의 공통적 성격에 대하여 언급하지 않는 것은 문제이다.

가야 지역 전체에 미치는 단일 연맹체의 존재를 주장한다고 해서, 지역 연맹체의 개념이나 존재에 대하여 부정할 필요는 없다. 가야 지역 내에 존재하는 네 개의 토기 분포권은 상호간에 동질성을 비교적 많이 갖추고 있고, 그 문화적 성격이 신라나 백제의 토기 문화권과는 더욱 크게 차이가 난다. 또한 『삼국지』, 『삼국사기』, 『일본서기』 등의 문헌 사료에서도 이들을 하나의 단위로 서술하는 기사들이 확인되므로, 역시 이들을 하나의 연맹체로 인정할 수 있다. 그들 사이에 소지역권이 구분되는 것은 연맹체에 특유한 분절 체계의 존재 양상일 뿐이다.

가야는 과연 소국 연맹체를 넘어 좀 더 발전하여 초기 고대국가 단계에 해당하는 部體制를 이루었을까? 고대국가의 성립을 말하려면 왕권이 무력을 독점했는지의 여부와 관등제가 존재하는 지의 유무를 확인해야 한다. 가야사의 경우에 국가 형성과 관련된 논의의 대부분은 5세기 후반 이후의 대가야가 고대국가를 이루었다고 볼 수 있는가 없는가의 문제이다.

479년에 가라왕 하지(가실왕)가 머나먼 중국 남제에 사신을 보내 자신의 존재를 알렸다는 사실은 중요하다. 하지왕이 중국에 사신을 보낸 것은 가야의 발전 도상에 매우 중요한 도약을 시사하고 가야가 초기 고대국가로 성장할 수 있는 단서를 보인 역사적 사건이다. 그러나 가야의 중국에 대한 사신 파견이 그 뒤로 계속 이어지지 못하는 것으로 보아 일정한 한계성이 있는 것으로 보이고, 이것만으로는 초기 고대국가를 이루었다고 단정하기 어렵다.

우선 왕권이 무력을 독점했는가의 여부는 가야의 각 지방 고분군에 보이는 유물의 부장 상태와 문헌상의 전쟁 상황 등을 고려하여 검토해보아야 한다. 『일본서기』 계체기 8년(514) 조 기사로 보아, 伴跛(경상북도 고령의 대가야)는 子呑(경상남도 진주)과 帶沙(경상남도 하동)에 성을 쌓아 滿奚(전라남도 광양)에 이어지게 하고, 봉수대와 저택을 설치하여 백제 및 왜국에 대비했다. 또한 爾列比(경상남도 의령군 부림면)와 麻須比(경상남도 창녕군 영산면)에 성을 쌓아 麻且奚(경상남도 삼랑진) 및 推封(경상남도 밀양)에까지 뻗치고, 사졸과 병기를 모아서 신라를 핍박했다고 한다(본서 325쪽의 〈지도 2〉 참조).

여기서 반파가 성을 쌓은 위치가 고령에서 멀리 떨어진 점이나, 사졸과 병기를 모았다는 표현으로 보아, 대가야국은 연맹의 수도뿐만 아니라 주변의 다른 지방에서도 노동력이나 군대를 동원한 것으로 보인다. 그렇다면 이 기사는 대가야의 왕권이 강화되어 넓은 영역에 걸쳐 무력을 독점한 사실을 반영한다고 인정해도 좋다. 이는 대가야가 백제와의 영역 다툼 과정에서 가야 북부 지역에 걸쳐 고대국가를 성립시켰음을 의미한다. 이런 상황은 고고학적 유물에서 고령 양식 토기의 확산을 통해 확인할 수 있다.

두 번째로 가야는 중앙 집권 체제를 완성시켜 일원적인 관등제를 이루지는 못하였으나, 다원적인 관등제라고 하더라도 왕 우위의 관등 서열화를 이룬 것으로 보인다. 540년대의 '사비 회의' 관련 기사로 보아, 가야연맹 제국은 백제와의 대외 관계를 처리함에 있어서 일정한 관등을 가진 단일의 외교 사신을 백제 도성에 파견한 것이 아니라, 7~8개 지역의 대표들이 함께 가는 모습을 보였다. 또한 사비 회의에 모였던 가야연맹 집사들은 외교를 위해 신라를 방문했었고, 대가야(가라)나 안라에 모여서 회의를 했던 적도 있었다. 여기서 그들이 대가야나 안라에서 회의를 하면 대가야 왕이나 안라 왕도 참석하여 諸旱岐會議의 면모를 띠었을 것이다.

만약 훗날 대가야가 성숙한 고대국가를 이루고 자신들의 사서를 남길 수 있었다면 510년대 이후의 소국들을 '部'라고 표기했을 것임에 틀림없다. 그리고 대가야를 중심으로 한 일부 지역에 강력한 연맹, 즉 실질적인 부체제가 성립되어 있었다고 하더라도, 가야 제국 전체로 보았을 때는 아직 소국 연맹체를 유지하고 있었다. 다만 남부 가야 제국들은 5세기 이래 2~3개의 서로 다른 문화권을 유지해 온 것에서 알 수 있듯이 결속력이 강하지 않았으므로, 대가야의 왕권이 좀 더 공고하였다면 얼마 안 있어 이를 통합할 수 있었을 것이다.

그러나 529년의 안라 회의 이후, 대가야는 가야 남부 지역에 대한 패권을 상실하고, 가야는 대가야-안라 남북 이원 체제로 분열되었다. 가야 지역은 오랜 기간 동안 대외적으로 하나의 문화권으로 취급되었으나, 그 내부에서는 필요에 따라 상황에 따라 분열과 통합을 반복하는 분절 체계를 이루고 있었다. 그리하여 대가야는 510년부터 529년까지 이미 상당한 범위에 걸친 부체제를 구축하여 초기 고대국가를 이루었음에도 불구하고, 그 후의 역사 전개 과정에서 이를 정착시키지 못하고 530년대 이후 다시 연맹체 수준으로 분열되었다가 562년에 멸망한 것이다.

7. 경제

(1) 어로

가야 지역은 경남 해안 지대와 낙동강을 끼고 있으므로, 가야인의 생업 경제에서 어로 활동을 빼놓을 수 없다. 진·변한의 해변에 거주하는 사람들이 문신을 한다는 것은 그들의 활발한 어로 생활을 보여주는 기록이라고 이해할 수 있다. 가야 지역의 어로 생활 유적인 貝塚, 즉 조개무지에는 부산시 영도구 조도 패총, 창원시 성산 패총, 김해시 봉황동(구 회현리) 패총, 부원동 패총, 진해시 웅천 패총, 양산시 양산 패총 등이 있다.

패총 문화는 가야 지역에 철기문화 요소가 나타나는 서기 전후 무렵부터 5세기 정도까지 존속되었던 생활 유적인데, 그 중심 연대는 3~4세기에 해당한다. 이러한 패총 문화의 기본 요소로서는 굴 껍질을 비롯한 수많은 패각과, 실을 뽑는데 쓰는 가락바퀴, 그물 끝에 매다는 어망추 등의 토제품과 각종 골각기, 그리고 쇠손칼, 쇠낫, 쇠화살촉, 쇠낚시바늘 등의 철기류를 들 수 있다.

후기 패총 문화를 영위한 주민들의 음식물 종류를 본다면, 김해 부원동 A지구 패총에서 출토된 종류만 보더라도 벼·보리·밀·콩·조 등의 곡물과 굴·털조개·긴고등 등의 해산물이 나타나고 있다. 즉 이 시기의 패총 주민들은 신석기시대와는 달리 농경과 어로를 복합적으로 영위하는 농경-어로민이었던 것이다.

경상도 내륙 산간 지방의 5세기 후반 고령 지산동 고분군에서 출토된 뚜껑굽다리접시[有蓋高杯] 속에 낙동강 및 그 지류의 민물고기인 누치, 남해 바다의 산물로 보이는 두드럭고등, 소라, 게와 대구, 청어 등의 생선뼈가 들어 있던 것으로 보아, 가야의 어로 산업은 후기 가야 시기에도 여전히 중요한 생업 기반으로 기능하고 있었음을 알 수 있다.

(2) 농업 생산

고대인의 경제 생활 가운데에서 가장 중요한 것은 농업 생산이다. 청동기시대에 들어 한반도에서는 보리·콩·팥·조·수수·기장 등 오곡이 재배되었으며, 벼농사도 확산돼 나갔다. 영남 지역에는 고령 양전동, 산청 강루리, 진주 대평리, 울산 검단리 등지를 비롯한 여러 지역에서 농경 주거 유적이 발견되었다. 이 유적들은 입지 조건 자체가 농경에 알맞은 구릉지대로 올라오고, 거기서 밭 유구, 탄화미, 볍씨 자국이 찍힌 민무늬토기 등이 나타나서, 그 주민들이 거의 전업적인 농경 생활을 영위하였음을 알 수 있다.

당시의 농업은 산간의 정리된 농경지에 불을 놓아 파종을 하고, 정기적으로 돌아가며 휴경을 하는 화전 윤작이었으나, 민무늬토기 중기 이후로는 본격적인 논 벼농사와 함께 인구의 증가가 이루어졌다. 이들은 곡물의 수확 용구로 반달칼과 돌낫을 사용했으며, 그 외에도 돌을 갈아서 여러 가지 모양의 간돌도끼를 만들었다. 그 돌도끼들은 나무를 다듬어 따비, 보습, 괭이 등의 목제 농기구를 만드는데 쓰이기도 하고, 직접 나무를 베고 나무뿌리를 캐서 농경지를 정리하는데 사용되기도 하였다.

서기 전후가 되면, 경남 지역에 철제 농기구가 보급되기 시작하였으니, 창원 다호리 고분군에서 나온 수많은 철제 손칼과 각종 도끼, 쇠괭이, 쇠따비 등이 그것이다. 당시의 농업은 논을 일군 다음 관개 시설을 이용하여 물을 대고 파종을 하는 집약 농업으로 전환되었을 것이다.

『삼국지』위서 동이전에 따르면, 3세기 전반의 삼한 사회에서는 오곡과 벼를 재배하고, 누에치기와 뽕나무 재배를 할 줄 알아, 여러 종류의 비단을 만든다고 하였다. 또한 5월에 각종 작물을 파종하고 난 후와 10월에 추수를 마친 후에는 제사를 지내고 나서, 모두 모여 춤을 추고 술을 마신다고 하였다. 이들은 안정된 농경 기반을 가지고 자유로운 읍락 공동체 생활을 영위하고 있었던 것이다.

4세기 이후 이 지역 농민들의 생산력은 꾸준히 늘어 일반 농가에서도 철제 농기구의 사용이 보편화되었으나, 주조 쇠도끼, U자형 쇠삽날, 쇠스랑 등은 墓壙 크기 4평방미터 이상의 중대형 분묘에서만 한두 자루씩 나왔다. 이는 가야 지역의 철제 농기구를 이용한 농업이 지배 세력의 선도 아래 발전하고, 또 통제되고 있었던 것을 반영한다. 즉, 대형 철제 농기구들은 철기 제작 전문 집단을 보유하고 있던 최대 국읍인 김해 가야국의 왕에 의하여 각지의 小君長들에게 분배되고 있던 것이다.

5~6세기 무렵의 백제나 신라에서는 중앙 정부가 주도하여, 제방 등 수리 시설을 확대하여 대규모의 논을 개발하고, 소를 이용한 경작, 즉 우경을 시작하여 농업 생산성을 높여 나갔다. 당시의 가야는 아직까지 지방 소국들의 독립성을 제어하지 못한 상태이기 때문에, 백제나 신라에 비해서 대형 토목 사업을 쉽사리 일으키지 못했을 수 있다.

그러나 후기 가야의 중심인 경상도 내륙 산간 지방 중에서 가야천 유역의 성주 · 고령 · 합천과 지리산 주변의 진주 · 남원 등은 한반도 안에서 가장 비옥한 땅으로써, 조선시대 후기에도 단위 면적당 수확량이 가장 높으며 농업용수가 풍부해서 가뭄 피해를 겪지 않았으며, 안음 · 거창 · 함양 · 산음 등도 상당히 비옥하였다. 아직 수리 제어 기술이 미흡해서 산간 지류 등을 이용하여 농경을 하는 고대인들에게는 오히려 이 일대가 최상의 안정적인 농업 입지 조건을 갖추고 있는 지역이었다. 이러한 좋은 자연 조건은 대가야를 중심으로 해서 가야연맹이 재기할 수 있는 중요한 기반이 되었다.

한편 가야 지역에서 출토된 곡물 종류를 보면, 벼 · 기장 · 보리 · 조 · 밀 · 콩 · 팥 등이 있다. 또한 그동안 가야 유적지에서 출토된 동물 뼈 중에서 사슴·노루·멧돼지 등은 수렵에 의한 것이나, 개·돼지·소·말·닭의 경우에는 사육에 의한 것일 가능성이 높다. 즉, 가야의 농업은 다양한 곡류의 재배뿐만 아니라 여러 가금류의 대한 목축도 함께 이루어지는 풍요로운 것이었다.

(3) 원거리 교역

고대의 경제에서 교역의 중요성은 매우 크나, 가야의 경우에는 특히 사회 발전의 원동력으로서 원거리 교역을 지적하지 않을 수 없다. 가야인들이 교역에 활발한 면모를 보일 수 있었던 것은 그들이 양호한 해상 운송의 입지 조건을 가지고 있었기 때문이다. 해운의 면에서 볼 때, 3세기 당시에 낙랑에서 배가 출발하여 서해와 남해 연안을 따라 항해하는데 김해의 狗邪韓國에 들른 뒤 해협을 건너 왜로 향했다고 한다. 게다가 철 생산과 해상 운송의 두 가지 점이 연결되어 당시의 경상남도 해안 지대인 변진에서는 철을 생산하여 한, 예, 왜 및 낙랑군, 대방군과 활발하게 교역하여 많은 이익을 얻고 있었다.

3세기 이전에 가야 지역에서 출토된 유물 중에서 성운문 거울[星雲文鏡], 내행화문 거울[內行花文鏡], 사유조문 거울[四乳鳥文鏡], 五銖錢, 왕망전, 청동 세발솥[銅鼎] 등은 낙랑과의 교역을 입증해 주는 것들이다. 반면에 왜와의 교역 또는 밀접한 연관성을 보여주는 왜계 유물로는 자루입술 토기[袋狀口緣土器], 이단입술 항아리[二段口緣壺形土器], 폭넓은 청동 투겁창 등이 있다.

한편 3세기 이전의 일본열도에서 출토된 한국계 유물로는 독무덤[甕棺墓], 널무덤[木棺墓], 세형동검, 청동 투겁창, 청동 가지창, 잔무늬거울[多紐細文鏡], 갈색 덧띠토기, 회색 와질토기 등이 있다. 서기 2~3세기의 일본 출토 한국계 유물은 대부분 규슈[九州] 북부에서 출토되나, 3세기에는 한국계 유물의 출토 범위가 산인, 산요, 긴키 지역으로 확대되어 갔다. 일본열도로 전해진 유물 중에는 중국·낙랑 계통의 청동 거울[銅鏡], 璧, 오수전 등도 있다.

문헌과 유물상의 이러한 증거를 종합하여 판단할 때, 경상남도 해안 지대의 가야 제국, 특히 김해 가야국은 낙랑의 무역 중계 기지로서의 역할을 하였다. 즉, 당시의 가야는 낙랑으로부터 무기나 귀중품 등을 사다가 낙동 강 수로를 거슬러 올라가면서 경상도 내륙 지역 곳곳에 팔든지 또는 규슈 등의 倭地에 팔아서 중개 무역 상의 이익을 보았고, 그러한 교역은 그들의 철 생산과 어울려 더욱 큰 규모로 이루어졌을 것이다.

낙랑군이 약화된 3세기 말 4세기 이후에는 크게 보아 서북한 지역과의 교역이 지속되면서 일본열도와의 교류가 빈번해졌다. 당시의 가야 지역에 서 출토된 서북한 방면 유물로는 방격규구사신 거울[方格規矩四神鏡], 굽은 칼[曲刀], 청동제 호랑이모양 띠고리[虎形帶鉤], 청동솥[銅鍑] 등이 있다. 4세 기 가야 지역의 왜계 유물로는 내만구연 항아리[內彎口緣壺], 하지키 파수부 항아리[把手附壺], 바람개비모양 방패꾸미개[巴形銅器], 벽옥제 돌화살촉, 가락바퀴모양 석제품, 돼지이빨 팔찌 등이 있다.

한편 일본 긴키 지역에서는 원통모양 창끝꾸미개[筒形銅器], 덩이쇠, 철 제 판갑옷 등의 가야 유물이 다량 출토된다. 4세기 후반부터 시작되어 5세 기로 이어지는 일본 고훈시대 중기에는 낙동강 서안 가야 지역의 도질토기 를 본받아 만들어진 스에키[須惠器], 가야 계통의 철제 판갑과 마구 등과 같 은 실용적이고 전투적인 여러 가지 새로운 문물이 등장하며 일본 고대 문화 의 비약적인 발전이 시작되었다.

5~6세기 후기 가야의 교역은 전기만큼 활발하지 못하여, 중국 계통의 유 물로 보이는 것이 전기 가야시대만큼 두드러지지 않는다. 반면에 왜와의 교 역은 김해를 대신하여 고령을 중심으로 계속되어나갔다. 5세기 후반의 일 본열도 각 지역의 유력한 수장묘에 대가야 계통의 위세품으로 보이는 단면 팔각형 쇠투겁창, S자형 말재갈, 용문 투조 허리띠 장식, 산치자형 수하식 달린 금귀걸이, 검릉형 말띠드리개, 말투구 등이 주류를 나타내고 있다. 고 령 양식 토기들도 일본 규슈 및 세토나이해 연변 각지에 널리 분포되었다. 또한 고령 지산동 고분군에서 오키나와산 야광패제 국자와 왜 계통 청동거 울 등이 출토되어, 왜의 물품이 가야 지역에 들어왔음을 확인할 수 있다.

이때 대가야가 중국이나 왜와 무역하는 교통로는 낙동강 하구의 김해 지방을 이용하기보다는 서쪽의 하동 방면을 이용했을 것으로 추정된다. 대가야는 위와 같은 위세품과 합천 야로 지방의 철과 같은 물품의 유통권을 대내적으로 장악하는 한편, 대왜 교역 창구를 일원적으로 독점하게 되면서 가야의 맹주적 존재로 성장했던 것이다. 다만 전 시대와 같이 유리한 수운을 가진 낙동강 하구를 이용하지 못했다는 점은 대외 교역상의 큰 한계였다.

8. 사회

(1) 귀금속의 선호 여부

2~3세기 당시 삼한 사람들의 복장을 살펴보면, 구슬을 보배로 여겨, 혹은 옷에 꿰매 장식으로 삼고, 혹은 목에 걸거나 귀에 걸면서도, 금은이나 비단은 진귀하게 여기지 않는다 하고, 맨머리에 상투를 드러내서 굳센 병사 같았으며, 베 도포를 입고, 발에는 가죽신을 신었다고 하였다. 또한 누에치기를 잘하여   布 등의 비단을 만든다고 하였다.

여기서 구슬을 귀하게 여겨 몸에 치장하고 가죽신을 신는다는 것은, 이미 사치품을 선호하는 귀족 계급의 복색을 나타내는 것이라고 할 수 있다. 금은과 비단은 보배로 여기지 않았다고 하므로, 그들의 사치품 수요는 단지 중국 물품에 대한 무조건적 선호가 아니라 자생적 계급 성장에 따라 유발된 것이었다고 하겠다.

가야 지역의 인공으로 만든 유리구슬 중에서 가장 오래된 것은, 서기전 1세기경의 창원 다호리 1호 널무덤에서 출토된 남색 유리 둥근 구슬[丸玉]과 고리 구슬[環玉]들이다. 서기 2세기 전반의 것으로 추정되는 김해 양동리 427호 널무덤에서 출토된 것도 대동소이하다. 이 구슬들은 아직 그다지 화려하지 않다.

그러나 2세기 후반 및 3세기의 것으로 추정되는 김해 양동리 덧널무덤들에서 출토된 구슬들은 다량의 남·청·홍색 유리제 구슬과 대형 수정제 曲玉, 切子玉 등이 연결되어 연장 총 길이가 288㎝에 달하는 것도 있고, 남색 유리구슬 수백 점 외에 수정제 곡옥 148점, 대형 多面玉 2점으로 구성되어 화려한 모습을 보여주는 것도 있다. 이런 정도의 장신구를 일반인들도 소유할 수 있었다고는 생각할 수 없다. 그러므로 가야 사회에서 늦어도 3세기 전반에는 사회경제적으로도 일반민과 구별되는 귀족 계급이 생겨났다고 볼 수 있다. 가야인들이 구슬을 이용하여 부를 표시하려는 관습은 4세기의 김해 대성동 고분군에까지 이어지고 있다.

가야에서 전형적인 귀금속 유물들이 출토되는 것은 5세기부터이다. 이 시기의 고령 지산동 고분군과 합천 옥전 고분군에서는 용봉문 고리자루큰칼[環頭大刀], 은상감 삼엽문 고리자루큰칼, 금동제 마구 장식, 화살통 장식, 안장가리개, 말띠꾸미개, 관못, 여러 가지 형태의 垂下飾 달린 금귀걸이, 순금 곡옥, 초화형 장식판[草花形立飾]을 세운 금관, 가운데에 큰 화염형 문양을 하나 세운 금동관, 금제 팔찌, 반지 등이 출토되었다. 이런 것들로 보아, 5세기 이후에는 가야의 여러 나라들에서 冠, 귀걸이, 목걸이, 반지 등의 장신구뿐만 아니라, 대도, 마구, 棺 등의 소품들도 금이나 금동, 은과 같은 귀금속으로 장식하여 사용했음을 확인할 수 있다. 그러므로 5~6세기에는 가야 지역에 사회경제적인 부에 바탕을 두고 귀금속을 선호하는 귀족 계급이 존재하고 있었음을 알 수 있다.

(2) 순장 문제

殉葬이란 죽은 사람을 위하여 살아 있는 사람이나 동물을 죽여서 함께 매장하는 장례 행위를 말한다. 순장 그 자체는 하나의 장례 풍습에 불과하지만, 사람을 강제로 죽여서 다른 사람의 장례에 사용한다는 것은 인간의 인간에 대한 지배-예속 관계를 보여준다는 점에서, 그 시행 여부가 사회의 성격을 보여주는 지표로 생각되기도 한다.

신라나 가야 지역에는 전형적인 순장 무덤으로 추정되는 것이 다수 존재한다. 가야의 순장 사례는 대략 4세기부터 6세기 전반에 걸쳐 확인되었다. 묘제 상으로는 나무덧널무덤, 움식 돌덧널무덤, 굴식 돌덧널무덤에서 발견되었으며, 연맹장(왕)을 비롯한 가야 소국들의 최고 지배층이 순장 시행의 주된 집단이었다고 추정된다. 이러한 순장의 사례를 통하여 가야 사회가 왕이나 소국 지배층을 비롯한 귀족과 평민 및 노예 등의 3계층 이상으로 이루어져 있었다는 것을 알 수 있다.

순장이 실시된 것을 가지고 고대 노예제 사회나 전쟁 노예의 성행을 추론할 수는 없다. 오히려 순장은 왕이 天神의 후손으로 여겨지던 세계관과 관계가 깊으며, 당시의 왕권은 주민들의 半 자발적 복종에 상당히 의존하고 있었다. 순장제는 전형적인 중앙 집권적 고대국가 체제를 완성하지 못한 초기 국가나 그 이전의 소국 연맹체 단계에서 나타나는 것이다. 그러므로 가야 사회에서 순장제가 성행했던 것도, 각 단위 소국 한기의 권력 및 연맹장의 권력이 강화되었지만 아직 중앙 집권적 지배 체제가 제도화되지 못한 상태에서 나온 현상이라고 보아야 한다.

9. 문화

(1) 음악

우륵은 6세기 무렵 대가야의 악사로서, 원래는 省熱縣, 즉 후기 가야 연맹에 소속된 나라의 하나인 斯二岐國(지금 경상남도 의령군 부림면) 사람이었는데, 대가야 가실왕의 부름을 받아 고령 대가야에 들어갔다. 우륵은 가실왕이 중국 남제와의 교역에서 얻은 쟁을 개량하여 만든 12현금, 즉 가야금을 가지고 12곡을 만들었다.

우륵이 지은 12곡은, 첫째는 하가라도, 둘째는 상가라도, 셋째는 보기, 넷째는 달이, 다섯째는 사물, 여섯째는 물혜, 일곱째는 하기물, 여덟째는 사자기, 아홉째는 거열, 열째는 사팔혜, 열한째는 이사, 열두째는 상기물이었다. 12곡 중에 보기와 사자기는 기악곡으로서, 보기는 여러 개의 공을 돌리는 기예를 보일 때 연주하는 음악이고, 사자기는 사자 모습의 탈춤놀이를 할 때 연주하는 음악인데, 우륵이 이들을 가야금 곡으로 편곡한 것이다. 나머지 10곡은 5~6세기의 대가야 중심 가야연맹 소속국들의 지방 특색이 있는 고유

③ 보기 : 기악
⑧ 사자기 : 기악

〈지도 3〉 우륵 12곡명이 가리키는 가야 제국의 위치
　　① 제1곡 下加羅都=南加耶都=金官國(경남 김해시), ② 제2곡 上加羅都=大加耶國(경북 고령군
　　고령읍), ③ 제3곡 寶伎=伎樂, ④ 제4곡 達已=上·下哆唎國(전남 여수시, 돌산읍), ⑤ 제5곡
　　思勿=史勿國(경남 사천시 사천읍), ⑥ 제6곡 勿慧=麻連國=牟婁(전남 광양시 광양읍), ⑦ 제7
　　곡 下奇物=下己汶(전남 남원시), ⑧ 제8곡 師子伎=伎樂, ⑨ 제9곡 居烈(경남 거창군 거창읍),
　　⑩ 제10곡 沙八兮=草八國=散半下國(경남 합천군 초계면), ⑪ 제11곡 爾赦=斯二岐國(경남 의령
　　군 부림면), ⑫ 제12곡 上奇物=上己汶=上己文(전북 장수군 번암면, 임실군 임실읍)

음악을 정리하여 가야금 곡으로 만든 것이라고 추정된다. 그 중에 하가라도
와 상가라도는 각기 전·후기 가야연맹의 수도인 김해와 고령 지방, 4곡은
경남 지역 소국, 나머지 4곡은 호남 동부 지역 소국의 음악이다(지도 3).

우륵 12곡은, 후기 가야연맹이 해마다 정기적으로 전통적인 의례를 행하는 날에 각 소국의 한기들이 대표로 대가야의 궁정에 모여 연주하던 음악을 토대로 한 것으로 보인다. 그러므로 이 곡들은 대가야를 중심으로 한 후기 가야연맹의 단결과 강성함을 상징하는 음악이다. 그 12곡의 제작 시기에 대해서는 510년대설, 520년대설, 530년대설, 540년대설 등이 있다. 530년대설 또는 540년대설은 위기에 빠진 대가야가 전성기를 회고하여 만들었다고 하나, 그렇다면 우륵 12곡에 가야연맹의 주요 소국들의 이름이 망라되어야 하는데 실제로는 그렇지 않다. 또한 가실왕이라는 인명과의 관련이나, 해당 시기의 정치적 상황도 그런 곡을 만들 분위기가 아니었다고 추정된다. 가야연맹의 유력한 소국들인 안라국, 다라국, 고자국 등의 음악이 빠진 것으로 보아, 우륵 12곡은 후기 가야연맹 전성기에 열린 한 의식의 기록이고, 이를 통해 맹주국 대가야의 명암을 그대로 드러내고 있는 증거물이라고 할 수 있다.

530년대 이후로 후기 가야연맹이 분열과 쇠퇴를 되풀이 하다가 결국 550년경 백제에게 부속되는 지위로 전락하자, 대가야의 앞날에 대하여 비관한 우륵은 제자 尼文과 함께 신라에게 투항하고 말았다. 551년에 신라 진흥왕은 우륵을 國原(충청북도 충주시)에 안치시키게 하고, 552년에 대나마 階古, 法知(또는 注知), 대사 萬德 세 사람을 보내 우륵에게 음악을 배우도록 하였다. 우륵은 그들의 재능을 헤아려 계고에게는 가야금을, 법지에게는 노래를, 만덕에게는 춤을 가르쳤다. 후에 진흥왕은 그들의 음악을 듣고 크게 기뻐하여 신라의 大樂으로 삼았다. 훗날 문무왕이 충주에서 나마 緊周의 아들이 추는 가야의 춤을 구경했다는 것은, 우륵이 국원에 머물면서 가야의 음악을 전수한 결과로 보아야 할 것이다.

또한 우륵의 제자인 이문이 지은 가야금곡으로는 까마귀[烏], 쥐[鼠], 메추라기[鶉] 등이 있었다고 하니, 이는 동물의 소리나 행동을 가야금 선율로 묘사한 서정적인 곡이었으리라고 추정된다.

일본 나라현 도다이지[東大寺]의 보물 창고인 쇼쇼잉[正倉院]에 823년에 수납되어 전하는 新羅琴 2대가 있다. 그 중의 하나가 '금물 칠한 신라금'으로서 신라로부터 전해졌기 때문에 그런 이름이 붙은 것으로 보인다. 그러나 이는 우륵이 신라에 전한 가야금의 후신이니, 현존하는 가야금 중에 가장 오래된 것이라고 하겠다.

(2) 사상

가야 지역의 사상에 대해서는, 1세기의 김해 가락국(가야국) 건국 초기에 허왕후가 배를 타고 올 때 항해의 안전을 기원하여 싣고 왔다는 파사석탑 및 왕후사 건립과 관련하여, 인도 지역의 남방 불교가 이 곳에 직접 전래되었을 가능성이 논의되고 있다.

『삼국유사』 탑상편에 실려 있는 금관성 파사석탑 조의 기록을 따르면, 파사석탑은 서기 48년에 허황후가 인도 아유타국에서 김해에 가지고 들어왔으나 아직 불교로서 이해되지는 못했고, 452년에 호계사를 창건하여 파사석탑을 안치하고 또 왕후사를 창건했다는 것이다. 파사석탑은 인도에서 들여온 것이기 때문에, 당시에 남방 불교의 전래가 있었다고 주장되기도 한다.

그러나 아유타국이라는 이름은 5세기 이전의 가야에서 알 수 있는 상황이 아니었다. 그 나라는 인도에서도 불교적으로 가장 인연이 깊은 나라였기 때문에 불교와 관련하여 허왕후 결혼 설화 속에 삽입되었으며, 그 시기는 왕후사가 창건될 당시인 신라 중대였을 것이다. 무열왕계의 김씨가 신라 왕실을 운영하던 신라 중대는 가야계의 신김씨가 가장 왕성했던 시기였고, 그때 가야 왕실의 후손들은 신라 왕실의 비호를 받아 금관소경의 우월성이 강조되던 무렵이었기 때문에, 그러한 윤색이 가능했을 것이다.

김해 호계사에 있었다는 파사석탑 설화의 성립 시기는 좀 더 늦어 고려 초기, 또는 중기였을 것이다. 지금은 파사석탑이 허왕후릉 묘역 안의 전각에 보존되고 있다. 파사석탑의 현재 모습은 네모난 모습의 돌들이 포개져 있고, 돌의 재질도 화강암이 아니라 매우 무른 특이한 종류여서, 일반적인 한국 석탑의 계보를 따르고 있지는 않다. 그러나 실제로 그것이 인도에서 직접 전래되었는지의 여부는 확인할 수 없다.

한편 대가야가 불교를 수용하였는가의 여부를 알기 위해 우선적으로 살펴보아야 할 것은 불교식 인명들이다. 대가야 왕계에는 시조 伊珍阿豉王의 어머니인 正見母主가 나오고, 6세기 당시 대가야 왕이었던 異腦王과 왕비인 신라 이찬 比助夫의 누이동생 사이의 아들인 月光太子가 나오는데, 그들의 이름은 불교식이다.

정견모주의 '正見'은 불교에서 괴로움을 없애기 위한 수행 방법인 八正道 첫 번째 단계의 이름이다. 또한 '월광태자'는 석가모니가 전생에 국왕의 아들로 태어나 선행을 베풀었을 때의 이름이다. 이는 불교에 대한 어느 정도의 이해를 가진 시대의 관념이 반영된 것이다. 그렇다면 대가야의 불교식 이름은 언제 나타났을까?

가야산 해인사는 신라 하대 애장왕 때에 대가야 왕족의 후손인 순응과 이정이 가야산신 정견모주에 대한 제사 터를 확장해 창건한 것이다. 현재 해인사 안에는 조선시대 후기까지 '정견천왕사'라고 불리던 '국사단'이라는 건물이 있다. 가야연맹의 제사는 맹주국인 대가야국에서 각국의 대표자인 한기들이 모여 공동으로 행해졌는데, 제사 행렬은 가야연맹의 聖所인 가야산 정견모주 사당에서부터 시작되어 고령 읍내로 이어졌을 것이다.

6세기 전반 당시 대가야의 사회 발전 수준이 불교를 받아들여서 그 의미를 제대로 이해할 정도였는지는 분명치 않다. 그러나 주변의 고구려나 백제는 이미 4세기 후반 소수림왕 및 침류왕 때부터 불교를 인정했고, 신라에 5세기 전반 눌지 마립간 때 이후 고구려의 승려들이 왕래했으므로, 가야인들도 불교의 존재에 대해서 알고 있었을 것이다. 그러다가 대가야 이뇌왕은 522년에 신라 법흥왕과 결혼 동맹을 맺고 밀접하게 교류하던 중에, 528년에 불교를 공인한 신라를 통하여 불교를 수용했을 개연성이 있다. 그러므로 이뇌왕의 아들 도설지를 월광태자로 명명한 것과 함께 대가야 왕계의 인명을 불교적으로 윤색한 시기는, 대가야가 신라와 결혼 동맹을 맺은 522년 이후 562년 멸망하기 전까지로 추정된다.

또한 대가야의 불교 수용 문제는 중국 남제 및 백제와의 교류와 연관하여 생각할 필요도 있다. 대가야가 불교를 이해하고 있었을 개연성으로는 첫째로 우륵 12곡 가운데에 '師子伎'의 존재를 들 수 있다. 중국 남조의 伎樂인 사자춤에서 사자는 부처님이 보낸 것이기도 하고 그 춤 자체가 사원에서의 장례나 법회에 쓰이던 것이기 때문이다. 둘째로, 대가야는 백제를 통해서 불교를 받아들였을 개연성도 있다. 고령 고아동 벽화고분은 석실의 터널식 천장 구조가 공주 송산리 벽화전분과 유사하고, 그 천장에 그려져 있는 연꽃무늬는 부여 능산리 벽화고분과 상통한 양식의 것이기 때문이다. 이는 대가야가 불교를 이해하고 있었다는 방증 자료가 될 수 있다.

10. 과학기술

서기전 3세기경에 중국 동북 지역과 청천강 이북의 한반도 지역에는 전국시대 燕나라 계통의 철기 문화가 퍼져 있었으며, 청천강 이남의 대동강 유역과 금강 유역에는 세형동검 계통의 청동기 문화가 성행하였다. 그러나 서기전 2세기 전반에 위만조선의 성립과 함께 戰國系 철기 문화가 대동강 유역과 금강 유역에 들어와 기존의 청동기 문화와 융합되었다.

서기전 2세기 말에 위만조선이 멸망하고 그 유이민이 남하함에 따라, 서기전 1세기 이후 경상남도 창원과 경상북도 경주 지방에서 위만조선계의 청동기·철기 복합문화가 나타났다. 서기 이후 이 문화는 순수 철기 문화로 진전되어갔으며, 늦어도 2세기 전반에는 창원 지방에서 철기 제작뿐만 아니라 철 생산이 개시되었다.

2세기 후반 이후 가야의 철 생산 주류가 창원에서 김해로 이동되면서 漢나라의 새로운 기술이 유입되어 철이 대량으로 생산되고 단조 철기가 증가되었다. 이때 이후로 김해 가야국은 한반도 각지 및 일본열도에 철을 수출하면서 세력을 성장시켜나갔다. 낙동강 하류의 김해 및 부산 지방에서는 2세기 후반부터 4세기 중엽까지 납작도끼형 덩이쇠를 철 소재로 생산하여 유통시켰으며, 4세기 후반 이후로는 본격적인 덩이쇠를 생산하였다.

5~6세기에는 제철 기술이 가야 각지로 분산되어 김해·부산 뿐만 아니라 함안·합천·창원 등지에서도 제철의 증거라고 보이는 덩이쇠와 미늘쇠를 생산하였다. 가야 철기 문화의 영향을 받은 일본열도는 5세기 말엽부터

자체적인 철 생산이 가능하게 되었다.

　가야의 철기에는 농기구, 무기, 갑주, 마구 등이 있다. 철제 농기구로는 서기전 1세기에 끌, 쇠망치, 쇠손칼, 따비, 낫, 쇠도끼 등이 나타났고, 4세기 이후로는 쇠스랑, 쇠삽날, 가래, 살포 등의 농기구가 새로이 만들어졌다. 5~6세기에는 실용 농기구가 무덤에 부장되지 않게 되고, 대가야 세력권을 중심으로 축소 모형 철제 농기구가 부장되었으니, 이는 가야에 특정한 농경 의례가 생성되었음을 보여주는 것이다.

　철제 무기로는 서기전 1세기에 쇠단검, 쇠투겁창, 쇠꺽창 등이 나타났고, 2세기 후반 이후로는 새로이 쇠장검, 고리자루큰칼, 슴베 있는 쇠화살촉 등이 추가되었다. 3세기 후반 이후에는 좀 더 관통력이 향상된 단면 마름모꼴 쇠투겁창과 목 있는 쇠화살촉이 나타나서 무기의 주류로 자리 잡았다. 5~6세기에는 목 긴 화살촉이 새로이 나타나고, 철제 무기에 장식적인 요소가 나타나서 금이나 은으로 장식한 큰칼이나 화살통 등이 유행하였다.

　가야의 철제 갑주는 4세기에 종장판 혁철 투구와 종장판 정결 판갑옷을 위주로 발전하였다. 5세기에는 미늘갑옷이 나타나 증가하기 시작하였고 이와 함께 종장판 정결 판갑옷은 5세기 중엽에 생산이 중단되었다. 반면에 5세기 후반에는 삼각판 판갑옷, 횡장판 정결 판갑옷, 챙 달린 투구, 충각부 투구 등이 소형 고분 위주로 나타났다. 5~6세기의 가야 지역에는 말투구와 말갑옷도 성행하였다.

　가야의 마구는 서기전 1세기부터 서기후 3세기 무렵까지 S자형 봉상 재갈멈추개가 달린 철제 재갈이 나타나 마차용으로 쓰였다고 여겨지나, 4세기에는 기승용 마구가 나타나기 시작하였다. 4세기의 마구에는 f자형 봉상 재갈멈추개가 달린 재갈, 원형 판상 재갈멈추개가 달린 재갈, 목심철판 발걸이, 심엽형 말띠드리개 등이 나타났다. 5세기에는 마구에 장식적인 요소가 채택되어, 금은으로 꾸민 내만타원형 판상 재갈멈추개, f자형 판상 재갈멈추개, 검릉형 말띠드리개를 위주로 분포되었고, 이는 일본열도에도 널리 보급되었다.

11. 연구 동향

가야는 한동안 잃어버린 역사였다. 신라가 삼국 통일을 한 이후, 그 이전의 고대사는 신라가 삼한을 하나로 통일했다는 인식으로 정리되었고, 그 삼한은 고구려 · 백제 · 신라와 동일시되었다. 이를 정리한 책이 『삼국사기』였고, 거기에는 가야가 신라 주변의 여러 소국의 하나로만 나타난다.

이러한 인식은 조선 후기의 한백겸이 『동국지리지』에서 삼한의 마한 · 진한 · 변한은 곧 백제 · 신라 · 가야로 전환되었다고 수정하면서 가야의 중요성이 재발견되었다. 그리하여 안정복이나 정약용과 같은 실학자들은 6가야의 지명을 비정한다거나, 가야의 해운 능력을 재조명하는 식으로 가야사 연구를 이어나갔다.

그러나 19세기 말 이후 일본의 사학자들에 의하여, 가야 지역은 일본 고대 神功皇后 이래 수백 년 동안 일본의 통치를 받은 任那였다는 『일본서기』의 관념이 제기되었다. 그 후 일제강점기를 거치면서 가야사는 다시 잠복되고 일본에 의한 임나일본부설이 전 세계적으로 유행하였다.

1950년대 이후로 일본에서는 고고학 연구 수준이 발달하여, 일본의 4~5세기 고대 문화는 한반도로부터 건너온 기마민족에 의하여 갑자기 발전했다는 '기마민족 정복왕조설'이 나타났으나, 전통적인 임나일본부설의 견제를 받아 좀처럼 연구의 활성화가 이루어지지 못하였다. 그러나 1970년대에는 일본의 문헌사학계에서 임나일본부설의 주요 근거가 된 『일본서기』의 기록에 상당한 문제점이 있다는 연구들이 제기되어 많은 성과를 거두었다.

반면에 한국에서는 1970년대 이후 고고학 발굴이 활성화되고 그 성과가 축적되어 옛 가야 문화권에서 출토되는 방대한 유물들에 대한 의문이 증폭되었다. 그리하여 고고학계에서는 경주평야 일대의 돌무지덧널무덤[積石木槨墳]을 제외한 경상도 전역의 움식 돌덧널무덤[竪穴式石槨墳] 유적이 모두 가야의 것이라는 과도한 해석이 한동안 유행하였다. 문헌사학계에서는 가야가 일본의 통치를 장기간 받은 것이 아니라 백제의 통치를 받은 것이라는 '백제군사령부설'이 나타나기도 하였다.

그러다가 1980년대 이후로 한국에서는 고고학 및 문헌 사학의 연구 수준이 높아지고 차분한 연구 성과들이 축적되기 시작하였다. 그리하여 가야 유적에서 출토되는 유물들은 왜나 백제의 것과는 근본적으로 구별되므로 독자적인 문화였고, 낙동강 동쪽의 유물들은 5세기 이후로 신라의 것이지 가야의 것이 아니라는 연구가 나타나서, 고고학과 문헌 사학의 접목 아래 연구가 이어나가고 있다. 여러 연구자들이 나타나 논쟁을 거듭하는 중에, 가야는 단순한 소국 연맹체가 아니라 비교적 넓은 지역을 점유한 지역 연맹체였다거나 혹은 초기 고대국가를 성립시켰다는 연구로 발전하기도 하였다.

2000년대 이후로는, 가야가 낙동강 서쪽의 경상도 지역을 중심으로 하여 상당한 면적을 차지하고 있었고 적어도 4백년 이상 7백년 이하의 역사를 지니고 있었기 때문에, 단순히 신라의 발전 과정 아래 통합되어간 여러 소국 중의 하나로만 이해되어서는 안 된다는 반성이 대두되었다. 그리하여 한국 고대사는 고구려, 백제, 신라만의 삼국시대가 아니라 가야를 포함한 '사국시대' 로 재정립되어야 한다는 움직임이 나타나고 있다.

:: 참 고 문 헌

한일관계사연구논집편찬위원회 편, 2010, 『고대의 왕권과 한일관계』, 경인문화사.

권주현, 2009, 『개정판 가야인의 삶과 문화』, 혜안.

김태식 편, 2009, 『악사 우륵과 의령지역의 가야사』, 홍익대학교 인문과학연구소 우륵문화발전연구회.

이형기, 2009, 『대가야의 형성과 발전 연구』, 경인문화사.

김태식 외, 2008, 『한국 고대 사국의 국경선』, 서경문화사.

조영제, 2007, 『옥전고분군과 다라국』, 혜안.

박천수, 2007, 『새로 쓰는 고대 한일교섭사』, 사회평론.

박광춘, 2006, 『새롭게 보는 가야고고학』, 학연문화사.

권학수, 2005, 『가야고고학연구』, 소화.

김세기, 2003, 『대가야연구』, 학연문화사.

남재우, 2003, 『안라국사』, 혜안.

박천수 · 홍보식 · 이주헌 · 류창환, 2003, 『가야의 유적과 유물』, 학연문화사.

백승옥, 2003, 『가야 각국사 연구』, 혜안.

부산대학교 한국민족문화연구소 편, 2003, 『가야 고고학의 새로운 조명』, 혜안.

김태식, 2002, 『미완의 문명 7백년 가야사』 1 · 2 · 3권, 푸른역사.

부산대학교 한국민족문화연구소 편, 2002, 『학교교육과 사회교육으로서의 가야사』, 혜안.

부산대학교 한국민족문화연구소 편, 2001, 『한국 고대사 속의 가야』, 혜안.

부산대학교 한국민족문화연구소 편, 2000, 『가야 각국사의 재구성』, 혜안.

한국고고학회 편, 2000, 『고고학을 통해 본 가야』.

곽장근, 1999, 『호남 동부지역 석곽묘 연구』, 서경문화사.

경상북도 편, 1998, 『가야문화도록』.

연민수, 1998, 『고대한일관계사』, 혜안.

인제대 가야문화연구소 편, 1997, 『가야제국의 왕권』, 신서원.

인제대 가야문화연구소 편, 1995, 『가야제국의 철』, 신서원.

백승충, 1995, 『가야의 지역연맹사 연구』, 부산대학교 박사학위논문.

경상북도 편, 1995, 『가야사연구-대가야의 정치와 문화-』.

이근우, 1994, 『일본서기에 인용된 백제삼서에 관한 연구』, 한국정신문화연구원 한국학
　　　대학원 문학박사학위논문.

김태식, 1993, 『가야연맹사』, 일조각.

천관우, 1991, 『가야사연구』, 일조각.

이현혜, 1984, 『삼한사회 형성과정 연구』, 일조각.

李鎔賢, 1999, 『加耶と東アジア諸國』, 國學院大學 大學院 博士論文.

李永植, 1993, 『加耶諸國と任那日本府』, 吉川弘文館.

田中俊明, 1992, 『大加耶連盟の興亡と'任那'』, 吉川弘文館.

 * 이 글의 원전 : 김태식, 2010, 「가야(加耶)」, 『한국민족문화대백과사전』 개정증보판, 성
　남 : 한국학중앙연구원 백과사전편찬실, 원고지 161매.

한국 고대사에서 가야의 위치

3.
가야 문화의 특징

1. 머리말

고대 시기의 한반도 역사는 대개 '삼국시대'로 알려져 있고 가야의 역사는
거기서 소외되어 그다지 중시되고 있지 않다. 이는 고려시대 이래의 신라
중심적 역사 인식과 근대 이후 일제에 의한 역사 왜곡의 결과라고 하겠
다.[1] 그럼에도 불구하고 진실을 영원히 감출 수는 없는 법이어서, 최근의
가야 지역에서 활발하게 일어난 고고학적 발굴 조사 결과들에 의하여, 가야
사에 대한 한국과 일본학계의 연구 성과[2]는 상당히 개선되었다. 그러나 구

---

1) 金泰植, 2004,「加耶史 輕視의 論理들에 대한 批判」,『國立歷史民俗博物館研究報告 110 -
第五回歷博國際シンポジウム: 古代東アジアにおける倭と加耶の交流-』, 佐倉: 國立歷史民
俗博物館.
2) 金泰植, 1993,『加耶聯盟史』, 서울: 一潮閣; 2002,『미완의 문명 7백년 가야사 1~3권』, 서울:
푸른역사.
田中俊明, 1992,『大加耶連盟の興亡と'任那'』, 도쿄: 吉川弘文館.
부산대학교 한국민족문화연구소 편, 2001,『한국 고대사 속의 가야』, 서울: 혜안; 2003,『가
야 고고학의 새로운 조명』, 서울: 혜안.

미 제국에서는 가야에 대한 최근 연구 성과들이 거의 반영되어 있지 않은
듯하다.

근래에 구미 제국의 교과서나 백과사전류에 나타난 '가야'에 대하여 조
사한 연구 성과에 따르면,[3] 다음과 같다.

1) 교과서에서의 가야에 대한 인식은 전혀 없거나,[4] 있다고 해도 미약한 상태[5]
   이거나, 혹은 가야에 대한 언급은 없이 일본이 4~6세기에 한반도 남부를 정복
   하여 식민지를 건설했다고[6] 서술하고 있다.
2) 미국과 영국의 개설서나 사전류에도 가야에 대한 충실한 내용을 찾기 어려우
   며, 일본 고대사와의 관련에서 임나일본부설을 소개하면서 기마민족설과 대
   비시켜 중립적 혹은 유보적 입장을 보이는 것[7]이 대세였다.
3) 미국의 사전류에서 일반적인 현상은 아니라고 하나, 아직도 아무런 비판 없이
   혹은 약한 의문을 제기하면서 가야 지역을 일본의 피점령지로 묘사한 책[8]도

---

3) 權鶴洙, 2002, 「구미 교과서 및 백과사전류의 가야사 서술」, 『학교교육과 사회교육으로서
   의 가야사』, 부산대학교 한국민족문화연구소 편, 서울: 혜안.
4) Larry S. Krieger et als., 1992, *World History: Perspectives on the Past*, p.291, D.C.Heath
   and Company.
5) M. Dale Davis and Renate Davis, 1992, *Civilizations in History: Africa and Asia*, pp.72~74,
   Toronto: Oxford University Press.
6) Jay Haywood, 1998, *The Cassell Atlas of World History*, London: Cassell Publication.
   Albert M. Craig et al., The Heritage of World Civilization, 2nd edition, pp.264~265,
   MacMillan Publishing Company; 교육인적자원부, 2001, 『세계각국(OECD국가) 초·중등
   과정 역사교과서 한국관련 기술 내용 현황』에서 재인용.
7) Sarah Milledge Nelson, 1993, *The Archaeology of Korea*, pp.237~243, Cambridge
   University Press.
   Gina L. Barnes, 1999, *The Rise of Civilization in East Asia: The Archaeology of China,
   Korea and Japan*, pp.232~245, Thames and Hudson.
   Encyclopedia Britanica. (1998, Encyclopedia Britanica Inc.)의 'Kaya'와 'Japan' 항목.
   Brian M. Fagan(ed.), 1996, *The Oxford Companion to Archaeology*, (Oxford University
   Press)의 'Japan and Korea' 항목.
8) Joseph M. Goedertier, 1968, *A Dictionary of Japanese History*, (John Weatherhill Inc.)의
   'Mimana'와 'Nihon-fu' 항목.
   Ainslie T. Embree, 1988, *Encyclopedia of Asian History*, (Charles Scribner's Sons)의
   'Mimana' 항목.

있었다.
4) 바로 위의 3번과 같은 경향은 아시아에 대한 관심이 적은 프랑스에서는 좀 더 심하였으며,[9] 독일의 경우는 최악이어서 대부분의 서술이 거의 일제강점기 일본 정부의 주장 그대로였다.[10]

  이러한 연구 경향은 가야사와 가야 문화에 대한 연구가 부족하거나, 혹은 일부 연구가 이루어져 있다고 해도 일반적인 역사 인식을 수정하기까지 이르지 못한 것에서 기인한다고 볼 수 있다. 또한 구미 제국에서는 한국사 및 한국 고대사 자체가 별다른 학술적 관심을 끄는 대상이 되지 않았던 상황에 더하여 가야사에 대한 인식이 성숙되지 못한 듯하다. 가장 문제가 되는 것은 가야사가 한국 고대사 자체에 대한 관심에서가 아니라 대부분 일본 고대사와의 관련성 속에서 부정적으로 언급되었다는 점이다. 일본 고대문화 발전 과정에서의 의문점을 가야사와의 관련 속에서 언급하면서도, 정작 가야사나 가야 문화에 대해서는 잘 알지 못하기 때문에 고작해야 의문 제기를 하면서 문장을 끝맺는 것이다.

  가야사에 대한 구미 제국의 이해 부족은, 고대 한일관계에 대한 오해로 이어지고, 더 나아가 현대에 이르는 한일관계의 전통에 대한 전반적인 오해로 이어질 우려가 있다는 점에서 매우 심각한 문제이다. 그러므로 본고에서는 옛 가야 지역에서 이루어진 근래의 발굴 성과와 가야사에 대한 학계의 최근 연구 성과를 체계적으로 정리하여, 가야 문화의 특징을 간략하게 드러내 보이고자 한다.

---

9) André Fabre, 1988, *La grande histoire de la Corée*, pp.54~61, Paris: Favre.
   Jean Esmein, François Macé, Hiroyuki Ninomiya, Pierre Souyri, Le Coteau, 1990, *Histoire du Japon*, pp.31~33, Horvath.
   Encyclopaedia Universalia, (1996, Paris: Universslia)의 'Corée' 항목.
10) Reinhard Schönenberg und Heinz Zemanek, 1983, *Meyers Großes Universal Lexikon*, (Mannheim /Wein /Zürich: Bibliographisches Institut)의 'Koreanische Geschichte' 항목.
    Der Grosse Herder, (1954, Verlag Herder Freiburg)의 'Korea' 항목.

2. 농경 문화와 철기 문화의 결합

가야 문화가 성립되기 이전인 기원전 3~2세기 무렵에 한반도는 지역별로 문화 수준의 차이가 많이 났다. 그래서 대동강 유역을 중심으로 한 한반도 서북 지역에는 세형동검(細形銅劍), 청동 투겁창[銅鉾], 청동 꺽창[銅戈]과 쇠도끼[鐵斧]를 중심으로 한 유물 문화가 번성하고 있었으니,[11] 이것이 곧 후기 고조선[12]이었다.

　충남과 전라 지역에는 기원전 3세기부터 기원전 2세기에 걸쳐 철기는 거의 없는 순수 청동기 문화가 영유되고 있었다. 그 중에서도 충남 지역에는 요령 지방 청동기 문화를 원류로 하는 세형동검, 거친 무늬 청동 거울[多鈕粗文鏡], 방패형 청동기[防牌形銅器], 부채꼴 청동 도끼[扇形銅斧], 천하석제 장식옥[天河石製玉] 등을 위주로 한 문화가 있었고, 전북 지역에는 전국계 청동기 문화의 영향을 받은 세형동검과 실용적인 청동 투겁창, 청동 꺽창과 같은 무기를 위주로 한 문화가 있었고, 전남 지역에는 잔줄무늬 청동 거울[多鈕細文鏡]과 여러 가지 모양의 청동 방울[銅鈴]과 같은 의례용구를 위주로 한 문화가 있었다.[13] 『史記』朝鮮傳에 기원전 2세기경에 있었다고 나오는 辰國은 한반도 서남 지역에 있었던 다수 정치집단들 중에서 일정한 범위의 단위집단들을 포괄하는 존재로 이해된다.[14] (지도 1)

---

11) 송호정, 2003, 『한국 고대사 속의 고조선사』, 서울: 푸른역사, 355~404쪽.
12) 후기 고조선은 기원전 4~3세기에 고조선의 중심지가 요동 지역에서 대동강 유역의 평양 지역으로 옮긴 이후 기원전 198년에 위만조선이 성립될 때까지의 사회를 가리킨다고 보는 견해(노태돈, 2000, 『단군과 고조선사』, 서울: 사계절, 42쪽)와, 기원전 198년 위만에 의하여 정권이 찬탈된 이후 기원전 108년에 멸망할 때까지의 사회, 즉 '위만조선'과 동일시하는 견해(송호정, 앞의 책, 387쪽)로 나뉜다. 그러나 필자는 고조선을 기원전 1000년 경부터 기원전 108년까지의 정치세력으로 보고, 기원전 300년경을 기점으로 하여 그 전의 요동 중심의 비파형동검 문화를 전기 고조선, 그 후의 평양 중심 세형동검 문화 전체(위만 조선 포함)를 후기 고조선으로 나누는 것이 옳다고 생각한다.
13) 李賢惠, 1984, 『三韓社會成立過程研究』, 서울: 一潮閣, 11~31쪽.

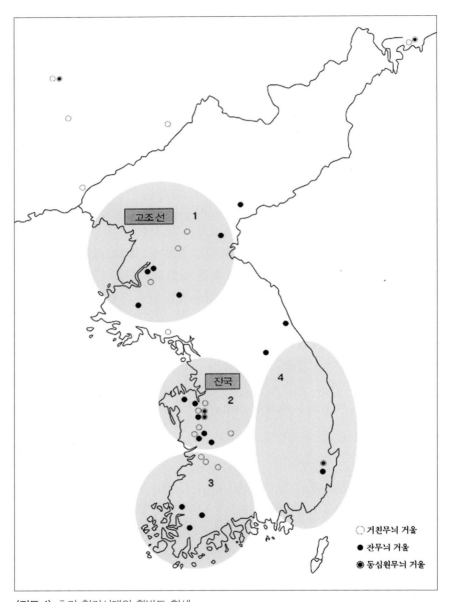

〈지도 1〉 초기 철기시대의 한반도 형세
1. 평남 · 황해지역 : 고대국가 초기 단계(古朝鮮) / 2. 충남지역 : 소국 연맹체 단계(辰國) / 3. 전남 · 전북지역 : 발달된 군장사회 단계 / 4. 경남 · 경북지역 : 초기 군장사회 또는 그들이 서열화된 단계

반면에 경상남·북도 지역에는 다른 지역과 마찬가지로 간석기 농기구들에 기반을 둔 농경 문화는 일찍부터 발달하였으나,[15] 아직까지 청동기나 철기들을 생산할 수 없는 부족사회가 영위되고 있었다. 이 문화는 아직 금속기를 제작할 수는 없었으나, 주변의 다른 지역에 금속문화를 가진 유력한 초기국가 또는 발달된 군장사회가 있다는 것을 알고 있었다.

그들의 대다수는 평등한 부족을 이루고 있는 농민이었으나, 주변 지역과 교류 또는 대항하기 위하여 부족들 몇 개가 통합되어 초기 군장사회로 전환되었고, 이를 다스리는 군장 계급도 나타났다. 이들은 고인돌무덤[支石墓]이나 돌널무덤[石棺墓]을 축조하여 대개 간돌검 1자루와 간돌화살촉 몇 점을 부장품으로 넣은 정도[16]의 부(富)와 권력을 유지하였다.

그런데 위만조선은 문화 수준이 높은 초기 고대국가로서 주변 지역에 대한 교역을 통해서 통제 기능을 행사하기도 하였으며 서해안과 남해안을 통해서 진국과 일본열도의 여러 지역과도 교역하였다. 그러므로 그런 교류 활동에 힘입어 경남 지역에서도 마산 진동리,[17] 김해 무계리 및 내동 고인돌무덤[18]을 축조한 것과 같은 일부 군장들은 주변 지역으로부터 수입한 값비싼 청동검과 청동화살촉을 소유하기도 하였다. 그래도 이 지역은 한반도 전체에서 볼 때는 문화 수준이나 사회 통합 정도가 가장 낮은 곳이었다.

기원전 2세기 이후로 김해 지방에서는 청동검[銅劍], 청동삼각끌[銅鉇], 쇠도끼[鐵斧]를 부장한 봉황동 김해 패총 내 합구식 독무덤[合口式甕棺墓],[19] 지내동 독무덤,[20] 세형동검과 검은 간토기[黑色磨研土器]가 수습된

---

14) 위의 책, 47쪽.
15) 국립창원문화재연구소, 경상남도, 2001,『진주 대평리 어은2지구 선사유적』, 창원.
　　경상남도, 경상대학교박물관, 2001,『진주 대평리 옥방3지구 선사유적』.
　　국립진주박물관, 2002,『청동기시대의 대평, 대평인』.
16) 李南奭, 1985,「靑銅器時代 韓半島 社會發展段階問題」,『百濟文化』16, 87쪽.
17) 沈奉謹, 1980,「慶南地方出土 靑銅遺物의 新例」,『釜山史學』4.
18) 金元龍, 1963,「金海 茂溪里 支石墓의 出土品 -靑銅器를 副葬하는 新例-」,『東亞文化』1.
　　金廷鶴, 1984,「金海內洞支石墓調査槪報」,『釜山堂甘洞古墳群』, 釜山大學校博物館.

내동 널무덤[木棺墓]과 검은 간토기가 출토된 양동리 70호 널무덤[21])과 같은 것이 나타났다. 한반도 서북부 계통의 널무덤 및 세형동검 관계 유적이 나타나기 시작했으나 그것은 후기 민무늬토기의 문화 기반에 단순히 추가되었을 뿐이다. 이 단계에서 청동기나 철기가 이들에 의하여 생산되었는지는 분명치 않다.

그러다가 기원전 2세기 말(B.C.108)에 한 무제에 의하여 위만조선이 멸망하자, 옛 교역로를 따라 그 유민들이 들어와 해안 지역에 자리 잡게 되었다. 그 중에 일부는 신분이 높은 귀족들도 있었는데, 그들이 남긴 대표적인 유적이 창원 다호리 고분군의 초기 무덤들이다.

기원전 1세기 후반으로 편년되는 다호리 1호분은, 봉분이 없고 길이 278센티미터, 너비 85센티미터, 깊이 205센티미터의 토광에 길이 240센티미터의 통나무형 목관이 안치되어 있었다. 부장품으로는 세형동검, 쇠단검, 철제고리자루 손칼[鐵製環頭刀子], 청동 투겁창, 쇠투겁창[鐵鉾], 납작도끼[板狀鐵斧], 쇠따비, 성운문 거울[星雲文鏡], 청동 띠고리[靑銅帶鉤], 오수전(五銖錢), 청동 말종방울[銅鐸] 등의 금속기와, 휴대용 화장품곽을 비롯하여 검집, 원형두(圓形豆), 방형두(方形豆), 원통형 칠기, 뚜껑, 각형(角形) 칠기, 붓, 부채 등의 칠기류, 유리구슬, 민무늬토기와 와질토기 편 등이 출토되었다.[22])

유물 가운데에서 성운문 거울, 오수전, 띠고리, 청동 말종방울, 유리구슬, 칠기 화장품곽 등의 중국식 유물은 평양 정백동이나 경주 조양동 유적에서도 출토된 바 있어서, 이 시기에 한반도 남부 지역과 낙랑과의 교섭이 활발했음을 보여준다. 또한 목관의 형태나 청동기, 철기 및 칠기의 모습은 중국이나 일본의 것과는 다른 독창적인 세형동검(사진 1) 문화의 전통을 보인다. 따라서 기원전 1세기 무렵에는 경남 해안지대의 창원 지방에 가장 선

19) 조선총독부, 1923, 『김해 패총 발굴조사보고』(大正9년도 고적조사보고 제1책).
20) 심봉근, 1982, 「김해 지내동 옹관묘」, 『한국고고학보』 12.
21) 임효택, 1993, 『낙동강하류역 가야의 토광목관묘 연구』, 한양대학교 대학원 박사학위논문.
22) 이건무, 이영훈, 윤광진, 신대곤, 1989, 「의창 다호리 유적 발굴진전보고(Ⅰ)」, 『고고학지』 1.

진적인 정치 세력이 존재했음을 알
수 있다. 또한 토기는 갈색 및 흑색
민무늬토기가 주류를 이루는데, 이
토기는 기원전 3세기부터 이 지역
에서 사용하던 후기 민무늬토기들
이다.

그 후 서기 1세기로 넘어오면서
김해시 주촌면 양동리 일대에서 철
기와 瓦質土器 유적이 계기적으로
나타나기 시작했다. 1세기 전반의
초기 유적인 김해 양동리 52호분은
길이 317센티미터, 너비 170센티미
터, 깊이 145센티미터의 토광에 길
이 235센티미터의 목관이 설치되어
있고, 그 부장품으로서 둥근 바닥
항아리 등의 고식 와질토기와 입술
단면 삼각형 덧띠 독[口緣部斷面三
角形粘土帶土器甕], 두형 토기(豆形
土器) 굽다리 조각 등의 민무늬토
기, 쇠도끼[鐵斧]와 쇠낫[鐵鎌] 등의
철제 이기, 유리제 작은 구슬 일괄

〈사진 1〉 세형동검과 칠기 검집 및 검코등이
(창원 다호리 1호분 출토, 길이 61.1cm)

품이 출토되었다.[23] 이는 전 단계에 들어온 이주민 계통의 널무덤 및 금속
기 문화가 원주민 계통의 후기 민무늬토기를 위주로 한 농경 문화와의 타협
아래 토착화하여 발전해 나가는 면모를 보여주고 있다.

---

23) 임효택, 1993, 『낙동강하류역 가야의 토광목관묘 연구』, 한양대학교 대학원 박사학위논
문, 131쪽, 도면 13.

이와 같이 김해 및 창원 지방에서 남한 농경 문화와 서북한 금속기 문화가 복합되어 경남 해안 지대 및 낙동강 유역 일대로 퍼져나갔다. 이것이 가야 문화의 기반을 이루었으니, 곧 가야 문화의 첫 번째 특징이다. 다만 기존의 경남 해안 지대 및 낙동강 유역 주민들은 새로이 유입되어 들어온 이주민들과는 문화적 격차가 많이 났기 때문에, 이를 소화해서 자기의 문화로 만들고 사회를 변모시키는데 매우 오랜 기간, 적어도 200년 이상이 걸렸던 것이다.

3. 낙랑과의 해운 교역의 중심

2~3세기에 영남 지역은 낙랑 문화와 밀접한 연계 아래 성장하였다. 『삼국지』위서 동이전 韓條에 "그 풍속은 의책(衣幘)을 좋아하였으니, 下戶들이 郡에 이르러 조알하면 모두 의책을 주는데, 스스로 인수(印綬)와 의책을 만들어 착용한 사람도 1천여 인이나 되었다."[24]는 기록으로 보아, 2~3세기 이래 남한의 여러 단위 세력들은 선진 문물의 구입을 위하여 육지로 접해 있는 漢郡縣과 적극적으로 교섭한 것을 알 수 있다. 그 결과 그들은 생산 기술이나 생활양식을 비롯한 문화의 면에서 상당한 수준에 올라 있었다.

게다가 『삼국지』위서 동이전 倭人條[25]와 조선 후기의 『택리지』에 나오는 항로 기술[26]로 보아, 삼한시대부터 조선 후기까지 한반도의 해운 교통은 한반도 서북 지역으로부터 서해안과 남해안의 연안 항로를 거쳐 낙동강 하구의 김해에 이르러, 한편으로는 낙동강 수운을 타고 경상 내륙 지방으로

---

24) 『三國志』卷30, 魏書 烏丸鮮卑東夷傳 韓 "其俗好衣幘 下戶詣郡朝謁 皆假衣幘 自服印綬衣幘 千有餘人."
25) 『三國志』卷30, 魏書 烏丸鮮卑東夷傳 倭人 "倭人 在帶方東南大海之中. 依山島爲國邑. 舊百餘國 漢時有朝見者 今使譯所通三十國. 從郡至倭 循海岸水行 歷韓國 乍南乍東 到其北岸狗邪韓國 七千餘里. 始度一海 千餘里 至對馬國."

들어가고 한편으로는 바다를 건너 일본으로 들어가는 패턴을 그대로 유지하고 있었다. 그러므로 특히 가야 문화가 성립된 이후에도 김해 지방에는 낙랑 지역을 통해 각지의 선진 문물이 그대로 수입되었다.

2세기 중후반 무렵의 덧널무덤[木槨墓] 유적인 김해 양동리 162호분은 낙랑과 가야의 활발한 교류를 보여준다. 양동리 162호분은 길이 5미터, 너비 3.4미터, 깊이 1.2미터의 토광에 목곽이 설치된 무덤으로서, 중국식 거울[漢式鏡] 2면, 본뜬거울[倣製鏡] 7면, 청동 띠고정 장식[銅製鉸具] 1점, 청동고리[銅環] 등의 청동기류, 쇠단검 6자루, 대형 쇠투겁창 1점, 중형 쇠투겁창 10여점, 쇠화살촉 60여점, 쇠솥[鐵鍑] 1점, 쇠도끼 6점, 쇠낫 3점, 납작도끼[板狀鐵斧] 40여 점 등의 철기류, 연질 굽다리 목항아리[軟質臺附長頸壺] 1점, 수정 및 유리제 구슬로 만든 목걸이 1벌, 주칠(朱漆)이 된 가죽제 방패 1점 등이 출토되었다.[27]

이 고분에 묻힌 사람은 세형동검에서 발전한 쇠단검 6자루와 길이 60센티미터의 대형 쇠투겁창을 비롯한 다수의 쇠투겁창을 소유하여, 강력한 권력을 가진 신분임을 나타내고 있다. 또한 그는 당시의 화폐로서 부의 상징인 납작도끼를 목관 네 모서리에 다량 깔고 있다. 그런 유물들은 가야에서 생산된 것들로서, 당시 가야 문화의 높은 생산 기술 수준을 보여준다. 그러므로 양동리 162호분의 주인은 경제적인 재력 및 정치적인 권력을 모두 갖춘 소국의 수장이었다고 해도 손색이 없다.

또한 거기서는 외래 유물들도 많이 나왔다. 중국식 청동거울 2면(사진 2)과 많은 유리구슬을 꿰어 만든 화려한 목걸이는 낙랑 지역을 통해서 구입

---

26) 李重煥, 1714, 『擇里志』 卜居總論 生利 "我國東西南皆海 船無不通. 然東海風高水悍 慶尙東海邊諸邑 與江原嶺東咸鏡一道 互相通船 西南海舶則不習水勢罕至. 而且西南海則水緩 故南自全慶 北至漢陽開城 商賈絡繹 又北則通黃海平安矣. 舟商出入 必以江海相通處 管利脫賣 故慶尙則洛江入海處爲金海七星浦 北溯至尙州 西溯至晉州 惟金海管轄其口. 居慶尙一道之水口 盡管南北海陸之利 公私皆以販鹽 大取贏羨."

27) 東義大學校博物館, 1991, 「金海良洞里第162號土壙木槨墓 發掘調査槪要」(발굴지도위원회 현장보고자료)

〈사진 2〉 내행화문 거울과 사유조문 거울

〈사진 3〉 쇠솥
(김해 양동리 162호분 출토, 높이 32.8cm)

한 것으로 보인다. 특히 북방계 문물이라는 쇠솥[鐵鍑](사진 3)이 출토된 것은 주목되는데, 이 쇠솥과 유사한 형태의 것이 평양 정백동 53호 덧널무덤에서 출토된 바 있다. 뿐만 아니라 그 곳에서 출토된 청동기, 철기, 토기, 옥 등의 유물 분포상은 양동리 162호분의 것과 유사성을 보인다.[28] 그러므로 이를 통해서 양동리 고분 축조 세력은 서북한 지역의 낙랑 문화와 밀접한 연관을 가지고 있으며, 그들과의 연관 아래 발전하고 있었다는 것을 확인할 수 있다. 이 시기의 김해의 가야국은 12개국으로 이루어진 변한 소국연맹체의 맹주였다.[29] 가야국이 낙동강 방면의

---

28) 위의 조사개요, 3쪽.

대표 세력으로 떠오를 수 있었던 것은, 이 지역이 낙랑과 왜를 연결하는 해운 요충에 위치하고 풍부한 철 생산 능력을 소유한 것에 기인한다.

다만 남한 지역에 미친 낙랑의 영향은 지역별로 서로 다르게 미친 듯하다. 즉 2~3세기에 걸쳐 김해의 가야국을 중심으로 한 변한 지역이 이처럼 발전하고 있을 때, 호남 지역에는 독무덤[甕棺墓]을 위주로 한 토착 문화가 지속되고 있었으며,[30] 거기서는 이렇다 할 유물 문화가 거의 확인되고 있지 않다. 이는 이 지역의 발굴 성과가 부진하기도 하고 또 이 지역에 이렇다 할 철광산이 없다는 이유도 있지만, 보다 근본적인 것은 경기, 충청 및 전라 지역과 지리적으로 인접한 낙랑의 정치적 견제로 인한 결과였다고 생각된다.

이처럼 옛 고조선 지역에 들어와 수백 년간 지속된 한 군현의 작용으로 인하여 남한 지역의 정치적 통합은 전반적으로 한동안 지연되었으며, 낙랑 군이 약화되는 2세기 후반 이후에 정치권력이 각 지역별로 분산되어 성장하기 시작하였다. 그러나 가야 지역은 낙랑군과 소백산맥을 경계로 하여 지리적으로 단절되어 있어서 낙랑군에 직접적인 위험 요소는 아니었고, 이 지역은 원거리 해운 교역로에 위치하여 일본열도와의 교역을 통한 경제적 이득을 취할 수 있는 곳이었다. 그렇기 때문에 낙랑군도 이 지역의 정치적 성장을 강하게 견제하기보다는 어느 정도의 성장을 보장해 주지 않았는가 한다.

가야는 이러한 점을 적극적으로 활용하여 낙랑군을 통해서 중국의 선진 문물을 경상도 내륙 지방 및 일본열도에 전파하는 역할[31]을 담당하였고, 거기에 자신의 철 생산 능력[32]을 더하여 주체적인 면모를 유지할 수 있었다.

29) 김태식, 2002, 『미완의 문명 7백년 가야사 1권』, 서울: 푸른역사, 118~125쪽.
30) 성낙준, 1983, 「영산강유역의 옹관묘 연구」, 『백제문화』 15, 공주: 공주사대 백제문화연구소.
   강봉룡, 2003, 「영산강유역 '옹관고분사회'의 형성과 전개」, 『강좌 한국고대사』 제10권, 서울: 가락국사적개발연구원.
31) 김태식, 2002, 『미완의 문명 7백년 가야사 2권』, 서울: 푸른역사, 86~94쪽.
32) 송계현, 1995, 「낙동강 하류역의 고대 철생산」, 『가야 제국의 철』, 인제대학교 가야문화연구소 편, 서울: 신서원.
   김태식, 2002, 『미완의 문명 7백년 가야사 2권』, 서울: 푸른역사, 77~85쪽.

그러므로 가야 문화는 한반도의 어느 지역보다도 훨씬 활발하게 낙랑과 교류함으로써 그 문화의 기본 성격을 확정지었다고 할 수 있다.

4. 단정하고 보수적인 문화 성격

2~3세기 경상도 지역의 묘제와 토기 문화는 거의 같다. 그래서 우리 학계에서는 흔히 이를 '진·변한 공통 문화 기반'이라고 언급한다.[33] 최근에는 경상도 지역의 묘제나 토기가 이 시기부터 미세한 차이가 있다고 보는 견해[34]도 나왔으며, 이런 연구 노력은 바람직한 것이다. 그러나 2~3세기 경상도 지역의 유물 문화가 한반도의 북부나 중부, 일본열도 등과 비교해 볼 때 크게 차이가 나면서, 내부적으로는 경상남·북도 동부 해안 지대의 辰韓과 낙동강 유역의 弁韓 상호간에 거의 차이를 느낄 수 없을 정도로 비슷한 것이 사실이다. 이러한 점은, 2~3세기 경상도 지역의 문화가 기본적으로 남한 민무늬토기 문화와 서북한 세형동검 문화의 결합으로 성립되었다는 점에서 같기 때문이다.

그러나 낙랑과의 긴밀한 교류라는 점에서 보면 진한과 변한은 지정학적 위치에 따라 상대적인 차이가 난다. 즉 변한의 맹주국인 김해의 구야국(狗邪國), 즉 가야국은 서해안과 남해안으로 이어지는 물결이 잔잔한 연안 항로의 끝에 위치하여 낙랑과 배를 통해 직접적으로 교류할 수 있었던 반면에, 진한의 맹주국인 경주의 사로국(斯盧國), 즉 신라국은 물결이 거친 동해안에 위치하여 해로의 직접적인 목적지로 될 수 있는 여건을 갖추지 못했다.

혹자는 진한이 조령이나 죽령을 거치는 내륙 교역망을 통해 낙랑과 연결하였을 것이라고 추정하기도 하나, 그 시기에 그것이 가능했다고 해도 한반

---

33) 崔鍾圭, 1983, 「中期古墳의 性格에 대한 약간의 고찰」, 『釜大史學』 7, 1~17쪽.
34) 尹溫植, 2002, 「영남지방 원삼국시대 土器 '樣式' 論의 제기」, 『嶺南考古學』 31.

도 서남 해로만큼 빈번하게 또 대량으로 문물이 왕래하기는 어려웠다. 그렇기 때문에 진한은 변한의 낙동강 유역을 통해서 2차적으로 낙랑의 문물을 접했을 가능성이 크며, 이를 통해서 진·변한 공통 문화 기반이 유지되었을 것이다.

진·변한 공통 문화 기반은 낙랑군과 대방군이 고구려에 의하여 소멸되는 4세기 초 이후로 분리되기 시작한다.[35] 낙랑군을 통한 일원적인 문화 기준이 없어지고 고구려는 곧 이어 前燕의 공손씨와 대결을 벌이느라고 이를 대신할 만한 여유가 없었기 때문이다. 그래서 4세기 전반의 영남 지역은 그때까지 축적한 문화 기반을 토대로 상호간에 항쟁하면서 각 지역별로 문화가 분리되는 모습을 띤다.

그러나 4세기 후반에 한강 유역의 백제가 크게 대두하여 옛 대방군이 있었던 황해도 지역을 차지하고 해로로 교역로를 개척해오자, 변한 즉 가야연맹은 다시 하나로 통합되어 그들과 교역하였다.[36] 그 문화는 당시의 시류를 반영하여 기마 및 전쟁 관련 문화가 대폭 혼합되었으나 기본 성격은 예전의 낙랑, 대방 문화의 연장선 위에 있었다. 그 결과 가야 문화는 2~3세기 이래 낙랑의 영향을 받아 형성된 진·변한 공통 문화 기반이 큰 수정 없이 그대로 유지되어, 단정하고 보수적인 문화 성격을 띠게 되었다. 가야는 5세기 이후 중심지가 경상 내륙의 고령 지방으로 옮겨지는[37] 큰 정치적 변혁을 겪지만, 이러한 문화 성격은 가야가 멸망할 때까지 그대로 유지되어, 가야토기 양식의 굽다리접시[高杯]와 목항아리[長頸壺] 및 그릇받침[器臺] 등의 토기 모습이 처음부터 끝까지 크게 변화하지 않고[38] 원래의 단아한 모습을 유지하고 있다.(사진 4)

35) 安在晧·宋桂鉉, 1986, 「古式陶質土器에 관한 약간의 考察」, 『嶺南考古學』 1.

36) 金泰植, 1997, 「百濟의 加耶地域 關係史 : 交涉과 征服」, 『百濟의 中央과 地方』(百濟研究 論叢 第5輯), 儒城, 忠南大學校 百濟研究所.

37) 金泰植, 1995, 「5세기 후반 大加耶의 발전에 대한 研究」, 『한국사론』 12, 서울대학교 국사학과.

〈사진 4〉 각종 가야토기(오른쪽 위 16.9cm)

반면에 신라 문화는 출발점이 가야와 같이 진·변한 공통 문화 기반이라
고 해도, 4세기 후반에 고구려의 지원을 받아 사회 전반의 변혁을 이룰 정도
로 많은 영향을 받았다.[39] 382년에 신라 사신 衛頭가 고구려의 인도를 받아
前秦에 갔을 때 苻堅에게 "경이 말하는 해동의 일이 옛날과 다르니 어찌된
것이오?"라는 질문을 받을 정도였던 것[40]은 이를 반영한다. 그리하여 5세

---

38) 박승규, 2000, 「4~5세기 가야토기의 변동과 계통에 관한 연구」, 『인문연구논집』 5(가야의
   역사와 문화), 부산: 동의대학교 인문과학연구소.
   국립중앙박물관, 1997, 『국립중앙박물관』, 126쪽, '가야토기 각종' 사진
39) 金泰植, 1985, 앞의 논문, 43~44쪽; 1993, 『加耶聯盟史』, 서울: 一潮閣, 84~85쪽; 2002, 『미
   완의 문명 7백년 가야사 1권』, 서울: 푸른역사, 145~163쪽.
40) 『三國史記』 권3, 新羅本紀 奈勿尼師今 26年 "遣衛頭入苻秦 貢方物. 苻堅問衛頭曰 卿言海
   東之事與古不同 何耶. 答曰 亦猶中國 時代變革 名號改易 今焉得同."

〈사진 5〉 각종 신라토기(왼쪽 위 22,6cm)

기 이후로 신라의 문화는 옛 진·변한 공통 문화 기반을 토대로 하면서 크게 변화하여[41] 투박하고 실용적인 문화 성격이 가미되었다. 그래서 옛 형식에서 크게 변화한 신라토기[42] 양식의 굽다리접시와 굽다리 목항아리[臺附長頸壺]가 나타났고,[43] 거기서 또 지속적으로 기형 변화를 일으켰다.(사진 5)

41) 申敬澈, 1986, 「新羅土器의 發生에 대하여」, 『韓日古代文化의 諸問題』, 서울프레스.
　　崔秉鉉, 1991, 「新羅의 成長과 新羅古墳文化의 全開」, 『韓國古代史硏究』 4, 한국고대사연구회 편, 서울: 知識産業社.
　　李熙濬, 1998, 『4~5세기 新羅의 考古學的 硏究』, 서울대학교 대학원 문학박사학위논문, 157~158쪽.
　　다만 신경철 교수는 신라토기의 형식 변화 요인을 400년 고구려 군대의 남하에 의한 것으로 보았고, 최병현 교수는 신라 문화권이 분립한 이유를 4세기 전반 기마민족의 이동에 의한 것으로 보았으며, 이희준 교수는 이를 부인하고 4세기 전반부터 고구려와 신라 사이에 교류관계가 있었음을 강조하였다.
42) 김원룡, 1981, 『신라토기』, 서울: 열화당.
　　최병현, 1992, 「신라토기」, 『한국미술사의 현황』.

〈사진 6〉 각종 백제토기

　한편 백제 문화는 2~3세기에 낙랑과 인접한 마한에 소속되어 낙랑 문화
의 영향을 크게 받았으며,[44] 그 강도는 멀리 떨어진 진·변한에 비길 정도
가 아니어서 초기에는 거의 낙랑 문화 그 자체였다고 할 수 있다. 그러나 문
화적으로는 그렇다고 하더라도, 백제는 그 건국 신화로 보아 원래 고구려와
같은 부여족이었고[45] 그 고대국가 성장 과정은 낙랑의 정치적 견제에 대항
하여 투쟁하는 과정이었다. 그리하여 백제는 낙랑 문화의 영향을 강하게 받
았으면서도 고구려 계통의 돌무지무덤 문화를 발전시켜나갔고,[46] 그에 더
하여 4세기 이후 東晉, 5세기 이후 宋, 梁 등의 중국 남조의 귀족 문화를 적
극적으로 수용하면서[47] 우아하고 세련된 문화 성격을 나타내게 되었다. 백

43) 국립중앙박물관, 1997, 『국립중앙박물관』, 150쪽, '신라토기 각종' 사진.
44) 朴淳發, 1989, 「漢江流域 原三國土器의 樣相과 變遷」, 『韓國考古學報』 23.
45) 盧重國, 1988, 『百濟政治史硏究』, 서울: 一潮閣, 50쪽.
46) 朴淳發, 2001, 『漢城百濟의 誕生』, 서울: 서경문화사, 153~156쪽.

제토기에서 전형적인 세발토기[三足器]와 이중입술 항아리[二重口緣壺]의 모습[48]을 보면 그런 성격을 느낄 수 있다.(사진 6)

　왜의 문화는 6세기 전반까지 지리적으로 인접한 가야의 영향을 가장 많이 받았으나,[49] 어떤 문물을 수용하더라도 곧 그 실용성은 무시하고 외형만을 모방하며 대형화되는 면모를 보였다. 이는 고대 일본열도가 농경이 발달하여 인구는 많으면서도 사회 통합 정도나 문화 수준이 한반도 남부보다 늦어서, 기본적으로 儀禮를 중시하고 대부분의 문화적 도구들을 피지배층에 대한 과시용으로 사용하였기 때문이다. 그리하여 왜의 문화는 가야 문화의 기반을 가지고 있으면서도 이를 수용하는 과정에서 변형되어 형식적이고 위압적인 문화 성격을 띠게 되었다. 변한의 작고 실용적인 청동 말종방울[銅鐸]과 청동 꺽창[銅戈]이 일본열도의 2~3세기 야요이 문화에서는 50cm 이상으로 커지고 또 폭이 넓어지는 것은 이를 반영한다. 토기에서도 일본의 스에키[須惠器]는 처음에 가야토기의 영향을 받아 성립되지만,[50] 얼마 안 있어 형식적이고 위압적인 형태로 변화된다. 스에키 중의 하소에서 그런 전형을 볼 수 있다(사진 7, 앞줄 오른쪽에서 세번째 토기). 다만 왜의 문화는 6세기 이후에는 백제의 유교와 불교 미술 등의 영향을 받으면서 한 차례 더 변화하나, 백제 문화 역시 그 외형만을 전수할 뿐, 일본 문화의 형식적이고 위압적인 문화 성격은 그대로 유지된다.

---

47) 권오영, 2005, 『고대 동아시아 문명교류사의 빛 무령왕릉』, 서울: 돌베개, 216~224쪽.
48) 국립중앙박물관, 1997, 『국립중앙박물관』, 113쪽, '백제토기 각종' 사진.
49) 박천수, 1995, 「도래계문물에서 본 가야와 왜에서의 정치적 변동」, 『待兼山論叢』(史學編 29), 오사카: 大阪大學文學部; 1996, 「일본 속의 가야문화」, 『가야사의 새로운 이해』, 한국 고대사연구회.
　　國立歷史民俗博物館, 2004, 『Bulletin of the National Museum of Japanese History 110 - The 5th Rekihaku International Symposium: The Interaction between Wa and Gaya in Ancient Eastern Asia-』, Sakura: the National Museum of Japanese History.
50) 酒井清治, 2004, 「須惠器生産のはじまり」, 『國立歷史民俗博物館研究報告 110 -第五回歷博國際シンポジウム: 古代東アジアにおける倭と加耶の交流-』, 佐倉: 國立歷史民俗博物館, 364~365쪽.

〈사진 7〉 일본 후지노키 고분 출토 스에키

　　위에서 분석해 본 바와 같이 가야 문화는 성립해서부터 멸망할 때까지
자신만의 독자적인 문화 성격을 그대로 유지하여, 신라, 백제, 왜와의 큰 차
이를 유지하고 있었다. 이는 가야가 정치적으로 백제나 왜에 종속적인 존재
가 아니었다는 가장 큰 증거의 하나이다. 즉 가야에는 고유한 가야 문화가
있었던 것이다.

5. 7세기에 걸쳐 지속된 독립성

가야 문화가 영유된 지역은 낙동강 서쪽의 경북 고령과 경남 김해, 함안 일
대가 중심이 되면서, 시기에 따라 약간의 가감이 있었다. 대체로 4세기 이전
의 전기 가야시대에는 그에 더하여 낙동강 서북쪽의 성주, 김천 일대와 낙
동강 동쪽의 창녕, 양산, 부산 일대를 포괄하되 낙동강 하구의 김해, 부산,

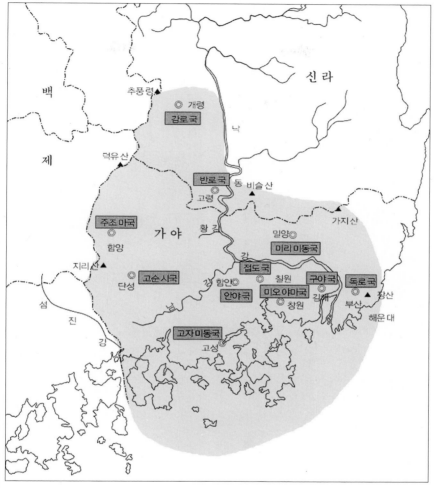

<지도 2> 전기 가야연맹의 지역 범위
　　북쪽 : 추풍령 일대 / 서쪽 : 소백산맥의 지리산과 덕유산 / 남쪽 : 섬진강 하구부터 해운대까
　　지의 해안 / 동쪽 : 비슬산, 가지산과 장산

창원 지방을 중심으로 문화가 발전하였다.[51] (지도 2) 그리고 5세기 이후의
후기 가야시대에는 소백산맥 서쪽의 전북 장수, 남원, 임실 지방과 전남 여
수, 광양 지방이 포괄되었다.[52] (지도 3) 그 지역 범위 안에서 가야를 이루는

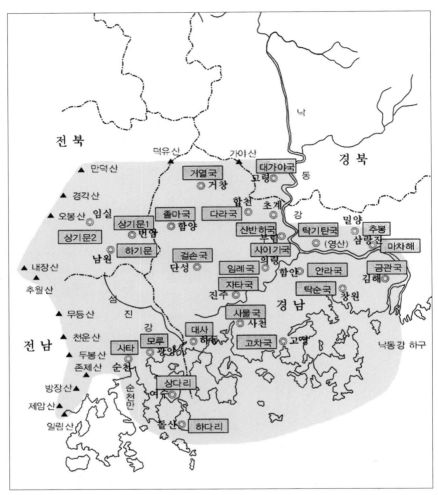

〈지도 3〉 후기 가야연맹의 지역 범위(최대 판도)

북쪽 : 가야산과 덕유산 / 서쪽 : 만덕산–경각산–오봉산–내장산–추월산–무등산–천운산–두봉산–제암산–일림산–방장산–존제산으로 이어지는 호남정맥 서쪽 줄기 / 남쪽 : 순천만으로부터 낙동강 하구까지의 해안 / 동쪽 : 고령 이남의 낙동강 중하류(단, 낙동강 동쪽의 창녕군 영산면 지방 포함)

---

51) 김태식, 2002, 『미완의 문명 7백년 가야사 2권』, 서울: 푸른역사, 160~173쪽.

52) 위의 책, 184~213쪽.

소국이 가장 많을 때는 22개국, 평상시에는 12~13개국, 적을 때는 7~8개국이 연맹체를 이루고 있었다.

후기 가야시대에는 경상 내륙의 고령, 합천 지방을 중심으로 문화가 발전하였다. 특히 후기 가야시대에는 각 지역의 지역색이 뚜렷이 나타나서, 고령, 합천, 함양, 남원 등의 가야 북부 지역의 문화가 선도하면서, 함안, 의령 일대의 가야 중부 지역의 문화가 있었고, 그 남쪽에서 고성, 진주, 사천 일대의 가야 서남부 지역의 문화, 그리고 김해, 창원 일대의 가야 동남부 지역의 문화가 균형적 발전을 이루었다.[53] (지도 4)

가야 문화의 시작은 경남 김해 및 창원 지방을 중심으로 하여 기원전 1세기에 시작되었다. 가야사의 시작은 문헌 사료에 의하면 『삼국유사』의 가락국기와 왕력에 따라 후한 광무제 建武 18년 壬寅, 즉 서기 42년으로 볼 수 있지만, 이 연대는 정확한 가야사의 시작이라기보다 신라사의 기년에 맞춘 인위적 연대라고 할 수 있다.[54]

고고학적으로 보아, 김해 지방에서 조그만 하나의 국가가 성립되었다고 볼 수 있는 것은 서기 2세기 중엽에 철제 무기를 많이 부장한 덧널무덤인 김해 양동리 162호분이 나타난 시점이라고 볼 수 있다.[55] 그 시기 이후로 金海의 加耶國(=金官加耶)은 주변 소국들을 영도하는 연맹체(전기 가야연맹)를 구성했다고 볼 수 있으나, 그 영도력은 서열상의 상대적 우위에 지나지 않아서 언제든지 흔들릴 수 있는 것이었고, 사실상 서열 2위에 해당하는 咸安의 安羅國의 세력도 매우 컸다.[56]

53) 김태식, 위의 책, 174~184쪽.
　　경상북도, 1998, 『가야문화도록』, 대구: 경상북도.
　　박천수, 홍보식, 이주헌, 류창환, 2003, 『가야의 유적과 유물』, 서울: 학연문화사.
54) 金泰植, 1991, 「가야사 연구의 시간적, 공간적 범위」, 『韓國古代史論叢』 제2집, 한국고대사회연구소 편, 서울: 가락국사적개발연구원; 2002, 『미완의 문명 7백년 가야사 1권』, 서울: 푸른역사, 107~110쪽.
55) 김태식, 위의 책, 110~118쪽.
56) 위의 책, 118~123쪽.

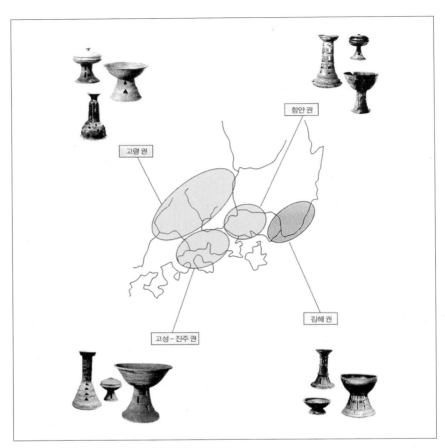

〈지도 4〉 후기 가야 문화권의 권역 구분

    그러다가 김해 지방을 중심으로 해서 가야연맹체가 독점적으로 영도되기 시작한 것은 말엽에 가까운 3세기 후반이었다. 이 때 가야국의 중심은 현재의 김해 시내 쪽으로 옮겨졌으며, 그 최초의 고분은 김해 대성동 29호분[57]이다. 이 고분은 대형 덧널무덤으로서 단단한 도질토기를 다량 부장하고

57) 慶星大學校博物館, 2000, 『金海大成洞古墳群Ⅰ』, 부산: 경성대학교박물관, 141~153쪽.

〈사진 8〉 청동솥(김해 대성동 29호분   〈사진 9〉 바람개비모양 방패꾸미개
　　　　 출토, 높이 18.8cm)　　　　　　　　(김해 대성동 13호분 출토, 지름 12.0cm)

순장을 하였으며 청동솥[銅鍑](사진 8), 쇠로 만든 갑옷과 투구[鐵製甲冑], 騎
乘用 馬具 등의 북방 문화 요소를 부장하여 강하고 부유한 지배자의 면모를
보여주었다.[58] 북방 문화 요소는 김해 지방의 가야국이 한반도 서북 지역과
원활한 교역 활동을 하고 있던 2세기 후반부터 나타나기 시작하였으나, 3세
기 말, 4세기 초 중국 북부를 중심으로 한 동북아시아 세계에 전해진 외부
충격으로 인하여 집중적으로 나타난 것이다.[59]

　　그러나 얼마 안 있어 고구려가 4세기 초에 낙랑군과 대방군을 병합한 것
은, 한반도 남부에서 낙랑·대방과의 원거리 교역을 통해 발전하던 김해의
가야국의 영도력에 큰 지장을 초래하였다. 그리하여 가야연맹 내에 내분이
일어나 가야연맹은 咸安 安羅國 중심의 서부 지역과 金海 加耶國 중심의 동
부 지역으로 분열되었다.[60] 김해 중심의 동부 가야는 帶方-加耶-倭의 교역

58) 신경철, 2000, 「금관가야의 성립과 연맹의 형성」, 부산대학교 한국민족문화연구소 편,
　　『가야 각국사의 재구성』, 혜안, 45~72쪽.
59) 宋桂鉉, 2000, 「토론 요지: 금관가야의 성립과 연맹의 형성」, 『가야 각국사의 재구성』, 부
　　산대학교 민족문화연구소 편, 서울: 혜안, 85~87쪽.

〈사진 10〉 덩이쇠(김해 대성동 2호분 출토, 길이 21~25cm)

로에서 대방이 사라진 상태에서 왜와의 교역에 더욱 몰두할 수밖에 없었다. 4세기 후반에 속하는 김해 대성동 2호분, 13호분, 23호분에서 일본계 威勢品인 바람개비모양 방패꾸미개[巴形銅器](사진 9)가 나오는 것은 이를 반영한다.

이러한 시기에 백제의 근초고왕이 가야와 교류를 시작하였으며,[61] 백제의 남방 통교는 369년부터 이어지는 고구려와의 전투를 위한 것이었다. 이를 계기로 가야연맹은 다시 통합되어 백제 및 왜를 연결하는 중계 교역을 하면서 발전하였다. 가야의 중계 능력은 富와 기술과 무력을 모두 갖춘 데서 나오는 것이지, 단순히 백제와 왜 사이의 교역을 위한 지리적 편의성에서만 나오는 것은 아니었다. 김해 가야국의 우월성은 철 생산과 철기 제작 기술과 무력의 측면에서도 확인할 수 있으니, 김해 대성동 2호분[62]에서 출토한 다량의 덩이쇠[鐵鋌](사진 10)와 종장판 정결 판갑옷[縱長板釘結板甲] 등의 유물은 이를 보여준다.

당시에 김해, 부산 등의 가야 고분에서 기마 武裝과 관련된 유물이 다량 나오는 것은 주의를 요한다. 일부 학자들은 이를 전형적인 기마 무장이 아니라고 부인하기도 하나, 重裝騎馬戰術이 조직적이며 체계화 되어 있지는

---

60) 金泰植, 1994,「咸安 安羅國의 成長과 變遷」,『韓國史研究』86, 서울: 한국사연구회, 60쪽.

61)『日本書紀』卷10, 欽明天皇 2年 夏4月 "聖明王曰 昔我先祖速古王貴首王之世 安羅加羅卓淳旱岐等 初遣使相通 厚結親好 以爲子弟 冀可恒隆."

62) 慶星大學校博物館, 2000,『金海大成洞古墳群 I』, 釜山: 경성대학교박물관, 100~112쪽.

않다고 해도 가야에 기병이 존재하고 가야의 일부 엘리트 계층이 중장 기마 전술을 수용한 것은 인정해야 한다.[63] 이러한 점은 가야가 백제를 통하여 옛 대방 지역, 즉 황해도 방면과 교역할 수 있게 되고, 또 이어서 그 지역의 고구려-백제 간 전쟁의 여파로 발생한 유이민을 수용함으로써 가능했다.[64]

그러나 4세기 말 5세기 초에 가야연맹은 고구려와 신라 연합군의 대대적인 공격을 받고 몰락하였다. 고고학적인 유적 상태로 보아, 4세기 무렵에 가야적인 색채를 내면서 발전의 모습을 보이던 김해 지방의 가야 고분군들이, 5세기 이후로 넘어가면서 고분의 규모가 급격하게 작아지고 신라 계열의 토기 유물을 일부 부장하는 것은, 이 지역 가야 세력의 급격한 몰락 및 신라 영향력의 확대를 반영한다. 그러나 가야연맹이 일단 해체되었다고 해도 그 지역이 모두 신라에게 병합된 것은 아니었고, 신라의 중앙 집권 능력의 한계성으로 인하여 대부분의 영역은 그대로 보전되었다. 또한 그 유민들은 전쟁의 피해를 입지 않은 경상 내륙 지역으로 옮겨가 가야의 높은 기술과 문화를 전파하는 결과가 되었다. 그 문화를 이어받은 세력 중에서 가장 유력하게 대두한 것이 고령의 伴跛國이었다.[65]

고령의 반파국은 새로이 경남 합천군 야로면 일대의 철광산을 개발하여 점차 세력이 커져서, 5세기 중반에는 가야 전역을 대표하는 세력으로 성장하여 가야연맹체를 복구하였으며(후기 가야연맹), 국명도 加羅國(또는 加耶國)으로 칭하였다.[66] 고령의 가야국, 즉 大加耶는 교역로를 개척하여 전북

63) 李蘭暎·金斗喆, 1999, 『韓國의 馬具』, 果川: 한국마사회 마사박물관, 219~220쪽.
64) 김태식, 1994, 앞의 논문, 39~42쪽; 1998, 「日本書紀에 나타난 韓國古代史像」, 『韓國古代史研究』 11, 서울: 한국고대사학회, 8~15쪽; 金泰植·宋桂鉉, 2003, 『韓國의 騎馬民族論』, 果川: 한국마사회 마사박물관, 193~196쪽.
65) 金泰植, 1986, 「後期加耶諸國의 성장기반 고찰」, 『釜山史學』 11, 부산사학회.
66) 金泰植, 1985, 「5세기 후반 大加耶의 발전에 대한 研究」, 『韓國史論』 12, 서울대학교 국사학과.
Kim, Tae-sik, 2004, 「Formation and Development of Late Gaya Federation」, 『GAYA: Ancient Kingdoms og Korea』, edited by the Research Institute of Korean Culture Culture at Pusan National University, pp.119~126.

〈사진 11〉 고령 지산동 고분군 전경(왼쪽부터 지산동 49, 48, 47호분)

남원 등의 호남 동부 지역을 포섭하면서 세력을 떨쳤다.[67] 또한 이를 기반
으로 왜와 주도적으로 교역하기도 하고 479년에는 중국 南齊에 조공하여
'輔國將軍 本國王'의 작호를 받기도 하였다.[68] 481년에는 고구려의 공격을
받은 신라가 구원을 청하자 원군을 보내 이를 격퇴하기도 하였다.[69] 고령
지산동 44호분[70]은 당시의 모습을 짐작케 하는 고총 고분이다.[71](사진 11)
　　그러나 6세기 초에 대가야는 호남 동부 지역의 영유권을 놓고 백제와 대
결하여 패배하였다.[72] 그 사태와 관련하여 대가야는 자신의 지배 아래 있는
변경 지역에 축성을 하여 영유권을 보호하려고 하였으니, 당시의 대가야는

---

67) 郭長根, 1999,『湖南 東部地域 石槨墓 研究』, 서울: 書景文化社.
68)『南齊書』권58, 列傳39 東南夷傳 加羅國條.
69)『三國史記』권3, 新羅本紀3 炤知麻立干 3년 3월 조.
70) 高靈郡, 1979,『大伽倻古墳 發掘調査報告書』.
71) 김세기, 2003,『고분 자료로 본 대가야 연구』, 서울: 학연문화사.
72) 金泰植, 1988,「6세기 전반 加耶南部諸國의 소멸과정 고찰」,『韓國古代史研究』1(한국고
　　대사연구회편), 知識産業社.

체제 상 연방제와 같은 초기 고대국가를 이루었다고 할 수 있다.[73] 대가야는 522년에 신라와 결혼 동맹을 맺어 재도약을 꿈꾸었으나 결국 신라의 분열 정책에 휘말려 고령의 대가야를 중심으로 한 북부 가야연맹과 함안의 안라국(아라가야)을 중심으로 한 남부 가야연맹으로 분열되고, 530년 이후로는 백제와 신라의 침략을 받아 남부 지역의 일부를 양국에게 훼손당하였다.[74] 후기 가야권 내에서 매우 미미한 세력만을 남기고 있던 김해의 금관국(=남가라국)이 신라에게 자진 항복한 것은 그 대표적인 예이다.

국가적 위기 상황을 맞아 범 가야권은 연일 회의를 열어 백제와 신라의 침략을 막고 독립적 존재로 남기 위해 노력하였으나, 결국은 상호 의견 합일에 실패하여, 자신들만의 독자성을 포기하고 550년경에 백제의 보호 아래 들어가 후일을 기약하게 되었다. 그러나 그 직후 백제는 가야연맹을 이용하여 왜군을 끌어들이고 신라와 전쟁을 치루는 등 국제적으로 분주한 활약을 보이다가, 554년에 管山城(충북 옥천) 전투에서 예기치 않은 큰 패배를 당하였다. 그러자 가야연맹 소국들은 백제의 보호를 기대할 수 없는 상황에서 하나씩 신라에 기울어갔고, 562년에 맹주국인 대가야국이 힘을 모아 신라에 대항해 보았으나 이미 대세는 기울어 돌이킬 수가 없어서 멸망하고 말았다.[75]

그 때까지 가야의 문화는 전기 가야연맹 때의 문화를 계승하여 그와 큰 차이가 나지 않는 가야의 특색 있는 문화를 지속적으로 영위하였으나, 대가야가 6세기 후반에 멸망한 이후로는 가야 전역이 급속히 신라 문화로 변모하였다. 이는 정치적 변화가 곧 문화적 변화를 동반한다는 증거라고 볼 수 있다.

---

73) 金泰植, 2003, 「初期 古代國家論」, 『강좌 한국고대사』 제2권, 서울: 가락국사적개발연구원, 70~76쪽.
74) 金泰植, 1988, 앞의 논문.
75) 金泰植, 1992, 「6세기 중엽 加耶의 멸망에 대한 研究」, 『韓國古代史論叢』 4, 한국고대사회연구소 편, 서울: 가락국사적개발연구원.

그렇게 볼 때 가야가 낙동강 서쪽 지역을 중심으로 한 넓은 지역에서 약 700년 가까이 그 독특한 문화를 보유하였다는 것은,[76] 그 때까지 가야가 어디에도 복속당하지 않고 정치적으로 독자적인 세력을 가지고 있었다는 점을 확인시켜준다. 즉 가야는 임나일본부설[77]이나 백제군사령부설[78]에서 말하듯이 369년에서 562년까지 왜나 백제에게 지배를 받고 있던 피동적인 존재가 아니라, 700년 동안 독립적 존재로 있다가, 서기 562년에 신라에게 넘어간 후 신라 문화에 동화되어갔던 것이다. 가야의 유물 문화는 그 점을 증언하고 있다.

6. 일본 고대 문화에의 기여

가야는 일본열도와의 해로 교통이 가장 편리하다는 지형적 요인으로 인하여, 가야사의 전 기간을 통하여 왜와 밀접한 교류를 하였다. 기원전 2세기부터 기원후 1세기까지의 김해 지방에서 출토된 야요이[彌生] 토기 및 그 모방품으로 보아, 그 시기에 규슈 지방의 야요이인들이 김해 지방으로 들어오거나 방문하였고 그 후손들에 의하여 국지적으로 그 전통이 이어졌다.[79] 당시의 대왜 교류는 가야의 국가 차원에서 벌어진 것이 아니라 각 지역의 君長 사회나 부족 단위로 이루어졌다고 볼 수 있으나, 야요이인들의 목적은 한반도 서북 지역의 선진 문물인 금속기 및 그 원료 획득에 있었기 때문에, 이를 선점하고 있었던 가야 지역 사람들은 우월한 입장에서 그들과의 교역을 이루어나갔다고 추정된다.[80]

76) 김태식, 2002,『미완의 문명 7백년 가야사 제1권』, 서울: 푸른역사.
77) 末松保和, 1949,『任那興亡史』, 도쿄: 大八洲出版.
78) 千寬宇, 1977 · 1978,「復元加耶史」上 · 中 · 下,『文學과 知性』28 · 29 · 31; 1991,『加耶史硏究』, 서울: 一潮閣.
79) 安在晧, 2001,「無文土器時代의 對外交流」,『港都釜山』17.

2세기 이후로는 좀 더 큰 정치체인 소국 내지 연맹체 또는 국가 단위로 교류가 이루어졌다. 2세기 무렵에는 김해의 가야국(=금관가야)이 교류를 주도하였고, 그 상대국은 일본의 북큐슈[北九州] 일대였다. 당시에 가야는 규슈에 납작도끼[板狀鐵斧]로 대표되는 鐵素材와 낙랑을 통해 수입한 중국의 선진 문물을 수출하였다.[81] 반면에 부산 및 김해 지방의 생활 유적에서 보이는 야요이 토기와 그 모방형 토기의 출토 상황으로 보아, 야요이인들이 이 지역에 직접 유입되어 단기적으로 혹은 지속적으로 거주했다는 것을 알 수 있다.[82] 앞으로 좀 더 면밀한 조사가 필요하겠으나, 야요이 토기의 출토 지역 분포로 보아, 금관가야는 규슈로부터 제철과 농업을 비롯한 각종 생산 과정에 필요한 노동력, 즉 生口를 수입하였다고 추정된다.[83] 이들을 통해서 가야는 안락한 생활을 영위할 수 있었고 또 산업 발전에도 활용하였을 것이다.

3세기 무렵에는 가야와 교류하는 일본열도의 영역이 좀 더 확대되어 북큐슈 뿐만 아니라 산인[山陰], 산요[山陽] 지방과도 교역이 이루어졌으며,[84] 3세기 중엽에는 새로이 일본열도의 교역 주체로 떠오른 기나이[畿內] 지방의 연합 세력인 야마타이국[邪馬台國]과도 교류하였다. 이는 『삼국지』 위서

---

80) 武末純一, 2002, 「日本 九州 및 近畿地域의 韓國系 遺物」, 『古代 東亞細亞와 三韓·三國의 交涉』(2002년도 복천박물관 국제학술대회 발표요지), 복천박물관, 125쪽.

81) 武末純一, 2002, 「日本 九州 및 近畿地域의 韓國系 遺物」, 『古代 東亞細亞와 三韓·三國의 交涉』(2002년도 복천박물관 국제학술대회 발표요지), 복천박물관, 126쪽.

82) 片岡宏二, 1999, 「朝鮮半島へ渡った彌生人」, 『彌生時代渡來人と土器·青銅器』, 東京: 雄山閣出版, 130~148쪽.
李盛周, 2002, 「南海岸地域에서 출토된 倭系遺物」, 『古代 東亞細亞와 三韓·三國의 交涉』(2002년도 복천박물관 국제학술대회 발표요지), 복천박물관, 55~59쪽.

83) 『後漢書』 卷85 東夷列傳 第75 倭傳 安帝永初元年(107)條 기록과 『三國志』 卷30 魏書 倭人傳 景初二年(238) 및 正始四年(243)의 기록으로 보아도, 2~3세기에 왜의 對中國 교역 상품은 지역 내에서 생산된 특정한 물건이라기보다 人的 資源인 男女生口, 즉 奴婢에 해당하는 노동력이 대표적인 것이었다. 위의 유물 출토 상황으로 볼 때, 왜의 이러한 전통은 가야에서도 그대로 통용되었던 것을 확인할 수 있다.

84) 武末純一, 2002, 「日本 九州 및 近畿地域의 韓國系 遺物」, 『古代 東亞細亞와 三韓·三國의 交涉』(2002년도 복천박물관 국제학술대회 발표요지), 복천박물관, 127쪽.

II부 한국 고대사에서 가야의 위치 … 3. 가야 문화의 특징 *293*

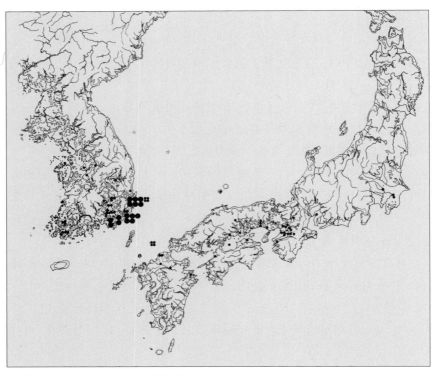

〈지도 5〉 덩이쇠의 분포(큰 점 5유적, 작은 점 1유적)

동이전 왜인 조에 보이는 帶方부터 야마타이국까지의 교통로 서술을 통해서 확인할 수 있다. 수출 및 수입 내용은 2세기와 그리 크게 다르지 않았으나, 일본 내륙의 연합 세력인 야마타이국과 교류할 때에는 1회의 교역 규모가 전보다 훨씬 커졌을 것이다. 다만 야마타이국과의 교류를 주도하던 魏가 몰락한 3세기 후반 이후로는 야마타이국이 큰 연합체를 유지할 명분도 사라지게 되어 다시 소규모의 교역들이 이루어졌다.

　이처럼 가야와 왜는 오랜 기간에 걸쳐 鐵을 통하여 밀접한 교류 관계를 맺고 있었다. 일본열도의 철 생산은 한반도 남부에 비해 500년 이상 늦어서, 일본에서 제철이 행해지지 않던 5세기 후반까지 왜는 교역을 통하여 가야로부터 납작도끼[板狀鐵斧]나 덩이쇠[鐵鋌]와 같은 鐵素材를 입수해서 이를 가지고 鍛冶過程을 거쳐 철기를 생산하였다(지도 5).[85] 김해의 가야국이 철을 왜에 수출하여 무엇을 주로 수입했는가는 분명치 않으나, 4세기 전반에 김해나 부산 등지에서 발견되는 북큐슈[北九州] 및 산인[山陰] 지역의 하지키[土師器]들은 일본열도에서 노동력으로 제공된 왜인 1세대가 가져온 토기들이라고 한다.[86]

4세기 후반에 한강 하류 유역의 백제가 고구려의 부진을 틈타 크게 성장하여 옛 대방군 지역을 차지하였으며, 한편으로는 중국의 東晉과 교류하고 동시에 가야와의 교역을 성립시켰다. 이에 따라 가야는 다시 금관가야를 중심으로 일원적으로 통합되어 왜와도 긴밀한 교역을 이루게 되었다. 가야의 철의 교역 상대는 기나이 지방의 옛 야마토[大和] 중심지 서쪽에서 새로이 통합의 주체로 대두한 가와치[河內] 세력이었다.

백제는 4세기 후반의 360년대부터 380년대까지 고구려와의 전쟁에서 우세를 점하였으나, 390년대에 들어 고구려 광개토왕이 왕위에 오르자 갑자기 전세가 역전되는 위급한 상황에 봉착하였다. 그러자 백제는 가야에게 원군을 요청하였고 동시에 왜에도 직접 원군을 요청하기에 이르렀다. 당시에 왜군의 武裝 체계는 重裝騎兵 위주의 고구려군[87]은 물론이고 마름모꼴 단면

---

85) 藤尾愼一郎, 2004,「彌生時代の鐵」,『國立歷史民俗博物館研究報告 110 -第五回歷博國際シンポジウム: 古代東アジアにおける倭と加耶の交流-』, 佐倉: 國立歷史民俗博物館, 3~29쪽.

東潮, 2004,「弁辰と加耶の鐵」, 위의 책, 31~54쪽.

穴澤義功, 2004,「日本古代の鐵生産」, 위의 책, 73~88쪽.

大澤正己, 2002,「金屬學的分析からみた倭と加耶の鐵 -日韓の製鐵・鍛冶技術-」,『第5回歷博國際シンポジウム 古代東アジアにおける倭と加耶の交流 發表要旨』, 佐倉: 國立歷史民俗博物館, 71~80쪽; 2004,「金屬組織學からみた日本列島と朝鮮半島の鐵」, 위의 책, 89~122쪽.

86) 申敬澈, 2000,「금관가야의 성립과 연맹의 형성」,『가야 각국사의 재구성』, 부산대학교 민족문화연구소 편, 서울: 혜안, 73~77쪽.

87) 余昊奎, 1999,「高句麗 中期의 武器體系와 兵種構成」,『韓國軍事史研究』2호, 서울: 國防軍史研究所, 71~73쪽.

의 쇠투겁창[斷面稜形鐵鉾]과 종장판 정결 판갑옷[縱長板釘結板甲](사진 12) 위주의 가야군 무장 체계[88]에 훨씬 못 미치는 쇠단검과 두께가 얇은 쇠화살촉 위주의 것이었다.[89] 그 결과 가야를 매개로 하여 동원된 왜군들은 무장 수준의 차이로 인하여 한반도 내에서 독자적인 행위를 하기 보다는 가야 또는 백제 군대의 하급 단위로 편제되어 활용되었을 것이다.[90]

〈사진 12〉 철제 종장판 정결 판갑옷
(김해 퇴래리 출토)

　　그리하여 가야는 왜군이 유효한 기능을 발휘하게 하기 위하여, 즉 자신들을 도울 倭軍의 무력 강화를 위하여, 때로는 가야의 陶質土器와 鐵器 및 甲胄 관련 工人들을 왜국에 원조해 줄 필요가 있었다. 이미 4세기 후반에 重裝騎馬戰術까지 구사할 수 있었던 가야의 군사 장비 제조 기반은 왜국에 비교 우위를 가지고 있었다. 이를 바탕으로 하여, 가야는 왜의 군사력을 손쉽게 이용하려는 목적 아래 왜국에 工人을 파견하여 그 곳을 가야의 전쟁 배후 기지로 개발한 것이고, 일본 가와치[河內] 지방의 신흥 세력은 가야의 경제적, 기술적 지

---

88) 金斗喆, 2003, 「무기・무구 및 마구를 통해 본 가야의 전쟁」, 『가야고고학의 새로운 조명』, 한국민족문화연구소 편, 서울: 혜안, 145쪽.

89) 松木武彦, 1999, 「古墳時代の武裝と戰鬪」, 『戰いのシステムと對外戰略』, 東京: 東洋書林.

90) 金泰植, 2005, 「4세기의 韓日關係史 -광개토왕릉비의 왜군문제를 중심으로-」, 『한일역사공동연구보고서 제1권』, 서울: 한일역사공동연구위원회, 17~89쪽.

원을 좋은 기회로 여겨 군사 역량 강화 및 군대 파견에 힘을 썼다.[91] 그러나 왜군은 전반적인 무장 수준에서 고구려뿐만 아니라 가야에도 현저하게 뒤지는 군대였기 때문에, 별 효과를 보지 못하고 고구려와의 대결에서 크게 패하여 백제와 가야도 크게 쇠락하는 계기가 되었다. 특히 금관가야는 이때 거의 몰락했다고 보아도 과언이 아니다.

5세기 전반에는 가야 지역에서 일본열도에 철이나 선진 문물을 수출할 수 있는 주도 세력이 사라졌기 때문에, 함안, 고성 등의 가야 소국들은 각자의 노력으로 소규모로 왜와 교섭하였다. 그러나 그보다도 왜에 더 큰 영향을 미친 것은 전쟁의 여파로 몰락한 금관가야의 기술 있는 유민들이 상당수 일본열도로 유입되어 들어간 사태이다. 그래서 그 이후로 일본열도에는 스에키[須惠器]와 기타 직조, 제방, 금속 가공 등의 선진 기술이 다량 전수되었다.[92]

5세기 후반에 가야 지역이 고령 대가야를 중심으로 재통합되자, 그 이후로는 대가야가 왜와의 교역을 주도하였다.[93] 대가야는 야마토를 비롯한 일본열도 각지의 작은 세력과도 교류하며 덩이쇠와 더불어 장신구, 마구 등의 물품들을 수출하고(그림 1), 왜로부터 왜인 용병을 들여다 활용하였다. 한편 가야에 의하여 왜의 무력 강화를 위한 원조로서 5세기 중반부터 후반의 일본열도에 말을 사육하는[馬飼] 집단의 집중적인 이주가 이루어졌으나, 대가야의 상황에 비하면 왜의 중장 기마 군단은 성립되지 않았다고 보이며, 6세기에 들어가서는 무장보다 장식 마구의 생산이 성행하게 되었다.[94] 또한 5세기 말엽에는 일본열도에서 자체적으로 철 생산도 이루어지기 시작하였

91) 金泰植・宋桂鉉, 2003,『韓國의 騎馬民族論 -騎馬民族征服說의 實體와 騎馬文化』(마문화연구총서 7), 과천: 한국마사회 마사박물관, 196~203쪽.
田中晋作, 2004,「古墳時代における軍事組織について」,『國立歷史民俗博物館研究報告 110 -第五回歷博國際シンポジウム: 古代東アジアにおける倭と加耶の交流-』, 佐倉: 國立歷史民俗博物館, 163~186쪽.
92) 김태식・송계현, 위의 책, 215~219쪽.
93) 박천수, 앞의 논문.

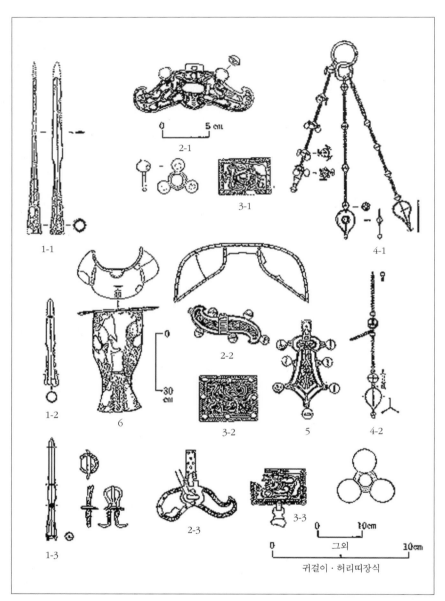

〈그림 1〉 일본 고분에서 출토된 대가야 계통의 위세품
(1-1·2·3. 단면팔각형 쇠투겁창 / 2-1·2·3. S자형 말재갈 / 3-1·2·3. 용문투조 허리띠
장식 / 4-1·2. 산치자형 수하식 달린 귀걸이 / 5. 검릉형 말띠드리개 / 6. 말투구

는데, 철 생산 기술은 대가야가 아닌 다른 가야 소국, 또는 영산강 유역의 백제 계통 소국들로부터 전해졌을 것으로 보는 견해도 있다.[95]

대가야와 왜 사이의 교역은 6세기 전반까지 활발하게 이루어졌으나, 6세기 중엽 이후에는 새로이 백제가 독자적으로 왜와 교류하기 시작하였다. 당시의 일본 측 상대는 나라[奈良]의 야마토 정권이었다. 백제는 왜에게 오경박사, 승려, 기술자 등을 교대로 보내주어 고급 기술을 전수하였고, 그 대가로 신라와 대결하는 과정에 필요한 군병을 요청하였다.[96] 고급 백제 문화의 조직적 침투에 의하여 그 중요성을 높이 평가한 왜의 야마토 정권은 가야를 저버리고 백제와 주도적으로 교류하게 되었으며, 이는 가야가 약화되는 결정적 계기를 이루었다.

위와 같이 볼 때, 가야는 늦어도 2세기 이래 철을 토대로 하여 왜와의 교역을 주도하면서 이득을 보았고, 왜도 가야로부터 철을 받아들여 일본 고대 문명의 성립을 보게 되었다. 뿐만 아니라 단단한 도질토기인 스에키, 장신구, 마구 등도 가야 계통의 문화가 거의 그대로 전수되었다. 그러나 6세기 전반 내지 중엽에 백제가 유교, 불교 등의 고급문화를 가지고 왜와 직접 교류하게 되면서 일본 고대 문화 발전의 조력자는 가야로부터 백제로 바뀌게 되었다. 다만 여기서 주의해야 할 사실은, 가야가 왜에 문화 전수를 한 것은 이른바 '임나 지배'의 피동적 산물이 아니라, 가야와 왜 사이의 대등하고 경제적인 상호 교류를 통해서 이루어진 평화적 산물이라는 점이다.

---

94) 千賀久, 2002, 「加耶と倭の馬文化」, 『第5回 歷博國際シンポジウム 古代東アジアにおける倭と加耶の交流 發表要旨』, 佐倉, 國立歷史民俗博物館, 171~174쪽; 2004, 「日本出土の'非新羅系' 馬裝具の系譜」, 『國立歷史民俗博物館研究報告 110 -第五回歷博國際シンポジウム: 古代東アジアにおける倭と加耶の交流-』, 佐倉: 國立歷史民俗博物館, 283~307쪽.

95) 東潮, 앞의 논문.

96) 金鉉球, 1985, 『大和政權の對外關係研究』, 東京: 吉川弘文館; 2005, 「6세기의 한일관계 -교류의 시스템을 중심으로-」, 『한일역사공동연구보고서 제1권』, 서울: 한일역사공동연구위원회.

7. 신라에 의한 삼국 통일의 원동력

신라는 당나라와 연합하여 서기 660년(무열왕 7)에 백제를 멸망시키고 668년(문무왕 8)에 고구려를 멸망시켰으며 676년(문무왕 16)에는 당나라 군대를 한반도에서 물리치고 통일을 이루었다. 비록 처음에 당나라의 힘을 빌렸기는 하지만, 결국 그마저 물리치고 삼국 통일을 이룬 것은 한국사에서 매우 중요한 의미를 지니나, 이것이 가야의 인맥과 관련이 있다는 사실은 대체로 언급되지 않고 있다.

신라가 백제를 멸망시킬 때 5만 군사를 지휘한 장군은 金庾信이었고 고구려를 멸망시킬 때 7만 군사를 지휘한 장군은 金仁問과 金欽純이었는데, 김인문은 문무왕의 동생이고 김흠순은 김유신의 동생이었다. 그리하여 전쟁이 끝난 668년에 문무왕은 통일 전쟁의 공로로 김유신에게 신라 역사상 전무후무한 최고의 벼슬인 太大角干을 김유신에게 수여하였다.[97] 신문왕은 692년에 당나라 中宗이 신라 太宗武烈王의 廟號인 '태종' 을 삭제하라는 외교적 압력에 대하여 대답하기를, "선왕 춘추는 자못 어진 덕이 있었고, 더욱이 생전에 어진 신하 김유신을 얻어 한마음으로 정치를 하여 삼한을 통일하였으니, 그 공적을 이룩한 것이 많지 않다고 할 수 없다."고 하면서 거절하였다.[98] 또한 신라 사람들은 김유신이 원래 三十三天의 天神의 하나인데 지상에 내려와 신라의 大臣이 되었으며 죽은 뒤에는 동해의 大龍이 된 문무왕과 함께 삼한을 지킨다고 생각하였다.[99] 이러한 믿음은 후에도 변함이 없어서 신라 下代의 홍덕왕(재위 826~836년)은 김유신을 '興武大王' 으로 추존하였다.

그러므로 김유신이 신라의 삼국 통일에 공헌한 제일의 장군이라는 점은 틀림없다. 그런데 그의 증조부는 532년에 신라에 항복한 금관가야의 마지

---

97) 『三國史記』권6, 新羅本紀6 文武王 8년 10월 22일 조.
98) 『三國史記』권8, 新羅本紀8 神文王 12년 조.
99) 『三國遺事』권2, 紀異2 萬波息笛條.

막 왕인 仇衡王이며,[100) 그의 조부 金武力은 신라의 新州(경기 하남시) 軍主가 되어 563년에 管山城(충북 옥천) 전투에서 백제의 성왕을 죽였으며,[101) 그의 부친 金舒玄은 629년에 신라의 대장군이 되어 고구려의 娘臂城(충북 청주시)을 침공하여 함락시켰다.[102) 이렇게 볼 때, 가야 왕족인 김유신의 가문은 신라가 위기에 처했을 때마다 군사력을 발휘하여 상황을 반전시켰으며, 이는 결국 신라가 삼국을 통일하는 데 결정적인 기여를 한 것이다. 김유신의 부친 서현은 신라 왕족인 肅訖宗의 딸인 萬明과 결혼할 때 장인의 반대를 받았고,[103) 김유신의 누이동생 文明은 신라 왕족인 金春秋(훗날의 무열왕)와 결혼할 때 신라 왕실의 반대를 예상하여 계략을 썼다는[104) 점으로 보아, 그의 가문은 멸망한 나라인 가야의 왕족이라는 사실 때문에 신라 귀족 사회에서 차별을 받았다. 그러나 문무왕이 왕위에 오르자마자 661년에 아마도 자신의 어머니인 문명왕후의 뜻에 따라 가야 시조 수로왕의 왕릉을 보수하고 그 제사를 위한 토지를 하사했다는 것으로 보아,[105) 김유신의 가문이 가야의 후손이라는 것을 크게 인식하고 있었음은 틀림없다.(사진 13)

뿐만 아니라 신라의 삼국 통일과 관련하여 외교 문서를 잘 지어 크게 공헌한 사람으로서 '强首'가 있다. 전쟁이 끝난 후에 문무왕은 강수가 중국과 고구려, 백제 두 나라에게 편지로 신라의 뜻을 잘 전하였음을 칭찬하고 그에게 높은 벼슬과 매년 200섬의 곡식을 하사하였다. 특히 그의 선왕인 무열왕이 당나라에 군사를 청하여 고구려와 백제를 평정한 것은 문장의 도움이 있었기 때문이므로 강수의 공을 소홀히 여길 수 없다고 말하였다.[106) 『삼국

---

100) 『三國史記』 권4, 新羅本紀4 法興王 19년 조.
101) 『三國史記』 권4, 新羅本紀4 眞興王 15년 7월 조.
102) 『三國史記』 권4, 新羅本紀4 眞平王 51년 8월 조.
103) 『三國史記』 권41, 列傳1 金庚信傳 上.
104) 『三國遺事』 권1, 紀異2 太宗春秋公條.
105) 『三國遺事』 권2, 紀異2 駕洛國記條.
106) 『三國史記』 권46, 列傳6 强首傳.

〈사진 13〉 김해 수로왕릉 전경

사기』 신라본기 문무왕 11년(671) 조에 실린 長文의 名文인 '答薛仁貴書'도
그가 지은 것으로 추정된다.

그는 中原京(충북 충주시) 사람으로서, 당시로서는 드물게 유교를 공부
한 신라 최초의 文士였다고 알려져 있다. 태종무열왕이 즉위한 후 당나라
사신이 와서 조서를 전하였는데, 그 중에 알기 어려운 데가 있어서 왕이 강
수를 불러 물으니 그가 한번 보고 바로 해석하였다. 그래서 왕이 그에게 回
謝하는 표문을 짓게 하였더니, 그 문장이 좋고 뜻이 극진하였다고 한다.[107]

그런데 여기서 중요한 점은 그가 이름을 묻는 왕의 질문에 답하면서 "신
은 본래 任那加良 사람으로 이름은 牛頭입니다."[108]라고 말했다는 점이다.

107) 위의 주석과 같음.
108) 위의 주석과 같음.

임나가량, 즉 임나가라는 김해의 가야국을 중심으로 한 가야연맹 전체를 가리킨다.[109] 신라는 중원경의 옛 이름인 國原에 小京을 설치한 이듬해인 558년(진흥왕 19)에 귀족 자제와 6부 호민을 옮겨서 국원을 채웠다고 했는데, 신라 수도 경주에는 이미 532년(법흥왕 19)에 항복한 금관국왕 및 그 일족의 후손들이 살고 있었으므로, 국원소경 설치 당시에 그들 중의 일부가 충주로 옮겨졌을 가능성이 높다.[110] 그리고 그 후 100년이 더 지났음에도 불구하고, 그가 굳이 스스로를 임나가라 사람이라고 대답한 것은 가야의 후손이라는 인식을 강하게 가지고 있었음을 의미한다.

이렇게 볼 때, 신라가 삼국을 통일할 때 文武 양면에 걸쳐 가야 인맥의 기여가 있었다고 하겠다. 武의 측면에서는 금관가야의 후손인 金庾信 가문이 신라 무력의 근간을 이루었고, 文의 측면에서는 對 중국 외교문서를 임나가라 출신의 문사인 强首가 담당했었다. 이는 물론 신라시대의 일이지만, 100여 년 전의 가야 지역의 문화 수준이 높았다는 것이 전제가 되지 않으면 불가능한 일이라고 하겠다.

한편 562년에 멸망한 대가야의 마지막 왕인 道設智는 원래 대가야 異腦王과 신라 왕실의 比助夫의 누이동생이 522년에 정략적으로 결혼[111]함으로써 태어난 月光太子[112]와 동일인이었다. 그는 550년경에 신라로 망명하여 鄒文村(경북 의성군 금성면) 幢主로 되어 赤城(충북 단양) 전투에 참가하였으며, 561년에는 신라 귀족인 大等의 신분으로서 比斯伐(경남 창녕)을 방문한 진흥왕의 御駕를 수행하였다.[113] 그 공로로 인하여 그는 562년에 신라가 대가야를 멸망시켰을 때, 한시적으로 대가야의 마지막 왕으로 즉위하였

109) 金泰植, 1994,「廣開土王陵碑文의 任那加羅와 '安羅人戍兵'」,『韓國古代史論叢』6, 한국고대사회연구소 편, 서울: 가락국사적개발연구원, 86쪽.
110) 위의 논문, 66쪽.
111) 『三國史記』권4 新羅本紀4, 法興王 9년 3월 조.
112) 『新增東國輿地勝覽』권29, 高靈縣 建置沿革에 인용된 崔致遠의 『釋順應傳』참조.
113) 金泰植, 1996,「大加耶의 世系와 道設智」,『震檀學報』81호, 서울: 진단학회.

〈사진 14〉 합천 해인사 국사단(옛 정견모주 사당)

던 것이다.

　신라는 가야인들의 이런 공헌에 대하여 최소한도나마 보상을 해주었다. 그리하여 문무왕은 김해에 금관가야의 시조인 首露王의 陵을 정비하고, 그 후손들이 살 수 있는 경제적 기반을 마련해 주었으며, 도설지왕의 후손인 승려 順應은 802년에 애장왕의 祖母 聖穆王后의 후원을 받아 대가야 시조 인 正見母主의 사당이 있는 성소인 가야산에 해인사를 창건할 수 있었 다.[114](사진 14)

114) 김태식, 2002, 『미완의 문명 7백년 가야사 1권』, 서울: 푸른역사, 248~284쪽.

8. 맺음말

지금까지 설명한 가야 문화의 특징을 간략하게 정리하면 다음과 같다.

가야 문화의 첫 번째 특징은, 이 문화가 남한 농경 문화와 서북한 철기 문화의 결합에 의하여 탄생하였다는 점이다.

가야 문화의 두 번째 특징은, 이 지역이 낙랑과의 해운 교역의 중심지였으며, 가야는 그러한 교류를 지속적으로 행함으로써 문화의 기본 성격을 확정하였다는 점이다.

가야 문화의 세 번째 특징은, 이 문화가 신라, 백제, 왜 등의 문화와 구분되는 독자적인 문화로서 단정하고 보수적인 성격을 띤다는 점이다.

가야 문화의 네 번째 특징은, 이 문화가 낙동강 서쪽 지역을 중심으로 하여 약 7세기에 걸쳐 독립적으로 지속되었다는 점이다.

가야 문화의 다섯 번째 특징은, 이 문화가 기원 전후 시기부터 서기 6세기까지 일본 고대 문화의 성립과 발전에 크게 기여하였다는 점이다.

가야 문화의 여섯 번째 특징은 가야 멸망 후 그들의 인맥과 힘이 신라에 합쳐져 삼국 통일의 원동력으로 작용하였다는 점이다.

한국 고대사에서 가야연맹 또는 가야 지역은 고대 일본의 지배나 간섭을 받던 약소국이 아니었고, 고구려, 백제, 신라의 삼국에 비해서는 강하지 않았다고 해도 엄연히 600여 년에 걸쳐 정치적 실체를 이루고 있던 제4의 고대국가였던 것이다. 그러므로 고대 일본도 가야가 있던 한반도 남부를 지배했거나 또는 기마민족의 정복을 받음으로써 발전한 것이 아니며, 그런 두 가정은 사실이 아니라 허구일 뿐이다. 고대 일본은 가야와의 집중적인 교류를 통해 발전한 것이며, 가야사는 한국 고대사의 전개 과정에 연루되어 변동하였기 때문에, 일본 고대사도 그 영향을 받았을 뿐이다. 즉 가야사를 알아야 일본 고대사도 제대로 이해할 수 있게 되는 것이다.

* 이 글의 원전 : Kim Taesik, 2005, 「The Cultural Characteristics of korea´s Ancient Kaya kingdom」, 『International Journal of korea History』 8, Center for Koean History, Institute of Korean Culture, pp.169~222.

:: 그림 出典 目錄

〈지도 1〉 김태식, 2002, 『미완의 문명 7백년 가야사 제1권』, 94쪽, 지도 2-3.

〈지도 2〉 김태식, 2002, 『미완의 문명 7백년 가야사 제1권』, 124쪽, 지도 2-5.

〈지도 3〉 김태식, 2002, 『미완의 문명 7백년 가야사 제1권』, 182쪽, 지도 3-3.

〈지도 4〉 국립중앙박물관, 1997, 『한국 고대의 토기』, 55쪽, 아래 지도.

〈지도 5〉 東潮, 1999, 『古代東アジアの鐵と倭』, 廣島: 溪水社, 210쪽, 도 60.

〈사진 1〉 국립중앙박물관, 부산시립박물관, 1991, 『가야특별전』, 8쪽, 사진 1.

〈사진 2〉 동의대학교박물관, 2000, 『김해양동리고분문화』, 53쪽, 사진 101.

〈사진 3〉 동의대학교박물관, 2000, 『김해양동리고분문화』, 54쪽, 사진 103.

〈사진 4〉 국립중앙박물관, 1997, 『국립중앙박물관』, 126쪽, 위쪽 사진.

〈사진 5〉 국립중앙박물관, 1997, 『국립중앙박물관』, 150쪽, 가운데 사진.

〈사진 6〉 국립중앙박물관, 1997, 『국립중앙박물관』, 113쪽, 위쪽 사진.

〈사진 7〉 奈良縣立橿原考古學硏究所, 1989, 『斑鳩 藤ノ木古墳 槪報』, 15쪽, 위쪽 사진.

〈사진 8〉 국립김해박물관, 1998, 『국립김해박물관』, 68쪽, 사진 85번.

〈사진 9〉 경성대학교 박물관, 2000, 『김해대성동고분군 I』, 41쪽, 사진 120번.

〈사진 10〉 국립김해박물관, 1998, 『국립김해박물관』, 73쪽, 사진 93번.

〈사진 11〉 김태식 2002년 4월 27일 촬영.

〈사진 12〉 국립김해박물관, 1998, 『국립김해박물관』, 66쪽, 사진 82번.

〈사진 13〉 김태식 2003년 5월 11일 촬영.

〈사진 14〉 김태식 2004년 3월 27일 촬영.

〈그림 1〉 박천수, 2002, 「考古資料를 통해 본 古代 韓半島와 日本列島의 相互作用」, 『韓國古代史硏究』27, 서울: 韓國古代史學會, 95쪽, 그림 9.

4.
가야의 역사와 그 자료들

1. 머리말

가야는 고대에 한반도 남단의 경상남도 지역을 중심으로 하여 존재하였던
정치체로서, 대부분의 기간을 소국연맹체로 존재하다가 마지막 시기에는
고대국가의 면모를 보였다.[1] 최대 영역을 차지하였을 때에는 동쪽으로 경
상북도의 낙동강 유역을 포함하였고 서쪽으로 전라남북도의 섬진강 유역을
포괄하였다.[2] 정치체로서 가야의 존재 시기는 2세기부터 6세기 중엽까지에
해당하나, 그 문화의 기원이 성립되던 시기를 포함하면 기원전 1세기 초부
터 비롯되어 약 700년 가까이 존속하였다.[3]

그러나 가야는 한국 고대가 고구려, 백제, 신라뿐이었다는 고려시대 이
래의 三國時代論과, 그 지역이 고대 일본의 지배를 받았다는 任那日本府說

---

1) 金泰植, 2003,「初期 古代國家論」,『강좌 한국고대사 제2권』, 서울: 駕洛國史蹟開發硏究院,
   70~86쪽.
2) 김태식, 2002,『미완의 문명 7백년 가야사 2권』, 서울: 푸른역사, 214쪽.
3) 김태식, 2002,『미완의 문명 7백년 가야사 1권』, 서울: 푸른역사, 78~79쪽,

에 눌려 오랫동안 기억 속에서 잊혀졌다.[4] 그래서 문헌 사료만을 통해서는 좀 처럼 그 실태를 파악하기 어려웠다. 그러다가 1970년대 이후로 한국의 국토 개발 과정에서 많은 가야 고분들이 발굴되었고 그를 통해 가야 문화가 독립적 이고 독특하였으며 신라에 못지않은 당당한 것이었다는 것이 확인되었다.

그러므로 가야사의 전개 과정을 설명할 때는 고고학 자료의 상태를 설명 하고 그에 관한 문헌 사료를 재해석하는 과정이 반드시 필요하게 되었다. 본고는 지극히 어려운 그 과정을 조금이나마 보임으로써 가야사에 대한 기 초적 이해를 구하고자 한다.

2. 가야사 관련 자료들

加耶는 자신의 역사를 정리한 적이 없기 때문에 체계적인 年代記가 존재하 지 않는다. 그래서 가야사 관련 사료는 주변 여러 나라들의 사서에 단편적 으로 언급되어 있으니, 그 중에서 중요한 것은 중국 사료인 『三國志』魏書 東夷傳, 『南齊書』加羅國傳, 梁職貢圖, 한국 사료인 『三國史記』, 『三國遺 事』, 廣開土王陵碑, 『新增東國輿地勝覽』, 일본 사료인 『日本書紀』 등이 있 다. 그리고 가야 지역에서 출토된 고고학 자료 등이 있다.

『三國志』는 중국 魏·蜀·吳 삼국시대(220~265)를 서술한 紀傳體 史書 로서 65권이다. 중국 晉의 陳壽(233~297)가 편찬하였다. 劉宋의 裵松之 (372~451)가 補注를 달아 사료적 가치를 더욱 높여 주었다. 그 중 魏書의 東 夷傳에 전하는 三韓 관계 사료는 내용이 풍부하고 구체적이어서, 3세기 이 전 전기 가야연맹의 상태를 알 수 있는 최상의 문헌 사료이다.

---

4) 金泰植, 2004, 「加耶史 輕視의 論理들에 대한 批判」, 『國立歷史民俗博物館研究報告 110 - 第五回歷博國際シンポジウム: 古代東アジアにおける倭と加耶の交流-』, 佐倉: 國立歷史民 俗博物館, 552~557쪽.

『南齊書』는 중국 남조 齊(479~502)의 역사를 기록한 紀傳體 史書로서 59권이다. 중국 梁代 天監年間(502~519)에 蕭子顯이 편찬하였다. 중국 正史 중 유일하게 加羅國傳을 개설하였다. 대가야의 왕으로 보이는 加羅國王 荷知가 481년에 南齊에 사신을 보내 조공하고 작호를 받았다는 기사가 있다.

梁職貢圖는 중국 남조 梁에 입조한 職貢使節들의 그림과 그에 대한 간단한 기록이다. 중국 梁 武帝(502~549) 때에 蕭繹(508~554)이 직접 외국 사신들의 조공하는 모습을 그리고 그 序를 지었으며, 편집 시기는 그가 荊州刺史로 있었던 시기(526~539)로 추정된다. 그 중 百濟國의 使臣 그림에 6세기 초 당시 가야 소국들의 이름이 전하고 있다.

『三國史記』는 한국 삼국부터 통일신라까지에 대한 紀傳體 史書로서 50권이다. 高麗 仁宗 23년(1145)에 金富軾(1075~1151)이 편찬하였다. 그 중 新羅本紀에 산재하는 가야 관계 사료들은 가야사를 복원할 때 기준이 되는 편년 자료이다. 다만 3세기 이전의 초기 기록은 사건들의 연대에 상호 모순되는 점이 존재한다. 樂志·地理志 및 列傳의 金庾信·居道·異斯夫·强首·勿稽子傳 등에도 단편적인 가야 관계 기록들이 전한다.

『三國遺事』는 고조선부터 통일신라까지의 정치 및 불교에 대한 史書로서 5권이다. 高麗 忠烈王 때의 승려 一然(1206~1289)이 말년에 편찬하였다. 여기에는 가야 관계 전승 자료들이 상당수 수록되어 있다. 특히 王曆과 駕洛國記는 전기 가야연맹의 중심국인 金海의 駕洛國 또는 金官國(속칭 金官加耶)의 역사를 살피는데 기본 사료가 된다.

廣開土王陵碑文은 高句麗 長壽王 2년(414)에 廣開土王의 공덕을 기리기 위해 세운 거대한 碑에 새겨져 있는 문장으로서, 中國 吉林省 集安縣에 있다. 그 내용 중에 고구려 군대가 任那加羅 및 倭兵을 공격하는 대목이 나온다. '任那'라는 명칭에 대한 최초의 기록이나, 훼손되어 읽을 수 없는 글자가 많다.

『新增東國與地勝覽』은 朝鮮 中宗 25년(1530)에 정부에서 편찬한 地理書로서 55권이다. 전국의 모든 郡縣에 대하여 建置沿革, 屬縣 등 28개 編目을 기록하였다. 여기 실린 가야 관계 地理 기사들은 조선 전기의 가야 관계 유적 현황을 살피는데 도움이 된다. 또한 高靈縣條에는 신라 말 崔致遠撰 『釋利貞傳』과 『釋順應傳』의 逸文에 대가야 시조 신화와 대가야 왕 계보가 일부 실려 있다.

『日本書紀』는 일본 神代부터 持統天皇 10년(696)까지에 대한 編年體 史書로서 30권이다. 일본 元正天皇 養老 4년(720)에 舍人親王과 太安萬侶가 편찬하였다. 거의 全篇에 걸쳐서 가야 또는 임나 관계의 풍부한 사료가 전하고 있으나, 기사의 내용 및 편년에 왜곡이 많다. 특히 『百濟本記』를 직·간접적으로 이용한 繼體·欽明天皇代에는 풍부한 기사가 있으며, 여기에도 일본 및 백제 또는 백제 유민의 시각에 의한 편찬상의 變改가 어느 정도 인정되나, 6세기 전반 내지 중엽의 가야연맹 諸國의 사정을 보이는 유일한 기록이다.

가야사에 관한 고고학 자료는 주로 경상남북도를 중심으로 한 고분 유적으로 구성되어 있다. 가야의 옛 고분들의 상당수는 유력자들의 무덤이고, 당시 사람들은 무덤 안에 생전에 쓰던 물건들을 함께 넣는 풍습이 있었기 때문에, 가야 고분은 가야 문화 및 역사에 대하여 많은 정보를 준다. 가야의 고분에 관해서는 1970년대부터 지금까지 많은 발굴 조사가 이루어졌다. 특히 중요한 것으로는, 김해 양동리, 대성동 고분군, 부산 복천동 고분군, 함안 도항리 고분군, 고령 지산동 고분군, 합천 옥전 고분군 등이 있다. 이들 유적에서 확인된 묘제 중에서 널무덤과 덧널무덤은 주로 4세기 이전 전기 가야시대의 주요 묘제였고, 움식 돌덧널무덤과 굴식 돌방무덤은 주로 5세기 이후 후기 가야시대의 주요 묘제였다.

3. 전기 가야의 성립과 변천

(1) 가야의 기원

청동기 및 초기 철기시대에 한반도 남부의 낙동강 유역에는 고인돌 및 민무늬토기로 대표되는 농경 문화가 발달하였으나, 한반도의 다른 지역에 비하여 금속기 제조 능력이나 사회조직 수준이 낙후한 상태에 머물러 있었다. 그러나 이러한 후진성을 극복할 계기가 외부로부터 닥쳐왔다. 한반도 서북방의 고조선은 중국 한나라 武帝가 보낸 군대의 공격을 받아 기원전 108년에 멸망하고 그 자리에는 낙랑군 등의 한군현이 들어섰는데, 그러한 전란의 와중에 수많은 유이민이 발생했다. 이들 중의 상당수는 해로, 또는 육로로 남하하여 문화 수준이 낮은 한반도 동남부의 영남 지역으로 들어왔다.

기원전 1세기 무렵 한반도 남부 지역에서는 창원 다호리 고분군과 같은 널무덤 유적의 존재를 통해, 기존의 토착 세력과 다른 새로운 정치 세력들이 생겨나고 있음을 알 수 있다. 거기서 전 단계 이래의 흑색 및 갈색 민무늬토기, 고조선 계열의 칠기류와 세형동검, 청동투겁창, 청동말종방울, 청동거울 및 쇠단검, 쇠도끼 등의 금속 유물들이 출토되었다.[5]

여기서 토기는 큰 변화가 없으나, 칠기와 금속기 유물은 이 지역에서 전에 볼 수 없었던 선진 문물이다. 원래 토착민들이 만들던 후기 민무늬토기들과 이주민들의 새로운 요소인 금속 유물들이 한 묘제 속에서 같이 나온다는 것은 무엇을 의미할까? 이는 경상도 지역으로 선진 문물을 지닌 유이민 세력들이 들어와 살기는 하였으나, 선주민의 기존 농경 문화 기반도 상당한 것이어서, 새로운 금속기 문화의 파급이 즉각적인 사회 구조 변동을 가져오지는 못한 것을 의미한다.

(2) 1~2세기 가야 소국의 성장

기원후 1세기 이래로 경상남도 각지에 널무덤 유적이 많이 나타나기 시작하고, 거기서 출토되는 토기가 갈색 계통의 민무늬토기에서 회색 계통의 와질토기로 바뀌었다. 와질토기의 형태는 기본적으로 선주민의 흑색 및 갈색 토

---

5) 李健茂, 李榮勳, 尹光鎭, 申大坤, 1989, 「義昌 茶戶里遺蹟 發掘進展報告(I)」, 『考古學誌』 1, 韓國考古美術硏究所 ; Yi Young Hoon, 2010, 「Tomb I at the Taho-ri Site in Changwon」, 『EARLY KOREA』 2, Korea Institute, Harvard University.

기의 형태를 토대로 변형된 것이다.[6] 이는 회색 토기 및 철기 제작을 비롯한 선진 문화가, 선주민의 토착 문화와의 상호 협력 아래 발전한 것을 반영한다. 이렇게 조성된 문화 기반은 그 후로 가야 문화가 번성하는 토대가 되었다.

『三國遺事』駕洛國記에 전하는 가야의 건국 신화에 의하면, 김해 지방의 토착 세력인 九干 즉 아홉 명의 군장들이, 하늘에서 龜旨峰으로 내려왔다고 하는 이주민 계통의 首露를 왕으로 추대하여 나라를 세웠다고 한다.[7] 이 신화는 위와 같은 문화 복합 상황을 묘사하고 있다.

1세기 무렵에 활발한 발전을 보인 것은 낙랑과의 해상 교섭을 주도하고 있던 김해 양동리 고분군 축조 세력이다. 2세기 중후반 무렵에는 그 고분군의 묘제가 덧널무덤으로 발전하여 내부 공간이 넓어졌고 철기 부장품이 그전에 비하여 많아졌다.[8] 그 무렵의 양동리 고분군 축조 세력은 경제적인 富와 정치적인 권력을 모두 갖춘 狗邪國(=金官加耶)의 首長이었다고 해도 손색이 없다.

(3) 3세기 전반 전기 가야연맹(변한)의 성립

3세기 전반의 경상남북도 해안 지대에는 斯盧國, 于尸山國(=優由國), 居柒山國(=瀆盧國), 加耶國(=狗邪國) 등이 있었다. 여기서 사로국은 경주시 외동읍 일대와 울산광역시 북구 중산동의 고분 유적,[9] 우시산국은 울산광역시 웅촌읍 대대리 하대 유적,[10] 거칠산국은 부산광역시 금정구 노포동 유

---

6) 崔鍾圭, 1982, 「陶質土器 成立前夜와 展開」, 『韓國考古學報』 12, 214~215쪽; 崔秉鉉, 1992, 『新羅古墳研究』, 一志社, 580쪽.
7) 『三國遺事』 권2, 紀異2 駕洛國記 後漢世祖光武帝建武十八年壬寅三月條.
8) 東義大學校博物館, 2000, 『金海 良洞里 古墳文化』.
9) 李盛周, 1997, 「목관묘에서 목곽묘로 -蔚山 中山里유적과 茶雲洞유적에 대한 검토-」, 『新羅文化』 14, 慶州: 동국대 신라문화연구소.
10) 安在晧, 1994, 「三韓時代 後期 瓦質土器의 編年 -下垈遺蹟을 中心으로-」, 『嶺南考古學』 14, 영남고고학회.

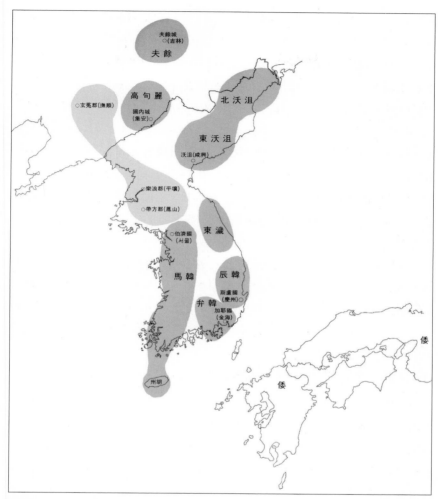

<지도 1> 3세기 한반도 정세

적,[11] 가야국은 김해시 주촌면 양동리 유적을 중심으로 존재하고 있었으며, 이들은 서로 대등한 세력들이었다. 그러므로 고고학적으로는 3세기 전반까지 구야국이나 사로국이 아직 고대국가로 성장하지 못하였을 뿐만 아니라, 弁韓 또는 辰韓 소국들을 통괄하는 주체로서의 면모도 보이지 못하고 있다.

그러나 『三國志』 단계인 3세기 전반에 이미 사로국과 우유국은 辰韓 12
국 중의 하나로 나오고, 독로국과 구야국은 弁韓에 소속된 것으로 나와, 이
들 사이에 일정한 구분이 있었음을 알 수 있다. 3세기 당시에 낙동강 유역의
변한 12국은 명분상 馬韓의 辰王에 소속되었지만, 狗邪國은 安邪國과 함께
변한에서 유력한 2국[12] 중의 하나였다.(지도 1)

그 당시 동북아시아의 교역은 낙랑, 대방군을 매개로 하여 중국-한반도-
일본열도가 연결되는 형세에 있었으며, 남한 지역에서 철을 포함한 선진 물
품들의 가장 활발한 교역 중계자는 낙동강 하구에 위치한 김해의 加耶國(=
狗邪國=狗邪韓國)이었다.[13] 또한 함안보다는 김해 지방에 1~4세기의 유
물·유적이 풍부하게 출토된 점으로 보아 安邪國보다는 가야국이 좀 더 우
월하였다.

위의 여러 가지 증거들을 적극적으로 수용한다면, 3세기 전반 당시에 변
한의 12개 소국은 김해의 加耶國을 중심으로 통합되어 완만한 형태의 변한
소국연맹 즉 전기 가야연맹을 이루고 있었다고 말할 수 있다.[14](본서 283쪽
의 〈지도 2〉 참조)

(4) 3세기 후반 변한의 정치 세력화

3세기 후반은 낙랑군과 대방군을 西晉이 운영하던 시기(266~313)였다. 이
시기에는 한반도 남부 지역의 세력들이 馬韓主, 辰韓王, 新彌國 연맹 등으
로 나뉘어 집단적으로 교역하였으니, 서진의 통제력 약화와 삼한 맹주들의
정치적 성장을 엿볼 수 있다.[15] 이러한 추세가 김해 방면에서는 어떻게 진
행되고 있었을까?

---

11) 釜山大學校博物館, 1988, 『釜山 老圃洞 遺蹟』.
12) 『三國志』卷30, 魏書30 烏丸鮮卑東夷傳30, 韓傳(馬韓).
13) 『三國志』卷30, 魏書30 烏丸鮮卑東夷傳30, 倭人傳.
14) 金泰植, 1993, 『加耶聯盟史』, 一潮閣, 66쪽.
15) 尹龍九, 2004, 「三韓과 樂浪의 교섭」, 『韓國古代史研究』 34, 137~138쪽.

가야 지역에서는 3세기 후반 이후 김해의 세력 중심이 서쪽의 주촌면 양동리 일대로부터 시내의 대성동 고분군 쪽으로 넘어가는 변화를 보였다.[16] 3세기 후반 가야 지역에는 부산 노포동 고분군, 고령 반운리 고분군, 함안 도항리 고분군, 창원 도계동 · 다호리 고분군, 고성 도전리 고분군 등이 있으나, 이 유적들은 김해 대성동 고분군에 비해 그 목곽의 규모도 작고 유물의 수효도 적어서, 세력의 대소에 큰 차이가 있었다고 추정된다.

사로국 중심의 진한 문화권과 구야국 중심의 변한 문화권은 원래 대동소이한 양상을 보였으나, 3세기 후반에는 울산과 부산의 경계선에서 그 차이가 현저해졌다. 예를 들어 화로모양토기를 비롯한 토기들이 3세기 말경에 경주-울산 지방과 부산-김해 지방으로의 양식 분화가 전개된다.[17] 또한 3세기 후반에 들어서면 영남 지역의 분묘에는 철제 무기가 대량 埋納되고, 무기를 보유한 계층이 확대되며, 철제 甲冑가 등장한다.[18]

그러므로 3세기 후반에는 영남 지역에서 긴장 관계가 조성되어 각 소국 상호간에 무력 사용이 증가하면서, 사로국과 구야국을 중심으로 진한 소국들과 변한 소국들이 통합되어 정치 세력화하고 있었음을 확인할 수 있다.[19] 그렇게 본다면, 『三國史記』新羅本紀의 초기 기록에서 신라 탈해 이사금 21년(기원후 77)부터 기마 이사금 5년(116)까지 신라와 가야가 黃山河 유역, 즉 지금의 낙동강 하류 일대에서 전투를 벌였다는 기사는 3세기 후반의 현상으로 해석해야 하지 않을까 한다.[20]

---

16) 慶星大學校博物館, 2000, 『金海大成洞古墳群 I』, 부산: 경성대학교박물관, 141~153쪽.
17) 복천박물관, 2004, 『금관가야와 신라』, 부산: 복천박물관, 66쪽.
18) 복천박물관, 2004, 앞의 책, 89쪽.
19) 金泰植, 2010, 「新羅와 前期 加耶의 關係史」, 『韓國古代史研究』 57, 한국고대사학회, 295~296쪽.
20) 金泰植, 2006, 「韓國 古代諸國의 對外交易 -加耶를 中心으로-」, 『震檀學報』 101, 震檀學會, 21쪽.

(5) 4세기 전반 포상팔국 전쟁과 동서 분열

4세기 초에 한반도 북방의 고구려는 낙랑-대방군을 멸망시켰다. 이는 한반 도 동남부에서 그들과의 원거리 교역을 통해 발전하던 김해 가야국에게 어 떤 영향을 주었을까? 여기서 주목해야 할 문헌 사료로서『三國史記』新羅本 紀의 浦上八國, 즉 항구를 끼고 있는 8개 소국들의 전쟁 관련 기사들이 있 다.[21] 그 전개 과정을 볼 때, 保羅國, 古自國(古史浦: 현재의 경남 고성), 史 勿國(경남 사천), 骨浦國(경남 마산), 柒浦國(경남 칠원) 등이 加耶國(경남 김해)과 竭火城(울산)을 공격하였으며, 가야국은 신라 군대의 도움을 받아 이를 물리쳤다.[22]

이는 3세기경까지 낙랑·대방으로부터 김해의 가야국을 거쳐 울산의 갈 화성으로 이어지던 해상 수송로가 약화되자, 가야국의 우월성을 인정치 않 는 서부 경남 해안 소국들이 동요하는 모습을 나타내고 있다.[23] 그러자 김 해의 가야국은 그 해상로의 배후에 있던 낙동강 중·상류의 소국들이나 동 해 남부의 소국 등을 규합해서 대응하였으며, 사로국도 그 배후 세력 중의 하나였다. 이런 사실이 신라인의 역사 인식 속에서 과장된 것이다.

『삼국사기』에서 이 기사 이후로 가야에 대한 서술이 200년 이상 나오지 않는 것도 신라 측의 역사 인식일 뿐이며, 이로 인하여 가야가 망한 것은 아 니었다. 김해 대성동 고분군의 유적 규모와 유물 성격으로 보아, 4세기 무렵 의 가야는 신라와 거의 대등한 세력이었고, 한동안 신라와 가야 사이에 좋 은 관계가 이어졌다고 추정된다.

가야 지역의 토기 형식은 3세기까지 전체 지역이 대체로 공통적이었으 나, 4세기에 들어와서 마산만을 경계로 하여 지역색이 나타난다.[24] 특히 굽

---

21) 『三國史記』에서 이 사건은 신라 奈解尼師今 6년(201)부터 17년(212)까지 이어진 것으로 되어 있으나, 실제 연대는 4세기 전반으로 추정된다.

22) 『三國史記』 卷2, 新羅本紀2 奈解尼師今 14년 7월 조, 17년 3월 조; 『삼국사기』 권48, 列傳 8 勿稽子傳; 『三國遺事』 권5, 避隱8 勿稽子 奈解王 10년乙未條, 17년壬辰條.

23) 金泰植, 1994, 「咸安 安羅國의 成長과 變遷」, 『韓國史研究』 86, 韓國史研究會, 51~52쪽.

다리접시[高杯]의 기형 면에서 볼 때, 이른바 포상팔국의 遺址로 추정되는 마산, 진북, 칠원, 진주 등은 그 주변의 함안, 의령, 합천 등과 함께 臺脚部가 원통형으로 길고 거기에 작은 구멍들이 뚫려 있는 굽다리접시를 기본으로 삼고 있다. 반면에 김해, 부산, 창원 등은 대각부가 윗부분부터 벌어지며 거기에 구멍이 뚫려 있지 않은 굽다리접시를 기본으로 삼고 있다. 이러한 高杯의 분화 현상은 4세기 전반의 정치적 변동, 즉 포상팔국의 난과 그로 인한 가야연맹의 동서 분열 결과를 보이고 있다.

(6) 4세기 후반 가야의 팽창과 고구려-신라의 반격

4세기 후반 김해 중심의 동부 가야는 기존의 대방-가야-왜의 교역로에서 이미 대방이 사라진 상태에 있었기 때문에 왜와의 교역에 몰두할 수밖에 없었다. 4세기 후반에 속하는 김해 대성동 2호분, 13호분, 23호분에서는 일본제 방패 장식품인 바람개비모양 방패꾸미개[巴形銅器]가 나오고 있다.[25]

한편 경주 중심부에 있는 돌무지덧널무덤들의 축조 세력은 나물왕과 연결되는 김씨 족단으로 추정되는 바,[26] 그들이 경주 지방에서 패권을 차지하기 시작한 것은 4세기 후반이다. 김씨 나물왕이 왕위에 오른 4세기 후반에 이르러 고구려와 신라의 친밀도가 높아졌고 고구려 계통 문물이 나타나기 시작한 것으로 보아, 그들의 대두는 고구려와의 교류가 큰 계기를 이루었음이 틀림없다.[27]

그런데 김해와 경주 사이에 있는 부산 복천동 고분군의 유물로 보아, 그 세력은 3세기 후반부터 4세기 중엽까지는 금관가야와 신라의 중간적인 성격을 띠고 있었으나, 4세기 후반에는 신라계 유물들이 단절되고 금관가야계

---

24) 安在晧, 宋桂鉉, 1986, 「古式 陶質土器에 관한 약간의 고찰」, 『嶺南考古學』 1, 嶺南考古學會, 50~53쪽.

25) 慶星大學校博物館, 2000, 『金海大成洞古墳群 I』, 부산: 경성대학교박물관, 183쪽.

26) 崔秉鉉, 1992, 『新羅古墳研究』, 一志社, 378~381쪽.

27) 金泰植, 2010, 「新羅와 前期 加耶의 關係史」, 『韓國古代史研究』 57, 한국고대사학회, 306쪽.

유물들만 나타나고 있다.[28] 이는 금관가야의 세력 확대를 나타내는 것이다. 이와 마찬가지로 4세기 중후반에 김해 양식의 투창 없는 굽다리접시가 동쪽으로 기장 철마 고촌리 고분군, 서쪽으로 진해 웅천 패총, 창원 가음정동 고분군, 도계동 고분군까지 퍼져 나간 것은[29] 가야국의 패권이 미치는 영역을 나타내고 있다.

가야의 팽창의 배후에는 백제와 왜의 협력이 있었다. 『日本書紀』神功 49년 조 기사[30]와 欽明 2년 조의 기사[31]를 통해 보면, 4세기 후반에 백제가 가야와 처음으로 친교를 트고, 이를 토대로 가야와 밀접한 교역을 이루고 있던 왜와 연결된 것을 알 수 있다.[32] 즉, 4세기 후반에 가야는 백제 근초고 왕의 권유를 받아 왜와 교통하면서 신라를 공략하였고, 백제는 고구려를 밀어붙여 옛 대방 지역을 차지하였다.

그러나 서기 391년에 고구려 광개토왕이 즉위한 후, 396년에는 고구려가 백제의 58성을 빼앗고 백제 도성을 포위 공격하였다. 백제 아신왕은 고구려에게 크게 패한 직후 397년에 태자를 왜국에 보냈으니, 이는 任那加羅, 즉 금관가야의 중개를 거치지 않고 왜군을 직접 동원하려는 의도였다. 그래서 고구려가 백제와 왜의 和通 정보를 듣고 경계하는 중에, 서기 399년에 신라 사신이 와서 왜인이 신라 국경의 성과 못을 파괴한다는 소식을 전하였다.[33]

---

28) 복천박물관, 2004, 『금관가야와 신라』, 부산: 복천박물관, 90쪽.
29) 洪潽植, 1999, 「고고학으로 본 금관가야 -성립·위계·권역-」, 『고고학을 통해 본 가야』, 한국고고학회, 18쪽.
30) 『日本書紀』 권9, 神功皇后攝政 49년 3월 조.
31) 『日本書紀』 권19, 欽明天皇 2년 4월 조.
32) 金泰植, 1994, 「廣開土王陵碑文의 任那加羅와 '安羅人戍兵'」, 『韓國古代史論叢』 6, 駕洛國史蹟開發研究院; 李鎔賢, 1999, 『加耶と東アジア諸國』, 國學院大學 大學院 博士論文; 南在祐, 2003, 『안라국사』, 혜안; 白承玉, 2003, 『가야 각국사 연구』, 혜안; 白承忠, 2005, 「日本書紀 神功紀 소재 한일관계 기사의 성격」, 『광개토대왕비와 한일관계』, 한일관계사 연구논집 편찬위원회편, 서울: 경인문화사.
33) 『廣開土王陵碑文』, 永樂九年己亥條.

그리하여 다음 해인 400년에, 광개토왕은 步騎 5만을 신라에 보냈다. 新羅城과 男居城 사이에 왜군이 가득 차 있다가 고구려군을 보고 물러갔는데, 고구려군은 이를 좇아 任那加羅로 갔다.[34] 여기서 왜군이 경주로부터 멀리 떨어진 김해 방면까지 도망해 갔다는 것은, 그 왜군이 원래부터 임나가라의 지원에 의존하는 세력이었음을 보인다. 광개토왕릉비문의 '倭賊'이란 것의 실체는 백제의 후원을 받는 가야-왜 연합군이었는데,[35] 고구려는 한반도의 異邦人인 왜와 섞여 있는 군대를 경멸하는 인식 아래 그렇게 지칭한 것이다.

임나가라에서 합쳐진 가야-왜 연합군은, 추격해 온 고구려-신라 연합군이 城에 이르자 곧 항복하였다. 그들은 평정한 성의 남자들을 대부분 죽이거나 옮기고 나서 巡邏兵을 두어 지키게 하였다. 이로 인하여 영남 지역의 패권 경쟁에서 신라는 가야보다 앞설 수 있게 되었으며, 백제는 가야 지역을 중계 기지로 하는 대왜 교역망을 상실하게 되었다.[36]

고구려군의 南征은 한반도 사국의 세력 판도를 고구려 위주로 바꾸어 놓았으며, 그 중에서 가장 큰 희생의 제물은 가야였다. 5세기 초에 김해 지방에서 대성동 고분군으로 상징되던 대형 고분군의 축조가 갑자기 단절된 것은 김해 가야국의 급격한 몰락을 반영한다.

4. 후기 가야의 성장과 멸망

(1) 5세기 중엽 후기 가야연맹의 결성

4세기 말 5세기 초 고구려-신라 연합군의 임나가라 정벌 이후, 낙동강변의

---

34) 『廣開土王陵碑文』, 永樂十年庚子條.
35) 金泰植, 2005, 「4世紀의 韓日關係史 -廣開土王陵碑文의 倭軍問題를 中心으로-」, 『한일역사공동연구보고서』 제1권, 서울: 한일역사공동연구위원회, 44~48쪽.
36) 金泰植, 2010, 「古代 王權의 성장과 韓日關係 -任那問題를 包含하여-」, 『제2기 한일역사공동연구보고서』 제1권, 서울: 한일역사공동연구위원회, 152~155쪽.

성주, 창녕, 부산 지방 세력들은 고구려 대군의 공격에 직면하여 저항 없이 투항하였다. 그리하여 신라는 고구려의 후원 아래 낙동강 東岸 지역을 주도하는 새로운 발전 단계를 맞이하였다.

낙동강 서쪽의 가야 지역은 멸망하지 않고 존속하고 있었으나, 3개 권역으로 나뉘어 서로 다른 발전 과정을 보였다. 김해를 중심으로 한 낙동강 하구 유역에서는 5세기에 갑자기 고분 유적의 수효가 줄어들고 규모도 소형 돌덧널무덤 정도로 위축되었다. 반면에 경남 서부의 함안 및 그 서쪽 지역에서는 별다른 동요 없이 기존의 문화 내용을 지역적으로 확대시켜 나갔다.[37] 고령, 합천 등의 경상 내륙 산간 지방은 전기 가야시대에 가장 후진 지역이었으나 5세기 전반 이후 서서히 발전하기 시작하였다.

낙동강 중류 일대의 내륙 지역이 발전하게 된 계기는 전기 가야의 선진 문화가 유망민의 이주에 따라 파급된 것에 있다. 특히 고령 지방의 伴跛國은 김해 지방으로부터 도질토기 및 제철 관련 기술자들을 수용하여, 그 토기 문화를 계승하고 가야산 기슭 야로 지방의 철광산을 개발함으로써 제철 산업을 발전시켰다.[38] 그들은 그 후 백제 및 왜와의 교역도 주도하기 시작하였으니, 여기에는 백제 귀족 木氏와의 관계가 기여한 점도 있었다.[39]

5세기 중엽에 반파국은 大加耶로 국명을 바꾸면서 주변 세력들을 모아

37) 朴升圭, 1993, 「慶南 西南部地域 陶質土器에 대한 研究 -晉州式土器와 관련하여-」, 『慶尙史學』9, 진주: 경상대학교, 27쪽 ; 安在晧, 1997, 「鐵鎌의 變化와 劃期」, 『伽耶考古學論叢』 2, 서울: 駕洛國史蹟開發研究院, 79~88쪽; 朴天秀, 1999, 「器臺를 통하여 본 加耶勢力의 동향」, 『가야의 그릇받침』, 김해: 국립김해박물관, 98쪽.

38) 金泰植, 1986, 「後期加耶諸國의 성장기반 고찰」, 『釜山史學』11, 부산: 부산사학회, 16쪽; 2002, 『미완의 문명 7백년 가야사 1권』, 서울: 푸른역사, 176쪽.

39) 『日本書紀』神功紀의 기록에는 서기 262년에 백제 장군인 木羅斤資가 왜왕의 명령을 받아 加羅의 사직을 복구해 주었다는 기록이 나온다. 이 기사들을 문장 그대로 믿을 수는 없지만, 그 편년을 3갑자 내려서 보고(山尾幸久, 1978, 「任那に關する一試論」, 『古代東アジア史論集』下卷, 東京: 吉川弘文館, 198~202쪽) 제한적인 사실성을 인정한다면 그 시기를 442년으로 결정하게 되어, 5세기 중엽 이후로 백제 귀족인 목씨의 활동을 매개로 하여 '加羅', 즉 고령의 伴跛國을 중심으로 한 백제-왜 교류 관계가 존재했던 것을 추정해 볼 수 있다.

후기 가야연맹을 결성하였다. 『宋書』 倭人傳에 나오는 왜 5왕 중 왜왕 濟가 451년에 받은 爵號에 김해의 금관국을 가리킨다고 보이는 '任那'와 함께 '加羅'가 나오는 것으로 보아 고령의 伴跛國이 加羅國으로 국호를 바꾼 것은 5세기 중엽경으로 볼 수 있다.[40]

대가야 신화에서 시조 伊珍阿豉王이 加耶山神의 아들이고 金官國 首露王의 형이라고 한 것은[41] 고령의 정치 세력이 후기 가야의 왕이 되었음을 나타낸다. 그 신화에서 전기 가야연맹의 연맹장이던 금관국 수로왕과의 始祖代부터의 형제 관계를 자칭한 점으로 보아, 반파국이 5세기에 그 세력을 크게 성장시켜 '大加耶'를 표방하며 주변 지역 전체의 정통성을 계승코자 한 것을 알 수 있다.

(2) 5세기 후반 대가야의 팽창

5세기 후반에 대가야는 서부 경남에서 소백산맥을 넘어 서쪽으로 전북 남원, 임실, 전남 여수, 순천, 광양 등지의 세력들을 종속적으로 연합하면서 영역을 확장하였다. 이는 고령 양식의 움식 돌덧널무덤과 토기들의 분포 상태를 보아 알 수 있다. 그 묘제와 토기들의 중심에 있는 고령 지산동 고분군은 가장 큰 고분의 봉토 직경이 50m에 달하여, 그 당시 대가야 왕릉들의 면모를 보여주고 있다.(사진 1)

많은 학자들은 5세기 후반을 大加耶의 고대국가 형성 시기로 논하고 있으나,[42] 그 당시의 대가야 왕이 대가야 왕이 各部의 무력을 통제할 수 있을

---

40) 李鎔賢, 1999, 『加耶と東アジア諸國』, 日本 國學院大學 大學院 博士學位論文.
41) 『新增東國輿地勝覽』 卷29, 高靈縣 建置沿革 인용 釋利貞傳.
42) 李熙濬, 1995, 「토기로 본 대가야의 권역과 그 변천」, 『가야사연구』, 경상북도, 423쪽. ; 朴天秀, 1996, 「大伽耶의 古代國家 形成」, 『碩晤尹容鎭敎授停年退任紀念論叢』, 대구: 碩晤尹容鎭敎授停年退任紀念論叢刊行委員會, 399쪽 ; 金世基, 1995, 「대가야 묘제의 변천」, 『가야사연구』, 경상북도, 361~363쪽 ; 金世基, 1997, 「加耶의 殉葬과 王權」, 『加耶諸國의 王權』, 서울: 新書苑, 118~121쪽 ; 金世基, 2003, 『고분 자료로 본 대가야 연구』, 서울: 學研文化社, 261~270쪽.

〈사진 1〉 고령 지산동 고분군

정도가 되었는지에 대해서는 증거가 부족하다.[43] 다만 479년에 대가야의
왕, 즉 加羅王 荷知가 중국 南齊에 조공하여 '輔國將軍本國王'의 작호를 취
득하였다는 것[44]으로 보아, 적어도 이 시기에 가야 연맹체 내부에서 맹주의
권한이 크게 강화되었음을 확인할 수 있다. 전성기의 후기 가야연맹은 고령
대가야국을 중심으로 하여 최대 22개 소국을 거느리고 있었다.(본서 284쪽
의 〈지도 3〉 참조)

　신라에서는 5세기 중엽 이후 고구려의 영향력을 배제하려는 사회적 요
구가 높아지게 되었다. 그리하여 450년에 신라 何瑟羅城主가 고구려의 변
방 장수를 悉直(강원 삼척시)에서 살해하자[45] 고구려는 454년[46]과 468년

43) 金泰植, 2003, 「初期 古代國家論」, 『강좌 한국고대사 제2권』, 서울: 가락국사적개발연구
　　원, 23~30쪽.
44) 『南齊書』 卷58, 列傳39 東南夷傳 東夷 加羅國傳.
45) 『三國史記』 권3, 新羅本紀3 訥祇痲立干 34년 조.
46) 『三國史記』 권3, 新羅本紀3 訥祇痲立干 38년 조.

⁴⁷⁾에 신라를 침공하였다. 결국 481년 고구려가 신라의 狐鳴城(경북 영덕군 영덕읍) 등 일곱 성을 빼앗고 彌秩夫(경북 포항시 흥해읍)에 진군하였는데, 이 때 가야는 백제와 함께 원병을 보내 신라를 도와 이를 막았다.⁴⁸⁾(그 직후 사국의 국경선은 본서 202쪽의 〈지도 6〉 참조)

『일본서기』雄略 8년(464) 조에 고구려가 신라 筑足流城(강원 삼척시)을 침공해오자 任那王의 부탁을 받은 왜군이 그에 대적한다는 기사가⁴⁹⁾ 있다. 여기에는 신라 측의 原典과 일본 호족들의 家傳에 바탕을 둔 상당한 구체성이 보인다.⁵⁰⁾ 그러나 이는 가야와 왜 사이의 전통적인 교류 관계에 따라 신라 구원 가야군 안에 왜인 병력이 부수적인 존재로 포함되어 있었던 것을, 『일본서기』편집자가 자의적으로 왜곡하여 표현한 것이다.⁵¹⁾

그 후 496년에 가야가 신라에 흰 꿩을 보냈다는⁵²⁾ 것으로 보아 그들의 우호 관계는 상당 기간 지속되었다. 이로 보아 5세기 후반의 한반도 정세는 고구려의 남진에 대처하여 백제-신라-가야가 군사 동맹을 맺어 방어하는 형국이라고 할 수 있다.

(3) 6세기 초 호남 동부 7국의 백제 복속 및 초기 고대국가로의 성장

6세기 초에 백제 무령왕은 왜와의 직접적인 교역을 위해서는 좋은 항구가 필요하다는 점을 명분으로 내세워,⁵³⁾ 가야 세력권에 있던 호남 동부 지역을 관통하는 섬진강 유역 및 그 하구를 잠식해 들어갔다. 『일본서기』에 의하

---

47) 『三國史記』권3, 新羅本紀3 慈悲麻立干 11년 조.
48) 『三國史記』권3, 新羅本紀3 炤知麻立干 3년 조.
49) 『日本書紀』권14, 雄略天皇 8년 조.
50) 高寬敏, 1996, 「五世紀 新羅の北邊」, 『三國史記の原典的硏究』, 東京: 雄山閣出版 ; 高寬敏, 1997, 『古代朝鮮諸國と倭國』, 東京: 雄山閣出版, 146쪽.
51) 金泰植, 2006, 「5~6세기 高句麗와 加耶의 관계」, 『북방사논총』 11, 서울: 고구려연구재단, 121~127쪽.
52) 『三國史記』권3, 新羅本紀3 炤知麻立干 18년 조.
53) 『日本書紀』권17, 繼體天皇 23년 3월 조.

면, 512년 12월에 백제가 왜에 조공하면서 任那國의 上哆唎, 下哆唎, 娑陀, 牟婁의 4현을 달라고 요구하자, 哆唎國守가 이에 찬성하는 의견을 왜국 조정에 내서, 결국 왜는 그 땅을 백제에게 주었다고 하였다.[54] 여기서 牟婁에 해당하는 전남 순천 운평리 고분군에서는 5세기 후반에서 6세기 초에 해당하는 고령 양식 토기들이 다수 출토되었고, 여수·순천의 고분들은 6세기 전반에 백제계 석곽으로 변화해갔다.[55] 이는 전남 동부 지역의 임나 4현이 가야 소국이었다가 바로 백제 영토로 전환되어 간 것을 의미한다. 그러므로 왜의 '임나 4현 할양'이라는 관념은, 그 전에는 그 땅이 왜왕의 소유였다는 것이 아니라,[56] 교역 대상자인 왜왕의 호응을 얻어 가야의 영토 일부를 빼앗으려는 백제의 외교적 修辭에 현혹되어 생긴 환상일 뿐이다.

『일본서기』의 이어지는 기사에 따르면, 백제가 513년 6월에 두 명의 장군을 왜에 사신으로 보내, "伴跛國이 백제 땅인 己汶을 공격하여 빼앗았으니, 이를 돌려 달라."고 왜왕에게 요청하였고,[57] 왜는 11월에 기문과 대사를 백제에게 주었다고 한다.[58] 이 역시 백제가 왜와의 교역을 빙자하여 가야연맹 소속국인 己汶(전북 남원, 임실, 번암)을 잠식해 들어가는 외교 방식을 보여준다.[59] 왜와 기문국은 선진 문물의 면에서 대가야보다 우월한 백제의 유인에 따르지 않을 수 없었을 것이다.[60] 그 결과 백제가 대가야와의 영역 다툼에서 승리하여 호남 동부 지역을 모두 영유하게 되자, 가야와 백제는 소백산맥을 자연적 경계로 삼게 되었다.

『일본서기』의 다음 기사로 보아, 515년에 伴跛(경북 고령의 대가야)는

---

54) 『日本書紀』 권17, 繼體天皇 6년 조.
55) 李東熙, 2007, 「백제의 전남 동부 지역 진출의 고고학적 연구」, 『韓國考古學報』 64, 103쪽.
56) 森公章, 2006, 『東アジアの動亂と倭國』, 東京: 吉川弘文館, 117쪽.
57) 『日本書紀』 권17, 繼體天皇 7년 6월 조.
58) 『日本書紀』 권17, 繼體天皇 7년 11월 조.
59) 金泰植, 2002, 앞의 책 1권, 188쪽.
60) 『新撰姓氏錄』 左京皇別下 吉田連條 및 『續日本後紀』 卷6 仁明天皇 承和 4년 6월 壬辰朔 己未條.

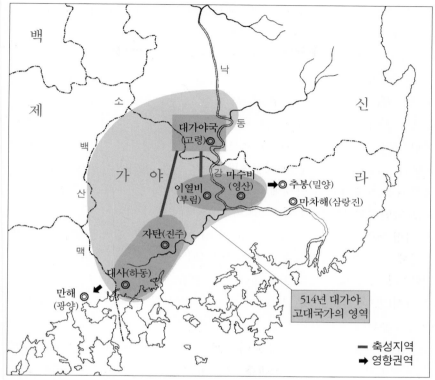

<지도 2> 6세기 초 대가야의 사방 축성

子呑(경남 진주)과 帶沙(경남 하동)에 성을 쌓아 滿奚(전남 광양)에 이어지게 하고, 봉수대와 저택을 설치하여 백제 및 왜국에 대비했다. 또한 爾列比(경남 의령군 부림면)와 麻須比(경남 창녕군 영산면)에 성을 쌓아 麻且奚(경남 삼랑진) 및 推封(경남 밀양)에까지 뻗치고, 사졸과 병기를 모아서 신라를 핍박했다고 한다.[61] 여기서 반파가 성을 쌓은 위치가 고령에서 멀리 떨어진 점이나, 사졸과 병기를 모았다는 표현으로 보아, 대가야국은 연맹의

---

61) 『日本書紀』 권17, 繼體天皇 8년 3월 조.

수도뿐만 아니라 주변의 다른 지방에서도 노동력이나 군대를 동원한 것으로 보인다. 그렇다면 이 기사는 대가야의 왕권이 강화되어 넓은 영역에 걸쳐 무력을 독점한 사실을 반영한다고 인정할 수 있다.(지도 2)

이 당시의 대가야 영역은 지금의 경북 고령군을 중심으로 하여 서쪽으로 경남 거창군, 함양군, 산청군, 진주시 서부, 하동군 일대를 포함하며, 남쪽으로 합천군과 의령군 동부 일부, 창녕군 남부 일부를 포함하는 지역이었다. 이런 범위는 6세기 초에 고령 양식 토기 유형이 유행하던 지역과[62] 거의 일치한다. 그러므로 가야는 늦어도 510년대에는 이 지역에 대한 통제력을 강화하여 초기 고대국가 단계에 이르렀다고 할 수 있다.[63] 다만 이 범위는 가야 소국연맹체라고 여겨지던 지역의 2분의 1 정도에 지나지 않으므로, 나머지 의령 서부, 진주 동부, 함안, 사천, 고성, 마산, 창원, 김해 등의 세력은 대가야에 통합되지 않고 그대로 가야연맹체에 소속되어 있었다고 하겠다. 그 지역은 토기 문화권으로 보아, 함안 양식(함안, 마산, 의령 서부),[64] 고성-진주 양식(고성, 사천, 진주, 산청),[65] 김해 양식(김해, 창원) 토기 유형 등으로 다시 구분된다.

『일본서기』의 다음 기사로 보아, 왜국 사신과 수군 500명이 帶沙江에 머무른 지 6일 만에 伴跛가 군대를 일으켜 그들을 공격하여 쫓아냈다고 한다.[66] 이는 516년에 반파, 즉 고령의 대가야가 대사강, 즉 하동 부근의 섬진강 유역에 군대를 보내 왜국 사신 일행을 공격한 사건을 말한다. 이것은 고령 지방에 중심을 둔 대가야국의 무력이 멀리 하동 지방까지 미친 것을 나

62) 朴天秀, 1998, 「대가야의 역사와 유적」, 『가야문화도록』, 경상북도, 14쪽.
63) 金泰植, 2003, 「初期 古代國家論」, 『강좌 한국고대사 제2권』, 서울: 가락국사적개발연구원, 72~86쪽; 權鶴洙, 2003, 「가야의 社會發展 動因과 發展段階」, 『가야 고고학의 새로운 조명』, 부산대학교 한국민족문화연구소 편, 서울: 혜안, 86쪽.
64) 金正完, 1997, 「신라와 가야토기의 발생 및 변화과정」, 『한국고대의 토기』, 국립중앙박물관, 58쪽.
65) 尹貞姬, 1997, 「소가야토기의 성립과 전개」, 경남대학교 대학원 석사학위논문.
66) 『日本書紀』 권17, 繼體天皇 9년 2월 조.

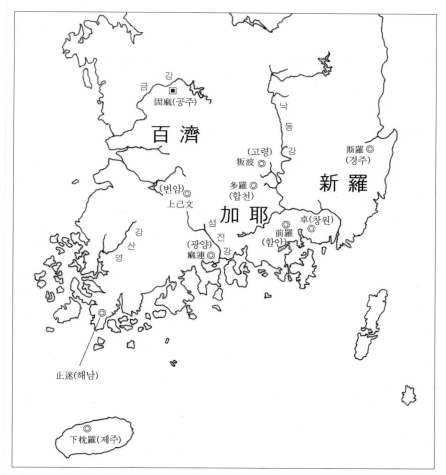

금강

固麻(공주)

百濟

낙동강

(고령)
叛波 ◎

斯羅 ◎
(경주)

多羅 ◎
(합천)

新羅

(번암) ◎
上己文

加耶

섬진강

卓(창원)
◎

강산영

(광양)
麻連 ◎

前羅 ◎
(함안)

◎

止迷(해남)

◎
下枕羅(제주)

〈지도 3〉 梁職貢圖 百濟國使傳 '旁小國' 의 위치

타낸다.

그 후의 상황을 보이는 사료로 『梁職貢圖』가 있다. 그에 따르면, 梁 普通 2년(521)에 백제왕이 수도를 固麻(충남 공주)에 두고 지방에는 22檐魯를 두어 통치하였는데, 인접한 소국으로 叛波, 卓, 多羅, 前羅, 斯羅, 止迷, 麻連, 上己文, 下枕羅 등이 그에 부속되어 있다고 하였다.[67] 여기서 사라, 즉 신라가 백제에게 부속되었다거나, 혹은 가야연맹의 유력한 소국들인 반파(경북 고령), 탁(경남 창원), 다라(합천), 전라(함안)가 백제에 부속되었다는 것은 과장된 표현이다. 다만 그 이하의 지미(전남 해남), 마련(광양), 상기문(전북 임실, 번암), 하침라(제주도) 등이 백제에 부속되었다 해도 아직까지 소국으로 존재하고 있다는 것은 중요하다. 지미, 마련 등이 독립을 유지할 수 있었던 것은 가야와의 인접성 때문이었을 것이다.(지도 3)

(4) 6세기 전반 경남 동부 3국의 신라 복속과 남북 분열

대가야는 510년대에 백제에게 소백산맥 서쪽의 가야 소국들을 빼앗기자, 섬진강을 통해 남해안으로 나가는 교통로를 상실하게 되었다. 그리하여 대가야는 낙동강을 통해 남해안으로 진출하는 교통로를 복원하고 대내적으로 소국들에 대한 권위를 과시하고자 하여 신라와의 결혼 동맹을 추진하였다. 522년에 대가야의 異腦王이 신라에 청혼하자 법흥왕이 이찬 比助夫의 누이 동생을 보내주어 결혼이 성립되었다.[68] 얼마 안 있어 대가야에 시집온 신라 왕녀는 月光太子를 낳았으며, 결혼 2년 후인 524년에는 신라국왕이 남쪽 경계를 돌아보며 땅을 개척하는데, 가야국왕이 와서 만나기도 하였다.[69]

그러나 신라 법흥왕의 계획된 책동에 의하여 몇 년 후에 이 동맹은 파탄에 이르고, 그에 따라 가야연맹 내부에는 분열의 조짐이 생겨났다. 이를 포착한 신라는 529년을 전후하여 무력으로 위협하여 喙己呑國(경남 창녕군 영산면)으로부터 항복을 받아냈다. 그러자 安羅가 높은 건물을 지어서 새로운 정치적 합의체 맹주로서의 면모를 갖추고, 백제, 신라, 왜 등의 사신을 초빙하여 국제 회의, 즉 안라 회의를 개최하였다.[70] 가야연맹 내의 남부 제국

67) 『梁職貢圖』 百濟國使 圖經 普通二年條.
68) 『三國史記』 권4, 신라본기4 法興王 9년 3월 조; 『新增東國輿地勝覽』 권29, 高靈縣 建置沿革 인용 釋順應傳.
69) 『三國史記』 권4, 新羅本紀4 法興王 11년 9월 조.
70) 『日本書紀』 권17, 繼體天皇 23년 3월 조.

은 탁기탄국의 항복을 저지하지 못한 대가야를 불신하여, 함안의 안라국 주도로 자체 내의 단결을 도모한 것이다.

백제는 신라의 가야 남부 공략을 저지하기 위해 531년에 안라로 침공해 들어가서 乞乇城을 영유하였다.[71] 그러자 신라는 532년에 김해의 金官國(=南加羅國)을 병합하고 그 왕족을 크게 우대하였으며,[72] 백제는 다시 534년에 卓淳國 북방까지 진출하여 久禮牟羅(칠원)에 성을 쌓아 군대를 주둔시켰다.[73] 그 결과 김해 및 그 동쪽은 모두 신라에게 병합되어 군현으로 편제되었고, 안라 및 그 서남부의 가야 소국들은 백제의 정치적 영향력 아래 놓였다. 그러던 중 창원의 탁순국왕이 백제의 압박으로부터 벗어나기 위해 538년경에 신라군을 불러들여서 스스로 신라에 편입되었고,[74] 신라는 더 나아가 久禮山城에 주둔한 백제 군사를 물리쳐 쫓아냈다.[75]

그러자 백제는 가야 지역의 최대 세력인 대가야에게 선진 문물을 나누어 주면서 적극적으로 포섭하였다. 가야 북부의 대가야 측 소국들은 신라의 배반과 남부 지역 소국들의 독립적 태도에 대응하기 위하여 親백제적인 성향으로 기울어졌다. 고령, 거창, 합천 등 대가야 문화권 일부에서 나타나는 백제계 문물 요소는 그의 반영이다. 또한 가야 북부 소국 사이에 백제의 권위가 통용되면서 대가야의 통합력은 소국연맹체 수준으로 약화되었다.

반면에 가야 남부 지역에는 안라국이 주도하는 자주적 성격의 연맹체가 형성되었다. 구례모라성을 신라가 차지하자, 그에 접해 있던 안라는 신라와 협조하지 않는 한 존속할 수 없는 상황으로 바뀌었다. 이에 안라는 신라 및 왜국과의 친분을 내세움으로써 백제에 대하여 좀 더 독자적인 자세를 취하게 되었고, 대가야에 못지않은 가야연맹 중심 세력으로 부각되었다. 이러한

---

71) 『日本書紀』 권17, 繼體天皇 25년 12월 細注의 百濟本記 引用文.
72) 『三國史記』 권4, 신라본기4 법흥왕 19년 조; 『日本書紀』 권17, 繼體天皇 23년 3월 조.
73) 『日本書紀』 권17, 繼體天皇 24년 9월 조.
74) 『日本書紀』 권19, 欽明天皇 2년 4월 조; 『일본서기』 권19, 欽明天皇 5년 3월 조.
75) 『日本書紀』 권19, 欽明天皇 5년 3월 조.

안라의 대두로 말미암아 가야연맹은 남북으로 분열되었다.

(5) 6세기 중엽 가야의 멸망

540년대 이후 가야연맹은 백제 및 신라의 침공에 대비하며 독립적으로 생존하기 위한 대책을 모색하였다. 당시에 백제와 신라는 고구려의 남진에 공동 대응하는 羅濟 同盟을 맺고 있었으면서도, 가야 지역의 병합을 위해서는 서로 경쟁하고 있었다. 가야연맹이 생존하기 위해서는 백제와 신라 사이의 경쟁 관계를 적절히 이용하는 수밖에 없었다.

그리하여 후기 가야연맹은 고령 대가야국과 함안 안라국 중심의 南北二元體制로 분열된 상태였음에도 불구하고, 7~8개국의 執事들로 구성된 대외 교섭 단체를 마련하여 백제 및 신라 양측과 외교 교섭을 도모하였다.[76] 그러나 가야 북부 지역의 맹주인 加羅國(대가야)은 백제에 의지하는 움직임을 보였고, 가야 남부 지역의 맹주인 安羅國(아라가야)은 신라나 왜국을 선호하는 경향을 드러냈다.

그런 중에 안라국은 왜와 연동한 백제의 외교 공세에 밀리게 되자, 548년에 고구려와 밀통하여 고구려군으로 하여금 백제의 獨山城(충남 예산)을 침공케 하였다. 그러나 신라군의 신속한 원조로 그 전투가 백제의 승리로 돌아가고 밀통 사실이 발각되자[77] 안라국은 대외적 신뢰의 상실과 함께 대내적 영도력을 잃게 되었다. 그래서 가야연맹은 550년경에 대가야의 의지에 따라 백제에게 종속적으로 연합되었다. 백제의 聖王은 가야를 연합한 권위를 가지고 신라와 동맹하여 551년에 고구려의 남부를 쳐서 한강 유역을 회복하였다.[78]

그러나 얼마 지나지 않아 120년 동안 이어져오던 나제 동맹(433~553)은 한강 하류 지역을 둘러싼 백제와 신라 사이의 갈등으로 인하여 결렬되었다.

---

76) 『日本書紀』 권19, 欽明天皇 2년 4월 조; 『일본서기』 권19, 欽明天皇 5년 11월 조.
77) 『日本書紀』 권19, 欽明天皇 9년 4월 조.
78) 『三國史記』 卷4, 新羅本紀4 眞興王 14年 7월 조; 『일본서기』 권19, 欽明天皇 12년 조.

백제의 성왕은 이를 탈환하고자 554년에 가야 및 왜의 원군을 이끌고 신라를 쳐들어가 管山城(충북 옥천) 전투를 일으켰으나, 신라 新州軍主 부대의 裨將에게 잡혀 죽음을 당하였다.[79] 그로 인하여 백제-가야-왜 연합군은 급격히 사기가 떨어져 크게 패하였다. 그런데 관산성을 공격하던 백제-가야 연합군을 무찌른 사람이 金官加耶 仇衡王의 셋째 아들로서 신라의 新州軍主가 되었던 金武力이었다. 그렇다면 옛 가야의 왕족에 의하여 현재의 가야연맹 대군이 몰살당한 것이니, 역사의 아이러니라고 하지 않을 수 없다.[80]

그 결과 백제는 큰 혼란에 빠지게 되었고, 백제를 의지하던 가야연맹 제국은 독립성의 유지가 어렵게 되었다. 그리하여 560년에 阿羅加耶(=安羅國: 함안)가 먼저 신라에게 투항하여[81] 쇠퇴의 분위기가 이어지던 중, 562년에 大加耶(=加羅國: 고령)가 마지막 힘을 내어 신라에게 굴복하지 않는 자세를 나타냈다. 이에 신라는 대군을 내서 大加耶를 정복하였으니,[82] 이를 전후하여 阿羅加耶, 斯二岐國(의령군 부림면), 多羅國(합천), 卒麻國(함양), 小加耶(=古嵯國: 고성), 子他國(진주), 散半下國(합천군 초계면), 乞飡國(산청군 단성면), 稔禮國(의령) 등의 가야연맹 10국은 신라의 수중에 들어가게 되었다.[83]

5. 맺음말

가야의 역사는 관련 자료들에 대한 연구 방법이 발전하면서 진화하였다고 해도 지나친 말이 아니다. 조선시대 중기까지는 신라의 역사 인식이 그대로

---

79) 『三國史記』 卷4, 新羅本紀4 眞興王 15年 7월 조; 『일본서기』 권19, 欽明天皇 15년 12월 조.
80) 金泰植, 2006, 「5~6세기 高句麗와 加耶의 관계」, 『북방사논총』 11호, 서울: 고구려연구재단.
81) 『日本書紀』 권19, 欽明天皇 21년, 22년 조.
82) 『三國史記』 卷4, 新羅本紀4, 眞興王 23年 9월 조; 『일본서기』 권19, 欽明天皇 23년 정월 조.
83) 『日本書紀』 권19, 欽明天皇 23년 정월 조 細注.

남아 있는 『三國史記』로 인하여 가야의 존재를 발견하지 못하고 있었고, 1970년대까지는 倭國에 의하여 왜곡 편찬된 『日本書紀』로 인하여 이 지역을 고대 일본의 식민지로 인식하고 있었다.

1980년대 이후 한국 고고학의 발달에 따라 그 발굴 성과를 토대로 하여 가야의 역사를 다시 인식하게 되었다. 고대 한반도와 일본열도의 유적과 유물들을 비교하며 가야 지역 발전 추세를 점검하고, 이를 토대로 기존의 문헌 자료들을 다시 해석하고 있는 것이다. 가야의 여러 政治體에 대해서는 여러 다른 역사 주체들이 시기별로 여러 가지 이름으로 지칭해 놓았기 때문에, 이를 원래의 실체에 맞추어 파악하기도 매우 어렵다.

그렇기 때문에 가야사에 대한 해석은 각 사건이나 주제마다 많은 異見이 존재하고 있다. 본 논문에서 개관한 加耶史는 그런 작업을 거쳐 탄생한 대체적인 草案에 지나지 않는다. 앞으로 가야 지역에서 더 많은 유적과 유물이 출토되고 또 가야사 관련 문헌에 대한 연구 방법이 더욱 진전된다면, 본인의 假說은 변경될 수도 있으며, 또 그렇게 되기를 기대한다.

* 이 글의 원전 : Kim Taesik, 2012, 「Sources for the study of Kaya History」, 『Early Korea』 3, Cambridge: Harvard University, Korea Institute, pp.17~48.

III부
가야의 연구사와 사적

1.
가야 연구의 흐름

1. 가야사의 기본

가야는 사료 상에 加耶, 伽耶, 伽倻, 狗邪, 加羅, 駕洛 등의 여러 가지 한자로
나타나고 있어서, 이를 어느 하나로 통일할 필요가 있다. 狗邪, 駕洛, 加羅는
김해나 고령만을 가리키므로 문제가 있다. '伽耶'는 불교와 연관하여 주로
某伽耶 형태로 쓰이고, '伽倻'는 조선시대 이후에나 쓰이기 시작하여 사료
적 가치가 떨어진다. 그러므로 가야의 한자 명칭으로는, 고령과 김해를 모
두 포괄하면서, 사용 빈도도 높고, 한국 고대사의 기본 사서인 『삼국사기』에
서 일반적으로 쓰인 명칭인 '加耶'가 가장 타당하다(김태식 1991a).

　　한편 일제 강점기를 전후하여 일본의 사학자들은 가야의 별칭은 任那이
며, 이 지역은 왜국이 일찍부터 경영하기 시작하여 신라에게 빼앗기는 562
년까지 왜 왕권의 통치 기관인 任那日本府의 통제 아래 있었다고 주장하였
다(末松保和 1949). 이 학설은 임나일본부설 또는 남한경영론이라고 하는
것이다. 그렇게 해서 심어진 선입견 때문에 가야사는 한동안 한국 고대사
연구자들이 금기시하는 분야가 되었다.

　　또한 가야사에 대해서는 금관가야(김해), 대가야(고령), 아라가야(함안),

소가야(고성), 비화가야(창녕), 성산가야(성주), 고령가야(함창) 등의 이른
바 '6가야' 이름이 유명하여, 자연히 이를 연맹체로 보는 견해가 많다. 그리
하여 가야의 정치 체제에 대한 연구로는 단일 연맹체설을 기본으로 하면서
(김정학 1977, 김태식 1990, 2000), 소국 간에 연맹 체제를 이루지 못하였다
는 단순 분립설(이영식 1985, 1993), 여러 개의 소지역별로 연맹체가 있었다
는 지역 연맹체설(백승충 1995, 노중국 2001), 엄연히 영역국가(고대국가)
체제를 이루었다는 견해(김세기 2003, 김태식 2003) 등이 있다.

2. 가야사의 시기 구분

가야사를 시기 구분하는 견해로 기존의 문헌 사학계에서는 『삼국유사』의 6
가야연맹을 중심으로 하여, 2세기 말까지 고령 대가야를 중심으로 한 6가야
연맹이었다가 3세기 전반 이후로는 김해 금관가야를 중심으로 한 6가야연
맹이었다고 보는 견해(이병도 1976)와, 3~4세기에는 6가야연맹이었으나
5~6세기에는 금관가야와 대가야를 중심으로 한 상하 가야연맹이었다고 보
는 견해(김철준 1962)가 있었다. 그러나 6가야연맹은 신라 말 고려 초의 지
방 호족들이 대두하는 시대적 상황과 관련하여 가야시대 이래의 전승이 반
영된 관념일 뿐이라고 하여(김태식 1990, 1993, 주보돈 1995), 근래에는 그
실체를 부정하는 추세이다.

　1980년대 이후로는 『삼국지』와 고고학 자료들을 중심으로 하여 가야사
를 시기 구분하는 경향이 나뉘었으니, 그 하나는 3세기 말 4세기 초를 기준
으로 삼는 견해이고, 다른 하나는 4세기 말 5세기 초를 기준으로 삼는 견해
이다.

　전자에서 가장 먼저 4세기를 중시하기 시작한 연구에서는, 기원전 2~1
세기를 선(先) 가야시대, 서력기원후 1~3세기를 변한연맹국가 단계의 가야
시대 전기이고, 4~6세기를 가야연맹국가 단계의 가야시대 후기로되, 가야
전기의 맹주국은 김해가야였고, 가야 후기의 맹주국은 초반에 6가야 중의

김해가야였다가 말기에 고령의 대가야로 바뀌었다고 보았다(김정학 1977). 이 시기 구분은 거기에 사회 발전 단계의 관념을 추가하여, 1~3세기는 변한 12나라가 있었던 성읍국가 단계이고, 4~6세기는 고총고분이 발생한 이후의 연맹왕국 단계라고 보는 견해(이기동 1982)로 발전하였다. 이 연구는 이른 바 '前史論'으로 발전하여, 1~3세기는 변한사로서 가야사의 전사이고, 4~6세기가 진정한 가야사라고 보는 견해(주보돈 1995)로 전환되었다.

'변한'이 종족의 명칭인지 정치적 실체를 가진 소국연맹체의 이름인지는 확실치 않으나, 그 변한 속에 '구야국' 즉 가야국이 있고, 그것이 적어도 3세기 이후로는 변한을 주도하는 위치에 있었다는 것은 분명하다. 그렇다면 그 시대는 삼한사로 볼 수도 있으나, 삼한 소국의 성장, 발전의 결과가 곧 가야 제국이므로(백승옥 2001), 가야사를 다루는 관점에서는 어디까지나 가야사의 일부로 포함되어야 할 것이다(김태식 2000).

후자의 연구에서는 가야의 세력 중심이 변동한 것을 기준으로 하여 시기 구분을 하였다. 그리하여 『삼국사기』에 나오는 가야 관계 기사 중에서 서기 212년(나해왕 17)까지의 조기 가야의 중심은 김해의 금관가야이고, 280여 년간의 공백을 지나, 서기 496년(소지왕 18) 이후의 만기 가야의 중심은 고령의 대가야라고 하였다(천관우 1976a). 그 후 이 견해는 4세기 말 5세기 초 고구려 군대의 남정을 기준으로 전후 구분하여, 1~4세기는 김해의 가야국을 중심으로 한 전기 가야연맹 시기이고, 5~6세기는 고령의 대가야국을 중심으로 한 후기 가야연맹 시기로 나누는 견해로 전개되었다(김태식 1985, 1995, 2002).

가야 제국이 하나의 단일 연맹체를 이루지는 못했다는 관점에 의거하여 복수의 지역 연맹체를 상정하는 연구도 있으나, 거기서도 김해의 가락 지역 연맹체와 고령의 가라 지역 연맹체가 교대한 시기를 5세기 전반으로 잡고 있으므로(백승충 1995), 시기 구분으로는 같은 견해이다. 5세기 후반 이후의 연맹체를 '대가야연맹체'라고 부른 연구(田中俊明 1992, 이문기 1995, 이형기 2000)도 있으나, 이것도 지역 연맹체설의 일종이다(노중국 2001).

3. 가야의 신화

가야 지역에는 2개의 건국 신화가 전하고 있는데, 그 가운데에서 김해 지방의 것이 『삼국유사』 소재 駕洛國記에 전하는 首露王 신화이다. 이 신화에 대해서는 수로의 강림과 9간의 추대에 의한 가락국 형성과 그를 중심한 6가야 연맹체 형성을 기술하고 있다고 보는 것이 일반적이다(백승충 2001). 9간과 수로의 관계에 대해서는, 9간에 대한 수로의 우월성과 위협적 자세를 지적하는 견해(이강옥 1987)와, 9간들의 결속에 의해 수로가 추대된 점을 강조하는 견해(김태식 1998) 및 이 둘을 절충하여 수로 등극이 9간의 추대 형식이기는 하지만 강제적인 성격이 강하다고 본 연구(백승충 1999)가 있다.

허왕후의 성격에 대해서는, 신령과 결혼하는 제의를 실제 수행하는 해변의 竽唱巫女설(三品彰英 1943), 일본열도의 가락국 분국에서 돌아온 왕녀설(김석형 1966), 인도 아요디아 왕국의 식민국인 아유티야에서 온 왕녀설(이종기 1977), 인도 아요디아국에서 중국 四川省 安岳縣으로 이주해 살던 허씨족 소녀설(김병모 1987), 낙랑에서 온 2차 유이민 상인설(김태식 1998) 등이 있다. 마지막 설에서는 허왕후가 아유타국에서 왔다고 한 것은 사실이 아니라, 그 나라가 불교적으로 가장 인연이 깊은 나라였기 때문에 결혼 설화 속에 삽입된 것이고, 이는 신라 중대 시기의 왕후사 창건 연기에 포함되어 전승된 것이라고 보았다.

가야 지역에 전하는 또 하나의 건국 신화는 『신증동국여지승람』 고령현 건치연혁 조에 전하는 伊珍阿豉王 신화이다. 이 신화에 대해서는 가야산신 정견모주 및 월광태자의 성격, 이진아시왕과 수로왕의 관계 등에 관한 연구가 주류를 이룬다. 특히 이를 상하 가야연맹체 성립을 보이는 설화라는 견해(김철준 1962)와 금관가야에서 대가야로의 연맹장 교체를 나타내는 설화라는 견해(김태식 1985)가 대조를 이룬다. 이 신화의 조성 시기에 대해서는, 5세기 후반이후의 후기 가야연맹 시기로 보는 견해(김태식 1996)가 있는가 하면, 해인사라는 대사찰의 창건을 계기로 최초로 정리 윤색되었다고 보기도 한다(백승충 2001). 그러나 불교 전래 이전에 이미 가라국 건국 신화의 줄거리나 인명은 있었고, 6세기 전반의 불교 수용(김복순 1995) 이후에 가야산신이나 가야왕자의 이름을 불교적으로 수식했다고 볼 수 있으며, 가야 멸망 이후에 월광태자와 관련해 거덕사나 월광사가 만들어졌다고 하는 이야기처럼 해인사 창건 당시에 추가된 요소도 있었으리라고 추정된다.

4. 가야사의 시작

가야사의 시작은 언제부터일까? 『삼국유사』 왕력이나 가락국기에 의하면 가락국 수로왕이 후한 광무제 건무18년 임인, 즉 서기 42년에 태어나서 대가락, 또는 가야국의 왕위에 오른 것으로 되어 있다. 그리하여 가야사의 시작, 또는 가야에 소국과 같은 정치체가 형성된 시기에 대해서는 이를 기점으로 하여 ① 기원 전 2세기 이전설, ② 기원 전후설, ③ 2세기 중엽설, ④ 3세기 후반설 등이 있다.

가락국의 성립 연대를 기원 전 2세기 이전으로 추정한 견해(이병도 1976)는 『사기』 조선전의 '辰國' 당시에 이미 가락국이 형성되어 있었을 것이라고 본 점에 근거한다.

조선 후기의 실학자를 비롯한 상당수의 문헌 연구자들은 금관가야의 개국 시기를 기원 후 42년으로 설정하였다(천관우 1991). 혹은 『삼국지』 위서 동이전의 염사치 설화를 토대로 삼기도 한다(정중환 1973, 주보돈 1995). 고고학적으로도 창원 다호리 고분군, 김해 양동리 고분군의 개시, 김해식 토기 및 철기의 등장 등을 근거로 하여 김해 지방의 소국 형성을 기원 후 1세기 초로 추정하기도 한다(김정학 1977, 이은창 1982). 그리하여 이러한 경향은 문헌 사학계에서도 이어오고 있다(이현혜 1984, 이영식 1993, 백승충 1995).

그러나 가락국기 및 그와 관련된 『삼국사기』 초기 기록들에 보이는 기사들은 그대로 인정하기 어렵다고 하여, 신라와 가야의 초기 왕계는 어느 정도 상향 조정되어 있다고 보는 견해를 무시하기 어렵다. 이에 따르면 신라와 가야의 개국 연대를 3세기 후반 정도로 늦추어 보아야 한다(김철준 1962, 강종훈 2000). 고고학계에도 창원 다호리 1호묘 등을 가지고는 정치적 군장의 존재를 입증할 수 없으며, 무덤 입지 조건의 차별성, 부곽의 존재, 순장의 증거, 도질토기의 등장, 부장 유물의 질과 양 등의 측면에서 보아 영남 지역에서 지배 계급의 성장에 따른 수장의 등장 또는 국가의 출현은 부산 노포동 고분, 김해 대성동 29호분과 같은 3세기 후반 이래의 덧널무덤으로부터라고 보는 견해가 있다(신경철 1989, 홍보식 1999).

혹은 이를 절충하여 가야국의 성립 시기를 2세기 중엽으로 보는 설도 있다(김태식 1993). 그에 따르면 김해 양동리 162호분은 길이 5미터의 대형 덧널무덤으로서 가장 오래된 2세기 중후반의 유구이며, 그 피장자는 주술적인 힘과 경제적인 재력 및 정치적인 권력을 모두 갖춘 소국의 수장이었다고 해도 손색이 없다는 것이다. 다만 이 견해에서도 경남 지역에서 기원 전 1세기 무렵에 위만조선 유민의 이주로 인하여 세형동검 및 초기 철기 문화가 시작되었을 때 가야 문화의 기반은 성립되기 시작했다고 보고 있다.

5. 전기 가야사의 전개

'가야'라는 이름을 썼던 지역은 김해와 고령의 둘이 있으나, 400년경까지는 김해의 가야국이 가야라고 칭하였고, 고고학적으로 보아 4세기 이전의 문화 중심은 김해 지방이었다.

2세기 후반 내지 3세기에 가야는 철 생산 능력과 해운 입지 조건의 우월성을 바탕으로 하여 한, 예, 왜 및 서북한 지역의 낙랑과의 원거리 교역을 통해서 발전하였다. 이는 『삼국지』 위서 동이전 왜인 조의 대방군에서 왜에 이르는 통로에 대한 기사와 연관하여 대개 구야한국, 즉 김해의 구야국(가야국)을 중심으로 한 변한에 대한 사실로 인정하고 있다.

또한 『삼국지』 위서 동이전 마한 조에는 "辰王이 目支國을 다스리는데

臣智는 혹은 우월을 더하여 臣雲遣支報, 安邪踧支, 濆臣離兒不例, 拘邪秦支廉의 호칭으로 부른다."라는 기사가 나온다. 이에 대해서는 많은 견해가 대립되어 있지만, 적어도 변한 12국 중에 김해의 구야국과 함안의 안야국이 우월한 존재였다고 보는 점에는 의견이 일치하고 있다(이현혜 1984, 천관우 1989, 김태식 1990).

반면에 고고학자들은 토기를 비롯한 여러 유물들의 출토 상태로 미루어 3~4세기 단계의 변한, 즉 전기 가야 제국은 김해의 가야국에 의한 통합이 이루어지지 않고 분산된 형태로 있었다고 보는 것이 대세이다. 그러나 그 시기에 김해를 중심으로 하여 부산 및 창원 지방에 대하여 지배력을 미치는 김해 지역 연맹체가 형성되어 있었다는 점은 대체로 인정되고 있다(권학수 1994, 백승충 1995, 노중국 1995, 이형기 1999, 백승옥 2001). 그렇다면 낙동강 및 서부 경남 일대에 대하여 김해의 가야국이 상대적으로 우월적인 지위에 있었고, 이를 토대로 해당 지역 전체에 대하여 완만한 지배력을 가지는 연맹체를 구성하고 있었다고 볼 수 있을 것이다.

전기 가야시대의 소국들이 오랫동안 근거지로 삼았던 곳은 낙동강 중·하류의 양쪽 연안 지역, 낙동강의 서쪽 지류인 황강과 남강 유역 및 경남 해안 일대의 땅이었다. 전기 가야를 구성했던 변진 12국에는 彌離彌凍國(밀양), 接塗國(칠원), 古資彌凍國(고성), 古淳是國(산청), 半路國(고령), 樂奴國, 彌烏邪馬國(창원), 甘路國(개령), 狗邪國(김해), 走漕馬國(함양), 安邪國(함안), 瀆盧國(부산)이 있다. 또한 碧珍國(성주)과 比斯伐國(창녕)도 한 때는 전기 가야의 구성원이었을 가능성이 높다(김태식 2002). 다만 지명 비정에 대해서는 일부 다른 견해도 있어서 미오야마국을 고령으로 보는 견해(이병도 1976, 천관우 1989)는 한동안 정설의 위치를 차지하였다. 반로국을 성주로 보고, 낙노국을 하동군 악양으로 보는 견해(이병도 1976)도 유력하다. 독로국을 거제도로 보는 견해(鮎貝房之進 1937)도 있다.

한편 『삼국사기』 신라본기에는 탈해 이사금 21년(기원후 77)부터 기마 이사금 5년(116)까지에 걸쳐 신라와 가야 사이의 전쟁 기사가 나온다. 그 기사들에 대해서는 신빙성을 두지 않는 것이 기존 학계의 태도였는데, 근래에

이 기사들을 사실로 인정하는 입장이 나타나고 있다. 즉 그 당시 전쟁 지역 주변의 변진계 가야 소국이 신라를 대상으로 전쟁을 수행한 것으로 인정하기도 하고(강봉원 1984, 이영식 1985, 백승충 1989), 혹은 이 관계 기사들은 신라와 가야가 황산하 즉 양산-김해 사이의 낙동강을 경계로 하여 대치하던 3~4세기의 상황(김태식 1990), 혹은 좀 더 좁혀서 3세기 후반의 사실을 반영하는 것이라고(김태식 2006) 보기도 하였다.

또한 『삼국사기』와 『삼국유사』에는 두 차례에 걸친 浦上八國 전쟁이 나오고 있다. 즉 신라 나해왕 14년(209)에 保羅國, 古自國(고성), 史勿國(사천) 등 포상팔국이 가야국(또는 아라국)을 공격하였고, 이에 신라는 가야국(또는 아라국)의 요청을 받고 구원하였으며, 그 3년 후인 나해왕 17년(212)에 骨浦(마산), 柒浦(칠원), 古史浦(고성) 등 삼국의 군대가 신라 竭火城(울산)을 공격하자 신라 나해왕은 군대를 거느리고 이를 물리쳤다는 것이다.

여기서 가장 문제가 되는 것은 이 사건이 일어난 시기가 언제였느냐 하는 점이다. 이에 대해서는 3세기 초설(천관우 1977, 백승충 1989, 권주현 1993), 3세기 후반설(백승옥 1997), 3세기 말설(남재우 1997), 4세기 전반설(김태식 1994b), 6세기 중엽설(김정학 1977, 선석열 1993), 7세기 초설(三品彰英 1962) 등이 있다.

포상팔국의 전쟁 대상국에 대해서는, 『삼국사기』 신라본기를 따라 김해의 가야국으로 보는 설(천관우 1977, 이영식 1985, 백승충 1989, 권주현 1993, 김태식 1994b, 백승옥 1997)과 『삼국사기』 물계자전을 따라 함안의 아라국으로 보는 설(三品彰英 1962, 선석열 1993, 남재우 1997)로 나뉜다.

6. 전기 가야연맹의 해체

『삼국사기』에서 포상팔국 기사 이후로 가야에 대한 서술이 200년 이상 나오지 않는 것도 신라 측의 역사 인식일 뿐이며, 가야가 망한 것은 아니었다. 김해 대성동 고분군의 유적 규모로 보아, 4세기 무렵의 가야는 신라와 거의 대등한 세력이었다. 김해 중심의 동부 가야는 대방군이 사라진 상태에서 왜와의 교역에 더욱 몰두할 수밖에 없었다. 이러한 시기에 백제의 근초고왕이 가야와 교류를 시작하였으며, 이는 369년부터 이어지는 고구려와의 전투를 위한 것이었다.

그런데 4세기 후반의 가야사는 『일본서기』 신공 49년 조 기사를 둘러싸고 일대 논란이 벌어지고 있다. 그 줄거리를 살펴보면, 신공황후 49년에 왜가 장군들을 보내 신라를 쳐서 比自㶱, 南加羅, 喙國, 安羅, 多羅, 卓淳, 加羅의 일곱 나라를 평정하였다는 것이다.

이 기사에 대해서는 4세기 후반 왜에 의한 임나 경영 개시로 보는 견해(末松保和 1949, 三品彰英 1962)로 정립되었다가, 1970년대 이후로는 그 사료적 가치를 부정하는 견해로 돌아섰다(井上秀雄 1973, 請田正幸 1974, 大山誠一 1980, 鈴木英夫 1987). 기사에 나오는 백제 장군 木羅斤資의 생존 연대와 관련지은 3주갑 인하론(山尾幸久 1983)이나 그에 바탕을 둔 기사 분해론(田中俊明 1992)도 목씨 문제만 제외하고는 7국 평정에 대하여 부정 일변도이다.

반면에 한국에서는 이를 4세기 후반 백제의 마한 잔여 세력 정벌로만 보려는 견해가 있다가(이병도 1976), 1980년대 이후로는 각기 다른 시각을 보이게 되었다. 즉 7국 평정의 주체를 왜에서 백제로 교체하여 이를 369년 백제에 의한 가야 정벌로 보는 견해가 나왔고(천관우 1977, 김현구 1985, 주보돈 1995, 노중국 1995), 혹은 그 연대를 429년으로 늦추어야 하나 그 역시 목라씨 가계 전승의 그릇된 주장일 뿐이라고 보는 견해(이근우 1994)도 있다.

가야사 연구자들은 기사 자체를 후대 사실의 반영이라고 하여 전면 부정하거나(이영식 1995, 연민수 1998), 또는 이를 『일본서기』 흠명 2년 4월 조의 기사와 관련시켜 백제와 가야 제국의 교역 개시를 과장 표현한 것으로 보는 견해(김태식 1994a, 이용현 1999, 남재우 2003, 백승옥 2003, 백승충 2005)로 나누어진다.

한편 위의 7국 평정 기사를 왜나 백제의 가야 지배 개시로 보는 쪽에서는 七支刀의 제작 연대를 369년으로 보는 견해가 다수이나(福山敏男 1951,

槻本杜人 1952, 西田長男 1956, 三品彰英 1962, 藤間生大 1968, 栗原朋信 1970, 上田正昭 1971, 佐伯有淸 1977, 鈴木靖民 1983, 이도학 1990, 木村誠 2000, 濱田耕策 2005), 이를 5세기 후반 내지 6세기 전반의 것으로 보는 견해도 많다(이병도 1976, 樋口隆康 1972, 村上英之助 1978, 宮崎市定 1992, 연민수 1994a, 김태식 2004). 후자의 경우에는 그 근거를 일반적인 銘文大刀와 七子鏡의 유행 시기와 연관시키고 있다.

결국 가야연맹은 4세기 후반에 다시 김해 가야국을 중심으로 일원적으로 통합되어, 백제와 왜 사이의 중계 기지로서 안정적인 교역 체계를 형성하게 되었으나, 400년경에 국제 관계에 휘말려 고구려-신라 연합군의 공격을 받고 몰락하여 해체되었다. 광개토왕릉비문에 따르면 400년에 광개토왕은 보병과 기병 5만을 신라에 보내 왜구를 쳐서 구원하고 이를 추격하여 任那加羅 종발성 및 기타 성들을 공략하여 왜구를 궤멸시켰다고 하였다.

여기 나오는 '임나가라'에 대해서는 고령으로 보는 견해(이영식 1993, 1996)와 김해로 보는 견해(김태식 1994a)가 있으나, 근래에는 김해 쪽이 대세로 굳어진 듯하다(이용현 1999, 남재우 2003, 백승옥 2003). '安羅人戍兵'에 대해서는 고유명사로 보는 견해와 문구로 보는 견해로 대별된다. 고유명사로 보는 견해는 이를 함안 안라국인으로 구성된 수비군으로 보되, 그 성격을 '일본군의 별동대'로 보는 견해(末松保和 1949), '백제 및 왜와 공동전선을 이룬 군대'로 보는 견해(武田幸男 1985, 鈴木靖民 1988, 田中俊明 1992, 이용현 1999, 濱田耕策 2005), '백제를 돕는 동맹군'으로 보는 견해(천관우 1977, 이영식 1985, 연민수 1987, 김현구 1993, 백승충 1995, 노중국 1995), '고구려에 동조한 군대'로 보는 견해(山尾幸久 1989, 남재우 2003)로 나뉜다. 문구로 보는 견해는 '신라인에게 수비시켰다'는 뜻의 문장으로 보는 견해(王健群 1984, 鈴木英夫 1987, 이현혜 1988, 이종욱 1992)와 '(고구려가) 邏人을 두어 수비케 하였다'는 뜻으로 보는 견해(고관민 1990, 김태식 1994a, 백승옥 2005)로 나뉜다.

능비에 나오는 왜군의 성격에 대해서는 대부분 일본 야마토[大和] 중심 소국연맹체의 파견군으로 보고 있다. 다만 과거에는 이를 임나 경영을 위한 일본의 점령군(末松保和 1949)으로 보았다. 근래에는 대개 백제 및 가야의 동맹국으로서의 왜국이 파견한 군대로 보는 것이 일반적이나, 이를 주도한 것이 누구였는가에 대해서는 견해가 갈린다(김현구 1993, 김태식 2005, 濱田耕策 2005).

7. 후기 가야연맹의 대두

5세기 전반에는 전기 가야 맹주국의 몰락으로 상대적인 우위를 가지게 된 함안의 安羅國과 고성의 古自國 등의 가야 서부 제국이 활발하게 움직여 교류를 확대해나가는 모습을 보였으나, 세력의 집적을 이루지는 못하였다(안재호 1997, 박천수 1999). 반면에 고령 大加耶를 중심으로 한 경상 내륙지방 소국들은 차츰 세력을 축적하고 5세기 후반에는 세력을 확대하여 후기 가야 연맹을 결성하였다. 당시 고령 지산동 고분군 축조 세력은 서쪽으로 소백산맥을 넘어 섬진강 유역의 호남 동부 지역까지 포섭하면서 크게 대두하였다(김태식 1985).

『남제서』 권58 동남이전 加羅國 조에 의하면, 479년에 加羅王 荷知가 남제에 사신을 보내 조공하여 제3품에 해당하는 '輔國將軍本國王'의 칭호를 얻었다고 하였다. 여기서 나오는 가라국에 대해서는 김해설(今西龍 1919, 연민수 1998), 함안설(鬼頭淸明 1974), 고령설(천관우 1976b) 등이 있으나, 근래에는 고령으로 보는 것이 대부분이다. 하지는 가야금을 창안한 것으로 유명한 가야의 가실왕과 동일인으로 추정된다(田中俊明 1990). 여기서 가라왕 하지가 중국 남제에 간 것은 독자적이었다는 설(김태식 1985), 백제의 도움을 받았다는 설(이근우 2002)과, 고구려의 도움을 받았다는 설(백승충 1995) 등이 있다.

『삼국사기』 신라본기에 따르면, 481년에 고구려가 말갈과 함께 신라 狐鳴城(경북 영덕군 영덕읍) 등 일곱 성을 빼앗고 다시 彌秩夫(경북 포항시 흥해읍)로 진군하자, 가야는 백제와 함께 원병을 보내 신라군을 도와 막았다.

490년대에 들어 신라는 고구려의 남하 정책에 백제와 공동 대처하면서 성장하고 있었는데, 496년에 가야는 신라에게 흰 꿩을 보내 호의를 표시했다.

가야 후기의 영역은 대부분의 영역이 낙동강 서쪽으로 치우쳤다. 후기 가야의 소국들로는 경북 지역의 대가야국=加羅國(고령)과 경남 지역의 安羅國(함안), 斯二岐國(부림), 多羅國(합천), 卒麻國(함양), 고자국=古嵯國(고성), 子他國(진주), 초팔국=散半下國(초계), 乞湌國(산청), 稔禮國(의령), 금관국=南加羅國(김해), 卓淳國(창원), 喙己呑國(영산) 등의 13국이 있다(김태식 2002). 다만 사이기국을 삼가로 보는 견해(이병도 1976), 다라국을 합천군 쌍책면으로 보는 견해(조영제 1988, 이희준 1995)도 있다.

호남 동부 지역은 한반도 13정맥의 하나인 호남정맥의 동쪽으로서 5세기 중엽 이후 고령 양식 토기가 본격적으로 나타난다(곽장근 1999). 이 지역에 있었던 가야 소국으로는 전북 지역의 上己汶(장수 번암 및 임실), 下己汶(남원)과 전남 지역의 娑陀(순천), 牟婁(광양), 上哆唎(여수), 下哆唎(돌산) 등이 있다(전영래 1985, 김태식 2002, 이동희 2005, 박천수 2006). 다만 기문에 대해서는 경북 북부의 김천시 개령면에 비정하는 견해(천관우 1991, 김현구 2000)도 있고, 다리를 경북 의성군 다인, 사타를 칠곡군 인동, 무로를 예천으로 비정하는 견해도 있다(천관우 1991). 모루를 전남 서부의 영광, 함평, 무안, 전북 고창 일대로 비정하고, 다리를 광주-영암 일대, 사타를 전남 구례로 넓게 잡아 거의 호남 전역으로 보는 견해도 있다(末松保和 1949, 김현구 외 2003).

『일본서기』 계체 6년(512)부터 10년(516) 조로 보아, 6세기 전반에 대가야는 섬진강 유역을 통한 왜와의 교역권을 둘러싸고 백제와의 분쟁에 휩쓸렸으나 결국 패배하여 다리, 사타, 모루 및 기문 등의 호남 지역을 상실하였다. 그런 중에 계체기 8년(514) 3월 조의 기사를 보면, 반파 즉 대가야(경북 고령)가 子呑(경남 진주시)과 帶沙(하동군 고전면)에 성을 쌓아 滿奚(광양시 광양읍)에 이어지게 하고, 爾列比(의령군 부림면)와 麻須比(창녕군 영산면)에 성을 쌓아 麻且奚(밀양시 삼랑진읍)와 推封(밀양시)에까지 뻗쳤다고 하였다(김태식 2002).

여기서 반파국은 기존에 경북 星州였다고 보는 견해가 일반적이었으나 (이병도 1976, 김현구 1993), 근래에는 고령 대가야국의 전신이었다는 견해 (김태식 1985, 노중국 1995, 이희준 1995, 김세기 2003, 남재우 2003)가 많은 지지를 얻고 있다. 그와 달리 남원 월산리에서 함양 상백리 일대였다는 견해(전영래 1985), 혹은 원래 성주 지역에 존재한 가야의 일국이었다가 후에 가라국에 병합된 나라였다고 보는 견해(백승옥 2006)도 있다. 이열비를 의령, 마수비를 삼가로 보는 설(전영래 1985)도 있다.

여기서 대가야가 자신의 본거지인 고령에서 멀리 떨어진 곳인 백제와 신라와의 접경 지역에 여러 성을 축조했다고 하는 점은 매우 중요하다. 기존의 가야연맹체의 최대 판도보다는 좁지만 대가야가 광역에 걸쳐 인력을 동원하고 방어한 사실을 보여주기 때문이다. 그렇다면 이 시기에 대가야는 초기 고대국가를 형성한 것이라고 상정할 수 있다(김태식 2003).

8. 후기 가야연맹의 쇠퇴 및 멸망

대가야는 510년대에 호남 지역의 소국들을 상실하고 백제와의 대립이 심화되었기 때문에, 522년에 신라와 결혼 동맹을 맺어서 국제적 고립을 극복하고자 하였다. 그 결혼을 둘러싼 신라 법흥왕의 책략에 의하여 喙己呑國이 신라에 병합되었다. 그 후 안라국(함안)이 새로이 高堂을 지어서 국제 회의를 열었는데, 거기에는 국내의 대인들과 왜, 백제, 신라의 사신들이 모였다.

안라 회의는 탁기탄국의 멸망을 막아내지 못한 대가야국의 책임을 물어 함안의 안라국이 그 복구를 명분으로 회의를 개최한 것이다. 그러나 그 목적이 달성될 수는 없었고 가야연맹은 남북으로 분열되는 조짐을 보였다. 백제는 그 회의에서 받은 수모를 탓하며 531년에 군대를 출동하여 안라의 乞乇城을 영유하였다.

이에 신라도 군대를 출동시켜 532년에 김해의 남가라국 즉 금관가야를 병합하였다. 그러자 백제는 久禮牟羅城을 비롯한 5성을 쌓고 그에 인접한

卓淳國에 압력을 넣었으나, 신라는 탁순국의 지배 세력과 내통하여 이를 병합하고 구례산 5성의 백제군을 쫓아냈다. 그 결과 530년을 전후하여 탁기탄, 남가라, 탁순의 가야 동남부 3국이 신라에게 병합되고 말았다.

여기서 탁순과 탁기탄의 위치를 대구 및 경산으로 보는 견해(鮎貝房之進 1937, 末松保和 1949)가 과거에 유력하였으며, 이를 추종하는 견해도 아직 상당하다(천관우 1991, 백승옥 2003). 그러나 근래에는 탁순을 창원으로 비정하는 견해(김태식 1988)가 주류를 이룬다. 탁기탄에 대해서는 밀양·영산(김태식 1988) 또는 영산 방면으로 한정하는 견해(백승충 1995)와, 김해와 창원 사이(田中俊明 1992, 남재우 2003) 또는 김해시 진영읍으로 보는 견해(이근우 1994, 이영식 1995)가 대립하고 있다. 혹은 탁순과 탁기탄을 의령군 의령읍과 부림면으로 비정하는 견해도 있다(이희준 1995). 구례산성의 위치에 대해서는 함안군 칠원면 구성리 산성으로 보는 견해(김태식 1993), 창녕 화왕산으로 보는 견해(이용현 1988, 백승옥 1995), 창녕군 계성면으로 보는 견해(이영식 1995, 남재우 2003) 등이 있다.

540년대 이후 가야연맹은 대가야-안라의 남북 이원 체제로 분열된 상태로, 백제와 두 차례의 회의를 하였다. 그리하여 541년 4월에 안라, 가라, 졸마, 산반해, 다라, 사이기, 자타의 旱岐들과 안라왜신관 관리 등, 가야연맹을 대표하는 사신단이 백제에 모였다. 544년 11월에는 다시 안라, 가라, 졸마, 사이기, 산반해, 다라, 자타, 구차 등 8국의 대표들과 왜신관 관리가 백제에 갔다.

기존 설에서는 이 회의에 대하여 '임나 부흥회의'(末松保和 1949, 이용현 1999)라고 하였고, 근래에는 약간 어감을 바꾸기 위해 '임나 복건회의'(백승충 1995)로 표현하기도 하고, 또는 회의 장소를 살려 '사비 회의'(김태식 1993, 이문기 1995, 연민수 1998, 남재우 2003, 백승옥 2003)라고 부르기도 했다. 가야의 입장에서 보아 이 회의는 백제와의 교섭을 통하여 독립을 보장받으려고 한 것이나, 상호간의 의견 불일치로 인하여 결렬되었다.

『일본서기』 흠명 9년(548) 4월 조의 기사에 의하면, 백제가 고구려와의 馬津城=獨山城(예산군 예산읍) 전투에서 잡은 포로로부터, '안라국과 왜신관이 백제를 벌줄 것을 요청하였다.' 는 증언을 듣고 왜국에 원병 파견을 중지시키고 안라를 추궁하였다. 안라는 백제의 압력을 완화하고 가야연맹의 결속을 도모하기 위하여, 고구려와 밀통했던 것이다(김태식 1992, 남재우 2003).

다만 안라의 밀통에 대해서는 부정적인 견해도 많다. 혹자는 안라가 백제에 비협조적이었음을 비방하기 위한 외교적 주장이거나 백제의 僞計에 의한 조작이라고 하고(연민수 1994b, 이영식 1995), 혹은 그 기사 자체가 상호 모순된다며 부정하였다(김현구 외 2003). 혹자는 안라의 對 고구려 구원책은 불가피했으나 의문점이 많다고 하였다(백승충 1995).

안라국은 고구려군이 무력하게 패배하자 백제의 추궁에 대하여 답변할 수 없어서, 가야연맹 내의 反백제 행위 주도자들을 제거하였다. 그리하여 550년 무렵에 가야연맹은 독립을 유지하고 있으면서도 백제의 외교와 힘에 눌려 종속적으로 연합되었다.

551년 백제와 신라의 한강 유역 탈환 전쟁에서 가야는 백제군을 따라 동원되었다. 이 당시 娘城(충북 청주시)에까지 순수해간 신라 진흥왕은 가야에서 투항한 于勒과 그 제자 尼文을 불러 음악을 들었다. 대가야의 궁정악사였던 우륵이, 대가야가 멸망하기도 전에 이미 신라에 투항해 있었다는 것은, 대가야의 몰락을 예견하게 한다.

552년에도 가야연맹은 대외 관계 면에서 백제와 보조를 같이했고, 554년에는 백제에 의하여 관산성 전투에 동원되었으나, 이 때 백제-가야 연합군은 신라군에게 크게 패하였다. 그 후 신라는 한강 유역을 정비하면서 가야 제국을 하나씩 병합해 나갔으니, 560년에는 함안의 안라국이 복속되고, 562년에 대가야국이 신라의 공격으로 함락되면서 후기 가야연맹은 종식되었다.

:: 참 고 문 헌

강봉원, 1984, 「가야제국의 형성 및 강역에 관한 연구」, 경희대 석사학위논문.

강종훈, 2000, 『신라상고사연구』, 서울대학교출판부.

곽장근, 1999, 『호남 동부지역 석곽묘 연구』, 서경문화사.

경상북도 편, 1998, 『가야문화도록』, 경상북도.

高寬民, 1990, 「永樂十年, 高句麗廣開土王の新羅救援戰について」, 『朝鮮史研究會論文集』 27.

宮崎市定, 1992, 『謎の七支刀 -五世紀の東アジアと日本-』, 中央公論社.

권주현, 1993, 「아라가야의 성립과 발전」, 『계명사학』 4.

권학수, 1994, 「가야제국의 상관관계와 연맹구조」, 『한국고고학보』 31.

鬼頭淸明, 1974, 「加羅諸國の史的發展について」, 『古代朝鮮と日本』, 龍溪書舍.

今西龍, 1919, 「加羅疆域考」, 『史林』 4-3·4; 1970, 『朝鮮古史の研究』.

今西龍, 1922, 「己汶伴跛考」, 『史林』 7-4; 1970, 『朝鮮古史の研究』.

旗田巍, 1973, 「三國史記 新羅本紀の倭」, 『日本のなかの朝鮮文化』 19.

김병모, 1987, 「가락국 허황옥의 출자 -아유타국고(Ⅰ)-」, 『삼불김원룡교수정년퇴임기념론총』 Ⅰ, 일지사; 1988, 「고대 한국과 서역관계 -아유타국고Ⅱ-」, 『한국학논집』 14; 1992, 「가락국 수로왕비탄생지」, 『한국상고사학보』 9; 1994 『김수로왕비 허황옥』, 조선일보사.

김복순, 1995, 「대가야의 불교」, 『가야사연구』, 경상북도.

김석형, 1966, 『초기 조일관계 연구』, 사회과학원출판사.

김세기, 2003, 『대가야연구』, 학연문화사.

김정학, 1977, 『任那と日本』, 東京: 小學館.

김철준, 1962, 「신라 상고세계와 그 기년」, 『역사학보』 17, 18합.

김태식, 1985, 「5세기 후반 대가야의 발전에 대한 연구」, 『한국사론』 13, 서울대 국사학과.

김태식, 1988, 「6세기 전반 가야남부제국의 소멸과정 고찰」, 『한국고대사연구』 1.

김태식, 1990, 「가야의 사회발전단계」, 『한국 고대국가의 형성』, 민음사.

김태식, 1991a, 「가야사 연구의 시간적, 공간적 범위」, 『한국고대사논총』 2, 가락국사적개발연구원.

김태식, 1991b, 「530년대 안라의 '일본부' 경영에 대하여」, 『울산사학』 4.

김태식, 1992, 「6세기 중엽 가야의 멸망에 대한 연구」, 『한국고대사논총』 4, 가락국사적
　　개발연구원.

김태식, 1993, 『가야연맹사』, 일조각.

김태식, 1994a, 「광개토왕릉비문의 임나가라와 '안라인수병'」, 『한국고대사논총』 6, 가락
　　국사적개발연구원.

김태식, 1994b, 「함안 안라국의 성장과 변천」, 『한국사연구』 86.

김태식, 1995, 「가야사의 시기구분 문제 검토」, 『한국사의 시기구분에 관한 연구』(연구
　　논총 95-16), 한국정신문화연구원.

김태식, 1996, 「대가야의 세계와 도설지」, 『진단학보』 81호, 진단학회.

김태식, 1998, 「가락국기 소재 허왕후 설화의 성격」, 『한국사연구』 102.

김태식, 2000, 「가야연맹체의 성격 재론」, 『한국고대사논총』 10, 한국고대사회연구소 편,
　　가락국사적개발연구원.

김태식, 2002, 『미완의 문명 7백년 가야사 1~3권』, 푸른역사.

김태식, 2003, 「초기 고대국가론」, 『강좌 한국고대사』 제2권, 가락국사적개발연구원.

김태식, 2004, 「고대 한일관계사의 민감한 화두, 칠지도」, 『고대로부터의 통신 -금석문으
　　로 한국 고대사 읽기-』, 서울: 푸른역사.

김태식, 2005, 「4세기의 한일관계사 -광개토왕릉비문의 왜군문제를 중심으로-」, 『한일역
　　사공동연구보고서』 제1권, 한일역사공동연구위원회.

김태식, 2006, 「한국 고대제국의 대외교역 -가야를 중심으로-」, 『진단학보』 101.

김현구, 1985, 『大和政權の對外關係硏究』, 吉川弘文館.

김현구, 1993, 『임나일본부연구』, 일조각.

김현구, 2000, 「백제의 가야진출에 관한 일고찰」, 『동양사학연구』 70.

김현구 외, 2003, 『일본서기 한국관계기사 연구(Ⅱ)』, 일지사.

남재우, 1997, 「포상팔국전쟁과 그 성격」, 『가야문화』 10.

남재우, 2003, 『안라국사』, 혜안.

노중국, 1995, 「대가야의 정치·사회구조」, 『가야사연구』, 경상북도.

노중국, 2001, 「가야사 연구의 어제와 오늘」, 『한국 고대사 속의 가야』, 혜안.

大山誠一, 1980, 「所謂 '任那日本府' の成立について」 上·中·下, 『古代文化』 32-9·
　　11·12, 京都: 古代學協會.

鈴木英夫, 1987,「加耶・百濟と倭 - '任那日本府' 論-」,『朝鮮史研究會論文集』24.

鈴木靖民, 1988,「好太王碑の倭の記事と倭の實體」,『好太王碑と集安の壁畫古墳』, 讀賣
　　　テレビ放送編, 木耳社, 東京.

末松保和, 1949,『任那興亡史』, 大八洲出版; 1956, 再版, 吉川弘文館.

武田幸男, 1985,「四〜五世紀の朝鮮諸國」,『シンポジウム好太王碑』.

박천수, 1999,「기대를 통하여 본 가야세력의 동향」,『가야의 그릇받침』, 국립김해박물관.

박천수, 2006,「임나사현과 기문・대사를 둘러싼 백제와 대가야」,『가야, 낙동강에서 영
　　　산강으로』, 제12회 가야사국제학술회의 발표자료집, 김해시

박천수・홍보식・이주헌・류창환, 2003,『가야의 유적과 유물』, 학연문화사

백승옥, 1995,「탁순의 위치와 성격」,『일본서기 관계기사 검토를 중심으로-」,『부대사
　　　학』19.

백승옥, 1997,「고성 고자국의 형성과 변천」,『한국고대사연구』11(한국 고대사회의 지
　　　방지배).

백승옥, 2001,「전기 가야 소국의 성립과 발전」,『한국 고대사 속의 가야』, 혜안.

백승옥, 2003,『가야 각국사 연구』, 혜안.

백승옥, 2005,「광개토왕릉비문의 왜관계기사에 대한 연구사」,『광개토대왕비와 한일관
　　　계』, 한일관계사연구논집 편찬위원회편, 경인문화사.

백승옥, 2006,「기문・대사의 위치비정과 6세기 전반대 가라국과 백제」,『5~6세기 동아
　　　시아의 국제정세와 대가야』, 제5회 대가야사 국제학술회의, 고령군.

백승충, 1989,「1~3세기 가야세력의 성격과 그 추이 -수로집단의 성장과 포상팔국의 난
　　　을 중심으로-」,『부대사학』13.

백승충, 1995,『가야의 지역연맹사 연구』, 부산대학교 박사학위논문.

백승충, 1999,「가야의 개국설화에 대한 검토」,『역사와 현실』33.

백승충, 2001,「가야 건국신화의 재조명」,『한국 고대사 속의 가야』, 혜안.

백승충, 2005,「일본서기 신공기 소재 한일관계 기사의 성격」,『광개토대왕비와 한일관
　　　계』, 한일관계사연구논집 편찬위원회편, 경인문화사.

부산대학교 한국민족문화연구소 편, 2000,『가야 각국사의 재구성』, 혜안.

부산대학교 한국민족문화연구소 편, 2001,『한국 고대사 속의 가야』, 혜안.

부산대학교 한국민족문화연구소 편, 2002,『학교교육과 사회교육으로서의 가야사』, 혜안.

부산대학교 한국민족문화연구소 편, 2003, 『가야 고고학의 새로운 조명』, 혜안.

濱田耕策, 2005, 「4세기의 일한관계」, 『한일역사공동연구보고서』 제1권, 한일역사공동연구위원회.

山尾幸久, 1983, 『日本古代王權形成史論』, 岩波書店.

山尾幸久, 1989, 『古代の日朝關係』, 塙書房.

三品彰英, 1943, 「首露傳說 -祭儀と神話-」, 『日鮮神話傳說の硏究』; 1972, 『增補日鮮神話傳說の硏究』, 三品彰英論文集 第4卷, 平凡社, 東京.

三品彰英, 1962, 『日本書紀 朝鮮關係記事 考證』 上卷, 東京: 吉川弘文館.

선석열, 1993, 「『삼국사기』 「신라본기」 가야관계기사의 검토 -초기기록의 기년 추정을 중심으로-」, 『부산사학』 24.

신경철, 1989, 「가야의 무구와 마구」, 『국사관논총』 7.

안재호, 1997, 「철겸의 변화와 획기」, 『가야고고학논총』 2, 가락국사적개발연구원.

안재호·송계현, 1986, 「고식도질토기에 관한 약간의 고찰 -의창 대평리 출토품을 통하여-」, 『영남고고학』 1.

연민수, 1987, 「광개토왕비문에 보이는 왜관계 기사의 검토」, 『동국사학』 21.

연민수, 1994a, 「七支刀銘文の再檢討 -年號の問題と製作年代を中心に-」, 『年報 朝鮮學』 第4號.

연민수, 1994b, 「고대한일관계사 연구의 현단계와 문제점 -김현구·김태식씨의 업적을 중심으로-」, 『역사학보』 143.

연민수, 1998, 『고대한일관계사』, 혜안.

王健群, 1984, 『好太王碑硏究』, 吉林出版社.

이강옥, 1987, 「수로신화의 서술원리의 특수성과 그 현실적 의미」, 『가라문화』 5, 경남대학교 가라문화연구소.

이근우, 1994, 『일본서기에 인용된 백제삼서에 관한 연구』, 한국정신문화연구원 한국학대학원 문학박사 학위논문.

이근우, 2002, 「웅진·사비기 백제와 가야」, 『고대 동아세아와 백제』, 충남대 백제연구소.

이기동, 1982, 「가야제국의 흥망」, 『한국사강좌』 1(고대편), 일조각.

이동희, 2005, 『전남동부지역 복합사회 형성과정의 고고학적 연구』, 성균관대학교 대학원 박사학위논문.

이문기, 1995, 「대가야의 대외관계」, 『가야사연구』, 경상북도.

이병도, 1976, 『한국고대사연구』, 박영사.

이영식, 1985, 「가야제국의 국가형성문제 -「가야연맹설」의 재검토와 전쟁 기사 분석을 중심으로-」, 『백산학보』 32.

이영식, 1993, 『加耶諸國と任那日本府』, 吉川弘文館.

이영식, 1995, 「백제의 가야진출과정」, 『한국고대사논총』 7, 가락국사적개발연구원.

이영식, 1996, 「대가야의 국제관계」, 『가야사의 새로운 이해』, 경북개도100주년기념 가야문화학술대회 발표요지.

이용현, 1988, 「6세기 전반경 가야의 멸망과정」, 고려대 석사학위논문.

이용현, 1999, 『加耶と東アジア諸國』, 國學院大學 大學院 博士論文.

이은창, 1982, 「가야고분의 편년 연구」, 『한국고고학보』 12.

이종기, 1977, 『가락국탐사』, 일지사.

이종욱, 1992, 「광개토왕릉비의 신묘년조에 대한 해석」, 『한국상고사학보』 10.

이현혜, 1984, 『삼한사회 형성과정 연구』, 일조각.

이현혜, 1988, 「4세기 가야사회의 교역체계의 변천」, 『한국고대사연구』 1.

이형기, 1999, 「아라가야연맹체의 성립과 그 추이」, 『사학연구』 57·58합.

이형기, 2000, 「대가야의 연맹구조에 대한 시론」, 『한국고대사연구』 18.

이희준, 1995, 「토기로 본 대가야의 권역과 그 변천」, 『가야사연구』, 경상북도.

인제대 가야문화연구소 편, 1995, 『가야제국의 철』, 신서원.

인제대 가야문화연구소 편, 1997, 『가야제국의 왕권』, 신서원.

전영래, 1985, 「백제 남방경역의 변천」, 『천관우선생환력기념한국사학논총』.

田中俊明, 1990, 「于勒十二曲と大加耶聯盟」, 『東洋史研究』 48-4, 京都大文學部.

田中俊明, 1992, 『大加耶連盟の興亡と'任那'』, 吉川弘文館.

鮎貝房之進, 1937, 「日本書紀 朝鮮地名攷」, 『雜攷』 7 上·下卷.

井上秀雄, 1973, 『任那日本府と倭』, 東出版.

정중환, 1973, 「염사치 설화고 -가라 전사의 시고로서-」, 『대구사학』 7, 8합.

조영제, 1988, 『합천 옥전 고분군 I (목곽묘)』, 경상대학교박물관.

주보돈, 1995, 「서설 - 가야사의 새로운 정립을 위하여」, 『가야사연구』, 경상북도.

천관우, 1976a, 「'삼국지' 한전의 재검토」, 『진단학보』 41.

천관우, 1976b, 「삼한의 국가형성」(하), 『한국학보』 3.

천관우, 1977 · 1978, 「복원가야사」 상 · 중 · 하, 『문학과 지성』 28 · 29 · 31.

천관우, 1989, 『고조선사 · 삼한사연구』, 일조각.

천관우, 1991, 『가야사연구』, 일조각.

請田正幸, 1974, 「六世紀前期の日朝關係 -任那 '日本府'を中心として-」, 『朝鮮史硏究會
論文集』 11.

村上英之助, 1978, 「考古學から見た七支刀の製作年代」, 『考古學硏究』 25-3.

樋口隆康, 1972, 「武寧王陵出土鏡と七子鏡」, 『史林』 55-4.

한국고고학회 편, 2000, 『고고학을 통해 본 가야』, 한국고고학회.

홍보식, 1999, 「고고학으로 본 금관가야 -성립 · 위계 · 권역-」, 『고고학을 통해 본 가야』
(제23회 한국고고학전국대회 발표요지), 한국고고학회.

　* 이 글의 원전 : 김태식, 2007, 「국가별 연구의 흐름: 가야」, 『한국고대사 연구의 새 동
향』, 한국고대사학회 편, 서경문화사, 111~130쪽.

2.
호남 동부 지역의 가야사

1. 머리말

湖南地域 일부가 加耶에 포함되어 있었다는 소리가 나온 지는 그리 오래 되지 않았다. 『三國史記』의 신라 위주 三國時代論 속에 조선시대 중엽까지 '加耶' 자체가 인정되지 않던 상황에서 그런 점은 당연하다고 할 수밖에 없다. 조선 후기 실학자들의 노력으로 '가야사' 자체는 인정되기 시작했으나, 그 당시의 가야사는 『後漢書』 韓傳의 弁韓과 『三國遺事』 六加耶를 동일시하는 평면적인 것이었기 때문에, 가야 관련 논의는 경상도 내에 머물러 있었다.

호남 지역이 가야였다는 논거는 『日本書紀』를 위주로 하여 '任那'의 영역을 찾는 일본 학자들에 의하여 나타나기 시작하였다. 그것은 임나에 속해 있었다는 이른바 '任那四縣'과 '三己汶'을 호남 전역으로 비정하면서 드러났다. 그러나 그들의 역사의식은 고대 일본 지배 하의 '任那'를 찾기 위한 것이었다는 점에서 근본적인 하자가 있으며, 그 고증도 정확한 것이 아니어서 문제점이 있다.

한편 호남의 지역 구분은 현재 전라남도와 전라북도로 되어 있다. 호남 지역은 신라 9주 중에 武州·全州와 같이 남북으로 구분되어 있었다. 나말여초의 혼란기를 거친 이후, 고려 현종 19년(1018)에 이를 합하여 全羅道로 호칭한 이후 거의 그대로 지속되다가, 조선 고종 建陽 원년(1896)에 전라남도와 전라북도로 구분되어 지금에 이르고 있다.

그러나 전통시대에는 이보다 全羅左道와 全羅右道라는 구분이 관행적으로 많이 이루어졌다. 예를 들어 李舜臣의 직함인 全羅左水使는 '全羅左道 水軍節度使'의 약칭이다. 이러한 구분은 문화적으로도 연원이 깊어서, 호남 지역의 판소리도 구례, 남원, 순창 등지에서 유행한 東便制와 광주, 나주, 보성, 강진, 해남 등지에서 성행한 西便制로 나뉜다.

호남을 문화적으로 동서로 나누는 구분법은 그 연원을 가야사에서 찾을 수 있다. 근래 이루어진 가야사 연구의 발전과 가야 고고학의 발굴 성과에 의하여 '임나 4현'과 기문은 호남 전역이 아닌 '호남 동부 지역'에 한정되고, 이 지역은 한 동안 가야 권역에 속해 있었다는 사실이 드러나고 있다. 그리고 그 구분선은 판소리 구분에서처럼 섬진강을 경계로 나누는 것이 아니라 湖南正脈을 기준으로 나뉘는 것이 분명해지고 있다. 실은 판소리의 구분도 호남 정맥으로 나누는 것이 옳을 듯하다. 본고에서는 그런 연원을 역사적으로 밝혀보고자 한다.

2. 전기 가야시대의 호남 동부 지역

4세기 이전에 호남 동부 지역이 어떤 상황에 처해 있었는지는 알 수 없다. 다만 『삼국지』 위서 동이전에 의하면, 3세기 전반까지 마한 지역에는 54개 소국이 분립되어 있었고 그 대표권은 目支國 辰王이 소유하고 있었다. 호남 동부 지역도 당시에는 마한에 속해 있었을 것으로 추정된다. 다만 音相似에 의하여 마한 소국을 비정한 기존 설에 의하면, 마한 54국 중에 호남 서부 지역에 비정된 소국은 14개국이고, 호남 동부 지역에 비정된 소국은 古臘國 (전북 남원에 비정, 옛 지명 古龍郡) 하나뿐이다.[1] 물론 이것이 정확한 것이라고 보기는 어렵지만, 해안 교역로 위주로 소국들이 발전하고 있던 대략적인 추세는 확인할 수 있다.

마한 소국연맹체의 상황은 3세기 후반으로 가면 상당한 변화가 나타난다. 즉『晉書』에 '東夷', '馬韓', 또는 '馬韓新彌諸國等'으로 표현되는 소국들이 10국 내지 20국 정도의 규모를 이루어 西晉과 물자 교류를 이루고 있었다.[2] 이는 마한 소국연맹체가 한강, 금강, 동진강, 영산강 유역 등의 3~4개 연맹체로 분열되어가는 현상을 가리키는 것이 아닌가 하나,[3] 이때에도 호남 동부 지역은 구체적인 발전상을 확인하기 어렵다.

그 후 이 지역에 관한 문헌 기록으로『日本書紀』神功皇后攝政 49년 조의 기사가 있다. 이 기사의 후반부에는 왜군이 南蠻 忱彌多禮를 잡고 백제 肖古王과 왕자 貴須가 군대를 거느리고 오자 比利, 辟中, 布彌支, 半古 4읍이 백제에게 항복했다는 기사가 나온다. 여기서 백제에게 항복했다는 "比利 辟中 布彌支 半古"의 4읍은 백제의 영역에 포함된 것을 의미하는데, 이는 각각 전북 군산시 회현면(마한 內卑離國, 옛 지명 夫夫里), 전북 김제시(마한 內卑離國, 옛 지명 碧骨縣), 전남 담양군 금성면(마한 不彌支國, 옛 지명 栗支縣 또는 波知), 전남 나주시 반남면(마한 半狗國, 옛 지명 半奈夫里縣=半那)에 비정된다.[4]

이 기사는 그 진위나 연대와 관련하여 많은 논란이 있으나, 이 대목은 백제 근초고왕 대에 전라남도의 마한 잔여 세력을 토벌했다고 보는 것이[5] 일

1) 李丙燾, 1976,『韓國古代史硏究』, 博英社, 266쪽.
2)『晉書』권3, 帝紀3 咸寧 2年·3年·4年, 太康 元年·2年·3年·7年·8年·9年·10年, 太熙 元年;『晉書』권4, 帝紀4 永平 元年條,『晉書』권36, 列傳6 張華傳.
3) 金泰植, 1997,「百濟의 加耶地域 關係史 : 交涉과 征服」,『百濟의 中央과 地方』, 忠南大學校 百濟硏究所, 47쪽; 2007,「가야와의 관계」,『百濟의 對外交涉』, 충청남도역사문화연구원, 144쪽.
4) 金泰植, 2007, 앞의 논문, 153~154쪽.
5) 이병도, 1970,「백제 근초고왕 척경고」,『백제연구』1, 충남대학교 백제연구소; 1976,『韓國古代史硏究』, 博英社, 512~513쪽.

찍부터 한국 고대사학계의 통설처럼 되었다. 그러나 그 시기에 전남의 독무덤 계열 고분군에서는 묘제나 유물의 면에서 백제와의 연관성을 찾기 어렵기 때문에, 이곳에는 아직 백제의 예봉이 향하지 않았다고 볼 수밖에 없다.[6] 그렇다면 4세기 후반에 백제의 영역은 노령산맥 이북까지 확장되었을 뿐이고,[7] 전남 지역의 포미지(담양군 금성면)와 반고(나주시 반남면)는 공납 지배까지 미치지 못하고 일시적 교류에 그친 것을 과장한 것이라고 하겠다.

반면에 일본 측 사료라는 한계성 때문에 왜군의 행위로 묘사되기는 했으나, "남녘 오랑캐 탐미다례를 잡았다(屠南蠻忱彌多禮)"는 표현에서, 백제는 탐미다례 또는 新彌國으로 나타나는 전남 해남 방면 세력의 대외 교섭권을 박탈하고 이를 대신할 만한 교두보를 확보한 것이라고 보기도 한다.[8] 그러나 해남 화산면 부길리의 독무덤에서 가야 계통의 덩이쇠[鐵鋌]와 쇠투겁창[鐵鉾]이 출토된 것으로[9] 보아, 이 지역은 가야와 일정한 교류가 있었던 곳이다. 그렇다면 탐미다례를 잡았다는 것도, 해남 지방을 통해서 백제가 가야 및 왜와 연결된 것을 과장되게 표현한 것이 아닐까 한다. 다만 이를 통해볼 때, 4세기 후반 시기에도 호남 동부 지역은 아직 국제 교류의 거점으로 부각되지는 않았던 것이라고 추정된다.

3. 호남 동부 지역의 가야 편입

가야 후기의 전성기에 가야 영역은 소백산맥을 서쪽으로 넘어 금강 상류지역과 노령산맥 이남의 섬진강 유역 및 광양만, 순천만 일대의 호남 동부 지

---

6) 권오영, 1999, 『복암리고분군』, 전남대박물관, 310쪽.
7) 이병도, 1976, 앞의 책, 513쪽.
   이도학, 1995, 『백제 고대국가 연구』, 一志社, 140쪽.
8) 권오영, 1999, 『복암리고분군』, 전남대박물관, 310쪽.
9) 성낙준, 1993, 「해남 부길리 옹관유구」, 『호남고고학보』 1.

역을 포함하기도 하였다. 그 지역은 조선 후기 영조 때의 실학자 申景濬이 작성한 『山經表』에서 한반도 13정맥의 하나인 湖南正脈으로 구분되어 조선 시대에 全羅左道라고 불린 곳이다.

호남정맥은 전북 장수군 珠華山에서 뻗어 서남쪽으로 곰재-만덕산-경각 산-오봉산을 거쳐 內藏山에 이르러 전남 지역을 동서로 가로지르며 동남쪽으로 백암산-추월산-산성산-설산-무등산-천운산-두봉산-용두산을 거쳐 전남 보성군 帝巖山까지 내려갔다가 다시 동쪽으로 광양시 白雲山에 이르는 산 줄기의 옛 이름이다. 이 산줄기는 영산강 유역을 이루는 서쪽 해안의 평야 지대와 섬진강 유역을 이루는 동쪽의 산간 지역을 동서로 갈라놓았다. 그 동쪽의 시, 군으로는 전북의 진안군, 무주군, 임실군, 장수군, 순창군, 남원 시가 있고, 전남으로는 곡성군, 구례군, 보성군, 고흥군, 순천시, 광양시, 여 수시가 있다.

호남 동부 지역에 가야와 관련된 지명이 있다는 것은 『日本書紀』繼體天 皇 6~10년 조 기사를 통해서 추측되기 시작하였다. 그 기사의 자세한 분석 은 제4장에서 행할 예정이나, 거기서 원래 임나 땅이었던 上哆唎, 下哆唎, 娑陀, 牟婁의 任那 4縣과 己汶之地를 왜왕이 6세기 초에 백제왕에게 할양했 다는 점에서, 그 이전에는 그 곳이 왜왕이 지배하는 임나에 속했다는 것이 다. 초기에는 이 지역에 대한 지명 비정에 혼란이 있었으나, 今西龍이 己汶 을 경북 개령으로 보았다가[10] 전북 남원으로 수정하고,[11] 鮎貝房之進이 임 나 4현을 高山, 珍山, 尙州, 龍潭으로 각각 비정한 것을[12] 末松保和가 전북 고창과 전남 서부의 영광, 함평, 무안(여기까지 牟婁), 광주, 영암 등지(여기 까지 哆唎) 및 전남 동부의 구례(娑陀) 등으로 수정한[13] 후, 일본 역사교과 서의 역사 지도는 지금도 대개 이것을 토대로 그려지고 있다.

10) 今西龍, 1919, 「加羅疆域考」, 『史林』 4-3·4; 1970, 『朝鮮古史の研究』, 國書刊行會 재수록.
11) 今西龍, 1922, 「己汶伴跛考」, 『史林』 7-4; 1970, 『朝鮮古史の研究』, 國書刊行會 재수록.
12) 鮎貝房之進, 1937, 『雜攷』 7, 下卷, 32~44쪽.
13) 末松保和, 1949, 『任那興亡史』, 大八洲出版; 1956, 再版, 吉川弘文館, 120~123쪽.

이에 대해서 학자에 따라 추후 많은 혼란이 반복되었으나, 전영래는 이를 백제의 영토 확장의 측면에서 고려하여, 상다리=여수, 하다리=돌산, 사타=순천, 모루=광양, 기문=남원으로 비정하였다.[14] 고증 근거나 과정도 제시하지 않은 매우 간단한 언급이었지만, 이 지명 비정은 기존의 일본 학자들을 비롯한 누구의 것보다도 卓見이었다. 그러나 아직은 이것이 가야사와의 연관을 맺지 못하고 있었다.

필자는 가야사와 관련한 첫 논문을 쓰면서, 임나 4현에 대한 비정을 보류하고, 繼體紀 7년(513) 조의 己汶에 대해서 추구하되, 기문은 경북 개령이 아니라 전북 남원 및 임실 지방에 비정되고, 후기 가야의 맹주국인 고령 大加耶는 5세기 후반부터 기문과 교역을 이루고 있다가 6세기 초에 소백산맥을 넘어 서쪽으로 진격하여 이 지방을 공략했다고 보았다.[15] 또한 己汶의 사료에 따라 표기법이 己文(梁職貢圖) 또는 奇物(于勒 12曲)로 나타나기도 하나 上·下의 둘로 나뉘기도 하고 上·中·下의 三己汶(吉田連 傳承)으로 나뉘기도 하여 비교적 광역에 속하므로, 남원, 임실뿐만 아니라 장수군 일대까지 포함시킬 수 있다.[16] 그 후 연민수는 『日本書紀』顯宗天皇 3년(487) 是歲條의 爾林과 帶山城을 전북 임실의 己汶國으로 보았고,[17] 이영식은 이림과 대산성은 임실 일대로서 5세기 중엽에는 가야 지역에 속하였다가 5세기 후반에 백제 영토로 되었으며, 己汶(=남원)은 6세기 초에 백제에게 빼앗겼다고 보기도 하였다.[18]

이러한 언급 이후, 많은 고고학자들이 호남 동부 지역을 가야와 연관하

---

14) 全榮來, 1985, 「百濟南方境域의 變遷」, 『千寬宇先生還曆紀念 韓國史學論叢』, 146쪽.

15) 金泰植, 1985, 「5세기 後半 大加耶의 발전에 대한 研究」, 『韓國史論』 12, 서울대학교 국사학과, 86~87쪽.

16) 金泰植, 1993, 『加耶聯盟史』, 一潮閣, 123~124쪽에서는 己汶의 비정지에 장수군 蟠巖 지방을 포함하였다.

17) 延敏洙, 1990, 「六世紀前半 加耶諸國을 둘러싼 百濟·新羅의 動向 -소위 '任那日本府' 說의 究明을 위한 序章-」, 『新羅文化』 7, 동국대학교 신라문화연구소; 1998, 『고대한일관계사』, 혜안, 재수록, 170~172쪽.

여 언급하기 시작하였으나, 1995년까지는 남원시 동부 운봉 일대에 한정지어 설명하였다.[19] 그러다가 1996년 이후로는 그 범위를 약간 늘려, 박천수는 대가야가 5세기 중엽부터 남원, 구례, 하동 등을 연결하는 교역 루트를 개척하기 시작하여 5세기 후반에는 이들 지역을 장악해 대가야권을 형성했다고 보았고,[20] 류철은 전북 동부 지역 돌덧널무덤들이 5세기 중엽 이후 대가야의 영향을 받아 축조되기 시작했다고 보았다.[21] 곽장근은 호남 동부 지역의 돌덧널무덤들이 4세기 대에 등장하여 5세기 중엽까지는 재지계 토기를 주류로 하면서도 백제 토기가 우세를 보이나, 5세기 말 이후로는 가야계 유물이 우세를 보이게 된다고 하였으며, 그에 해당하는 임나 4현은 전북 진안군 남부, 임실군, 순창군 일대로 보고, 기문은 남원 두락리 일대의 좁은 지역으로 한정하였다.[22]

위의 논의들은 호남 동부 지역에서도 주로 전북 일대에 관심을 기울인 것이 특징이라고 하겠다. 이에 대하여 필자는 1997년도의 논문에서 대가야 악사인 우륵의 12곡 이름 중에 上奇物은 남원시, 下奇物은 임실군 임실읍 및 장수군 번암면, 達已는 여천군 돌산읍 및 여수시, 勿慧는 광양시 광양읍에 비정되며, 이 지역 소국들은 대가야가 후기 가야연맹을 결성하면서부터 그에 동조하였을 가능성이 있다고 보았다.[23] 그 결과 5세기 후반부터 6세

---

18) 李永植, 1995, 「百濟의 加耶進出過程」, 『韓國古代史論叢』 7, 가락국사적개발연구원, 208쪽. 爾林에 대해서 필자는 일전에 충남 예산군 대흥면으로 보다가(1991, 「530년대 安羅의 「日本府」 經營에 대하여」, 『蔚山史學』 4, 울산대학교 사학과; 1993, 앞의 책, 245~246쪽), 최근에 충북 음성으로 수정하였다. 拙稿, 2006, 「5~6세기 高句麗와 加耶의 관계」, 『북방사논총』 11, 고구려연구재단, 140쪽.

19) 李熙濬, 1995, 「토기로 본 大伽耶의 圈域과 그 변천」, 『加耶史研究 -대가야의 政治와 文化-』, 경상북도.
金世基, 1995, 「大伽耶 墓制의 變遷」, 『加耶史研究 -대가야의 政治와 文化-』, 경상북도.

20) 朴天秀, 1996, 「大伽耶의 古代國家 形成」, 『碩晤尹容鎭教授停年退任紀念論叢』.

21) 柳哲, 1996, 「全北地方 墓制에 대한 小考」, 『湖南考古學報』 3, 湖南考古學會.

22) 郭長根, 1999, 『湖南 東部地域 石槨墓 연구』, 書景文化社.

23) 金泰植, 1997, 「百濟의 加耶地域 關係史: 交涉과 征服」, 『百濟의 中央과 地方』, 충남대학교 백제연구소, 58~60쪽.

기 초까지의 후기 가야연맹 최대 범위에 호남 동부 지역의 7국, 즉 상기문 1(장수 번암), 상기문2(혹은 中己汶, 임실), 하기문(남원), 사타(순천), 모루 (광양), 상다리(여수), 하다리(돌산) 등이 있었다고 말할 수 있게 되었다.[24]

　　그러나 그때까지도 이 설은 문헌상의 지명 비정에 근거한 가설이었을 뿐이다. 그런데 2006년에 전라남도 순천 운평리 1호분에서 고령 양식의 5세기 말 내지 6세기 초엽의 뚜껑목항아리[有蓋長頸壺]와 그릇받침[器臺]이 고성-진주 양식의 긴 장방형 투창이 1단으로 뚫린 뚜껑굽다리접시[一段細長方形透窓有蓋高杯]들과 함께 출토된 것은[25] 이를 뒷받침하는 증거이며, 거기에 백제계나 왜계 유물의 요소가 전혀 없는 것으로 보아 대가야가 순천 지방에 미친 영향력이 독자적이었음을 알 수 있다. 이로써 호남 동부 지역의 소국들이 5세기 후반에 가야연맹에 편입되었다는 가설은 중요한 근거를 획득한 것이다. 그 결과 이제는 고고학계에서도 이를 지지하는 주장들이 본격적으로 나오기 시작하였다.[26]

4. 호남 동부 지역의 백제 귀속

繼體紀 6년 조 기사의 전체 줄거리에 의하면, 512년 12월에 백제가 왜에 조공하면서 任那國의 上哆唎, 下哆唎, 娑陀, 牟婁의 4현을 달라고 요구했다. 그러자 哆唎國守 호즈미노오미 오시야마[穗積臣押山]가 이에 찬성하는 의견을 왜국 조정에 냈으며, 오호토모노오호무라지 가나무라[大伴大連金村]

---

24) 김태식, 2002, 『미완의 문명 7백년 가야사 1권』, 푸른역사, 182~183쪽; 같은 책 2권, 187쪽.
25) 이동희, 2006, 『순천 운평리 고분 발굴조사 자문위원회 자료』, 전라남도 · 순천시 · 순천대학교박물관.
26) 이동희, 2004, 「전남동부지역 가야계 토기와 역사적 성격」, 『한국상고사학보』 46.
　　곽장근, 2004, 「호남동부지역의 가야세력과 그 성장과정」, 『호남고고학보』 20.
　　박천수, 2006, 「임나사현과 기문 · 대사를 둘러싼 백제와 대가야」, 『가야, 낙동강에서 영산강으로』, 제12회 가야사국제학술회의 발표자료집, 김해시.

가 이에 동조하여 그 땅을 백제에게 주었다는 것이다.[27]

　　이 사료의 中略 부분에 있는 '스미노에노 오호미카미[住吉大神가 胎內에 있는 호무다 대왕[譽田天皇]에게 고구려, 백제, 신라, 임나 등의 나라를 주었다' 는 등의 내용은 『일본서기』 편찬자의 윤색으로 보이나, 그를 제외한 줄거리를 받아들일 수 있다면, 결과적으로 백제가 임나 4현을 빼앗은 것이니, 원래는 그 곳이 임나, 즉 가야의 영역에 속하고 있었다는 셈이 된다. 이 임나 4현의 위치는 섬진강 유역의 전남 지역에 해당하여, 上·下哆唎는 전남 여수시(옛 지명 猿村縣)와 돌산읍(옛 지명 突山縣), 娑陀는 전남 순천시(옛 지명 歃平郡=沙平縣), 牟婁는 전남 광양시 광양읍(옛 지명 馬老縣)에 비정된다.[28] 여기서 다리국수란 그 해 4월에 왜에서 이 지역으로 파견했던 사신을 가리킨다.

　　앞서 언급했듯이 전라남도 순천 운평리 1호분에서 고령 양식의 토기들이 출토된 것은 이 지역이 대가야의 동조 세력이었음을 확인시킨다. 그런데 백제가 다시 안정을 되찾은 6세기 초 이후, 백제 관리들은 섬진강 하구의 서쪽에 해당하는 이 지역을 왜와의 교역을 빙자하여 대가야의 양해 없이 마음대로 출입하기 시작한 듯하다. 穗積臣押山은 처음에 왜의 사신으로서 백제에 왔지만 哆唎國에 주재하면서 백제의 이익을 대변하는 것으로 보아, 이미 친 백제 왜인관료 혹은 왜계 백제관료가 되었다고 보아도 좋을 만한 인물이었다. 또한 그의 보고서에 "이 지역이 백제와 인접하여 개와 닭도 (어느 나라의 것인지) 구별하기 어렵다"고 한 것으로 보아, 백제와 행정 구역 상으로 연접해 있으면서 소규모였던 이 지역 소국들이 이미 백제의 공작에 동조했

---

27)『日本書紀』卷17, 繼體天皇 六年 "夏四月 辛酉朔丙寅 遣穗積臣押山 使於百濟. 仍賜筑紫國馬卌匹. 冬十二月 百濟遣使貢調. 別表請任那國上哆唎下哆唎娑陀牟婁 四縣. 哆唎國守穗積臣押山奏曰 此四縣 近連百濟 遠隔日本. 旦暮易通 鷄犬難別. 今賜百濟 合爲同國 固存之策 無以過此. 然縱賜合國 後世猶危. 況爲異場 幾年能守. 大伴大連金村 具得是言 同謨而奏. (中略) 由是 改使而宣勅 付賜物幷制旨 依表賜任那四縣."

28) 전영래, 앞의 논문, 146쪽.

던 것을 반영하는 것이 아닐까 한다.

고고학적 연구에서도 여수, 순천의 백제 산성 아래에 있는 고분들이 가야계 석곽으로부터 백제계 석곽으로 변화해간 과정을 보면, 백제 산성이 축조될 무렵에 가야 토기와 가야 묘제를 사용하던 재지 세력이 백제에 협조적이었음을 시사한다고 한다.[29] 그렇다면 전남 광양, 순천, 여수 지방은 백제의 책략에 대한 현지 세력들의 동조로 일거에 백제의 영역으로 편입되었다고 볼 수 있다. 왜가 임나 4현을 백제에게 주었다'는 표현은, 그 지역을 통해서 이제부터는 (대가야가 아닌) 백제와 교역한다는 것을 왜가 인식한 정도로 파악해야 한다.[30]

『삼국사기』 지리지에 의하면, 이 지방은 신라 武州(광주시 동구)에 속한 郡의 하나인 昇平郡(옛 지명 欿平郡=武平=沙平, 지금 순천시)과 그 領縣에 속하는 지역이었다. 승평군의 영현으로는 海邑縣(옛 지명 猿村縣, 지금 여수시 일대), 晞陽縣(옛 지명 馬老縣, 지금 광양시 광양읍), 廬山縣(옛 지명 突山縣, 지금 여수시 돌산읍)의 셋이 있었다. 이들의 지명을 고려가 昇州節度使, 麗水縣, 光陽縣, 突山縣으로 고쳐, 조선을 거쳐 지금에 이른다. 이 지역은 湖南正脈의 동쪽 줄기인 방장산-존제산-백이산-조계산-희아산-동주리봉-백운산으로 이어지는 산맥의 아래 쪽에 속하여 호남 동남부의 別天地를 이루고 있다. 그러므로 『일본서기』에 이 지역이 이른바 '임나 4현' 으로 불리고 있는 것은 우연이 아니라고 하겠다.[31]

그 이듬해에 대가야와 백제는 '己汶' 이라는 곳을 놓고 영역을 다투게 되는데, 이 사실은 繼體紀 7년(513) 조 기사에 보인다. 그에 따르면, 백제가 6월에 姐彌文貴將軍과 州利卽爾將軍을 왜에 사신으로 보내, "伴跛國이 백제 땅인 己汶을 공격하여 빼앗았으니, 이를 돌려 달라."고 왜왕에게 요청하였고,[32] 왜는 11월에 己汶과 帶沙(하동)를 백제에게 주었다는 것이다.[33]

29) 이동희, 2007, 「백제의 전남 동부 지역 진출의 고고학적 연구」, 『한국고고학보』 64집, 103쪽.
30) 이 문단은 拙稿, 1997, 앞의 논문 일부를 요약한 것이다.
31) 김태식, 2002, 앞의 책 3권, 267쪽.

여기서 己汶이 원래 백제 땅이었는데 반파, 즉 대가야가 빼앗았다는 것은 백제 측의 명분에 지나지 않는 것이고, 실은 왜와의 교역을 빙자하여 가야연맹의 소속국인 기문, 즉 남원, 장수, 임실 지방을 잠식해 들어오는 백제의 외교 방식을 보여주는 것이다.[34] 왜와 기문국은 선진 문물의 면에서 반파국, 즉 대가야보다 우월한 백제의 유인에 따르지 않을 수 없었을 것이다.[35] 그 결과 가야와 백제는 소백산맥을 자연적 경계로 삼게 되었다.

그러나 繼體紀 8년(514) 조 기사로 보아, 반파, 즉 대가야는 子呑과 帶沙에 성을 쌓아 滿奚에 이어지게 하고, 봉수대와 저택을 설치하여 백제 및 왜국에 대비했다. 또한 爾列比와 麻須比에 성을 쌓아 麻且奚 및 推封에까지 뻗치고, 사졸과 병기를 모아서 신라를 핍박했다고 한다.[36]

이 기사에서 호남 동부 지역과 관련하여 주목할 만한 것은 대가야가 성을 쌓은 것은 섬진강 동쪽의 帶沙(하동)이지만, 세력은 滿奚, 즉 광양 지방

---

32) 『日本書紀』卷17, 繼體天皇 七年 "夏六月 百濟遣姐彌文貴將軍州利卽爾將軍 副穗積臣押山[百濟本記云 委意斯移麻岐彌] 貢五經博士段楊爾. 別奏云 伴跛國略奪臣國己汶之地. 伏願天恩 判還本屬."

33) 『日本書紀』卷17, 繼體天皇 七年 "冬十一月 辛亥朔乙卯 於朝廷 引列百濟姐彌文貴將軍斯羅汶得至安羅辛巳奚及賁巴委佐伴跛旣殿奚及竹汶至等 奉宣恩勅. 以己汶滯沙 賜百濟國. 是月 伴跛國 遣戢支 獻珍寶 乞己汶之地. 而終不賜."

34) 김태식, 2002, 앞의 책 1권, 188쪽.

35) 위치나 정황상의 정확한 설명은 못되어도 일본의 吉田連 家系傳承에도 이 지역이 원래는 三己汶의 넓은 지역이고 任那에 속했었는데 결국 자발적으로 백제에게 귀속되었다는 내용이 나온다.
『新撰姓氏錄』左京皇別下 吉田連. "任那國奏曰 臣國東北有三己汶地.[上己汶中己汶下己汶] 地方三百里 土地人民亦富饒. 與新羅國相爭 彼此不能攝治. 兵戈相尋 民不聊生. 臣請將軍令治此地 卽爲貴國之部也."
『續日本後紀』卷六, 仁明天皇 "承和四年 六月 壬辰朔 己未 右京人左京亮從五位上吉田宿禰書主 越中介從五位下同姓高世等 賜姓興世朝臣. 始祖塩乘津 大倭人也. 後順國命 往居三己汶地. 其地遂隷百濟. 塩乘津八世孫 達率吉大尙 其弟少尙等 有懷土心 相尋來朝. 世傳醫術 兼通文藝. 子孫家奈良京田村里 仍元賜姓吉田連."

36) 『日本書紀』卷17, 繼體天皇 八年 "三月 伴跛築城於子呑·帶沙 而連滿奚 置烽候邸閣 以備日本. 復築城於爾列比麻須比 而絚麻且奚推封. 聚士卒兵器 以逼新羅. 駈略子女 剝掠村邑. 凶勢所加 罕有遺類. 夫暴虐奢侈 惱害侵凌 誅殺尤多 不可詳載."

까지 미쳤다는 것이다. 그렇기 때문에 繼體紀 9년 조의 기사에 보이듯이, 반파 즉 대가야는 帶沙江에 도착하여 백제와 교통하려 했던 왜의 物部連 일행을 무력으로 쫓아내기도 하였던 것이다.

그 후의 상황을 보이는 사료로 梁職貢圖가 있다. 그에 따르면, 梁 普通 2년(521)에 백제왕이 수도를 固麻(공주)에 두고 지방에는 22檐魯를 두어 통치하였는데, 인접한 소국으로 叛波, 卓, 多羅, 前羅, 斯羅, 止迷, 麻連, 上己文, 下枕羅 등이 그에 부속되어 있다고 하였다.[37]

여기서 斯羅, 즉 신라가 백제에게 부속되었다거나, 혹은 가야연맹의 유력한 소국들인 叛波(고령), 卓(창원), 多羅(합천), 前羅(함안)가 백제에 부속되었다는 것도 과장된 이야기라고 하겠으나, 그 이하의 止迷, 麻連, 上己文, 下枕羅 등이 소국으로 존재하고 있다는 것은 새겨 볼 점이 있다.

止迷는 앞서 서술한 新彌나 忱彌多禮와 같이 전남 서부의 해남이고, 麻連은 전술한 牟婁와 같이 전남 동부의 광양이고, 上己文은 전북 동부의 임실·번암이며, 下枕羅는 제주도가 아닐까 한다. 그 중에 마련과 상기문이 독립을 유지할 수 있었던 것은 가야와의 인접성 때문이었을 것이다. 그렇다면 521년 단계에도 아직까지 호남 동부의 몇몇 세력은 백제에게 공납을 바치든가 하더라도 여전히 독립성을 유지하고 있었다고 하겠다.

그러나 520년대 후반 이후로 가야연맹이 분열의 조짐과 함께 喙己呑(영산), 南加羅(김해), 卓淳(창원) 등의 소국들이 멸망하면서 약세를 보임에 따라, 호남 동부의 마지막 가야 소국인 麻連과 上己文은 백제에게 복속되었을 것으로 보인다. 欽明紀 4년(543) 11월 조에 '在任那之下韓 百濟郡令城主'가 나오니, 백제의 지방관 郡令·城主가 배치되었다고 하여 문제가 된 '任那之下韓'에는 경남의 帶沙(하동) 뿐만 아니라 호남 동부의 麻連(광양)과 上己文(임실·번암)도 포함되었을 것이다.

---

37) 『梁職貢圖』百濟國使 圖經 "普通二年 其王餘隆 遣使奉表云 累破高麗. 所治城曰固麻. 謂邑檐魯 於中國郡縣. 有二十二檐魯 分子弟宗族爲之. 旁小國有叛波卓多羅前羅斯羅止迷麻連上己文下枕羅等附之."

5. 맺음말

호남 동부 지역은 크게 보아 백두대간의 南端(소백산맥)과 호남정맥 사이에 위치한 산악지대에 속하며, 그 사이를 흐르는 섬진강 유역과 호남정맥 동쪽 줄기 밑의 동남부 별천지로 이루어져 있다. 그리하여 4세기까지 마한에 속해 있었다고 하나, 입지적인 조건에 의하여 남한 교통로의 큰 흐름에서 배제되어 그다지 세력을 성장시키지 못하였다.

이 지역의 성장은 후기 가야연맹의 대두와 밀접한 연관을 맺게 되었다. 김해에 중심을 두고 낙동강을 통하여 왜와 교류하였던 전기 가야와 달리, 고령에 중심을 둔 후기 가야연맹이 나타나면서 이 지역은 전략적인 중요성을 띠게 되었다. 4세기 말 5세기 초까지만 해도 재지 기반의 작은 집단에 지나지 않던 이 지역 세력들이, 대가야의 對倭, 對中 국제 교통로 개척에 따라 5세기 중엽에 이르러 교역 중계 기지로서 주목을 받게 되었던 것이다.

그 후 이 지역은 대가야와의 교섭 및 지원에 의하여 성장하였다. 그리하여 사라진 史書인 『百濟本記』의 기록을 토대로 삼았다고 보이는 『日本書紀』에 이 지역의 7개의 加耶系 小國名이 나타나게 되었다. 지금까지의 유적 지표조사에 의하면 가야계 소국들의 범위는 좀 더 확장될 수 있다. 그 소국들은 백제의 우월한 군사적, 문화적 능력에 압도되어 대개 510년부터 530년의 사이에 자신들의 판단에 의하여 스스로 백제에게 포섭되었다고 보이나, 그 이후로는 백제의 일개 郡縣으로 편입되어 별다른 역사상의 주목을 받지 못하게 되었다.

호남 동부 지역이 가야사에 편입되었던 기간은 5세기 중엽부터 6세기 초엽의 70년 정도에 지나지 않는다고 해도, 이 지역은 가야사와 함께 이름을 남겼으며, 그 역사적, 문화적 유산이 지금까지 내려오고 있다는 점에 의미가 있는 것이다.

* 이 글의 원전 : 김태식, 2008, 「호남 동부지역의 가야사」, 제36회 한국상고사학회 학술 발표대회 "전남동부지역의 가야문화", 순천대학교 박물관&한국상고사학회 주최, 2008 년 11월 14일, 순천: 순천대학교 70주년 기념관 2층 대회의실, 7~16쪽.

3.
김해 구지봉

김해시 중심지로부터 북쪽으로 2km 떨어진 지점에 있는 해발 46m의 조그만 봉우리로서, 加耶의 건국 사정을 전하는 수로왕 신화의 현장이다. 구지봉(龜旨峰)은 가야 역사 유적으로서의 가치가 인정되어 1983년 8월 6일에 경상남도 기념물 제58호로 지정되어 있다가, 2001년 3월 7일에 국가 사적 제429호(김해시 구산동 산 81-2번지)로 승격 지정되었다. 거북이 머리 모양을 닮았다고 하여 龜首峰이라고도 불리었는데, 현재 수로왕비릉이 있는 평탄한 위치가 거북의 몸체에 해당하고 여기서 이어져 서쪽으로 내민 구릉이 거북의 머리에 해당하는 구지봉이다.

가야 지역에는 2개의 건국 신화가 전하고 있는데, 그 가운데에서 김해 지방의 것이 『삼국유사』 소재 「駕洛國記」에 전하는 수로왕 신화이다. 「가락국기」는 원래 고려 문종대 후반(1075~1083)에 金官知州事로 있던 어떤 문인이 편찬한 것을 고려 후기의 승려 일연이 줄여서 실은 것이다.

그에 따르면, 이 지역은 옛날부터 아도간, 여도간, 피도간, 오도간, 유수간, 유천간, 신천간, 오천간, 신귀간 등 九干이 추장으로서 100호에 75,000인의 백성을 다스리고 있었다고 한다. 후한 광무제 건무 18년(서기 44) 임인 3월 계욕의 날[禊浴之日]에 북녘 龜旨에서 이상한 소리가 부르므로 사람들

〈사진 1〉 구지봉

2~300명이 이곳에 모였다. 목소리의 지시대로 9간 등이 龜旨歌를 부르면서 춤을 추자, 하늘에서 자줏빛 노끈이 내려왔다. 그 아래에 붉은 천으로 덮인 금합이 있으므로, 열어보니 둥근 황금알 6개가 있었다. 이를 아도의 집에 갖다 두었더니, 12일이 지나서 六卵이 동자로 화하였다. 이들은 하루하루 커서 10여 일을 지나 어른이 되어, 보름날에 즉위하였다. 처음 나타났으므로 이름을 '首露' 라 하였다. 그리하여 나라는 '대가락' 이라 하고 또는 '가야국' 이라고 하였으니, 곧 6가야의 하나이고, 나머지 다섯 사람은 각기 돌아가 5가야의 임금이 되었다는 것이다.

수로왕 신화는 김해 지방에 하나의 통합된 정치 집단이 형성되는 과정을 전하는 자료로서 주목된다. 이 기록은 오랜 기간에 걸쳐 여러 가지의 전승이 복합된 것으로서 그 성격을 속단할 수는 없으나, 전통의 현재성을 강조하는 전설의 성격상 개개의 호구 수나 편년, 강역 범위 등은 그대로 믿기 어렵다.

〈사진 2〉 구지문

그러나 9간 등의 무리가 구지봉에 하강한 황금알[金卵]에서 화한 동자를 추대하여 수로왕으로 삼았다는 줄거리는 일정한 역사성을 반영하고 있다.

「가락국기」의 주석에서는 그 봉우리의 이름인 '구지' 에 대하여 "이것은 산봉우리의 이름이다. 마치 十朋이 엎드린 모양이므로 그렇게 불렀다." 라고 하였다. 여기서 '십붕' 이란 10개의 쌍조개를 가리키는 것이고, 쌍조개는 중국 고대에 한 쌍을 이루어 화폐처럼 쓰이던 보배조개를 뜻한다. 여기서 뜻이 전환되어 '귀중한 보물' 이라는 뜻으로 쓰이는데, 『주역』에 '十朋之龜' 라는 말이 자주 나오니 곧 귀중한 보물인 거북이라는 의미이다. 그러므로 이 구절은 구지봉이 거북이 엎드린 모양의 산봉우리라는 뜻인데, 『주역』의 어휘를 사용하여 문장 표현에 멋을 부린 것이다.

그 줄거리에서 우선 주목되는 것이 수로왕보다 9간의 이름과 그들의 행위가 신화 첫 머리에 먼저 나온다는 점이다. 이는 그들의 존재가 그만큼 신화 전체에서 차지하는 위치가 높다는 것이니, 이들은 김해 지방에 산재하던 소단위 세력 집단들인 9촌의 수장(=군장, 추장)들로서, 수로 강림 전부터 이미 존재하던 재지 세력이었다고 추정된다. 9간 등이 구지봉에 모여 공동 제의를 벌이는 체제는, 하늘에서 들려온 이상한 목소리에 따라 처음으로 연출된 것이라기보다, 수로왕의 출현 이전부터 이 지역에 형성되어 있었다. 이는 구지가의 성격으로 보아 그러하다.

그 줄거리에 따르면, 하늘에서 "내가 黃天의 명령으로 너희를 다스리러 내려가니 산꼭대기를 파고 흙을 뿌리면서 다음과 같이 노래하라."고 하였고, 사람들이 그렇게 하면서 구지가를 부르면서 춤을 추었는데, 그 내용은 "거북아 거북아(龜何龜何)/머리를 내놓아라(首其現也)/만약 내놓지 않는다면(若不現也)/불에 구워 먹으리라(燔灼而喫也)"라는 것이었다.

위의 가사에서 알 수 있듯이, 구지가는 여러 사람들이 거북이에게 겁주는 행위를 하면서, 살고 싶다면 '머리'를 내놓으라고 협박하는 합창의 노래이다. 그런데 이런 가사는 조선시대 태종 대에 대궐 기우제에서 쓰였다는 蜥蜴歌에서도 나오니, 거기서는 파란 옷을 입은 아이들 수십 명이 도마뱀을 물항아리에 넣고 버드나무 가지로 항아리를 치면서 도마뱀이 비를 내리게 하지 않으면 돌려보내지 않는다는 위협을 하였다고 한다. 도마뱀이나 개구리, 거북이와 같은 물가에 사는 동물들을 위협하며 비를 기원하는 것은 곧 동종 주술의 하나인 降雨呪術로서 전 세계에 보편적인 것이며, 그 기원은 계급이 발생하지 않은 미개 사회에까지 올라간다.

그런데 수로왕 신화에서의 구지가는 9간 등이 거북이를 잡아 협박하면서 '비'가 아닌 '머리', 즉 우두머리(임금)를 내놓으라고 노래한 것이니, 이는 9간 등이 이끄는 서열 사회에서 행해지던 농경제의 강우 주술을 약간 변형한 것이라고 하겠다. 그리하여 그들은 하늘에서 내려온 금빛 알에서 깨어난 사람을 자신들의 임금으로 삼았다는 것이다.

결과적으로 천강의 명분을 지니는 수로를 9간이 합의하여 왕으로 추대하였으므로, 결국 재지 세력들의 합의에 의하여 왕권이 창출되었다는 것을 나타낸다. 그러므로 수로왕 신화는 김해 지방에 이미 소단위 재지 권력 집

〈사진 3〉 정상 석주

단들의 연합체인 '9촌연합'이 존재하고 있는 상태에서, 각각의 지배자인 9간이 합의하여 수로왕을 추대함으로써 가락국이라는 소국이 출현하게 되었음을 반영하는 시조 탄생 및 건국 신화이다.

「가락국기」에서는 이 의식을 행한 날짜를 '계욕'의 날로 표현하였는데, 이는 옛날에 사람들이 봄가을로 물가에서 부정을 씻어내는 의식을 행한 것을 가리킨다. 봄의 春禊는 음력 3월 上巳, 즉 첫째 뱀날이었고 가을의 추계는 7월 14일이었다. 『晉書』 禮志에 따르면, 중국 한나라에서는 3월 상사일에 관료 및 백성들이 모두 동쪽으로 흐르는 물 가에 모여 물로 씻고 털어내어 묵은 때를 없앴는데, 위나라 이후로는 3월 3일을 이용하고 상사일을 쓰지 않았다고 한다.

이로 보아 가야국에서는 봄에 한 차례 각 마을 대표자와 주민들이 신성한 장소인 구지봉에 모여 구지가를 불러 왕을 맞이하는 제의를 행하면서, 통합된 가야국 백성으로서의 정체성을 확인하고 교육하였다고 추정된다. 거기에서는 왕과 대표자들이 국가 전체의 중요 사항을 의결하기도 하고, 군중들이 갖가지 축제를 벌이며 즐기고, 시장이 열려 주요 물품들이 교역되기도 하였을 것이다. '계욕의 날'이라는 표현은, 정확히 3월 상사일에 중국 한나라와 같은 성격의 행사를 벌였다는 뜻이라기보다는, 가야국의 봄철에 전통적인 제전이 벌어지는 날을 중국 고사에 대한 지식으로 분식한 것이라고 보인다.

그런데 하늘에서 김해 구지봉으로 여섯 개의 알(6인)이 한꺼번에 내려왔다는 것은 비합리적인 요소로서 설화의 원형을 잃은 것이다. 김해의 구지봉에 내려온 나머지 5개의 알이 각 지방으로 돌아가 그 지방 통치의 정당성을 인정받을 수는 없었을 것이기 때문이다. 『삼국유사』 오가야 조에 인용된 『본조사략』의 기록으로 보아, 금관가야, 아라가야, 고령가야, 대가야, 성산가야, 소가야, 비화가야 등의 '某가야' 형태의 국명은, 그들이 소국으로 존재할 당시의 국명이 아니라, 옛날 가야연맹 가운데 하나인 금관국 또는 아라국, 고령국, 성산국, 비화국이었다는 것을 나타내는 신라 말 고려 초의 명칭이라고 추정된다. 조선 초기의 『고려사』 지리지 및 『세종실록』 지리지 김해 조에 기록된 수로왕 신화에는 금란이 1개로 되어 있는데, 오히려 이것이 신화의 원형에 가깝다.

그런데 김해 지방의 고고학 자료 분포로 보아, 가야 초기 1~3세기의 세력 근거지는 김해시 서쪽의 주촌면 양동리 고분군에 있었고, 수로 신화의 주요 근거지인 김해 구지봉과 수로왕릉에 가까운 대성동 고분군에서는 3세기 말이 되어서야 가야 지역 전체의 주요 고분군으로 부상된다. 이러한 유물 출토 상황으로 보아, 그 신화가 성립된 실제 연대는 대성동 고분군의 본격적인 성립 시기인 3세기 말로 늦춰보아야 할지도 모른다. 수로 신화에서 수로왕은 이미 9간들이 존재하고 있는 상태에서 자신이 하늘에서 천명을 받고 이 지역을 다스리러 내려왔다는 것을 표방하고 있으므로, 이는 이주정복자의 이데올로기를 나타낸다고 볼 수도 있다.

한편 가야의 수로왕 신화와 일본의 天孫降臨 신화 사이에는 도저히 우연이라고 볼 수 없는 일치가 있다. 그것은 천신의 후손이 하늘에서 내려올 때 가야에서는 붉은 천에 싸여, 일본의 경우 眞床覆衾이라는 직물에 싸여 내려왔다고 되어 있는 점이고, 또 하나는 그들이 강림한 땅이 가야에서는 구지봉인데, 일본에서는 구지후루타케[久士布流多氣], 또는 구시후루노타케[槵

〈사진 4〉 고인돌

觸峯], 혹은 구시히[穗日]의 다카치호노타케[高千穗峯]라는 지명인 점이다. 구지후루타케의 '구지'는 뜻을 알 수 없고, '후루'는 '떨친다'·'내려온다'는 뜻이며, '타케'는 '봉우리'를 가리킨다.

　이렇게 볼 때, 어떠한 형태로든 간에 전기 가야연맹의 주도적인 나라인 김해 가락국의 옛 지배층이 일본열도의 천황족과 밀접한 관계를 맺고 있었다는 것을 부인하기 어렵다. 여기서 한 번 돌아보아야 할 것은, '구지봉'이라는 이름이 원래부터 거북과 연관이 있는 한자어로서 성립된 것인가 하는 점이다. '龜'가 거북을 나타내는 한자라고 해도 '旨'는 글자 뜻 그대로 연결되지 않아 그 연유를 알기 어렵다. 그런데 일본신화에서도 '구지'·'구시'라는 말이 나타나는 것으로 보아, 이는 순우리말로서 '굿'을 나타내는 말이 아니었을까 한다.

　굿은 무속이나 원시 종교에서 노래와 춤 따위로 행하는 의식의 하나이고, 여기에는 이를 관람하는 많은 구경꾼들의 존재가 전제된다. 그렇다면 구지봉은 김해 지방에 어떤 한 사람이 통치하는 소국이 생기기 전부터 마을 주민들이 모여 큰 굿을 행하던 신성한 장소였고, 그 원시 의례의 의식을 빌어 국가의 통치 권위가 형성된 것이다. 가야의 구지봉은 그러한 행위가 기

〈사진 5〉 고인돌 상석 글씨

원한 곳이기 때문에 구지가를 비롯한 구체적인 의례 행위 및 전승이 남아 있었던 것이고, 고대 일본의 구지후루타케는 그런 기원이 몰각된 상태에서 형식만 전래되었기 때문에 '구지'라는 봉우리에 천손이 천을 덮어쓰고 내려왔다는 점만 남은 것이라고 생각된다.

구지봉 정상부의 남동쪽에는 1기의 청동기시대 남방식 고인돌의 上石 (240×210×100cm)에 조선시대의 명필 韓石峯이 썼다고 전해지는 '龜旨峯石'이라는 글씨가 새겨져 있다. 구지봉 정상부 중앙에는 1976년에 가락중앙종친회에서 만들어 세운 여섯 개의 알을 아홉 마리의 돌거북이 둘러싸고 있는 '天降六卵石造像'과 '駕洛國始祖大王誕降聖蹟碑'가 있고, 그 북쪽 5m 위치에는 1908년에 참봉 허선이 세운 '大駕洛國太祖王誕降之地'라는 석비가 있었으나, 그 조각물과 비석들이 사적의 원형을 훼손한다는 문화재위원회의 결정으로 2003년에 모두 철거되었다. 또한 일제강점기에 구지봉에서 거북의 목에 해당하는 부분을 절개하고 2차선 도로를 개설하여 거북 모양의 원형이 훼손되었으나, 1989년에 김해시에서 도로 위로 육교를 가설하여 흙으로 덮고 그 위에 수로왕비릉으로 통하는 龜旨門을 세웠다. 1998년 7월에는 구지봉의 서남쪽 기슭에 국립김해박물관이 세워져, 주로 가야사 및 가야 문화 유물들을 전시하는 공간으로 개관하였다.

* 이 글의 원전 : 김태식, 2010, 「김해 구지봉(사적 제429호)」, 『문화재대관 사적 제2권』, 문화재청, 928~935쪽.

4.
고령 지산동 고분군

1. 개관

고령 지산동 고분군은 지산리에서 시작되어 고아리까지 지속되는 구릉에
조성된 일련의 고분군이다. 그 고분군의 편년은 대체로 일치하여 5세기 전
반부터 7세기 중엽까지 조성된 것으로 추정되고 있다. 그 중에서 대형 고분
은 5세기 후반부터 6세기 전반까지의 것으로서 대개 움식 돌덧널무덤이며,
고아리에는 6세기 중엽의 굴식 돌방무덤 몇 기가 따로 떨어져 있다. 그 외에
6세기 후반 이후의 것은 대부분 신라 양식의 소형 굴식 돌방무덤이다.

　지산동 고분군은 대가야의 역사를 그대로 반영하고 있다고 해도 과언이
아니다. 그러나 대가야의 역사와 그대로 일치하고 있지도 않다. 정확하게
말하면 후기 가야연맹의 최고 수장층과 그 후손들이 묻힌 묘역이라고 해야
할 것이다. 왜냐하면 '대가야'라는 이름의 출현 시기가 지산동 고분군의 출
현보다 약간 뒤처지며, 또한 그 이름이 사라진 뒤에도 한동안 이 고분군이
지속되기 때문이다.

　사료상으로 볼 때, 이 지역 세력의 3세기 이전 이름은 半路國이었다. 그
리고 5~6세기의 이름은 加羅國, 伴跛國 또는 大加耶國이었다. 반파국이라

는 이름은 반로국의 '路' 자의 우측 한자 모양 誤讀으로 인한 혼란일 뿐, 같은 국가인 것으로 보인다. 또한 반파국이라는 이름은 백제 계통의 사료들에서 6세기 초까지만 나타나고 있으며 다른 계통의 사료에서는 같은 주체를 가라국으로 표기하고 있다.[1]

이 지역 세력은 통일신라 후기부터 대가야라고 지칭되었으며, 그들이 가장 강성하게 존속했을 때의 명칭을 고려할 때는 '가라국'이라고 하는 것이 옳다.[2] 그러나 가야 또는 가라라는 명칭을 쓰는 지역이 중복되어 혼란을 줄 뿐 아니라 대가야라는 명칭이 일반화되었으므로, 대가야라고 하는 것은 혼동을 막고 이해를 간명하게 하는 의미가 있다.

2. 전기 가야시대의 반파국

'가야'라는 이름을 썼던 지역은 경상남도 김해와 경상북도 고령의 둘이 있으나, 400년경까지는 김해의 세력이 가야라고 칭하였고, 고고학적으로 보아 4세기 이전의 문화 중심은 김해 지방이었다. 이 시기의 가야 지역 움직임에 대해서는 『삼국사기』와 『삼국지』 위서 동이전 및 『일본서기』 신공황후 조 등에 분산되어 복잡한 양상으로 나오고 있다.

전기 가야시대, 즉 1~4세기에 고령의 지역 세력은 伴跛國이었다. 『삼국지』 위서 동이전에는 변한 12국 중의 하나로 半路國이 나오고 있다. 『일본서기』 繼體天皇 7~9년 조에 나오는 伴跛國과 同 23년 조에 나오는 加羅國이 같은 나라의 같은 사건을 표시한다고 볼 때, 반파국과 가라국, 즉 대가야는 같은 나라임을 알 수 있다.[3]

---

1) 金泰植, 1985, 「5세기 후반 大加耶의 발전에 대한 硏究」, 『韓國史論』 12, 서울대학교 국사학과, 64쪽.
2) 金泰植, 2000, 「歷史學에서 본 高靈 加羅國史」, 『가야 각국사의 재조명』, 부산대학교 한국민족문화연구소 편, 서울: 혜안, 83~99쪽.

이 시기의 고령 지방에는 반운리 고분군 축조 세력이 존재하였다. 이 지방은 청동기 시대이래 안정된 농경 생활을 영위하고 있었으므로 인구가 많고 마을이 커서 김해 가야국과 같은 선진 소국들도 그들을 무시할 수 없었을 것이다. 반운리 고분군에서 출토된 토기는 대개 2세기 중엽부터 4세기 전반까지의 것에 해당한다. 현재까지의 성과로는 반운리 고분군이 있는 개진면 일대가 당시 고령 지방의 중심지였다고 볼 수 있다.[4]

고령의 반파국은 낙동강 하구 지역과 수로를 통하여 연결될 수 있었으므로, 3~4세기에는 김해의 가야국을 중심으로 한 전기 가야연맹체에 속하여 그로부터 선진 문물을 받아들이면서 성장해 나갔다고 보인다. 반운리 고분군에서 수습된 토기 유물은 4세기 중엽을 下限으로 하고 있으나, 고분군이 일부 발굴된 것에 지나지 않기 때문에 그 축조 중단 시기를 정확하게 추정할 수 없다.

고령 지방은 고구려와 임나가라(경남 김해)의 전쟁에서 직접적인 영향을 받지 않았으나, 고령군 개진면 반운리 고분군은 고총고분으로 더 이상 발전하지 못하고 4세기경에 고분 축조를 중단하였다. 그런데 고령읍 쾌빈리에서 너비 3미터의 대형 덧널무덤 3기와 평면 세장방형의 중소형 돌덧널무덤 10기가 같이 출토된 것은 주목된다.[5] 그 중의 돌덧널무덤은 5세기경의 것으로 추정되나, 1호 덧널무덤이 5세기 초의 것인가, 4세기 후반(3/4분기)의 것인가를 둘러싸고 의견 대립이 있다. 즉, 1호 덧널무덤의 출토 유물 중 대형의 사발모양 그릇받침은 지산동 35호분 출토 사발모양 그릇받침과 비슷한 요소를 갖추고 있으나 이른 시기의 요소들을 더 많이 가지고 있으므로 지산동 35호분보다 다소 이른 5세기 1/4분기로 보아야 한다는 견해가 있

---

3) 기존 설에서는 반로국을 경북 성주(옛 지명 本彼縣)로 비정하는 견해가 있다. 그러나 성주 지방에서는 5세기 이후 신라 토기가 출토되고 있어서 고령 지방의 토기 출토 상황과 구별된다.

4) 李炳基, 2009, 『大加耶의 形成과 發展 硏究』, 景仁文化社, 63쪽.

5) 영남매장문화연구원, 1996, 『고령쾌빈동고분군』.

다.[6] 반면에 1호 덧널무덤의 토기는 그릇받침의 형태가 사발모양이 아닌 굽다리접시모양이고 그에 새겨진 문양 중에 半圓文, 格子文, 結繩文 등이 매우 오래된 요소이기 때문에 4세기의 3/4분기로 보아야 한다는 견해도 있다.[7]

그런데 쾌빈동 고분군에서 출토된 것과 같은 축소모형 철제 농기구는 고령 지산동 고분군, 본관동 고분군, 합천 반계제 고분군, 함양 백천리 고분군, 남원 월산리 고분군, 임실 금성리 고분군, 금강 유역 등에서 출토된 바 있어서, 고령 지방과 백제 또는 그 주변 지역 사이의 일정한 연관성을 보이고 있다. 다만 그 중에서도 쾌빈동의 것은 다른 지역의 것들보다 약간 큰 형태를 띠고 있어서 초기적인 양상을 띤다.[8]

4세기 말 무렵 가야연맹 맹주국왕의 무덤인 김해 대성동 1, 2호분에서 실제 크기의 철제 낫, 살포, 따비, 도끼 등이 출토되고 있었던 당시에, 고령 쾌빈동 1호분에서 그와 별도로 축소모형 철제 농기구가 출토되고 있었다고 볼 수 있을까? 혹시 고령 쾌빈동 1호분을 4세기 후반까지 올려 보아야 한다는 견해가 옳다면, 그 기원이 백제나 그 주변 지역에 있는지, 또는 맹주국인 김해 대성동 집단이 철제 농기구를 별도로 작게 만들어 고령 쾌빈동 집단에게 하사한 것에 유래한다고 보아야 하나, 이는 역시 무리하다고 판단된다.

그러므로 고령 쾌빈동 1호분은 5세기 초 고구려군의 南征을 전후하여 생긴 충격으로 인하여 고령 지방에서 발생한 것일 가능성이 높다. 편년을 늦게 잡은 견해에서도 쾌빈동 고분군의 축조 개시 연대는 지산동 고분군보다 이르다. 이로 보아 일단 고령 반파국의 중심은 5세기 이후 개진면에서 고령 읍 쪽으로 옮겨진 것을 알 수 있다.

---

6) 박승규, 1996, 「고찰」, 『고령쾌빈동고분군』, 91쪽; 2012, 「'대가야토기'에 대한 연구현황과 과제」, 『대가야사 연구의 현황과 과제』, 고령군 대가야박물관, 계명대학교 한국학연구원, 174쪽.
7) 朴天秀, 1998, 「大伽耶圈 墳墓의 編年」, 『韓國考古學報』 39, 118쪽.
8) 김재홍, 2003, 「大加耶地域 鐵製農器具의 부자양상과 그 의의」, 『大加耶의 成長과 發展』, 한국고대사학회; 2011, 『鐵製 農具의 考古學』, 考古.

3. 후기 가야시대의 대가야

5세기 전반 이후로 고령군 고령읍 지산리나 본관리 지역에서 움식 돌덧널무덤(수혈식 석곽묘)을 내부 주체로 하는 고분군이 나타났다. 고령 지산동 73호분은 지산동 고분군에서 유일한 덧널무덤(목곽묘)으로서 쾌빈동 1호분보다 약간 늦은 5세기 2/4분기의 묘제로 추정되며,[9] 움식 돌덧널무덤들은 그 후의 것들이다. 전쟁의 위험 속에서 고령 지방 중심 세력의 거주지가 낙동강 수로에서 가까운 반운리 쪽에서, 안전한 산성이 있는 主山 남쪽 지산리와 연조리 일대로 옮겨진 것이다.

지산동 고분군 축조 집단이 5세기 전반 이후 갑자기 성장할 수 있었던 배경의 하나로 김해 지방으로부터 많은 피난민이 유입되어 들어온 것을 들 수 있다. 안정된 농업 생산 능력을 갖추고 있던 고령 지방의 伴跛國은 김해 지방으로부터 도질토기 및 제철 관련 기술자들을 수용하여, 그 토기 문화를 계승하고 가야산 기슭 야로 지방의 철광산을 개발함으로써 제철 산업을 발전시켰다.[10]

5세기 전반의 것으로 추정되는 고령 지산동 35호분[11]의 묘제, 토기 기종이나 형태 등으로 보아, 당시 반파국 지배층이 토착적인 성격을 지니면서도 4세기 낙동강 하류 유역 김해, 부산, 창원 일대의 덧널무덤 및 움식 돌덧널무덤과 토기 문화를 계승한 독자 세력임을 알 수 있다. 신분이 높은 소아용 묘의 존재로 보아 사회 계급 구조도 상당히 발전된 상태에 도달하였음을 확인할 수 있다. 또한 축소모형 철제 농기구는 쾌빈동 1호 덧널무덤의 것보다 약간 더 작아진 상태에서 계승되었으니, 이는 지산동 문화가 쾌빈동 문화의

---

9) 조영현, 2012, 「'大加耶 墓制'에 대한 연구현황과 과제」, 『대가야사 연구의 현황과 과제』, 고령군 대가야박물관, 계명대학교 한국학연구원, 230·240쪽.

10) 金泰植, 1986, 「後期加耶諸國의 성장기반 고찰」, 『釜山史學』 11, 부산: 부산사학회, 16쪽; 2002, 『미완의 문명 7백년 가야사 1권』, 서울: 푸른역사, 176쪽.

11) 啓明大學校博物館, 1981, 『高靈池山洞古墳群』.

연속선 위에 있었다는 증거이다.

반파국은 그 후 5세기 중엽에 이르러 백제 및 왜와 대외 교류를 활발히 하여 가야 지역 전체의 세력 중심으로 부상되었다.[12] 5세기 중엽에 반파국은 大加耶로 국명을 바꾸면서 주변 세력들을 모아 후기 가야연맹을 결성하였다. 『宋書』 倭人傳에 나오는 왜 5왕 중 濟가 451년에 받은 爵號에 김해의 금관국을 가리킨다고 보이는 '任那'와 함께 '加羅'가 나오는 것[13]으로 보아 고령의 伴跛國이 加羅國(대가야)으로 국호를 바꾼 것은 5세기 중엽으로 볼 수 있다.[14]

이 당시 고령 세력은 서쪽으로 소백산맥을 넘어 남원 월산리 고분군 축조 세력과 동쪽으로 합천 옥전 고분군 축조 세력을 자국의 영향력 아래 넣으면서 신라 및 백제·왜와의 물자 교역을 장악할 수 있는 위치에 섰다.[15] 고령 양식의 움식 돌덧널무덤과 토기들의 분포 상태로 보아 5세기 후반에 대가야는 더 나아가 전북 남원, 임실, 전남 여수, 순천, 광양 등지의 세력들을 종속적으로 연합하면서 영역을 확장하였다.

대가야 신화에서 시조 伊珍阿豉王이 加耶山神의 아들이고 금관국 首露王의 형이라고 한 것은[16] 고령의 정치 세력이 후기 가야의 왕이 되었음을 나타낸다. 그 신화에서 전기 가야연맹의 연맹장이던 금관국 수로왕과의 형제

---

12) 『日本書紀』 神功紀의 기록에는 서기 262년에 백제 장군인 木羅斤資가 왜왕의 명령을 받아 加羅의 사직을 복구해 주었다는 기록이 나온다. 이 기사의 편년을 3갑자 내려서 보고 (山尾幸久, 1978, 「任那に關する一試論」, 『古代東アジア史論集』 下卷, 東京: 吉川弘文館, 198~202쪽) 제한적인 사실성을 인정한다면 442년, 즉 5세기 중엽에 백제 귀족인 목씨의 활동을 매개로 하여 '加羅' 즉 高靈의 伴跛國을 중심으로 한 백제-왜 교류 관계가 존재했던 것을 추정해 볼 수 있다.

13) 『宋書』 卷97, 列傳57 夷蠻傳, 東夷 倭國傳 宋太祖 元嘉28年 "加使持節都督倭新羅任那加羅秦韓慕韓六國諸軍事 安東將軍如故 幷除所上二十三人軍號."

14) 李鎔賢, 1999, 『加耶と東アジア諸國』, 日本 國學院大學 大學院 博士學位論文.

15) 朴天秀, 1995, 「渡來系文物에서 본 加耶와 倭에서의 政治的 變動」, 『待兼山論叢』(史學編 29) 大阪: 大阪大學文學部; 1999, 「고고학 자료를 통해본 대가야」, 『고고학을 통해본 가야』(제23회 한국고고학전국대회 발표요지), 56쪽.

관계를 자칭한 점으로 보아, 반파국이 5세기에 그 세력을 크게 성장시켜 '大加耶'를 표방하며 가야 지역 전체의 정통성을 계승코자 한 것을 알 수 있다.

『남제서』의 기록으로 보아 479년에 대가야의 왕, 즉 加羅王 荷知가 중국 남조의 齊에 조공하여 '輔國將軍本國王'의 작호를 취득하였다.[17] 전성기의 후기 가야연맹은 고령 대가야국을 중심으로 하여 최대 22개 소국을 거느리고 있었다. 이 시기의 대가야가 이미 고대국가 또는 영역국가를 이루고 있었다는 견해가 많다.[18] 하지왕이 중국에 사신 보낸 것은 가야의 發展途上에 매우 중요한 도약을 시사하고 가야 연맹체 내부에서 맹주의 권한이 크게 강화되어 초기 고대국가로 성장할 수 있는 단서를 보인 역사적 사건이다. 그러나 가야의 對 중국 사신 파견이 그 뒤로 계속 이어지지 못하는 것으로 보아 일정한 한계성이 있고, 왕권이 먼 지역까지 미치는 범위 안에서 무력을 독점한 사실을 확인할 자료도 없으므로, 이것만으로는 초기 고대국가를 이루었다고 단정하기 어렵다.

이 당시의 대가야 영역은 지금의 경북 고령군을 중심으로 하여 서쪽으로 경남 거창군, 함양군, 산청군, 진주시 서부, 하동군 일대를 포함하며, 남쪽으로 합천군과 의령군 동부 일부, 창녕군 남부 일부를 포함하는 지역이었다. 이런 범위는 6세기 초에 고령 양식 토기 유형이 유행하던 지역과[19] 거의 일치한다. 그러므로 가야는 늦어도 510년대에는 이 지역에 대한 통제력을 강화하여 초기 고대국가 단계에 이르렀다고 할 수 있다.[20]

---

16) 『新增東國輿地勝覽』卷29, 高靈縣 建置沿革 인용 釋利貞傳 "伽倻山神正見母主 乃爲天神 夷毗訶之所感 生大伽倻王惱窒朱日金官國王惱窒靑裔二人 則惱窒朱日爲伊珍阿豉王之別稱 靑裔爲首露王之別稱."

17) 『南齊書』卷58, 列傳39 東南夷傳 東夷 加羅國 "加羅國 三韓種也 建元元年 國王荷知使來獻 詔日 量廣始登 遠夷洽化 加羅王荷知 款關海外 奉贄東遐 可授輔國將軍本國王."

18) 李熙濬, 1995, 「토기로 본 대가야의 권역과 그 변천」, 『가야사연구』, 경상북도.
朴天秀, 1996, 「大伽耶의 古代國家 形成」, 『碩晤尹容鎭敎授停年退任紀念論叢』.
金世基, 1997, 「加耶의 殉葬과 王權」, 『加耶諸國의 王權』, 新書苑; 2003, 『고분 자료로 본 대가야 연구』, 學硏文化社.

19) 朴天秀, 1998, 「대가야의 역사와 유적」, 『가야문화도록』, 경상북도, 14쪽.

대가야는 510년대에 백제에게 소백산맥 서쪽의 섬진강을 통해 남해안으로 나가는 교통로를 상실하게 되었다. 그리하여 대가야는 낙동강을 통해 남해안으로 진출하는 교통로를 복원하고 대내적으로 소국들에 대한 권위를 과시하고자 하여 신라와의 결혼 동맹을 추진하였다. 522년에 대가야의 異腦王이 신라에 청혼하자 법흥왕이 이찬 比助夫의 누이동생을 보내주어 결혼이 성립되었다.[21] 얼마 안 있어 대가야에 시집온 신라 왕녀는 月光太子를 낳았으며,[22] 결혼 2년 후인 524년에는 신라국왕이 남쪽 경계를 돌아보며 땅을 개척하는데, 가야국왕이 와서 만나기도 하였다.[23] 그러나 신라 법흥왕의 계획된 책동에 의하여 몇 년 후에 이 동맹은 파탄에 이르고,[24] 그에 따라 가야연맹은 남북으로 분열되면서 약화되기 시작하였다.

540년대 이후 백제는 가야 지역의 최대 세력인 대가야에게 선진 문물을 나누어 주면서 적극적으로 포섭하였다. 가야 북부의 대가야 측 소국들은 신라의 배반과 남부 지역 소국들의 독립적 태도에 대응하기 위하여 親백제적인 성향으로 기울어졌다. 고령, 거창, 합천 등 대가야 문화권 일부에서 나타나는 백제계 문물 요소는 그의 반영이다. 이때 가야 북부 소국 사이에 백제의 권위가 통용되면서 대가야의 통합력은 소국연맹체 수준으로 떨어졌다.

반면에 가야 남부 지역에는 안라국이 주도하는 별도의 연맹체가 형성되

---

20) 金泰植, 2003, 「初期 古代國家論」, 『강좌 한국고대사 제2권』, 서울: 가락국사적개발연구원, 72~86쪽; 權鶴洙, 2003, 「가야의 社會發展 動因과 發展段階」, 『가야 고고학의 새로운 조명』, 부산대학교 한국민족문화연구소 편, 서울: 혜안, 86쪽.

21) 『三國史記』卷4, 新羅本紀4 法興王 9年 3月 "加耶國王遣使請婚 王以伊飡比助夫之妹送之." 『新增東國輿地勝覽』권29, 高靈縣 建置沿革 인용 釋順應傳, "大伽倻國月光太子 乃正見之十世孫 父曰異腦王 求婚於新羅 迎夷粲比枝輩之女 而生太子 則異腦王 乃惱窒朱日之八世孫也. 然不可考."

22) 『日本書紀』卷17, 繼體天皇 23年 春3月 是月 "加羅王娶新羅王女 遂有兒息."

23) 『三國史記』卷4, 新羅本紀4 法興王 11年 秋9月 "王出巡南境拓地 加耶國王來會."

24) 『日本書紀』卷17, 繼體天皇 23年 春3月 是月 "新羅初送女時 幷遣百人 爲女從 受而散置諸縣 令着新羅衣冠 阿利斯等 嗔其變服 遣使徵還 新羅大羞 飜欲還女曰 前承汝聘 吾便許婚 今旣若斯 請還王女 加羅己富利知伽報云 配合夫婦 安得更離 亦有兒息 棄之何往 遂於所經 拔刀伽古跛布那牟羅三城 亦拔北境五城."

〈사진 1〉 고령 지산동 고분군 전경(2011년 12월 촬영)
왼쪽 아래 Dome건물은 지산동 44호분 모형관, 오른쪽 아래의 건물들은 대가야 박물관

여 대가야의 왕위에 오른 것으로 보인다. 그는 562년의 마지막 저항을 주도하던 그의 이복형제가 신라 수도로 압송된 뒤, 신라에 의하여 대가야의 마지막 왕위에 올랐다가 얼마 뒤에 村主의 지위로 격하되지 않았을까 한다.[34]

『신증동국여지승람』의 기록에 의하면, 해인사 서쪽 5리에 있던 擧德寺는 옛날에 대가야 태자 월광이 불문에 귀의하는 인연을 맺은 곳이고, 야로현 북쪽 5리에 있는 月光寺는 대가야 태자 월광이 창건한 것이라고 한다.[35] 그런 면에서 본다면 그와 인연을 맺었다는 합천군 소재의 거덕사와 월광사 관련 설화는 그의 말년 생활을 보여주는 것이라고 볼 수도 있고, 혹은 그의 후손들이 그를 기려 절을 세운 것이라고 볼 수도 있다.[36] 지금도 합천군 야

34) 金泰植, 1996, 앞의 논문, 26쪽.
35) 『新增東國輿地勝覽』 卷30, 陜川郡 古跡 "擧德寺 [遺址在海印寺西五里 崔致遠釋順應傳 其西峰兩溪交滸 有蘭若 號擧德 往古 大伽倻太子月光結緣之所 云云.]"
　　同 佛字 "月光寺 [在冶爐縣北五里 世傳大伽倻太子月光所創.]"

로면 월광리에 월광사가 현존하고 있으며 통일신라 후기의 것으로 추정되는 삼층 석탑 2기가 남아 있다.

그렇기 때문에 지산동 고분군은 신라 왕실의 양해 아래 그의 일족을 중심으로 하여 7세기 후반까지 작은 규모로나마 유지되었을 것이다. 대가야 박물관 부지의 고분들을 발굴한 결과 6세기 중엽 이후의 굴식 및 횡구식 돌방무덤에서는 고령 계통의 유물이 전혀 출토되지 않고 신라 후기 양식 토기류만이 나오므로, 이는 기존 세력의 연장선이 아니라 새로이 유입된 신라 세력에 의한 조영으로 보아야 한다는 견해도 있다.[37] 그러나 그들의 주체가 이미 신라 문화에 경도된 도설지 일족이라면, 신라 문화로의 급격한 변화가 그리 이상할 것은 없다고 생각된다. 그의 후손 중에 8세기 후반의 신라 왕실과 연관을 맺어 해인사를 창건한 順應과 利貞이 있다는 것도 고려해야 할 것이다. 조선시대까지도 해인사 안에 대가야 시조인 정견모주 사당이 있던 것은 그런 까닭이다.[38]

한편 대형 굴식 돌방무덤(횡혈식 석실묘)인 고아동 벽화고분, 고아2동 고분, 지산동 折上天井塚 등의 3기는 백제의 영향을 받아 6세기 중후반에

36) 거덕사는 이미 없어져서 해인사 寺域 내의 여러 여관과 음식점들이 있는 마을이 되었다. 월광사는 옛 모습을 유지하고 있지는 않으나 월광태자가 말년을 보낸 집이 있던 곳이라고 추정된다.

37) 李炯基, 2009, 앞의 책, 192쪽.

38) 『新增東國輿地勝覽』 卷30, 陜川郡 祠廟 "正見天王祠 [在海印寺中 俗傳大伽倻國王后正見 死爲山神.]"
1530년 『신증동국여지승람』부터 1895년 『영남읍지』까지 海印寺(사적 제504호) 境內에 '正見天王祠'로 칭해지고 있었던 건물이 있었다. 정견천왕사는 어느 시기엔가 局司壇으로 편액이 바뀌었다. 국사단은 창건 연대를 알 수 없고 1855년, 1899년, 1961년, 2007년에 중수하였는데 원래는 大寂光殿 옆의 大毘盧殿 자리에 있다가 현재의 자리인 봉황문과 해탈문 사이로 옮겨왔다고 한다. 그런데 1933년에 간행된 『朝鮮古蹟圖譜』 13권의 사진으로 보아 大毘盧殿 자리에 冥府殿, 祖師殿, 解行堂 건물이 있었고, 1993년에 간행된 『해인사』 (이재창·장경호·장충식 저, 대원사) 책에는 그 곳에 冥府殿, 獨聖閣, 應眞殿 건물이 있다고 하였다. 이런 사정으로 보아 1899년이 편액 교체 및 현재 위치로의 移建 시점이라고 추정된다.

건축된 것이다. 시기상이나 역사적 맥락상으로 보아 이는 도설지의 이복형제로서 제9대 왕이었다가 잡힌 비운의 왕가 일족이 미리 조성한 가묘일 가능성이 높으나, 혹은 그 후 신라에 의하여 왕위에 오른 도설지 본인이 그 중 하나에 잠들어 있을 수도 있다.

* 이 글의 원전 : 김태식, 2012, 「고령 지산동 고분군과 대가야 -역사적 측면에서-」, 『경북지역 가야고분군과 세계문화유산』, 노중국 외, 경상북도, 계명대학교 한국학연구원, 71~102쪽.

찾아보기

● 지은이

김태식 _ 金泰植

1956년 서울 출생
서울대학교 인문대학 국사학과 졸업
서울대학교 대학원 국사학과 문학석·박사
울산대학교 사학과 교수(1985~1992)
홍익대학교 역사학과 교수 및 사범대학장(현재)
한국고대사학회 고문
진단학회 회장

주요 논저

『加耶聯盟史』(일조각, 1993)
『譯註三國史記』(한국정신문화연구원, 1996~98, 共)
『미완의 문명 7백년 가야사』(푸른역사 2002)
『한국 고대 사국의 국경선』(서경문화사 2008, 共)

사국시대의
가야사 연구

초판인쇄일	2014년 2월 27일
초판발행일	2014년 2월 28일
지 은 이	김태식
발 행 인	김선경
책 임 편 집	김윤희, 김소라
발 행 처	도서출판 서경문화사
	주소 : 서울 종로구 동숭동 199 - 15(105호)
	전화 : 743 - 8203, 8205 / 팩스 : 743 - 8210
	메일 : sk8203@chollian.net
인　　　쇄	바른글인쇄
제　　　책	반도제책사
등 록 번 호	제 300-1994-41호
ISBN	978-89-6062-119-0　　93900

* 파본은 본사나 구입처에서 교환하여 드립니다.

정가　28,000원